지은이 정규영

크리에이티브 디렉터. 학창시절 책 읽고 글 쓰고 만화 그리는
걸 좋아하더니, 결국 전공인 경제학과는 다른 길로 접어들었다.
광고대행사의 글로벌 클라이언트 담당AE로 시작해 프로듀서,
CM플래너, 카피라이터를 거치며 수많은 광고 제작에 참여했고
그 중 다수의 작품이 국내외 광고제에서 수상했다. 아카이빙 해 둔
일본 광고 카피를 SNS에 소개하다가 여러 권의 책 출간으로 이어졌다.
오랜 실무경험과 광고 공부를 바탕으로 한국어·일본어·영어
3개 언어의 카피도 해설하고 있으며, 최근에는 AI시대의 창의성의
본질에 대한 강연도 이어가고 있다. 광고대행사 렛잇플로우 이사이자
씨세븐플래닝즈 대표이며, 한양사이버대학교 광고미디어학과
겸임교수로도 활동 중이다. 저서로『한 줄 카피』,『일본어 명카피
핸드북』,『일본어 명카피 필사노트』가 있다.

하루 카피 공부

하루

카피

공부

● 생각의 물꼬를 트는 아이디어 레퍼런스 365

정규영 지음

인사이트와 감각을 쌓아 가는,
하루 한 줄의 여행

운 좋게 꿈에 그리던 광고대행사에서 사회생활을 시작했지만, 학생 때 드라마로 보던 광고 회사와 현실은 달랐다. 광고 일은 기본적으로 재미있고 보람되었지만 습관처럼 이어지던 야근과 특근, 새로운 아이디어에 대한 스트레스가 만성두통처럼 따라다녔다. 그럴 때마다 찾던 탈출구 중 하나가 사내 자료실이었다.

큰 규모는 아니었지만, 웬만한 광고 관련 서적과 자료가 갖춰 있었다. 언젠가 이 책들을 전부 읽어 보겠다던 야심찬 꿈은 끝내 이루지 못했지만 아이디어가 안 풀리거나 답답하면 그곳에 가서 괜히 책들을 꺼내 훑어보며 시간을 보내곤 했다. 그 중에서 유독 손이 많이 갔던 것이 카피를 소개한 책이었다. 그 책에서 수많은 명카피를 만났다. 세상 쉬운 몇 개의 단어로 정곡을 찌르는 영문 카피를 보며 감탄을 했고, 한 줄의 문장으로 사람의 감정을 뒤 흔드는 일본어 카피에 가슴 설렜다. 익숙한 한국 광고 카피 뒤에 숨은 전략을 배우며 고개를 끄덕이기도 했다.

당시 마음에 남은 일본어 카피를 기록해 둔 것이 나의 첫 카피 무음이었다. 이때 남긴 메모들은 현업에서 생각을 확장해 주는 도구가 되었고, 글쓰기와 일상생활에 영감을 주는 자극제 역할을 했다. 일본어를 공부한 후에 본격적인 카피 아카이빙이 이어졌고, 일본 광고 카피를 소개하는 몇 권의 책 출간으로 확장됐다.

이 책을 구상하게 된 때는 일본 카피를 소개한 첫 책이 기대 이상의 좋은 반응을 얻고, 다음 책 원고가 막 마무리 될 무렵이었다. 일본 광고를 넘어 한국과 영미권의 광고를 망라하여 세상의 명카피를 소개하는 일은 개인적으로도, 광고업계의 관점에서도 큰 의미가 있는 작업이라 생각했다. 그렇다고 본격적인 학술서나 단순한 모음집을 쓰고 싶은 것은 아니었다. 때마침 제안 받은 유유출판사의 '하루 공부 시리즈'는 머릿속에 담아 둔 아이디어를 펼칠 최적의 틀이었다.

이 책에 한국어, 일본어, 영어권의 광고 카피 365개(정확히는 366개)의 해설을 담았다. 19세기 후반 현대 광고의 초기 카피부터 2020년대의 카피까지, 약 200년에 달하는 시간을 아우른다. 식음료, 패션, 자동차, 제조, 의약, 공공, IT 등 대부분의 산업 분야에서 단일 상품의 세일즈 카피부터 글로벌 캠페인 슬로건까지 다양한 형태의 카피를 망라했다. 각 카피 설명에 오류가 없도록 자료를 다방면으로 검증했다. 영어 및 일본어 카피 번역의 경우 한국에서 광고로 나온 것은 한국 집행 버전을 따랐고, 그렇지 않은 경우는 원문의 느낌이 최대한 반영되도록 신경을 썼다. 카피들은 다음과 같은 기준에 따라 골랐다.

— 광고 역사에 기록된 전설적인 카피
— 많은 사람의 기억에 남은 히트 광고의 카피
— 시대상을 비추는 의미 있는 카피
— 마케팅 관점에서 좋은 공부가 되는 카피
— 광고인으로서 나에게 영감을 준 카피

각 언어별 광고 카피들 중 최고만 선별한 것은 아니지만, 내가 고른 것이 각 언어별 카피의 대표성을 갖게 될 수 있기에 신중을 기할 수밖에 없었다. 누구나 인정하는 객관적인 지표가 존재하는 것이 아니기에 카피 선택부터 힘든 일이었다.

사실, 책을 처음 쓰기로 마음먹었을 때의 기쁨이 후회로 바뀌는 데까지 그리 긴 시간이 걸리지 않았다. 오래 몸담아 온 광고계에 의미 있는 작품을 남길 수 있겠다는 기대감과 좋아하는 출판사의 저자 리스트에 내 이름이 올라간다는 설렘의 유효기간은 3일 남짓이었다.

늦가을, 계약서에 사인을 하고 며칠이 지나자 편히 잠자리에 들기 어려웠다. 매일 밤, 침대에 누워 '365개의 카피를 어떻게 정하지?' '내가 정말 잘 해설할 수 있을까?' '약속한 기간 내에 완성할 수 있을까?' 같은 생각이 꼬리에 꼬리를 물었다. 예상치 못한 프로젝트가 생겨 정신없이 1-2주가 지나고 나면, 줄어든 날짜만큼 마음이 초조해졌다.

해설할 카피 후보를 정리하고, 글쓰기에 속도가 붙은 것은 결국 몇 달을 다 보낸 뒤였다. 어느 정도 원고가 쌓이면서 글을 쓰는 재미도 늘어났다. 목표량을 조금씩 채워 가는 만족감도, 명카피들을 다시 음미하는 즐거움도 컸지만 진짜 즐거움은 예상치 못한 곳에서 찾아왔다.

막연하게 알던 내용을 자료를 통해 정확히 확인하며 배우는 것이 많았다. 알려진 카피의 몰랐던 배경이나 숨겨진 이야기를 발견했을 때는 재미있는 소설을 읽는 것처럼 흥미로웠다. 특히 어렵게 구한 자료들을 살펴보다가 띄엄띄엄 알고 있던 사실들이 한 줄의 광고 카피를 통해 퍼즐처럼 맞춰질 때는, 충격적인 반전 드라마의 엔딩처럼 전율을 느끼기도 했다. 책을 쓴 사람이 책을 통해 가장 크게 배운다는 말이 틀리지 않았다. 남은 것은 그동안 정리하고 얻은 것을 고스란히 책 안에 담아내는 일뿐이었다.

여기에 소개된 카피 중에는 독자 분들에게 익숙하고 반가운 것도 낯선 것도 있을 것이다. 일력처럼 날짜와 절기에 맞춘 것도 있고, 그렇지 않은 것도 있다. 매일 한 편씩 읽을 필요는 없지만, 날짜를 염두에 두고 읽으면 제시된 카피가 놓였던 그 의미가 더욱 풍성하게 다가올 것이다. 그렇게 366편의 카피를 따라가다 보면 세 언어로 쓰인 문장의 맛뿐 아니라, 그 문장들이 등장했던 사회와 시장 그리고 광고가 작동하는 방식 전체를 입체적으로 느낄 수 있을 것이다. 좋은 카피가 갖춰야 할 덕목인 정확한 문제 정의, 명확한 포지셔닝, 간결한 언어, 공감을 얻는 통찰도 자연스럽게 확인할 수 있을 것이다.

무엇보다 하루 한 줄의 카피를 꾸준히 만나는 일은 크리에이티브를 찾는 독자들을 창의력의 본질로 안내할 것이다. 번뜩이는 발상은 우연이나 천재적 영감의 결과처럼 보이지만, 실은 꾸준히 관찰하고 냉철하게 분석하는 과정과 결합하여 빛나는 것이다. 나 역시 아이디어가 막힐 때마다 명카피를 들춰 보며 관점을 넓히고 생각의 속도를 높이곤 했다. 다른 산업·다른 시대·다른 언어에서 온 한 줄이 어느 순간 생각의 돌파구가 되기도 했다. 이 책으로 인해 생긴 하루의 루틴이 독자들의 인사이트와 감각을 쌓아 가는 계기가 된다면 더 바랄 것이 없겠다.

이 책은 유유 편집팀의 꼼꼼한 손길 덕분에 더욱 완결성을 갖추게 됐다. 혹시라도 번역이나 표현에 오류나 오해의 여지가 있다면 그 책임은 오롯이 나에게 있다. 이제, 세계의 명카피로 떠나는 365일의 여행을 시작한다.

1월

夢は、口に出すと強い
꿈은, 입 밖으로 내면 강해진다

슈에이샤

2014년 1월 1일, 『주간소년점프』 창간 46주년을 기념해 일본 주요 신문 전면에 실린 광고의 헤드라인이다. 『소년점프』는 전통의 출판사 슈에이샤가 발행하는 대표적인 만화 잡지로, 『드래곤볼』·『원피스』·『나루토』 등 세계적으로 사랑받은 인기작을 배출하며 세대를 이어 영향력을 넓혔다.

이 카피는 점프 만화가 오랫동안 지킨 모토인 우정·노력·승리를 독자들의 삶 속 울림으로 이어 준다. 머릿속에서만 그리는 꿈은 막연한 희망이지만, 선언하는 순간 구체적 목표로 변한다. 일종의 자기실현적 예언이다. 꿈을 입 밖에 내어 말하는 행위가 스스로의 결심을 강화하고 주변의 응원을 불러일으킨다는 것을 간명한 한 줄로 보여 준다. 광고의 이미지는 『소년점프』의 주인공들이 "해적왕이 될 거야!"(『원피스』) 같은 꿈을 외치는 장면의 콜라주다. 1968년 창간 이후 점프의 주인공들이 언제나 당당하게 목표를 말하고, 동료와 함께 난관을 넘었다는 본문 카피에서 강조한 내용이 그대로 반영되었다.

독자들은 작품 속 캐릭터의 대사를 자신들의 삶과 겹쳐 보며 새해를 시작하는 희망과 용기를 느꼈을 것이다. 광고는 입소문을 타고 트위터 등 SNS로 빠르게 확산되었고, 일본 문화를 소개하는 블로그 등을 거쳐 한국 팬들에게도 전해졌다. 매해의 시작점마다 희망찬 미래를 그리며 되새겨 볼 만한 좋은 카피다. 작심삼일이라는 인류의 유구한 전통은 변함없이 이어지겠지만.

There is no someday
'언젠가'라는 날은 없다

할리 데이비슨

'언젠가'는 꿈이다. 희망의 단어다. 그 말을 떠올리며 미래의 자신을 상상하는 것만으로도 행복감이 솟는다. 언젠가 속의 나는 영어의 달인도, 주식 부자도, 멋진 몸매의 소유자도 될 수 있다. 동시에 '언젠가'는 핑계다. 도망의 단어다. 그 말 뒤에 숨어서 지금의 게으름과 비겁함을 희석시킬 수 있다.

이렇게 양가적인 단어 '언젠가'someday를 가장 임팩트 있게 쓴 카피라고 하면, 단연 할리 데이비슨의 인쇄 광고다. 광고 이미지는 단순하다. 이발소 의자에 앉아 창 밖에 있는 할리 데이비슨 오토바이를 넋 놓고 바라보는 남자. 그 옆에는 "월요일·화요일·수요일……" Monnday·Tuesday·Wednesday…… 등 '-day'로 끝나는 요일명이 나열돼 있다. 그리고 죽비처럼 뒤통수를 치는 짧은 한 줄의 문장. "봤지? 세상에 '언젠가'라는 날은 없어."

1903년에 시작해 120년을 이어 온 할리 데이비슨은 단순한 브랜드가 아니다. 자유와 반항을 상징하는 아이콘이다. 이 오토바이에 오른다는 것은 단순히 이동 수단을 탄다는 것을 넘어 자신의 정체성과 라이프스타일을 드러내는 것이다. 수많은 이가 할리 데이비슨 위의 자신을 꿈꾼다. 그러나 모두가 가질 수는 없는 꿈이다.

사실, '언젠가'라는 말로 유예하지 말아야 할 것은 오토바이를 탈 것이라는 로망만이 아니다. 금연·영어 공부·다이어트 등 새해의 시작과 함께 등장하여 금방 소멸하는 낯익은 다짐도 마찬가지다. 언젠가는 '언젠가'가 필요 없는 날이 오면 좋을 텐데.

야, 너두 할 수 있어

야나두

조용하지만 강력했다. 2016년, 배우 조정석이 엘리베이터 문을 잡으며 카메라를 향해 던진 이 짧은 문장은 단숨에 소비자들의 머릿속에 박혔다. '야나두'라는 브랜드명을 살짝 비틀어 응용한 카피는 폭발적인 반응을 일으켰고, 수많은 패러디를 낳았다. 이렇게 작품이 크게 히트하고 카피가 유행할 때는 대개 광고의 여러 다른 요소가 결합된다. 이를 테면 전략·매체량·스토리 등의 변수가 다양하게 얽혀 작동한다. 야나두 광고의 경우는 모델과 연출의 힘이 컸다.

어떤 카피에도 자신만의 색깔을 넣어 주목도 높은 결과를 만들어 내는 모델이라면 단연 김희애와 조정석을 꼽을 수 있다. 조정석은 특유의 생동감 있는 연기력과 전달력으로 시청자를 집중케 했다. 특별한 사건이 없는 스토리보드를 완성도 높은 영상으로 만들어 낸 연출력도 한몫 했다. 시청자와 직접 마주하는 듯한 조정석을 따라가며, 마치 실제로 나에게 말을 걸고 있는 것 같은 몰입감을 만들어 낸 연출과 편집이 돋보였다.

야나두는 이 광고가 집행된 후 업계 1위였던 시원스쿨을 제치고 네이버 키워드 검색량 1위를 꾸준히 차지하며 시장 내 입지를 높였다.[1] 2019년에는 브랜드 인지도 91퍼센트를 기록하며, 회원수·SNS 팔로워 수 등 다양한 지표에서 지속적인 성장세를 보였다.[2] 론칭한 지 얼마 안 되는 교육 서비스로서 눈부신 성장이 아닐 수 없다. 이런 효과를 부러워하는 스타트업들에게 조정석이 왠지 한마디 할 것 같다. "야, 너두 할 수 있어."

Don't forget
잊지 마세요

3M 포스트잇

광고 이미지 속에는 누구도 잊을 수 없는 한 사람의 모습이 보인다. 흑백 사진 속의 인물은 마더 테레사. 평생 남을 위해 헌신한 자애로운 얼굴이다. 그녀의 사진 위에는 연한 노란색의 포스트잇이 붙어 있고, 그 위에는 보일 듯 말 듯한 작은 타이포로 두 단어만 적혀 있다. "잊지 마세요."

2000년대 초반에 발표된 "잊지 마세요" 시리즈에는 그녀의 모습 외에도 인도의 간디·원자폭탄 투하 장면 등 상징적인 이미지들이 등장한다. 그리고 그 위에는 어김없이 노란 포스트잇 한 장이 붙어 있다. 1그램도 채 안 되는 이 얇은 메모지 한 장이 주는 상징은 실제 무게와는 비교할 수 없을 만큼 무겁고 거대하다.

포스트잇은 원래 사소한 것을 잊지 않고자 만들어진 도구다. 전화번호·할 일·아이디어·약속 같은 일상의 조각을 붙들어 두는 존재였다. 그런 제품의 속성을 거대한 역사적 이미지와 연결시킴으로써, 광고는 포스트잇의 의미를 일상의 차원을 넘어 기억과 책임의 도구로 확장시킨다. 인류애·회생·정의 같은 소중한 가치를 기억하자는 메시지는 단 한 장의 메모지로도 충분히 전달된다.

한국에서도 강남역 여대생 살인사건·구의역 비정규직 노동자 사망사고처럼 구조화된 비극을 마주한 순간, 많은 이가 포스트잇에 각자의 슬픔과 분노·다짐을 적어 벽에 붙이기 시작했다. 그것은 단순한 추모를 넘어, '기억하고 행동하겠다'는 선언이었다. 노란 메모지 한 장의 힘이 이렇게 크다.

人間は行動した後悔より
行動しなかった後悔の方が深く残る

인간은 행동한 것에 대한 후회보다
행동하지 않은 후회가 깊이 남는다

다이와 증권

이 문장은 2009년경 다이와 증권이 선보인 행동경제학 시리즈 광고에 등장했다. 금융을 행동경제학의 시각으로 전달하는 기획으로, 코넬대학교 심리학자 토머스 길로비치 박사가 직접 출연했다. 그는 광고에서 "행동을 하지 않은 후회가 더 오래 남는다"는 연구를 소개하며, 투자라는 결정을 망설이는 소비자들의 심리를 설명한다.

광고는 서양의 작은 마을을 배경으로 한 에피소드로 시작한다. 한 소년이 단골 가게의 소녀에게 호감을 품지만 끝내 말을 걸지 못한다. 며칠 후 소녀가 이미 가게에서 사라진 것을 알게 된 소년에게는 다가서지 못한 후회만이 남는다. 이때 길로비치 박사가 등장해 투자에서도 망설이다 기회를 놓칠 수 있다는 이야기를 자연스럽게 이끌어 낸다. 그리고 이 에피소드의 교훈으로 바로 이 카피가 자막을 통해 광고 전면에 등장한다.

이 시리즈는 이 외에도 다양한 인간 심리를 흥미롭게 풀어냈다. 일상의 경험을 행동경제학이라는 렌즈로 해석한 에피소드는 금융 상품을 권유하는 수준을 넘어, 투자에 대한 심리적 장벽을 허물었다. 신선한 개념과 권위 있는 전문가를 효과적으로 활용하여 브랜드의 신뢰를 강화한 캠페인으로 평가받았다. 다만, 이 광고가 곧바로 실적으로 이어지지는 못했다. 일본의 장기적 내수 침체와 글로벌 시장 불안 등 구조적 요인이 더 크게 작용했기 때문이다. 행동경제학으로는 해결할 수 없는 문제였다.

Why be tied down to yesterday?
왜 어제에 얽매이고 있나요?

포드자동차 링컨

의문문 형식의 이 한 줄은 질문보다는 시대를 향한 제안에 가까웠다. 이 카피가 나온 1953년, 포드자동차는 창립 50주년을 맞이했다. 포드의 브랜드 중 하나인 링컨은 캐딜락·패커드 등 경쟁사에 밀리고 있었다. 그러나 이 무렵 링컨은 디자인과 엔진 성능 등을 개선하면서 시장 경쟁력을 키우고 있었고, 마침 멕시코의 한 경주대회에서 1위에서 4위까지를 휩쓰는 실력을 보여 주기도 했다.[3] 이 성과는 브랜드에 자신감을 안겼고, 미래지향적인 슬로건으로 이어졌다.

이 광고 카피는 소비자들의 심리적 욕구를 겨냥했다. 1950년대 미국인들은 전쟁이 끝난 후 새로운 삶의 방식을 추구했다. 기술과 경제가 빠르게 성장했고, 이에 따른 소비문화와 라이프스타일도 새롭게 변화했다. 전통적인 제약에서 벗어나 개인의 자유와 성취를 추구하는 경향도 강해지는 때였다.

"과거에 얽매이지 말라"는 메시지는 시대의 흐름과 욕구를 정확히 파악한 것이다. 링컨은 이 광고와 함께 전년 대비 두 배에 가까운 판매고를 기록하고,[4] 1950년대 중반에는 패커드를 제치는 등 약진했지만, 캐딜락을 앞지르는 데는 결국 실패했다. 그러나 링컨은 단순한 고급차 브랜드가 아닌 진보의 상징이 되었고, 꾸준한 선두 경쟁을 할 수 있는 자산을 구축할 수 있었다.

세상에 나온 지 70년이나 지난 이 카피가 의미 있는 것은 한때 성공한 캠페인을 대표하는 문장이라서가 아니다. 이 질문은 현대를 살아가는 우리에게도 여전히 묻는다. 반복되는 과거의 습관과 가치관에서 벗어나, 새로움과 변화의 방향으로 내딛을 준비가 되어 있는지.

「角」÷H$_2$O

1970년대 후반, 산토리의 위스키 브랜드 가쿠빈의 광고 속 헤드라인이 사람들의 호기심을 자극한다. 수학 공식인가, 화학 공식인가. 아무튼 학교에선 배운 적 없는 수식이다. 힌트는 위스키의 이름에 있다. '가쿠빈'角瓶은 한자어 그대로 각진 병에 담겨 있어서 붙여진 이름이다. 수식의 맨 앞에 있는 '가쿠'角는 가쿠빈 제품을 말하는 것이다. '÷'는 나눗셈 기호, 즉 '나눈다'는 의미다. H$_2$O는 물. 그러니까 이 수식은 '가쿠빈을 물로 나눠 마신다'는 뜻이다. 이 카피는 위스키를 물에 섞는 행위, 즉 일본식 위스키 음용법인 '미즈와리'水割り를 수학 공식으로 시각화한 것이다.

이 인쇄 광고의 본문은 미즈와리에 더 좋은 물이 무엇인가에 대한 논쟁이 담겨 있다. 미네랄 워터가 좋다, 수돗물로 충분하다, 화강암층을 통과한 샘물이 최고다 등 미즈와리의 백가쟁명을 소개한다. 나아가 호숫물과 정수기 물에 결국엔 알래스카의 얼음 물까지 등장하다가, 마지막에 예상 밖의 반전으로 마무리된다. 사실, 무엇으로 타먹어도 상관 없단다. 결국 중요한 건 맛 그리고 함께하는 사람이라는 것이다.

산토리 가쿠빈 광고는 수학 공식같이 센스 있는 헤드라인과 감각적인 이미지로 눈길을 끈다. 그리고 물 논쟁에서 사람과 관계의 이야기로 반전시키는 절묘한 본문의 맛으로 소비자를 사로잡았다. 이 헤드라인은 1977년 도쿄카피라이터스클럽(이하 TCC)상을 수상했고, 1970년대 일본 광고의 크리에이티브를 상징하는 작품으로 자주 인용된다.

Because I'm worth it
난 소중하니까요

로레알

1990년대, 로레알의 염색제 광고가 처음 한국에 등장했을 때는 영문 "Because I'm worth it"을 그대로 직역한 카피가 광고에 쓰였다. "난 그럴만하니까"는 오래되지 않아 "당신은 소중하니까요"로 바뀌었고, 이내 "전 소중하니까요"로 정착됐다. 짧은 기간 동안 여러 번 바뀐 한국 카피의 흔적은 세계적으로 유명한 광고 카피를 한국 시장에 정착시키고자 노력한 당시 카피라이터들의 고충을 짐작케 한다.

이들의 노력은 한국 시장 내 광고의 히트로 보상받았다. 나스타샤 킨스키·클라우디아 쉬퍼·이소라·고소영 등 국내외의 미녀 모델들이 등장하여 긴 머리를 흩날리며 카메라를 향해 외치는 이 한마디는 꽤 임팩트가 컸다. 코미디나 예능 프로그램에서 단골 패러디 레퍼토리로 활용되기도 했다.

1971년에 처음 등장한 이 카피는 여성운동의 흐름과 맞물리면서 여성의 자신감을 상징하는 문장으로 사랑받았고 50년이 지난 지금도 여전히 로레알 브랜드의 핵심 가치로 지리히고 있다. 이 문장이 누군가에게 예뻐 보이고자 자신을 꾸미는 여성을 대변하는 것이 아니라, 스스로를 당당하게 드러내려는 여성들을 지지하는 목소리로 인정받았기 때문이다. 2025년 현재 로레알코리아의 홈페이지에는 '난 소중하니까요'가 적혀 있다. 주어가 '저'에서 '나'로 바뀐 만큼 1센티미터 정도 더 높아진 당당함이 느껴진다.

世界を変えない、立派な人になれよ
세상을 바꾸지 않는 훌륭한 사람이 되어라

규슈 에코라이프 포인트

고정관념 속 위인은 '세상을 바꾸는 사람'이었다. 정치·사회·문화 등 여러 분야에서 새로운 것을 만들거나 문제를 해결하며 세상을 변화시킨 사람이었다. 그러나 환경을 지키는 것이 중요한 과제가 된 오늘날에는 '세상을 바꾸지 않는 사람'이 오히려 훌륭한 사람이 된다. 이러한 역설을 단순한 카피 한 줄로 담은 이 문장은 규슈 지역의 에코라이프 포인트 제도 홍보 포스터에 등장했다.

이 제도는 일상의 작은 실천을 장려하는 탄소 마일리지 프로그램이다. 가정의 전기 사용을 줄이거나, 친환경 활동에 참여하거나, 에너지 절약형 제품을 구매하면 포인트가 쌓이고 이를 지역 상점에서 사용할 수 있게 했다. 2013년 시작된 이 제도는 몇 년 사이에 수천 세대가 참여할 만큼 확산되어, 지역 단위의 저탄소 실천 활동으로 자리매김했다.

이 카피는 공익 광고의 클리셰를 벗어난 발상의 전환이 돋보인다. 뻔한 메시지를 반복하는 설교 대신 누구나 편안하게 받아들일 수 있는 유머러스한, 그러나 역설적인 문장으로 공감의 힘을 증폭시킨다. 카피라이터이자 작가인 와다 히로시가 '어깨에 힘을 뺀' 듯 편안하게 필요한 내용을 전한 카피라고 높이 평가했는데,[5] 그 말에 고개를 끄덕이게 된다. 비단 환경이나 공공 커뮤니케이션의 영역에서만 의미가 있는 것은 아니다. 세상을 바라보는 시각을 전환하면 같은 메시지도 얼마나 새롭게 다가올 수 있는지를 보여 준다. 물론, 말처럼 쉬운 일은 아니다.

부자되세요

BC카드

하얗게 펼쳐진 설원. 그 위에서 빨간 옷과 머플러를 한 모델이 활짝 웃으며 외친 한마디가 2002년 새해 벽두부터 시청자들을 강타한다. "여~러~분, 부자되세요!"

발랄하고 꾸밈없는 연기로 유쾌한 이미지를 쌓고 있던 배우 김정은의 천진한 목소리도 인상적이었지만, 사람들에게 신선한 충격을 안긴 것은 바로 그 내용, 바로 부자되라는 말이었다. 광고는 단 보름 남짓 방영됐다. 매체비도 많지 않았다. 그럼에도 이 짧은 광고는 전국에 퍼졌고, "부자되세요"는 새로운 인사말이 됐다.

BC카드의 카피는 시대의 공기를 적절히 읽고 정확히 찔렀다. 외환위기 이후, 경제는 회복되고 있었지만 사람들은 여전히 불안했다. 대기업도 무너질 수 있고, 누구라도 언제든지 직장을 잃을지 모른다는 사회적 트라우마가 생겨났다. 소득 격차와 자산 격차는 점점 커졌다. 우리·같이의 의미는 점점 퇴색되어 갔다. 믿을 것은 점점 돈밖에 없어진다. 부에 대한 갈망은 있었지만, 그전까지의 한국 사회는 돈에 대한 추구를 속물적으로 바라보는 시선이 남아 있다. 그런 시대에 BC카드는 돈에 대한 욕망을 정면에서 응시했다.

이 말은 단순한 광고 문구가 아니었다. 응원이자, 축복이자, 카타르시스였다. 대부분의 금융 광고가 혜택을 전달할 때에, 이 카피는 욕망을 드러냈다. 그리고 그 표현은 청량하면서도 따뜻했다. 하지만 카드회사가 전해 준 축복을 모두가 현실에서 실현할 수는 없었다. 수혜자는 오히려 점점 줄어들었다. 한국 사회의 경제적 격차 심화는 지금도 진행 중이다.

四十才は二度目のハタチ
마흔 살은 두 번째 스무 살

이세탄 백화점

이 카피는 1992년에 등장했다. 이때 40세를 맞이한 세대는 1950년 대 초반에 태어나 일본의 고도 경제 성장기를 통과하며 젊은 시절을 풍요 속에서 보낸 사람들이다. 브랜드 지향과 트렌드에 민감한 소비 문화를 일찍이 체득했고, 해외여행·자동차·패션 소비를 통해 자신을 표현한 경험이 있었다. 그러나 마흔이 된 1990년대 초반은 버블 경제 붕괴가 본격화되던 시기였다. 이들은 풍요로웠던 과거와 불투명한 미래 사이에서 불안한 현재를 맞고 있었다. 이 광고는 세련된 라이프스타일 소비를 이끌면서, 동시에 심리적 갈등에 놓인 40대 남성을 향한 메시지였다.

이 간단한 문장을 힘 있게 만드는 것은 40이라는 숫자를 20의 반 복으로 본 발상의 전환이다. 흔히 40세는 본격적인 중년으로 접어드 는 나이로, 전성기의 끝·청춘의 소멸·노화의 시작 같은 부정적 이미 지와 연결된다. 그러나 이를 "새로운 스무 살"로 정의함으로써 인생 의 새로운 장을 다시 여는 나이로 새롭게 보게 했다. 관점을 바꿔 나 이를 긍정적으로 새롭게 부르는 것은 단순한 위로나 자기 합리화가 아니라, 청춘은 한 번뿐이 아니라는 도전의 메시지로 받아들여졌다.

이 카피는 광고로 발표된 이후 중년 소비자들의 호응 속에서 언 어 생활에 스며들었다. 일상에서 '두 번째 스무 살'이라며 농담하거 나 서로를 격려하는 모습은 낯설지 않은 장면이 되었고, 블로그 제 목 등 다양한 매체에서도 쉽게 이 표현을 발견할 수 있다. 한국에서 도 드라마 제목으로 활용되는 등 낯설지 않다. 이러한 표현법은 평 균 수명이 늘어나는 일본과 한국에서 앞으로도 더 자주 사용될 것 같다. 세 번째 스무 살·네 번째 스무 살·다섯 번째……

Think Small
작은 것을 생각하라

폭스바겐 비틀

광고대행사 DDB는 큰 숙제를 안고 있었다. 1950년대 후반, 크고 화려한 차량이 주류를 이루던 미국 자동차 시장에서 작고 못생긴 차를 팔기 위한 전략을 세워야 했다. 모양은 딱정벌레같이 생겼고, 심지어 불과 10여 년 전까지 서로 총부리를 겨눈 적국의 차다. 바로 독일 폭스바겐의 비틀.

DDB가 내놓은 답은 역발상이었다. 그들은 작은 크기를 단점이 아닌 장점으로 부각하는 전략을 택했다. 미니멀한 디자인과 넓은 여백은 이 차의 단순함과 실용성을 부각했다. "작은 것을 생각하라"라는 헤드라인은 비틀을 대형차들의 싸움판에 끼어든 후발주자 꼬마차가 아니라, 전혀 다른 카테고리의 선두주자로 만들어 줬다. "이 차는 당신의 집을 더 커 보이게 합니다"It makes your house look bigger 같은 솔직하고 유머러스한 카피들도 이 캠페인의 인기에 한몫했다.

미국의 단어 사용 빈도수 데이터에 따르면 '생각하다'Think와 '작다'small는 각각 사용 빈도수 상위 0.01퍼센트, 0.03퍼센트에 해당한다. 하루에도 수십 번씩 쓰는 말이란 뜻이디. 미국 자동차 시장의 흐름을 바꾸고 광고 역사에 남을 전설적 카피를 만드는 데 세상에서 제일 쉬운 두 단어만 필요했다.

이 카피는 후대 광고인들에게 큰 영향을 줬다. "Think Different"(애플), "Think Innovation"(현대산업개발), "Think Star"(국민은행), "Think Better"(노비타), "Think You"(KDB대우증권), "Think Next"(시티프라디움), "Think Difficult"(환경부) 등 수많은 국내외 'OO을 생각하라'Think OO 계열 카피의 단군 할아버지쯤 된다 하겠다.

먹지 마세요
피부에 양보하세요

스킨푸드

2004년에 설립된 스킨푸드가 바로 다음해에 첫 브랜드 광고를 내놓으면서 썼던 메인 카피이다. 소비자들의 기억에 남는 화장품 광고 카피를 넘어, 광고계 전체를 통틀어도 가장 성공적인 명카피 중 하나로 꼽힌다.

광고 영상은 신선한 식재료와 함께 야외의 테이블 위에 세팅된 화장품들을 보여 준다. 반투명한 스킨푸드 화장품 용기에 티스푼이 다가와 마치 젤리처럼 한 스푼 퍼낸다. 이때 꾸미지 않은 듯한 단정한 목소리로 카피가 등장한다. 자막도 스푼 위에 손글씨로 작게 보여진다. 모델로 등장한 성유리의 청순한 이미지도 영상의 분위기에 딱 맞아떨어졌다. 이 카피는 영상의 산뜻한 분위기·신선한 반전과 함께 시너지를 일으키며 커다란 반향을 불러왔다. 광고에 대한 호감만큼, 브랜드 인지도는 짧은 시간 동안 급격히 높아졌다. 여러 방송에서 패러디되며 유행어로 회자되기도 했다.

이 카피는 '푸드'라는 브랜드명을 직관적으로 설명하면서도, 직설적으로 밀어붙이지 않는 세련된 카피 전략이 돋보였다. '먹지 마세요'라는 금지어를 사용함으로써 호기심을 자극하며 브랜드에 대한 관심을 높인 후 '피부에 양보하라'는 말로 '푸드 코스메틱'이라는 브랜드의 콘셉트와 자연 성분의 차별성을 완벽하게 표현했다. 이 카피는 3년 남짓 사용된 후 새로운 카피로 교체됐다가 2011년에 다시 잠깐 TV 광고에 등장했다. 마지막으로 사용한 지 10여 년이 지났지만, 이 카피는 여전히 스킨푸드의 철학과 정체성을 대표하는 문장으로 소비자들에게 각인되어 있다.

しょせん、エレベーター人間は敗北する
결국, 엘리베이터 인간은 패배한다

홋카이도 식량사업연합회

1977년, 홋카이도 식량사업연합회가 자사 쌀 브랜드 수정미水晶米를 홍보하고자 발표한 신문광고의 헤드라인이다. 이 카피는 짧지만 강렬하다. 고도성장을 지나 생활이 점점 편리해지던 시기에 등장한 이 광고는, 인간이 편의에 길들여지는 모습을 '엘리베이터 인간'이라는 단어로 간결하게 드러냈다. 밥 한 공기를 얻기까지의 수고와 정성을 상징하는 '쌀'이라는 소재와도 절묘하게 맞아떨어진다.

이 카피가 눈길을 끄는 것은 '엘리베이터 인간'이라는 낯선 조어 때문이다. 이 말은 단계를 건너뛰어 쉽게 목표에 도달하려는 태도로 읽힌다. 계단을 오르내리는 단순한 행위 속에는 스스로의 힘으로 목적지에 이르는 수고로움이 존재하며, 그것이 결국 삶의 기본이라는 생각을 담고 있다. 바디 카피에서는 '밥 든든히 먹고, 계단을 이용해 보라'는 문장으로 이어지며 헤드라인의 의미를 명확히 했다. 상품의 기능을 나열하는 대신, 편리함의 함정에 빠진 현대인의 모습을 한 문장으로 꼬집은 점이 신선하다.

1977년 TCC 카피연감에 수록되어 있지만, 일본의 전문 자료나 언론 기사 등에서 거의 언급되지 않는다. 큰 사회적 반향을 일으킨 작품은 아니었던 것 같다. 그러나 '엘리베이터 인간'이라는 조어의 창의성과 메시지는 지금도 유효하다. 도발적이지만 과하지 않고, 교훈적이지만 무겁지 않다. 또한 경제적 풍요와 나태함을 지적한 이 카피의 문제의식은, AI의 급속한 확산으로 손쉬운 결과에 익숙해진 오늘날에도 여전히 곱씹어 볼 만하다. 편리함이 미덕이 된 시대일수록, 노력의 가치를 일깨우는 이 카피의 존재감은 더욱 분명해진다.

사랑은 움직이는 거야

한솔M닷컴

광고는 주인공(차태현)이 여자친구(김민희)가 다른 남자와 데이트하는 것을 목격하는 장면으로 시작한다. 이해할 수 없다며 따지는 그에게 그녀는 당당하게 "내가 네 꺼야?"를 외치며 자신의 마음이 시키는 대로 한다. 제발 돌아와 달라고 그는 메시지를 보내지만 그녀의 마음은 차갑기만 하다. 그의 문자를 본 그녀가 결연한 목소리로 혼잣말을 한다. 사랑은 움직이는 거라고. 이 카피는 한솔M닷컴이 모바일 시대를 상징하는 대표 기업으로 포지셔닝하기 위한 것이기도 했고, 이용하는 통신사를 바꾸는 것은 소비자의 당연한 권리라는 것을 암시하는 말이기도 했다.

이 광고가 나온 때는 2000년. 광고계의 새로운 큰손으로 자리매김한 통신회사들의 경쟁이 한창일 때다. 천문학적인 매체비를 쏟아붓고, 대행사들의 자존심을 건 크리에이티브 전쟁이 치열하게 전개되었다. 규모와 자금 등 여러 면에서 약세에 있던 한솔PCS는 본격적인 모바일 통신 시대를 준비하며 한솔M닷컴으로 사명을 바꾸고 모바일mobile(이동)을 콘셉트로 광고를 집행했다.

당시 최고의 주가를 구가하던 채은석 감독의 감각적인 연출, 청춘스타들의 신선한 연기와 함께 이 광고는 큰 인기를 얻었다. 배우 신민아까지 등장하여 차태현·김민희와 삼각관계를 이루는 시리즈 광고가 이어졌다. 광고가 큰 사랑을 받은 것에는 감각적인 카피의 힘이 컸다. '변치 않는 사랑'이란 뻔한 틀에 얽매여 있던 대중에게 카타르시스를 준 것이다. 이 한마디는 반짝 인기에 그치지 않고, 20여 년이 지난 지금까지도 사랑의 가변성을 옹호하는 전형적 표현으로 곧잘 사용된다.

낯선 여자에게서 그의 향기를 느꼈다

한불화장품 오버클래스 아이디

2005년 신드롬을 일으킨 드라마 『내 이름은 김삼순』에서 만개한 연기력으로 톱스타가 된 배우 김선아가 처음 대중들의 눈을 사로잡은 건 화장품 광고를 통해서였다. 홍콩 영화 『타락천사』의 한 장면을 재현한 TV 광고였다. 무표정한 얼굴로 터널 공간을 지나던 그녀. 단발의 낯선 여성이 스쳐 지나갈 때 문득 그녀를 의식하며 멈춰 선다. 그리고 검은 화면에 한 줄의 카피가 여자 성우의 목소리와 함께 나타난다. "낯선 여자에게서 그의 향기를 느꼈다."

남성용 화장품답게 헐리우드 스타 브래드 피트를 모델로 삼았던 한불화장품은 2차 광고에서 파격적인 선택을 했다. 남자가 나오지도, 화장품이 등장하지도 않는 광고였다. 왕가위 감독 특유의 세기말적 허무함과 퇴폐미를 TV 광고 스타일로 해석한 영상도 화제가 됐지만, 소비자들의 마음에 더 깊이 남은 건 여러 가지 상상의 나래를 펼칠 수 있는 카피였다. 세련된 음악과 영상 위에 얹힌 감각적 카피가 광고의 화제성을 높였고, 광고는 오랫동안 패러디 소재가 됐다.

히트한 광고가 제법 오랜 시간이 지나도록 대중이 언어생활에 영향을 미치는 경우가 있다. 오버클래스 아이디 광고 역시 비슷한 사례 중 하나이다. 스포츠나 연예 기사 등에서 누군가의 이미지나 성과를 "~의 향기가 난다"고 표현하는 경우가 있는데, 이 광고의 히트 후에 관용적 표현으로 널리 사용되는 것이다. 앞으로 이런 표현을 보면 "낯선 문장에서 그 광고의 향기를 느꼈다"고 해도 무방하겠다.

人を救うのは、人しかいない
사람을 구하는 것은 사람밖에 없다

일본 공공광고기구

1995년 1월 17일, 일본 한신·아와지 대지진은 규모 7.3·최대 진도 7의 대재난으로 6천 명이 넘는 목숨을 앗아 갔다. 모든 것이 멈췄다. 광고도 예외는 아니었다. 방송 광고는 대부분 취소되었고, 대신 공공광고기구(현 AC재팬)의 공익광고가 대량 편성되었다. 그러나 물 절약이나 분리수거와 같은 기존 캠페인이 그대로 방영되면서, 사회기반 시설이 마비된 현실과 동떨어져 있다는 시민들의 항의가 빗발쳤다.

이 카피는 당시의 현실을 반영해 긴급히 제작된 공익광고에 담긴 것이다. 상황이 상황인 만큼 기획부터 촬영·방영이 단 5일 만에 이뤄졌다. 광고는 여러 가지 버전으로 제작되었다. 재난 지역에서 서로를 챙기는 시민의 목소리·작가와 학자가 전하는 위로의 말 등이 담겼고, 모든 버전의 마지막은 '사람을 구하는 것은 사람뿐이다'라는 자막과 내레이션으로 마무리됐다. 화려한 영상미나 기술적 완성도는 없었지만, 진정성 있는 메시지는 강한 울림으로 이어졌다.

절박한 재난 앞에서 사람만이 사람을 구할 수 있다는 단순한 진실은 절망과 무력감에 놓였던 사람들을 위로하고 그들에게 용기를 북돋아 주었다. 광고를 본 시민들은 "마음이 놓였다" "위안을 얻었다"라는 등 희망적인 반응을 보였다. 이 캠페인은 전일본CM방송연맹(이하 ACC) 우정대신상과 우수상을 비롯해 여러 광고상을 수상했고, 카피는 같은 해 TCC 카피연감에 등재되었다. 사람의 가치는 비단 생존의 위기 앞에서만 소중한 것이 아닐 것이다. 이 한마디는 급격한 기술 변화와 사회적 불안의 시기에도 결국 놓치지 말아야 할 것을 알려 주고 있다.

Just do it
저스트 두 잇

나이키

이 카피는 단순히 한 기업의 슬로건 이상의 의미가 있다. 전 세계 수많은 생활인에게 새로운 시작의 영감을 줬고, 광고인들에게는 저런 위대한 카피를 쓰고 싶다는 욕망을 불러일으켰다. 사람들의 가슴을 살아 숨쉬게 한 이 전설적 카피가 사형수의 유언에서 나왔다는 것은 놀라운 역설이 아닐 수 없다.

이 카피는 1976년 미국 유타주에서 벌어진 살인사건의 범인 게리 길모어가 남긴 말에서 비롯됐다. 법정에서 총살형을 원한다고 밝힌 그는 사형 직전에 "Let's do it"(해 버립시다)이라 말했다고 알려졌다. 1988년, 광고대행사 와이든앤케네디의 공동 설립자이며 나이키의 광고를 준비하던 댄 와이든은 게리 길모어의 말을 떠올렸고 "Let's Do it"을 "Just Do it"으로 바꿔 광고주에게 제안했다. 광고 제작과 이 아이디어에 부정적이었던 광고주를 잘 설득한 덕분에, 이 카피는 광고 역사에 길이 남게 됐다.

이 카피가 살린 것은 나이키 운동화만이 아니었다. 누군가는 새벽에 졸린 눈을 비비고 일어나 조깅화를 신으며 질주 본능을 살렸을 것이다. 어떤 이는 이 문장에 끌려 오랫동안 내려 놓았던 드럼 스틱을 잡으며 꿈을 되살렸을지 모른다. 죽여 달라고 남긴 살인자의 한마디가 가늠할 수 없을 만큼 많은 꿈을 살린 셈이다.

요즘 어떻게 지내냐는 친구의 말에
그랜저로 답했습니다

현대자동차 그랜저

오랜만에 만난 듯한 두 사람. 한 친구가 상대방의 차를 확인한 순간 부러움과 열패감이 묘하게 뒤섞인 표정을 짓는다. 그 얼굴 위에 도도하게 흐르는 음악을 배경으로 카피가 등장한다. 짧은 한 줄에 이 차에 대한 사회적 시선과 소유자의 자부심이 듬뿍 묻어난다. 성공이라는 말 없이 성공을 자랑하는 화법.

그래서 혹자는 잘 만든 광고라며 좋아하고, 혹자는 성공과 출세라는 세속적 욕망을 전시하고 부추긴다며 비판한다. 광고 커뮤니티나 제작물을 소개하는 사이트는 양측의 댓글로 뜨겁다. 이만큼 호불호가 명확히 갈리는 카피는 흔치 않다. 물론, 싫어하는 측도 카피의 완성도나 광고로서의 성공을 부정하지는 않는다.

1986년 처음 등장한 현대자동차의 그랜저는 단숨에 고급 자동차의 대명사로 자리 잡았다. 초창기에는 기사가 운전하는 '사장님의 차'로 인식됐다. 다이너스티·에쿠스 등의 최상위급의 고급차가 등장하면서 자가 운전자를 위한 세단으로 포지셔닝이 바뀌었지만, 여전히 성공한 사람들을 위한 차라는 이미지는 변하지 않았다. 최근 구매층이 30대까지 더 넓어진 상황을 반영하듯, 유튜버·창업가 등이 광고 모델로 등장하기도 했다. 하지만 여전히 그랜저는 '성공'이다.

자본주의 사회에서 성공이 돈으로 귀결되는 일은 당연하다. 성공이 고가의 제품으로 드러나는 것은 자연스럽다. 그것이 누군가에게는 무엇과도 비견할 수 없는 강한 동기부여가 될 것이다. 그러나 세상에는 그랜저로 답할 수 없는 성공도 많다. 태도·품위·건강·지성 같은 것 말이다. 15초의 광고가 모든 것을 담을 수는 없다. 그런 성공까지 그랜저에 태우는 것은 소비자의 몫일 것이다.

You are more beautiful than you think
당신은 당신의 생각보다 더 아름답습니다

도브

동일한 여성을 그린 두 장의 스케치가 있다. FBI 출신의 법의학 스케치 전문가가 그린 이 초상화는 각각 자신 스스로를 묘사한 설명과 타인이 묘사한 설명을 토대로 그린 것이다. 두 스케치를 비교해 보면서 여성은 타인이 바라보는 자신의 모습이 자기가 생각한 것보다 훨씬 더 긍정적이고 실제 모습에 가깝다는 것을 발견한다.

2013년에 공개된 이 영상은 전 세계 여성 중 단 4퍼센트만이 자신을 '아름답다'고 느낀다는 조사 결과처럼[6] 대부분의 여성은 자기 외모에 대해 과도하게 부정적이라는 데서 착안했다. 모든 사람이 자연스러운 아름다움을 지녔다는 것을 일깨운 이 작품은 엄청난 조회수를 빠르게 기록하며 바이럴됐다. 칸 국제광고제에서는 티타늄 그랑프리를 받으며 광고 작품으로서 성과를 인정받았다.

물론 긍정적인 시각만 있는 것은 아니었다. '여전히 여성을 아름다움이란 잣대로 정의한다'는 비판적 목소리도 있었고, 등장인물이 백인 여성 중심이란 것을 꼬집는 기사도 나왔다. 그러나 메시지에 공감한다는 반응이 비판을 압도했다. 자연스러운 아름다움의 가치를 내세운 기존 캠페인들과 시너지를 이루며, 도브는 여성의 진정한 아름다움을 지지하는 브랜드로서의 이미지를 굳건히 다질 수 있었다.

이 카피는 3분짜리 영상의 마지막에 딱 3초간 자막으로 등장한다. 일곱 단어로 이루어진 이 한 줄에 영상이 전하고 싶은 모든 것이 담겨 있다. 이 영상과 카피는 브랜드의 가치를 높이는 커뮤니케이션 활동이 사회적 메시지와 긍정적으로 결합된 좋은 사례다.

「女性初」が、
ニュースなんかじゃなくなる日まで
'여성 최초'가 뉴스가 되지 않는 날까지

메종 에이블

이 카피가 실린 전면 광고가 일본 신문에 게재된 것은 2021년 1월 21일이었다. 미국에서 카멀라 해리스가 여성 최초의 부통령으로 취임한 날이었다. 광고의 헤드라인은 단순한 축하 메시지를 넘어, 세상을 향한 질문을 던진다. 왜 여전히 '여성 최초'라는 말이 뉴스가 되어야 하는가. 언제까지 되어야 하는가.

여성단체가 게재했을 법한 이 광고를 집행한 것은 의외로 부동산 기업이었다. 광고를 낸 메종 에이블은 일본 대형 부동산 그룹 에이블홀딩스가 설립한, 혼자 사는 여성을 위한 주거 브랜드다. 단순히 방을 소개하는 부동산이 아니라, 안전·생활·커뮤니티 등 독립 여성의 일상을 종합적으로 지원하는 플랫폼을 지향한다. 이 브랜드의 배경을 알고 나면, 이 광고의 취지가 명확해진다.

이 캠페인은 메종 에이블이 중심이 되어 25개 기업과 협력해 게재되었다. 시대적 이슈와 기업 철학이 정확히 맞물리며 큰 반향을 일으켰다. 여성 소비자를 중심으로 공감의 목소리가 확산되었지만, 여성 전용 브랜드가 성평등 메시지를 주도하는 데 대한 비판도 뒤따랐다. 이에 대해 브랜드 담당자는 인터뷰를 통해 '궁극적으로 메종 에이블이 필요없는 사회를 만드는 것이 목표'라는 입장을 밝히기도 했다. 이런 논란은 '여성 최초'가 더 이상 뉴스가 되지 않는 세상이 될 때까지는 피하기 어려울 것 같다.

일요일은 오뚜기 카레

오뚜기 카레

이 카피는 1969년 오뚜기가 즉석카레 제품을 내놓으면서부터 사용된 것으로 알려져 있다. 흔치 않은 식재료였던 카레를 한국 가정에 뿌리내리도록 하려고 내세운 전략적 문장이었다. 당시 카레는 고급 서양 요리로 인식되고 있었다. 일본 수입 제품이 대부분이었기에 일반 가정에서는 쉽게 접하기 어려웠다. 오뚜기는 제품 출시와 함께 주말 가족이 함께 모이는 시간대, 특히 일요일 낮 어린이 프로그램 전후에 TV 광고를 집중 배치하며 '일요일＝오뚜기 카레'라는 연상을 심었다.

이 카피의 가장 큰 힘은 역시 요일을 특정했다는 점이다. 반복되는 일상 속에서 소비자에게 '일요일 점심은 카레'라는 단순하고 기억하기 쉬운 공식을 만들어 준 것이다. 평일과 달리 부담 없이 별식을 시도할 수 있는 날이라는 점에서 '일요일'은 훌륭한 마케팅 포인트가 되었다. 광고는 행복한 가족의 모습·아이의 밝은 표정 등 감성적인 요소를 더해 소비자의 감정을 자연스럽게 자극했다.

이 카피는 CM송에 담겨 TV 광고를 통해 어린이와 부모의 기억에 각인됐다. 소비자들은 점차 카레를 특별한 음식이 아닌, 온 가족이 함께 먹을 수 있는 일상식으로 인식하게 되었다. 이 카피가 사용된 광고를 통해 빠르게 성장한 오뚜기는 카레 시장 1위를 차지한 이후 50여 년간 압도적인 리더로서 업계를 주도하고 있다.

人類は、男と女とウォークマン
인류는 남자와 여자 그리고 워크맨

소니 워크맨

소니가 1979년 출시한 휴대용 카세트 플레이어 워크맨은 '이어폰을 귀에 꽂고 혼자 음악을 듣는다'는 개념 자체를 대중에게 처음 소개했다. 이전까지 음악은 스피커를 통해 누구와도 함께 들을 수 있는 것이었다. 그러나 워크맨은 음악을 '개인의 영역'으로 바꿔 놓았다. 대중교통·공원·캠퍼스, 심지어 출퇴근길까지. 사람들은 각자의 세상에서 음악과 함께 걷기 시작했다.

빠른 속도로 인류가 음악을 듣는 방식을 바꿔 놓은 소니는 1982년, 한 줄의 과감한 선언을 내놓는다. "인류는 남자와 여자와 그리고 워크맨"이라는 문장은, 워크맨이 단순한 오디오 기기가 아니라 '인류의 동반자'로 격상되었음을 의미했다.

소니는 단지 소리가 재생되는 제품을 만든 것이 아니라, 음악과 인간의 관계를 새롭게 디자인하며 전 세계 수십억 명의 라이프스타일을 바꿨다. 그래서 '인류'라는 단어를 끌어들이며, 남자와 여자 다음에 워크맨을 놓아도 오만한 과장으로 여겨지지 않았다. 워크맨은 기술과 문화의 경계를 넘나든 몇 안 되는 브랜드로 시대와 문화의 아이콘이 됐다.

그러나 세상은 빠르게 바뀌었다. MP3 플레이어가 등장하고, 스마트폰이 모든 기기를 통합해 버리면서 워크맨은 2013년 생산이 종료되었다. 인류의 일원으로 남자와 여자와 함께 서 있던 워크맨이 조용히 박물관의 진열장 속으로 자리를 옮긴 것이다. 현재, 워크맨은 소니의 디지털 오디오 플레이어의 이름으로 명맥을 유지하고 있다.

You will see why 1984 won't be like 『1984』
당신은 왜 1984년이 『1984』 같지 않은지 알게 될 것입니다
애플 매킨토시

1984년, 애플은 슈퍼볼 경기 도중 방영된 60초짜리 광고로 세계의 이목을 사로잡았다. 영화감독 리들리 스콧이 연출한 이 영상은 광고사의 전설로 남은 명작이다. 블록버스터 SF 영화의 한 장면을 연상케 하는 영상미로 시선을 사로잡았는데, 카피의 내용 그대로 조지 오웰의 소설 『1984』를 모티프로 만들어졌다. 실제로 1984년 초에 방영되어 소비자들에게 강한 인상을 남겼다.

영상은 거대한 화면 앞에 사람들이 모여드는 장면으로 시작한다. 대형 화면에는 절대 지배자를 상징하는 인물이 끊임없이 연설을 하고, 이에 세뇌당한 사람들은 아무런 생각없이 스크린만 바라보고 있다. 그러다 갑자기 해머를 든 여성이 경찰의 제지를 뚫고 달려 들어와 스크린을 향해 해머를 던진다. 화면이 산산이 부서지는 순간, "1월 24일, 애플은 매킨토시를 선보입니다. 그리고 당신은 1984년이 왜 『1984』 같지 않은지 알게 될 것입니다"라는 자막이 떠오른다.

이 영상은 당시 시장을 지배하고 있던 IBM을 소설 『1984』가 예언한 감시와 통제 사회의 빅브라더로 지목한다. 그리고 애플의 매킨토시가 개인의 창의성과 다양성을 해방시키리라고 선언한 것이다. 광고 속에 제품의 모습은 등장하지 않았다. 출시 예고만이 있었을 뿐이다. 그러나 광고는 엄청난 반향을 일으켰다. 매킨토시에 대한 관심이 급증했고, 출시 직후 기록적인 매출로 이어졌다. 이 광고는 애플을 혁신과 자유의 상징으로 자리매김 시켰지만, 애플의 정책이나 비즈니스가 비판받을 때는 자기 부정의 상징으로 인용되기도 한다.[7] 어느 경우든 40년이 더 지난 지금까지 회자된다는 사실로 이 광고의 대단함이 증명된다.

기록은 기억을 지배한다

캐논 익서스 V3

오랜만에 만난 지인들끼리 예전에 함께 겪은 일을 이야기하다가, 모두가 그 일을 다르게 기억하는 것을 발견할 때가 있다. 내가 선명하게 기억하는 명백한 사안에 대해서 상대방이 다르게 기억하고 있어 당혹스러운 경우도 있다. 때론 정반대의 기억이 언쟁으로 이어지기도 한다.

기억은 주관적이다. 모두가 자신의 관점에서 편의적으로 또 선택적으로 기억한다. 기억은 조작된다. 나쁜 의도가 있어서가 아니다. 시간의 경과와 함께 다른 경험·정보·감정 등이 더해지고 채색되어 무의식 중에 자의적인 왜곡이 발생하기도 한다. 홍상수 감독의 2000년 발표작 『오! 수정』은 서로 다른 기억의 엇갈림을 영화적으로 표현하여 관객들의 공감을 이끌어 냈다. 이 짧은 문장 역시, 기록과 기억에 대한 보편적인 경험을 건드린다.

이 카피는 2003년에 집행된 캐논의 디지털카메라 익서스 V3의 인쇄 광고 헤드라인이다. 당시는 디지털카메라 시장이 빠르게 성장하면서 캐논·니콘·소니·파나소닉·샤프·삼성전자 등 수많은 제조업체의 경쟁이 치열하던 때다. 그 무렵 캐논은 적극적인 마케팅 활동을 펼치며 시장의 주도권을 잡으려 노력했다. 기술과 전문성을 부각하는 좋은 광고를 많이 발표했고, 이 카피도 그중 하나였다. 캐논이 발표한 수많은 광고 중에서도 오랫동안 사람들의 기억에 남은 명카피다.

순간의 선택이 10년을 좌우합니다

금성사

1980년대 금성사(현 LG전자)의 광고마다 사용된 캐치프레이즈이다. 1980년에 발표된 금성 하이테크 TV의 광고에 처음 사용되었다고 한다. 기술력에 대한 금성사의 자부심이 담긴 명카피다. 꽤 오랫동안 사용되어 온 국민의 뇌리에 박힌 카피로, 1970년대생을 포함한 그 이전 세대라면 누구나 기억하고 있을 것이다. 2015년에는 드라마 『응답하라 1988』의 인기를 업고 트윈워시 세탁기의 광고에 다시 사용되어 화제가 되기도 했다.

이 문장이 가진 묘미는 '순간'이라는 단어와 대비를 이루는 10년이라는 숫자의 구체성에 있다. 실제 전자제품의 사용 연한은 7-10년 정도이다. 구매 행위가 소비자의 생활에 영향을 줄 수 있는 현실적이고 타당한 시간이다. 이 카피가 사용된 1980년대에는 TV와 같은 가전제품은 고가의 내구재였다. 한번 사면 쉽게 바꿀 수 없는 귀한 물건이었다. 또한 '10년이면 강산도 변한다'는 말이 있듯이 이 숫자는 한 주기가 완결되는 이미지를 갖고 있다. 막연한 '오래'가 아니다. 짧지도 길지도 않은 10년이라는 절묘한 선택이 피부에 와 닿으며 공감을 이끌어 낸다.

이 문장은 한 브랜드의 카피를 넘어 한 시대를 풍미한 소비자 격언이 됐다. 10년의 생활을 좌우하는 것이 가전제품뿐이겠는가. 자동차·가구·집·보험 등의 구매 행위는 물론 구직 활동·사회생활·인간관계 등 어떤 것에 붙어도 어울린다. 그래서 중장년층은 지금도 다양한 상황에서 이 문장을 인용한다. 이 카피는 2017년 LG그룹 계열 광고대행사 HS애드가 소비자 투표로 선정한 역대 LG그룹 베스트 광고 3위에 꼽혔다.

歩くからこそ、道は生まれる
길은 걸으면서 생겨난다

조니워커 블랙라벨

2021년, 조니워커 블랙라벨이 일본에서 선보인 TV 광고의 카피다. TV 광고는 빠르게 앞을 향해 걸어가는 발걸음의 클로즈업으로 시작해, 클럽이나 길거리 등에서 자유분방하게 춤을 추거나 친구들을 만나며 자신의 시간을 즐기는 젊은이들의 모습을 보여 준다. 이 카피는 광고의 앞부분에 커다란 자막으로 제시된다. 이 문장은 스페인 시인 안토니오 마차도의 시 「카스티야의 들」에서 "se hace camino al andar"를 인용한 것이다.

번역으로 제시한 "길은 걸으면서 생겨난다"는 한국에서 발간된 시집의 번역을 따른 것이다. 일본어 카피를 직역하면 "걸어가야, 길이 비로소 생겨난다"가 된다. 한국어 번역이 시간의 흐름과 반복을 강조했다면, 일본어로 번역된 카피는 인과관계를 부각한다. 걷는 행위 자체가 더 강조되면서 조니워커의 글로벌 슬로건인 "계속 걸어라" 의미가 더 명확하게 다가온다. 광고의 후반부에는 '망설이고 있다면 가슴이 뛰는 쪽으로'라는 카피가 이어지면서 불확실한 시대를 살아가는 이들에 대한 응원과 함께 조니워커의 브랜드 정신을 강조하고 있다.

이 광고가 처음 전파를 탄 것은 2021년 11월이다. 2020년에 예정됐던 도쿄올림픽이 우여곡절 끝에 열렸고, 급박한 고비는 넘겼으나 여전히 코로나로 인해 위축된 상황이 완전히 개선되지는 않던 때였다. 이런 불확실한 상황에 굴하지 않고 다시 앞으로 계속 걸어가려는 사람들을 응원하기 위해 만들어진 광고였다.[8] 이미 코로나 국면은 지나갔지만, 시간이 흘러도 이 광고의 응원이 필요한 사람들은 많다. 길은 기다린다고 생기지 않는다. 걸어가야, 비로소 길이 생기는 것은 변함없다.

> # There are some things money can't buy
> # 세상에는 돈으로 살 수 없는 것이 있습니다.
>
> 마스터카드

대개 광고는 자신들이 '파는 것'이나 '하는 일'을 그럴싸하게 포장한다. 당연하다. 그래야 소비자의 선택을 받을 가능성이 높아지니까. 그럼, 자신들이 '할 수 없는 일'을 알리는 방법은 어떨까. 대부분의 브랜드는 말도 안 되는 소리 하지 말라고 할 것이다. 그러나, 마스터카드는 그 방법을 사용했다. 심지어 그 방법으로 망가진 브랜드를 되살리는 큰 성공을 거두었다. 거의 30년 가까이 장기 캠페인이 진행되는 중이다.

1990년대 중반, 점점 소비자와 은행의 관심에서 멀어지며 경쟁자 비자카드에 밀리던 마스터카드는 광고대행사 맥켄 에릭슨이 전개한 「Priceless」(가격을 매길 수 없는) 캠페인으로 전세를 역전시켰다. 첫 광고에서는 어린 아들과 야구장에 간 아버지의 모습이 등장한다. 티켓·간식·포토카드의 가격을 나열한 후 아들과의 시간은 돈으로 가격을 매길 수 없다는 메시지가 나온다. 자신들의 카드로는 살 수 없는 것의 소중함을 일깨우는 광고 시리즈가 소비자들의 마음을 움직였다.

마스터카드의 「Priceless」 캠페인은 기업이 '자신이 할 수 없는 일'을 드러냄으로써 브랜드의 가치를 높인 대표적인 사례가 됐다. 스스로를 단순히 결제 수단을 제공하는 회사가 아니라, 고객의 삶을 이해하고 지지하는 동반자로서 자리매김한 것이다. 이 캠페인은 세계 100여 개국 이상에서 방영됐다. 한국에서는 별도의 한국용 광고가 제작되었고, 발표하는 작품마다 큰 사랑을 받았다.

또다른 세상을 만날 땐
잠시 꺼 두셔도 좋습니다

SK텔레콤 스피드 011

고요한 대나무 숲. 한 남자(한석규)와 스님이 함께 나란히 숲길을 걷는 장면으로 광고가 시작된다. 30초의 광고 중 무려 19초 동안은 두 사람이 나란히 걷는 모습만이 이어진다. 도시에서는 듣기 힘든 대나무 숲의 바람 소리와 새소리가 화면을 가득 채운다. 그러다 갑자기 핸드폰 벨이 울리고 나비 한 마리가 날아간다. 남자가 멋쩍은 표정을 지으며 핸드폰을 끄고 스님을 따라간다. 여기에 조용히 자막과 함께 내레이션이 들려온다. "또다른 세상을 만날 땐 잠시 꺼 두셔도 좋습니다."

이 광고는 1998년에 전파를 탔다. 5개의 이동통신 회사들이 '언제 어디서나 잘 터진다'며 기술력 경쟁에 몰두하고 있던 때다. 그런 상황에서 SK텔레콤은 정반대의 접근법을 택했다. '휴대폰을 잠시 꺼놓아도 좋다'는 역설적 메시지로 오히려 자사의 이동통신은 어디서든 완벽하게 작동한다는 자신감을 드러낸 것이다.

이것은 리더이기에 가능한 화법이었다. 당시 SK텔레콤은 이동통신시장의 절대적 선두 브랜드였다. 경쟁 중인 후발업체들이 앞다퉈 기술력과 부가 서비스를 내세우려고 할 때, '잠시 꺼 두셔도 좋다'고 말할 수 있는 여유를 보여 준 것이다. 게다가 자연스럽게 깊은 산속에서도 핸드폰이 연결되는 기술력까지 자랑을 하고 있었다. 조용히 말했지만 어느 경쟁자들의 목소리보다 크게 들렸다. 그 이후로도 SK텔레콤은 매출로나 이미지로나 주도권을 더욱 공고히 가져갈 수 있었다. 이 카피는 13년 후인 2011년 엄기준 주연으로 리메이크되는 등 오랫동안 회자됐다. 리더의 자신감과 여유를 세련되게 표현한 명작이었다.

あなたがいま辞めたい会社は、
あなたが入りたかった会社です

당신이 그만두고 싶은 회사는
당신이 들어오고 싶어 했던 회사입니다

리쿠르트 인재센터

1997년, 리쿠르트 인재센터가 잡지 양면에 걸친 광고를 게재한다. 한쪽에는 구멍으로 들어가고 있는 남자의 하반신 모습이 보이고, 다른 쪽에는 구멍에서 기어 나오고 있는 남자의 상반신이 드러난다. 심플하게 구성된 장면 위에 바로 이 카피가 놓여 있다. 구멍으로 들어가는 모습은 '입사'를, 빠져나오려는 모습은 '퇴사'를 상징한다. 지금 벗어나려고 몸부림치는 회사가, 한때는 들어가려고 애썼던 회사였음을 이미지로 선명하게 보여 준다.

아무리 좋은 조건의 회사를 다녀도 직장인에게 퇴사의 유혹은 언제든 찾아온다. 급여에 대한 불만·인간관계의 피로·적성과의 불일치·비전의 부재 혹은 설명할 수 없는 공허함까지 이유는 다양하다. 하지만 돌아보면 이 회사에 들어오고 싶어서 몇 날 며칠을 고민하며 자기소개서를 쓰고 면접을 준비했던 때가 반드시 있었다. 누구라도 공감할 수밖에 없는 이 카피를 읽으며 구직 희망자들은 브랜드의 목소리에 귀 기울이게 된다.

이 광고가 발표된 1990년대 후반은 버블 붕괴 이후 장기 불황이 깊어 가던 시기였다. 종신고용의 신화가 무너지며 퇴사와 이직이 일상의 일부가 되던 때, 리쿠르트 인재센터는 정반대의 메시지를 던졌다. 성급히 회사를 떠나기보다 초심을 돌아보라는 조언은, 단기적 이익보다 구직자의 인생과 성장을 함께 고민하는 브랜드의 태도를 드러냈다. 단순한 영업이 아닌 장기적 신뢰를 쌓는 영리한 전략이었다. 이 광고가 세상에 나온 지 30년이 가까워지는 지금도, 리쿠르트는 여전히 일본 구직 서비스 업계에서 압도적 1위를 지키고 있다.

가슴이 따뜻한 사람과 만나고 싶다

동서식품 맥심

1980년대 들어 인스턴트 커피 시장은 급격한 성장기에 접어들었다. 커피는 더 이상 특별한 때 마시는 음료가 아니라 일상에서 여유를 누리고자 평상시 쉽게 즐기는 대상으로 자리 잡았다. 이 무렵 동서 식품의 맥심이 장악하고 있던 국내시장은 1980년대 후반 글로벌 식품기업 네슬레의 가세로 경쟁이 본격화되기 시작했다.

네슬레는 '테이스터스 초이스'를 앞세워, 브랜드가 가진 서구적 인 고급감을 활용해 적극적인 마케팅을 전개했다. 맥심은 이에 대응해 커피를 단순한 음료가 아닌 사람과 사람 사이를 이어 주는 정서적 매개체로 그렸다. 커피를 마시는 장면과 함께 깊은 사색과 대화가 어우러진 분위기를 연출해 지적이면서도 감성적인 라이프스타일을 그려 낸 것이다. 그 중심에 이 카피가 있었다.

광고에는 소설가 김은국·수필가 유안진 등 대중적으로도 잘 알려진 작가가 등장했다. 문학가로서 명성은 있지만 광고에서 보기 힘들었던 이들의 등장은 광고의 고급스러운 이미지를 테이스터스 초이스와는 다른 방식으로 높여 주었다. 영상 속에서 커피 한 잔을 앞에 두고 삶과 인간에 대한 단상을 나누는 그들의 모습은 '가슴이 따뜻한 사람과 만나고 싶다'는 카피를 더욱 그윽하게 만들었다. 네슬레는 네스카페 골드블랜드의 TV 광고에서 소설가 김주영을 등장시켜 맥심 스타일의 광고를 만들었지만, 카피의 힘에서 밀리고 말았다.

이 한 줄은 1990년을 전후해 잠시 사용됐지만, 그 깊이와 여운은 오래 남았다. 광고가 선보인 지 30여 년이 지났지만, 이 카피는 여전히 20세기 커피 광고의 상징으로 남아 있다.

2월

It's the economy, stupid
문제는 경제야, 바보야

1992년 클린턴 선거 캠페인

걸프전의 승리로 1992년 미국 대선은 현직 대통령인 조지 부시의 압승이 예상됐다. 전쟁을 승리로 이끈 대통령의 지지율은 한때 90퍼센트에 육박하기도 했다. 게다가 상대방은 정치의 중심에서 떨어져 있는 '시골 동네' 아칸소의 주지사 빌 클린턴이었다. TV쇼에 출연해 색소폰을 연주하는 젊은 미남 정치인의 얼굴만으로는 이길 수 없는 판이었다. 그러나 뒤집혔다. 네 단어의 마법 같은 힘이 미국의 역사를 바꾼 것이다.

당시 미국은 경기 침체가 심각했다. 실업률은 치솟고, 재정적자는 점점 커졌다. 부시 정부는 외교와 전쟁의 승리에 취해 있었으며, 경제 문제에는 제대로 대응하지 못했다. "문제는 경제야, 바보야"라는 카피는 불경기로 불만이 높은 유권자들에게 선택의 기준을 명확히 해 주었다. 선거의 핵심 프레임을 경제 문제로 설정하는 데 성공한 것이다. 선명하게 이슈를 단순화하고, 도발적인 단어로 주목을 끌었던 이 카피는 무명에 가깝던 빌 클린턴을 결국 백악관에 입성시켰다.

이 문장은 원래 슬로건이 아니었다. 클린턴 캠프의 전략가 제임스 카빌이 캠프의 스태프들에게 선거 전략의 방향을 강조하려고 사무실에 붙여 놓은 세 개의 메모 중 하나였다고 한다. "변화 vs 현상 유지" "문제는 경제야, 바보야" "의료보험 개혁을 잊지 마라." 이 중 임팩트가 컸던 두 번째 문구가 언론을 통해 알려지면서 화제가 됐고, 클린턴 캠프를 상징하는 슬로건이 됐다. 그러니까 사실 카피 속의 '바보'Stupid는 부시도 공화당도 아닌, 민주당 선거 캠프 직원들을 가리키는 것이었다.

ひとりよりふたり
혼자보다 둘이

마루이 백화점

이 카피는 1979년, 마루이 백화점이 TV와 신문광고 등 대대적인 캠페인을 통해 선보인 작품이다. 광고에는 사람이 직접 등장하지 않는다. 사람의 캐릭터가 그려진 조형물 두 개가 어우러져 하트 모양이나 사람 인人자 모양을 만들며 이 헤드라인의 의미를 강조한다. TV 광고에서는 싱어송라이터 리리이의 노래로 만들어진 CM송이 '둘이 함께하는 즐거움'을 감각적으로 전달했다. "사람은 모두 혼자보다는 둘이. 나에게는 당신이, 당신에게는 내가. 혼자보다 둘이"라는 다소 평범해 보이는 가사는, 매력적인 목소리에 실려 젊은 세대의 마음을 사로잡았다.

1970년대 후반 일본은 오일쇼크 이후 성장이 둔화 국면에 접어들었고, 유통업계는 치열한 경쟁을 벌였다. 기존 백화점들이 여성 고객이나 중장년층을 중심으로 프리미엄 이미지를 강조하는 가운데, 마루이는 다른 길을 택했다. 꾸준히 소비가 늘고 있던 젊은 세대를 타깃으로 삼은 것이다. 쇼핑을 위한 공간이라는 백화점의 기존 정의를 뒤집고, 데이트와 만남의 무대로서 마루이를 포지셔닝하려는 전략이었다. 함께 있는 즐거운 시간을 강조하며, 관계와 시간을 소비하는 장소로서 마루이 백화점을 이미지화한 것이다.

캠페인이 성공적으로 진행되면서 마루이의 매출도 꾸준히 증가했다. 특히 젊은 층의 소비가 크게 늘어나면서 '젊은 세대의 백화점'으로 확실히 자리매김하는 계기가 됐다. 평범하고 뻔해 보이는 카피도 어떤 전략을 통해 나왔고 어떤 실행을 통해 소비자와 만났는지에 따라 위력적인 무기가 될 수 있다는 것을 보여 주는 사례다.

결론은 버킹검

에스에스패션 버킹검

2019년 11월 14일. KBS의 한 시사프로그램에 정청래 전 의원과 이혜훈 의원이 패널로 등장한다. 정 전 의원이 이야기를 하던 중 "결론은……" 하면서 말을 끌자, 이 의원이 "버킹검이다?"라고 받는다. 함께 웃으며 이야기를 이어 가는 두 패널. 치열하게 대립하는 여야의 정치인들을 짧은 순간이나마 하나로 만들어 준 것은 거의 40년 전에 등장한 한 광고 카피였다.

이 카피는 1980년대 초 에스에스패션(현 삼성물산)이 신사복 브랜드 버킹검 광고에서 처음 선보였다. 브랜드명은 영국 왕실의 '버킹엄 궁전'에서 차용했고, "여러 옷을 따져 봐도 최종 선택은 버킹검"이라는 명확한 메시지를 담았다. 간결하고 단호한 결론형 어법은 소비자 뇌리에 깊숙이 남았고, 고급 신사복이라는 이미지와 직결됐다.

10년 이상 사용된 이 카피는 광고를 넘어 일상 언어로 번져, 대화 속 결론을 압축하거나 뻔한 결과를 지적하는 표현으로 쓰였다. 정치·예능·일상 대화까지 다양한 맥락에서 패러디되며 유행어로 자리 잡았다. 시사프로그램에서 증명되었듯 이 시절을 통과해 살아온 이들에게 "결론은?"이라고 물으면 자동적으로 "버킹검"이 나올 만큼 시대의 기억으로 남은 카피다.

1990년대 후반 남성 패션 트렌드 변화로 버킹검은 쇠퇴했고, 브랜드의 쇠락과 함께 "결론은 버킹검"도 50대 이상 세대의 기억 속에서 점차 멀어지고 있다. 이 카피는 시대의 변화 속에 광고로 인한 유행어가 어떻게 탄생하고 소멸해 가는지를 보여 주는 한국 광고사의 좋은 참조 사례다.

はじめると、はじまる
시작하면, 시작된다

『아사히신문』

입춘은 24절기 중 첫번째 절기다. 봄의 시작을 알리는 날이라고 한다. 보통 양력 2월 4일에 해당하는데, 한국에서는 봄으로 부르기엔 아직 추운 때이다. 전국적 기상 관측이 시작된 1912년 이래 서울 기준 입춘의 평균 기온은 0도 근처이다. 영하인 날이 절반을 넘는다. 역대 제일 추웠던 1980년 입춘은 무려 영하 9.7도였다.

그럼에도 이름 안에 들어간 봄 춘春자 때문에 입춘은 긴 겨울에 지친 사람들에게 모종의 설렘을 건넨다. 그래서 봄에 들어간다는 의미로 들어갈 입入자를 써서 '入春'으로 오해하기 쉽다. 정확히는 '立春'이다. 직역하면 '봄을 세운다'는 뜻이다. 왜 춘립春立(봄이 선다)이 아니고 입춘일까. 입춘은 1년을 시작하는 절기다. 봄은 그냥 저절로 시작되는 게 아니라, 사람이 적극적으로 맞이해야 진정한 의미의 봄이 된다는 생각이 담긴 건 아닐까 확대해석해 본다.

입춘을 대하는 자의적 해석이 광고 카피 하나를 소환한다. "시작하면, 시작된다." 2014년, 일본 『아사히신문』의 옥외광고에 붙어 있던 문장이다. 이 카피는 무언가 주어질 것을 기다리지 말고, 자신의 의지와 노력으로 만들어 가라고 일러 준다. 지구의 자전이 가져다 준 자연 현상인 봄마저 맞이하는 사람의 마음이 중요할진대, 우리가 살아가면서 꼭 해야만 하는 수많은 일은 오죽하겠는가.

> At 60 miles an hour the loudest noise
> in this new Rolls-Royce comes from
> the electric clock
> 시속 60마일로 달리는 롤스로이스 안에서 들리는
> 가장 큰 소음은 전자시계 소리입니다
> 롤스로이스

세계적 광고대행사 오길비앤매더의 창립자이며, 현대 광고의 아버지로 불리는 데이비드 오길비는 수많은 명카피를 남겼다. 그중에서도 가장 전설적인 한 줄을 꼽으라면 단연 이 문장이다. 1958년, 오랜 전통의 럭셔리 자동차 브랜드 롤스로이스는 미국 시장에서의 존재감이 미미했다. 마케팅 예산도 넉넉하지 않았고, 브랜드 이미지 역시 대중에게 분명하게 각인되지 못하고 있던 터였다.

오길비는 롤스로이스의 광고를 만들고자 수많은 자료를 검토하고 인터뷰를 참고했다. 그중 한 기술 매뉴얼에서 찾은 단서를 바탕으로 이 카피를 썼다고 한다. 빠르게 달리는 차 안의 정적 그리고 선명히 들려오는 시계 소리. '조용하다'거나 '안정적이라'거나 하는 표현은 없지만 소비자의 머릿속에 장면이 선명하게 그려진다. 그리고 자연스럽게 제품의 완벽한 품질과 연결된다. 굳이 설명하지 않으면서, 고객을 원하는 곳으로 데려가는 것이 바로 이 카피의 힘이다.

비교적 긴 문장이지만, 이 카피는 세련된 방식으로 브랜드의 고급스러움을 극대화했다. 실체가 불분명한 미사여구나, 자랑하고 싶은 수많은 장점을 버리고 브랜드의 속성을 꿰뚫는 단 한 가지 포인트에 집중한 것이다. 이 광고가 집행된 후 미국 시장에서 판매가 전년 대비 50퍼센트 증가했다고 한다.[1] 이 카피는 수많은 광고 관련 도서와 자료에서 현대 광고 카피의 정석 중 하나로 꼽힌다. 광고가 나온 지 70년 가까이 지났지만 여전히 수많은 광고인에게 영감을 주며 영향을 끼치고 있다.

쉿! 레간자

대우자동차 레간자

앞에 소개한 롤스로이스 광고의 흔적은 전 세계 많은 광고 작품에 묻어 있다. 그중 한국 작품을 하나 꼽으라면 바로 이 카피다. 1997년, 대우자동차는 신차 레간자를 출시하면서 기존의 자동차 광고와는 다른 문법의 TV 광고를 선보였다. 영상은 자동차가 도로 위를 조용히 달리는 장면으로 시작된다. 화면에 표시된 TV 볼륨 게이지를 계속 올리지만, 아무런 소리도 들리지 않는다. 개구리가 앉아 있는 자리 옆을 부드럽게 스쳐 지나간 길가에는 개구리의 울음 소리만 들려온다. 그리고 짧은 내레이션 한 줄이 등장한다. "소리 없이 강하다. 쉿! 레간자."

핵심 메시지는 '정숙성'이었다. 당시 국산 중형차 시장은 현대 쏘나타III가 장악하고 있었고, 대우는 레간자로 야심만만하게 도전장을 내민 상황이었다. 조용하고 부드러운 주행감을 강조한 이 광고는 독특한 아이디어와 감각적인 카피로 호평을 받았다. 레간자는 출시 직후 부동의 시장 1위였던 소나타III를 제치며 파란을 일으켰다.

자동차가 빠르게 달리는 상황에 들리는 소리가 개구리 울음뿐이라는 아이디어는 롤스로이스 카피의 영향을 받은 것으로 보인다. 그러나, 이 광고는 거기에서 머물지 않고 창의적인 아이디어를 발전시켰다. 볼륨 게이지를 포함한 여러 가지 장치로 호기심을 자극한 것과 자동차 광고에서 보기 어려운 개구리를 핵심 오브제로 삼은 역발상이 돋보였다. 거기에 정숙성의 이미지를 극대화한 슬로건은 광고의 메시지를 짧고 강력하게 전달했다. 이 광고는 1998년 칸 국제광고제에서 은상을 받았다. 전설적 광고의 반복이나 오마주를 넘어, 창의적 성취를 스스로 증명한 것이다.

右のポケットに夢、左のポケットに辞表
오른쪽 주머니에 꿈, 왼쪽 주머니에 사표

신비노 자바티 스트레이트

1989년에 나온 무가당 홍차 음료 신비노 자바티 스트레이트의 인쇄 광고 카피다. 이 제품은 무가당 홍차라는 새로운 카테고리를 만들며 시장에 나왔다. 인도네시아 자바섬의 홍차 잎을 사용한 이 음료는 '테이블 드링크'라는 독특한 콘셉트를 내세워, 식사와 함께하는 음료로 포지셔닝했다.[2] 이 광고가 등장한 1980년대 말 일본의 차 음료 시장은 이토엔의 우롱차 외에는 존재감 있는 상품이 없었다. 이러한 시기에 자신만의 가치와 개성을 중시하는 젊은 직장인을 타깃으로 이 제품이 등장했다.

이 카피는 직장인의 현실과 이상을 절묘하게 압축했다. 꿈과 사표라는 대비적 단어를 주머니라는 일상 공간에 담아 낸 발상은, 불안과 희망이 공존하는 젊은 직장인들의 심리를 명쾌하게 보여 준다. 꿈을 이루려고 매일 열심히 살면서도, 적성·인간관계·급여 등 여러 가지 이유로 하루에도 몇 번씩 퇴사를 생각하는 일은 보편적인 경험이다. 누구나 마음속에 품어 봤을 법한 심리를 담아냈기에, 젊은 직장인들에게 큰 공감과 해방감을 주었다.

광고에 대한 호응은 수십억 엔의 매출로 이어졌고, 이 제품이 스테디셀러로 자리 잡는 데 크게 기여했다. 이 카피는 광고가 집행된 이후로도 일본 직장 문화와 직장인의 심리를 상징하는 표현으로 오랫동안 인용되었다. 이 한 줄로 1990년 TCC 신인상을 받은 다구치 마코는 프리랜스 카피라이터로 활동하면서 『짧은 것은 정의』短いは正義·『전하는 것은 한 줄』伝わるのは1行 등의 글쓰기 관련 저서를 남겼다. 그는 신인 시절 자신이 쓴 이 카피 한 줄로, 자신의 책 제목이 전하는 메시지를 명쾌하게 증명한다.

Go Forth
앞으로

리바이스

영원한 젊음은 없다. 청춘의 아이콘 제임스 딘은 1931년생이다. 살아 있었으면 100세 시대를 노래하는 노인이었을 것이다. 1970년대 젊음의 상징이었던 세시봉 멤버들도 지하철 무료승차 대상이 된 지 오래다. 1990년대 신인류로 불리웠던 X세대는 후배 세대에게 전형적인 꼰대 부장님일 뿐이다. 젊음의 상징이라는 청바지라고 별 수 있나. 시간이 지나면 이미지가 퇴색하고 늙은 브랜드가 된다. 리바이스가 그랬다.

2000년대 들어 청바지의 대명사였던 리바이스는 트렌드에 뒤떨어졌고, 프리미엄 브랜드와 저가 브랜드의 공세적인 마케팅에 입지가 더욱 좁아졌다. 2009년, 이런 위기 의식 속에 시작한 글로벌 캠페인의 헤드라인이 바로 "앞으로"였다. 리바이스는 거친 다큐 스타일의 TV 광고와 인쇄 광고를 통해 젊음의 자유와 반항을 이미지화했다. 감각적인 영상·도전을 찬양하는 시를 차용한 카피 그리고 "앞으로"라는 선언이 리바이스의 브랜드 정체성을 다시 일깨웠다. 소비자들의 시선도 달라졌다.

이 캠페인의 성공에는 예상치 못한 논란도 한몫했다. 영상과 인쇄 광고에는 시위나 폭동을 연상케 하는 과감한 내용도 포함되어 있었다. 캠페인 직전에 소요 사태를 겪은 영국에서는 혼란을 선동하는 것이 아니냐는 비판과 우려가 쏟아졌다. 그러나, 결과적으로 이러한 논란조차 젊음을 상징하는 메시지를 강화하는 바이럴 효과가 됐다. 브랜드 입장에서 영국 시장에서 캠페인 진행 여부를 두고 고민이 많았을 것이다. 그러나 카피만 "Go Forth"를 채택하는 데 그치지 않고 실제로 "Go Forth" 한 보람이 있었다.

出会いの数だけ乾杯はある
만남의 수만큼 건배가 있다

삿포로 맥주 블랙라벨

2011년부터 시작된 삿포로 맥주 블랙라벨의 「어른 엘리베이터」大人エレベーター 시리즈는 맥주 광고의 새로운 길을 개척한 캠페인으로 평가받으며 10여 년 넘게 지속되고 있다. 이 시리즈는 가족이나 지인과의 교류·맛있는 식사 시간·혼술의 소소한 기쁨·젊음의 열정 등을 보여 주는 전형적인 맥주 광고가 아니다. '어른이 된다는 것'의 의미를 다양한 게스트를 통해 탐구하는 독특한 구조를 지녔다.

캠페인의 주인공은 배우 츠마부키 사토시. 그는 가상의 공간 '어른 엘리베이터'를 타고 층마다 다른 연령대의 유명 인사를 만난다. 광고 속 층수는 게스트의 나이로 설정되어 있다. 이들과 함께 맥주 한 잔을 마시며 인생·성장·후회·기쁨·성취 등 어른의 이야기를 나눈다. 가수 겸 배우 호시노 겐·음악가 사카모토 류이치[3]·영화감독 기타노 다케시 등 여러 세대를 망라한 일본의 대표 문화예술계 인물들이 출연했다.

광고의 마무리는 늘 같은 문장이다. "사람과 사람이 만난다. 아주 단순한 일이지만, 그 만남에서 인생의 모든 것이 시작된다. 만남의 수만큼 건배가 있다." 이 문장은 맥주를 인생의 접점이자 감정의 연결고리로 격상시킨다. 건배는 기념이고 약속이며 위로이고 축하다. 그래서 우리는 만날 때마다, 인생의 장면마다 잔을 든다. 이 캠페인에는 삿포로 맥주가 그 순간을 함께하는 맥주라는 메시지가 녹아 있다.

긴 시간을 이어 오며 이 캠페인은 광고 이상의 의미가 됐다. 시리즈를 통해 소개된 내용이 책으로 출간되었고, SNS에서는 광고 속 대화가 밈으로 회자된다. 광고가 단순한 프로모션을 넘어 하나의 문화 콘텐츠로 진화한 사례.

リスクを冒さないことこそ 最大のリスクだ

리스크를 감수하지 않는 것이야말로 가장 큰 리스크다

UQ모바일

2021년, KDDI 그룹의 서브브랜드 UQ모바일이 방영한 TV 광고 시리즈에 나온 카피다. 이 시리즈는 브랜드명인 UQ모바일에서 착안해 'UQueen'이라는 여왕이 통치하는 왕국에서 벌어지는 에피소드를 다룬다. 절대군주인 여왕이 신하들과 나누는 대화를 통해 모바일 서비스의 특장점을 유머러스하게 소개하는 형식이다. 독특한 세계관과 코믹한 설정을 결합한 이 시리즈는, 자칫 딱딱해지기 쉬운 요금제 커뮤니케이션을 드라마처럼 흥미롭게 풀어냈다.

이 카피는 시리즈의 두 번째 편에 등장했다. 여왕이 파격적인 모바일 요금 정책을 선포하자, 신하들이 "리스크가 너무 큽니다"라며 결정을 만류한다. 그러자 여왕이 단호하게 "리스크를 감수하지 않는 것이야말로 가장 큰 리스크"라며 자신의 결정을 밀어붙인다. 광고가 방영된 당시, 일본 통신사들은 잇달아 저가 요금제를 내놓으며 치열한 경쟁을 벌이고 있었다. UQ모바일은 이 광고를 통해 자사의 정책이 단순한 가격 인하가 아니라, 변화를 두려워하지 않는 혁신의 결괴리는 메시지를 전하고자 했다.

이 캠페인은 작위적인 설정과 과한 유머라는 일부 비판적 의견도 있었지만, 2023년 ACC 어워즈 TV 부문 최종 후보에 올랐고, 2022년과 2023년 연이어 여러 편의 카피가 TCC 카피연감에 등재됐다. 단순히 유머로 눈길을 끈 것이 아니라, 광고의 완성도를 인정받은 것이다. '리스크'를 주제로 한 이 시리즈의 실험 정신은 UQ모바일이 지향하는 젊고 진취적인 브랜드 이미지를 공고히 했다. 리스크를 감수하며 끝까지 밀어붙인 아이디어가 결국 결실을 맺은 셈이다.

누군가의 세상이 타고 있다

아시아나항공

2024년 4월, 아시아나항공이 창립 36주년을 맞아 선보인 브랜드 캠페인의 카피다. 코로나19 팬데믹 이후 회복된 여행 수요와 저가항공사의 성장·대형 항공사의 위기라는 도전적 상황에서 만들어진 광고였다. 기존 항공사 광고가 보여 주던 단순한 서비스 홍보나 전형적인 목적지 홍보를 넘어, 기업의 역사와 철학을 인상적으로 전달하며 고객과의 관계 속에서 브랜드가 갖는 가치를 표현한 작품이다.

영상은 한 소녀가 1988년 아시아나의 첫 국내선 비행에 오르는 장면에서 시작한다. 이후 그녀의 인생 여정을 따라가며 여행·학업·도전·실패와 성공 그리고 가정을 꾸리는 순간까지 차례로 펼쳐진다. 성장의 주요 장면마다 아시아나항공의 역사적 사건이 자연스럽게 교차하며, 개인의 시간과 기업의 시간이 서로 겹친다. 원테이크 촬영 기법으로 연결감을 살린 연출은 소비자의 시선을 사로잡으며 브랜드 메시지를 선명하게 전달했다.

아시아나항공의 역사가 단순히 승객을 운송한 시간의 축적으로 이루어진 것이 아니라, 한 사람 한 사람의 삶과 소중한 순간을 함께 실어 온 것임을 뜻한다. 비행기 안에 타고 있는 것이 하나의 인생이자 하나의 세상이라는 생각이 드러난다. 이는 브랜드가 고객을 바라보는 남다른 시각을 보여 준다. 소비자에게 일방적으로 전달하는 것이 아니라 자연스럽게 공감을 이끌어 낸 카피는 큰 울림을 주었다. 이 광고는 2024년 대한민국 광고대상에서 TV영상 단편 부문과 온라인 영상 숏필름 부문 대상을 차지했다.

그래, 이 맛이야

제일제당 다시다

1975년, 제일제당은 '미원'이 장악하고 있던 국내 조미료 시장에 다시 도전장을 내민다. 한 차례 '미풍'으로 맞섰다가 큰 성과를 내지 못한 제일제당이 천연 재료를 기반으로 한 종합조미료 '다시다'를 개발한 것이다. 이 제품은 출시와 더불어 좋은 반응을 얻었고, 빠르게 시장점유율을 높이며 조미료 시장의 판도를 바꿨다.

1980년대 들어 '고향의 맛'을 콘셉트로 한 광고가 제작되면서, 바로 이 카피는 그리운 어머니의 손맛을 상징하는 문구로 자리 잡았다. 주방에서 요리를 하던 모델이 보글보글 끓는 찌개의 맛을 본 후 고개를 끄덕이며 외친 한마디가 바로 "그래, 이 맛이야"였던 것. 광고 스토리는 예상가능한 평범한 내용이었지만, 모델의 힘과 시너지를 내며 광고의 힘을 증폭시켰다.

모델은 국민엄마 김혜자. 그녀 없이는 이 카피를 떠올리는 게 상상이 되지 않을 정도다. 따뜻한 이미지의 연기자 김혜자의 표정과 목소리는 카피의 느낌을 200퍼센트 이상 전달하며 '다시다=엄마=고향이 맛'이라는 공식을 확고하게 굳혔다. 그녀는 인기 드라마 『전원일기』에서 농촌 대가족집의 어머니 역을 오랫동안 맡아, 국민들의 사랑과 신뢰를 얻고 있었기에 '고향의 맛'이라는 콘셉트를 구현할 완벽한 모델이었다.

김혜자는 1975년 제품이 출시될 때부터 2002년까지 무려 27년간 다시다의 광고 모델로 활동하며, 국내 최장수 CF 모델로 기네스북에 오르기도 했다. 다시다가 장수 브랜드가 될 수 있었던 것은 제품력뿐 아니라, 시대의 감성을 정확히 읽은 카피와 그 카피를 완벽하게 전달한 모델의 힘을 잘 활용한 마케팅의 공도 컸다.

恋が着せ、愛が脱がせる
연애가 입게 하고, 사랑이 벗게 한다

이세탄 백화점

이 카피는 1989년, 일본 이세탄 백화점의 포스터에 등장했다. 연애와 사랑의 심리 변화를 옷에 빗대어 표현한 명작이다. 연애 초기는 상대방에게 좋은 인상을 주고 싶어 자신을 꾸미는 시기다. 자신을 돋보이게 할 옷을 찾아 입는다. 반대로 사랑이 깊어지면 화려한 옷이나 꾸밈을 넘어, 가장 자연스럽고 편안한 모습을 드러내게 된다. 이것을 '사랑이 벗게 한다'고 표현하여, 관능적인 사랑에 대한 상상력까지 자극한다.

이 광고가 나온 1980년대 후반은 일본 버블경제의 절정기였다. 소비력이 정점에 달하며 젊은 여성들이 패션 시장의 핵심 주체로 부상했고, 백화점은 트렌드의 중심지로 기능했다. 유명 백화점들은 감각적인 이미지와 카피의 광고로 화제를 모으며 치열한 경쟁을 벌였다. 이세탄은 서양인 모델들을 내세워 고급스러운 비주얼에 시적인 카피를 결합해, 패션을 통해 세련된 라이프스타일과 감성을 제공하는 브랜드로서 차별적 이미지를 구축했다. 이 카피는 이세탄 백화점의 크리에이티브 전략의 정점에 있었다.

패션을 대하는 인간의 마음을 순수한 사랑과 관능적 감각 사이의 감성으로 표현한 이 문학적 카피는 발표와 더불어 큰 화제가 되었고, TCC 부문상을 수상하는 등 작품성까지 인정받았다. 세월이 흘러도 여전히 패션과 사랑 그리고 인간의 솔직한 마음을 꿰뚫는 통찰이라는 평가와 함께, 일본 광고의 전설 중 하나로 손꼽힌다.

가나와 함께라면
고독마저도 감미롭다

롯데제과 가나초콜릿

유통·쇼핑·과자·껌·롯데월드·일본·자이언츠……. 롯데라는 이름에서 자연스럽게 떠오르는 단어들이다. 지금의 이미지와는 다소 거리감이 느껴지지만 롯데는 사실 문학적인 DNA를 지닌 기업이다. 젊은 시절 문학 청년이었던 롯데그룹의 창업주 신격호 전 회장이 괴테의 소설 『젊은 베르테르의 슬픔』의 여주인공 샤롯데의 이름에서 기업명을 따온 것은 유명한 일화이다.

신 전 회장은 가나 초콜릿의 광고 카피를 만들 때도 직접 관여했다고 한다. "고독마저도 감미롭다"라는 카피는 핵심 소비자인 10대 소녀들의 감수성을 건드리며, 가나초콜릿을 진한 단맛의 제과가 아니라 청춘을 대변하는 상징으로 탈바꿈시켰다. 이 카피가 등장한 1984년의 TV 광고 모델은 배우 채시라였다. 통나무집의 나무 계단에 앉아 책장을 넘기던 그녀가 우수에 찬 표정으로 초콜릿 조각을 입에 넣는 장면은 감미로운 고독 그 자체였다. 17세의 청순한 소녀는 이 광고로 일약 스타덤에 올랐다. 이 광고를 시청한 수많은 당대의 소녀들은 초콜릿을 입에 넣으면서, 광고 속 문학소녀가 된 듯한 기분을 만끽했다.

가나초콜릿이 만든 10대 소녀적 감성은 경쟁 제품인 허쉬초콜릿의 광고에도 영향을 끼쳤다. 미국 브랜드인 허쉬초콜릿은 롯데제과의 경쟁사인 해태제과에서 판매하며 광고를 만들었다. 역시 10대 소녀였던 배우 김혜수가 등장한 광고는 감미로운 음악과 함께 10대 소녀를 타깃으로 청춘 감성을 자극했다. 가나와 허쉬의 경쟁 구도는 채시라와 김혜수의 이미지 경쟁으로 소비자들을 유혹했다. 그야말로 경쟁마저 감미로운 1980년대였다.

Where there's life, there's bud
인생이 있는 곳에 버드가 있다

버드와이저

'맥'·'코크'·'쉐비'의 공통점? 모두 특정 브랜드의 애칭이라는 것. 각각 매킨토시·코카콜라·쉐보레를 뜻한다. 브랜드를 애칭으로 부른다는 건 단순한 줄임말 이상의 의미로, 브랜드와 소비자 사이의 거리감이 허물어졌다는 신호. 친근한 이름으로 불리운다는 건, 브랜드가 사람들의 일상 속에 자연스럽게 자리 잡았다는 뜻이 된다. 이렇게 애칭으로 불리는 맥주 브랜드가 있다. '버드'Bud, 버드와이저다.

1957년, '버드'라는 이름이 버드와이저의 공식 광고에 처음 등장했다. "인생이 있는 곳에 버드가 있다"라는 이 카피는 소비자들의 삶 속에 버드와이저가 늘 함께 한다는 선언이었다. 물론, 이 문장이 의미가 있는 것은 소비자들이 불러 주는 애칭을 사용했기 때문만은 아니다. 이 카피는 버드와이저의 시각이 제품 중심에서 소비자 중심으로 변화하는 것을 보여 준다.

버드와이저가 1890년대부터 1950년대까지 80여 년간 사용한 슬로건에는 모두 "병맥주의 왕"King of Bottled Beer이라는 표현이 등장한다. 여기에 브랜드의 자신감은 드러나 있지만, 소비자와의 관계는 보이지 않는다. 새로운 카피에는 '왕'이란 단어가 빠져 있다. 이 슬로건은 버드와이저가 소비자의 삶 속으로 안테나를 세우며 건넨 첫 인사인 셈이었다. 최고의 맥주가 아니라 곁에 있는 존재로서 가치를 이야기한 것이다.

'왕'이란 단어가 빠진 이 카피를 소개한 해에 버드와이저는 슐리츠를 제치고 미국 판매 1위를 기록했다.[4] 진짜 '왕'이 되는 데 필요한 것은 '왕'이라는 단어가 아니었다.

そうだ 京都、行こう
그래, 교토에 가자

JR도카이 캠페인

1993년에 시작한 광고 캠페인이 30년 넘게 이어지고 있다. 예전에 히트한 광고 카피를 시간이 흘러 다시 사용하는 경우는 더러 있지만, 동일한 포맷의 광고가 몇십 년 이어지는 것은 이례적이다. 사실상 기적에 가깝다. 경외심마저 든다.

「그래, 교토에 가자」는 일본의 철도회사 JR도카이가 신칸센을 타고 오는 관광객을 유치하고자 시작한 광고 캠페인이다. 대부분 등장하는 모델 없이 교토 특정한 장소의 풍광이나 명승지를 계절마다 보여 주는 단순한 구성이다. 그러나, 아름다운 영상미와 공감을 자아내는 시적인 카피가 어우러진 광고물은 한 편 한 편이 예술작품과도 같다. 아무리 보아도 질리지 않는다.

수준 높은 크리에이티브 디렉터·카피라이터·감독·성우 등이 바뀌지 않고 최소한 10여 년 이상 캠페인을 함께 하는 것이 캠페인의 질을 계속 유지하는 비결인 듯하다. 물론 일관된 캠페인을 30년간 진행시킨 광고주의 힘이기도 하다.

현대의 매체 환경은 광고 한 편이 1개월 이상 호가를 내기 어렵다. 하루 정도 쓰고 마는 온라인 광고가 범람하는 때이기에 이 캠페인의 가치는 더욱 빛난다. 일본에서 발간된 수많은 전문 서적이 일본 광고를 대표하는 카피로 이 문장을 꼽는 것은 당연한 일이다. 2024년에는 『「그래, 교토에 가자」가 오래 지속되는 이유』「そうだ 京都、行こう。」が長く続くわけ라는 책까지 출간됐다.

때와 장소를 가리지 않습니다

SK텔레콤 스피드011

건물 지하 깊은 곳의 범죄 현장을 덮치고자 투입된 두 형사. 극도로 긴장하며 조심스레 잠입하던 중 갑자기 울려 퍼지는 휴대전화 벨소리에 상황은 아찔해진다. 한편, 아프리카의 사파리 여행 중인 두 사람은 차에서 내려 구경을 마치고 복귀하는 길이다. 차 앞에서 잠들어 있는 사자를 발견한 두 사람이 숨죽이고 까치발로 잠든 맹수 앞을 지나간다. 성공 직전에 울려대는 벨소리에 줄행랑치는 두 사람. 차라리 안 울렸으면 좋을 순간에도 핸드폰은 때와 장소를 가리지 않고 야속하게 잘도 터진다.

1996년, SK텔레콤이 선보인 이 카피는 통화 품질과 연결 안정성이 최대 관심사였던 당시 소비자들의 니즈를 정확히 공략했다. SK텔레콤은 전국적으로 안정적인 통화를 제공하는 800메가헤르츠 황금 주파수를 보유했고, 그 기술적 자신감이 이 카피에 응축되었다. 단순한 기능 설명을 넘어 유머와 반전을 가미한 스토리텔링의 광고에 딱 맞는 광고 카피는 소비자의 뇌리에 깊이 각인되었다.

이 시리즈는 소비자들이 다음 편을 기다릴 정도로 큰 인기를 끌면서 광고 자체가 하나의 콘텐츠로 소비되는 시대적 변화를 예고했다. 「스피드011」 캠페인은 브랜드 인지도 상승과 시장점유율 확대에 기여했을 뿐 아니라, SK텔레콤이 업계 리더 자리를 굳히는 데 큰 역할을 했다. 이 한 줄은 1990년대 후반을 대표하는 이동통신 광고 카피 중 하나로 손꼽힌다.

It's Miller Time
지금은 밀러 타임

밀러

"한잔 할까?"를 대신할 수 있는 미국식 표현 중에는 "It's Miller Time"이 있다. 이것은 퇴근 후, 일터를 나와 맥주를 마시는 그 순간을 말한다. 그 기원은 50여 년 전인 1970년으로 거슬러 올라간다.

밀러는 오랫동안 '병맥주의 샴페인'이라는 콘셉트로 고소득층·여성 등을 타깃으로 프리미엄 이미지를 구축했지만 오랜 침체에 시달리고 있었다. 1970년 다국적 담배기업 필립 모리스가 밀러 브루잉 컴퍼니를 인수하면서 변화가 시작됐다. 그들은 소비자 조사를 통해 젊은 블루칼라 남성들의 맥주 소비량이 가장 많다는 것을 파악하고, 이들을 대상으로 한 대대적인 광고 캠페인을 전개했다. 광고에는 고된 하루의 노동을 마친 철도노동자·소방관·어부 등이 등장했다. 하루의 일과를 마친 후 밀러 맥주를 마시며 행복해하는 모습이 정겨운 음악과 함께 반복됐다. 블루칼라의 하루를 보상하는 '소확행'이었던 셈이다.

이 캠페인은 큰 성공을 거뒀다. 7-8위권에 머무르던 밀러의 시장 점유율이 상승하며 선두권으로 치고 올라갔다. 1970년부터 1978년 사이에 판매량이 네 배 가까이 증가하며 1위인 버드와이저를 위협하는 수준까지 추격하게 되었다.[5] 이는 미국 맥주 시장에서 가장 드라마틱한 성공 중 하나로 평가된다.

성공은 비즈니스에 국한되지 않았다. "밀러 타임"이란 말 자체가 유행하며 퇴근 후 술자리 혹은 휴식을 뜻하는 고유명사가 되었다. 만화·코미디·영화 등에서 수차례 패러디되며 문화적 의미까지 가지게 됐다. 브랜드 네임이 광고를 통해 대중의 일상 언어와 문화에 스며들어 영향을 끼친 대표적 사례이다.

こんにちは土曜日くん
안녕, 토요일군

이세탄 백화점

호수 위 나무 다리에 앉아 낚싯대를 드리운 가족의 모습. 나란히 앉은 이들의 표정은 여유와 따뜻함으로 가득하다. 또 다른 광고에서는 주말을 맞이해 즐거운 시간을 보내는 사람들의 다채로운 모습이 담겨 있다. 그 위에 쓰인 헤드라인은 "안녕, 토요일군"이었다. 토요일이 가져다 준 즐거움과 기대감을 그대로 드러낸 이미지와 카피다. 이 단순한 한마디는 당시 일본 사회가 맞이한 새로운 생활 문화를 상징적으로 담아냈다.

이 카피가 등장한 1972년은 일본 사회에 주 5일 근무제가 막 논의되기 시작한 시기였다. 이미 빠르게 도입한 회사도 있었지만, 여전히 토요일에 근무하는 기업도 많았던 과도기였다. 그 변화의 순간을 포착해 토요일이라는 요일을 '군'くん이라 부르며 친근하게 의인화한 발상이 소비자들에게 신선하게 다가왔다. '군'은 일본어에서 또래나 아랫사람, 특히 남성을 친근하게 부를 때 쓰는 호칭으로 따뜻하고 가벼운 뉘앙스를 지녔다. 토요일이 단순히 달력의 한 칸이 아니라, 기다려지는 친구처럼 다가온다는 설렘을 전한다.

이 광고는 가족이 함께하는 여유로운 풍경을 통해 이세탄을 새로운 라이프스타일을 제안하는 백화점으로 자리매김시켰다. 토요일에게 인사한다는 발상은 곧 주말 여가를 즐기며 삶을 풍요롭게 하자는 제안이기도 했다. 사회가 변화하는 문턱에서 소비자의 마음을 읽고 기대감을 자극한 이 광고 시리즈는 1972년 아사히광고상 등을 받으며 시대와 호흡한 광고로 인정받았다.

그녀는 프로다
프로는 아름답다

신원 에벤에셀 베스띠벨리

1990년대는 여성의 사회 진출이 더욱 가속화되던 시기였다. 그러나 사회적 인식은 몇십 년 전의 상태에서 머물러 있었다. 특히, 패션 광고 속에 등장하는 여성은 타인(주로 남성)을 의식해 자신을 꾸미거나, 사회적으로 규정된 미의 기준에 자신을 맞추며 만족하거나 도취되는 모습으로 표현되곤 했다. 신원 에벤에셀의 여성복 브랜드 베스띠벨리는 당시의 패션 광고들이 보여 주던 전형적인 여성상에서 벗어나, 자신의 일에 자부심을 지니고 몰입하는 프로페셔널한 여성을 주인공으로 내세웠다.

여러 편의 광고는 전속 모델이었던 배우 채시라를 통해 '프로다운' 여성의 모습을 구체화했다. 사무실에서 서류를 검토하며 작업에 열중하는 모습·회의를 능동적으로 이끄는 모습·외부 이벤트 현장에서 스태프를 지휘하는 모습 등. 그녀는 사무실의 '꽃'이 아닌, 진정한 전문가로 그려졌다. 이 카피는 단지 직업을 가진 여성이 아니라, 자신의 일을 능숙하게 해 내는 능력 있는 여성의 삶과 가능성을 향한 응원이었다.

이 카피는 광고가 종료된 이후에도 카피를 쓴 최인아 전 제일기획 부사장의 활약이 언론을 통해 알려질 때마다 다시 언급되며 사람들의 사랑을 받고 있다. 그녀는 광고인으로서도 경영인으로서도 큰 족적을 남겼고, 자신의 이름을 건 '최인아책방'을 운영하는 문화 사업가로도 주목받았다. 자신이 쓴 카피를 자신의 삶으로 다시 써 내는 중이다.

You're Not You
When You're Hungry
출출할 때 넌, 네가 아니야

스니커즈

진흙탕에서 미식축구 연습을 하는 청년들 무리에 뛰기는커녕 걷는 것도 힘들어 보이는 백발의 할머니가 눈에 띈다. 청년들에게 태클을 당하며 공을 놓치는 등 지지부진하자 동료가 핀잔을 한다. "마이크! 너 지금 꼭 베티 화이트 같아!" 맞다. 그 할머니가 88세의 코미디언 겸 배우 베티 화이트다. 여자 친구가 달려와 건네는 초코바를 한 입 베어 물자 베티 화이트가 갑자기 20대의 건장한 남자 마이크로 돌아와 활기차게 연습에 복귀한다. 이때 "출출할 때 넌, 네가 아니야"라는 카피가 단독 자막으로 등장한다.

2010년 슈퍼볼에서 방영된 스니커즈의 TV 광고였다. 당시 스니커즈는 여전히 1위 브랜드였으나 경쟁 브랜드가 빠르게 치고 올라오면서, 초코바 시장의 리더 자리를 위협받고 있었다. 이 광고는 시장의 분위기를 단번에 반전시키는 터닝포인트가 됐다. 이 작품이 히트하면서 후속 광고가 연이어 제작됐다. 캠페인은 전 세계로 확장되어 각국의 문화에 맞게 현지화되었고, 한국에서는 구하라·추성훈·걸그룹 시스타 등이 모델로 나섰다. 캠페인이 전개되면서 글로벌 시장의 매출이 15.9퍼센트 증가하는 등 성과가 뚜렷하게 나타났다.[6]

이 카피는 경쾌하다. 짧은 문장 안에 '너'You가 세 번 반복되면서 자연스러운 리듬과 운율을 형성해 주목을 끈다. 이 카피는 유쾌하다. 배가 고파지면 유독 힘들어하며 평소의 컨디션을 유지하지 못하는 많은 이의 공감을 재미있는 비유로 표현했다. 기발한 아이디어와 인사이트 있는 좋은 카피가 만나 시너지를 낸 좋은 사례 중 하나다.

初恋の味
첫사랑의 맛

칼피스

무려 100년 전의 카피다. 이 카피는 1922년, 일본의 신문광고에 처음 등장했다. 발매 초기 칼피스는 위와 장에 좋은 영양 음료라는 기능적 이미지로 알려졌다. 그러나 이 한 줄이 붙으면서, 단순한 건강 음료에서 감성을 자극하는 음료로 탈바꿈했다. 달콤하면서도 새콤한 칼피스의 맛을 '첫사랑'에 빗댄 것이 완벽하게 들어맞은 것이다.

첫사랑은 누구나 공유하는 기억이자 순수함의 상징이다. 제품의 맛을 직접 설명하지 않고, 감정과 경험을 불러일으키는 단어로 설렘을 표현한 이 카피가 당시로서는 꽤 파격적인 사건이 됐다. 1920년대 초 일본은 여전히 보수적 가치관이 강하면서도, 한편으로는 근대적 자유사상과 낭만적 분위기가 확산되는 과도기였다. 오사카에서 '선정적인 문구'라고 경찰에 신고가 되는 등 첫사랑이라는 표현이 논란이 되기도 했지만 젊은 세대들은 신선하고 매혹적인 이 표현에 폭발적으로 반응했다. 이 카피는 빠르게 퍼져 전국적으로 화제가 되었고, 곧 칼피스는 첫사랑의 상징으로 자리 잡았다.

이 카피는 칼피스를 단기간에 국민 음료의 반열에 올려놓았고, 그 이후로도 수십 년간 사용되었다. 지금은 유치원생도 말하는 '첫사랑'이 100년 전에는 공공연하게 꺼낼 수 없는 단어였다는 것이 시대의 변화를 느끼게 한다. 하지만, 그때나 지금이나 사람들의 가슴을 설레게 하는 아련하고 상큼한 단어인 것은 변함이 없다.

The man in the Hathaway shirt
해서웨이 셔츠를 입은 사나이

해서웨이

1951년 9월22일, 훗날 광고계의 전설로 남을 인쇄 광고 한 편이 『뉴요커』에 실렸다. 광고에는 양장점에서 옷을 맞추고 있는 한 남자의 모습이 등장한다. 수염을 단정히 기르고, 흰 드레스셔츠에 넥타이를 맨 채 어딘가를 응시하고 있다. 그런데 그의 왼쪽 눈에는 정체불명의 검은 안대가 씌워져 있었다. 그리고 그 아래엔 짧은 한 줄의 헤드라인이 적혀 있다. "해서웨이 셔츠를 입은 사나이."

이 카피는 오길비의 작품이다. 당시 해서웨이 셔츠는 오랜 역사를 지녔지만 무명의 작은 로컬 브랜드에 불과했다. 광고 예산은 3만 달러. 전국적 캠페인을 진행하기에는 턱없이 부족한 금액이었다. 오길비는 정체 모를 안대를 씌운 남성을 등장시키는 기발한 전략으로 주목을 끌었다. "무언가 사연이 있을 것 같은 남자" "일반적인 셔츠 광고와는 다른 분위기"가 소비자의 상상력을 자극했다.

실제 광고에 등장한 남자는 눈이 멀쩡한 러시아계 모델이었다. 그가 착용한 안대는 사진 촬영 당일, 광고에 스토리텔링을 입히고 싶은 오길비가 촬영장에 가는 길에 잡화점에서 사전 계획 없이 5센트를 주고 구입한 것이었다. 애꾸눈을 한 귀족적인 남자의 모습은 소비자들의 호기심을 자극하기에 충분했다. 그리고 특별한 설명 없이 절제된 채 배치된 헤드라인은 개성적인 이미지와 어우러지며 더욱 독자의 궁금증을 자아냈다.

이 광고는 크게 인기를 끌었고, 게재 일주일 만에 셔츠 재고가 동났다. 『포천』·『타임』·『라이프』 등 언론의 인터뷰가 쇄도하며 홍보 효과는 극대화됐고, 판매량은 급상승했다. 결국 이 광고를 통해 해서웨이는 미국에서 두 번째로 큰 셔츠 제조회사로 발돋움했다.[7]

늘 남의 편만 들어서
남편이라 부르나 봅니다

SK그룹 기업

SK그룹은 2009년부터 3년간 「당신이 행복입니다」 캠페인을 전개했다. 이 시리즈는 SK 브랜드의 핵심 가치인 '행복'을 영상 언어로 표현하며 호평을 받았다. 각 영상은 유명한 연예인 모델 없이 일상에서 누구라도 경험할 법한 평범한 순간을 그려 냈다. 부모와 자식·부부·친구 등 다양한 관계에서 벌어지는 에피소드가 각 광고의 소재가 됐다.

이 카피가 나온 광고는 부부 편이다. 광고 속 남편은 시댁에선 어머니 편·모임에선 친구 편·아이 야단칠 때는 아이 편을 들면서 부인을 서운하게 한다. 각 상황이 보여지고 나면, 아내의 마음을 담아 이 카피가 자막과 함께 등장한다. 광고의 후반부에는 아내가 친정어머니와 전화 통화를 하다가, 남편이 말없이 처가를 챙긴 사실을 발견한다. "하지만 마음만은 늘 내 편인 사람"이라는 내레이션이 이어지고, 무심히 신문을 보는 남편 얼굴과 함께 영상이 마무리된다.

평소에 살갑게 잘해 주진 않지만, 마음속으로는 늘 챙겨 주고 결정적인 순간에 내 편이 되어 주는 평범한 남편의 모습이 잘 그려져 있다. 이 카피는 그런 모습을 강조하기 위한 '빌드업'으로 쓰였다. '남의 편만 들어서 남편'이라는 세간의 농담을 카피로 가져온 것이다. 특별한 문장의 기교나 수사 없이, 소비자의 언어를 차용하여 핵심 메시지를 극대화시켜 공감을 이끌어 냈다.

좋은 카피를 발견할 수 있는 곳은 다양하다. 꽤 많은 경우는 소비자들의 생활과 이야기 속에 있다.

여자의 변신은 무죄

금강제화 르느와르

이 카피는 1980년대 중반, 금강제화의 숙녀화 브랜드 르느와르 광고에서 나왔다. 짧지만 강렬한 이 문장은 '무죄'라는 단어의 의외성과 도발적인 어감 덕분에 단숨에 각인됐다. 흔히 화장품 광고의 문구로 오해되지만, 실제로는 구두 광고에서 처음 등장했다. 1980년대는 금강제화·에스콰이어·엘칸토 등 대형 제화업체들의 전성기로, 그들이 패션 광고의 한 축을 담당했다.

광고의 모델은 배우 김미숙이었다. 평소 단아하고 조신한 이미지로 사랑받던 그녀는 광고 속에서 화려하게 꾸민 도회적인 모습으로 변신했다. 단아한 여배우의 파격적인 스타일 변화는 시청자의 시선을 사로잡았고, "변신은 무죄"라는 메시지에 완벽하게 들어맞았다.

1980년대는 여성의 사회 진출이 늘고 자아 표현에 대한 욕구가 커지던 시기였다. 이 광고는 그러한 시대적 흐름을 정확히 포착했고, 아름다워지고자 하는 욕망을 당당하게 인정하는 문장은 여성 소비자들에게 큰 반향을 일으켰다.

이 한 줄은 단순한 광고 문구를 넘어, 여성의 이미지 변화를 나타내는 일상적 표현으로 자리 잡았다. 주로 과거와 달리 크게 세련되고 아름다워진 현재 모습을 강조하는 말로 쓰인다. 지금도 포털에 '여자의 변신은 무죄'를 검색하면, 아나운서·가수·배우 등 유명인들의 과거와 현재 사진을 비교한 기사와 영상 콘텐츠가 쏟아진다. 이 헤드라인이 붙은 콘텐츠에 거론되는 유명인들 입장에서는 '흑역사'가 다시 조명되어 달갑지 않을 수 있겠지만, 좋은 카피가 오랫동안 살아남아 시대의 언어가 된 것은 '무죄'다.

나이는 숫자에 불과하다

KTF

대학 강의실에 노신사가 들어오자, 학생들이 빠르게 자리에 앉는다. 그런데 강단에 서지 않고 학생들 쪽으로 이동하는 노신사를 바라보며 학생들이 어리둥절해 한다. 노신사가 학생들 사이에 앉고, 젊은 교수가 등장하고 나서야 상황이 이해된다. 교수의 아버지뻘쯤 되어 보이는 노학생의 당당한 모습 위로 이 카피와 내레이션이 등장한다.

2002년에 방영된 이동통신 브랜드 KTF의 「KTF적 생각」 캠페인의 광고였다. KTF는 치열한 경쟁 환경에서 기술이나 상품의 특징이 아닌 기업 철학을 메시지로 브랜드의 혁신적 이미지를 구축하는 전략을 택했다. 당시만 해도 나이 중심의 서열 문화의 영향이 여전히 강하던 때였고, 디지털과 모바일은 젊은 세대의 전유물처럼 여겨졌다. 고정관념을 깨는 앞선 생각을 유쾌한 에피소드로 전한 광고는 단숨에 화제가 되었다. "나이는 숫자에 불과하다"는 카피는 일상 언어 속 관용 표현이 되어, 지금도 나이와 상관없이 한계나 편견에 도전하는 삶을 응원하는 슬로건 역할을 한다.

광고의 인기는 예상치 않게 KTF의 채용 정책에 대한 문제 제기로 이어졌다. 신입사원 지원에 28세로 나이 제한을 두고 있었기 때문이다. 비판 여론이 커지자 결국 KTF는 연령 제한을 철폐했고, 광고가 기업의 제도와 사회 관습의 변화까지 이끌어 내는 영향력이 있음을 보여 주는 사례가 됐다.

스물일곱, 너무 어리지도
늙지도 않은 아주 매력적인 나이지

엔프라니

이제까지 본 적 없는 신비한 분위기의 여자 모델의 얼굴이 클로즈업된다. 특별한 스토리도 없이 담긴 그녀의 모습 위에 세상을 관조하는 듯한 성우의 목소리로 이 카피가 흐른다. 소비자들의 눈길을 단번에 사로잡은 모델은 신인배우 신애였다. 그녀는 15초 만에 강한 인상을 남기며 단숨에 CF스타로 떠올랐다.

이 카피는 CJ그룹이 2000년에 론칭한 화장품 브랜드 엔프라니의 광고에 등장한다. 인생에서 가장 아름다운 시기로 여겨지는 20대, 특히 27세 전후 직장 여성을 정조준했다. 당시 국내 화장품 시장은 20대 초반이나 30대 이상을 타깃으로 삼는 브랜드들이 대부분이었고, 20대 중후반의 소비자들이 정서적으로 공감할 브랜드는 찾기 어려웠다. 20대 후반으로 나이대를 세분화해 시장을 창출한 전략이 적중했다. 엔프라니는 론칭 3년 만에 매출 400억 원을 기록하며, 단숨에 화장품 업계의 중요 브랜드로 자리매김했다.

이 카피의 성공은 그동안 광고에서 거론된 적 없는 27살이라는 나이를 콕 집은 것에서 시작했다. 소비자에게 신선하게 느껴지면서도 그들의 공감을 자아내면서, 광고의 전략을 언어로 완성한 것이다. 이 카피는 20대의 젊음과 아름다움을 선망하는 심리를 건드린 슬로건 "20대여 영원하라"와 시너지를 일으켰다. 그래서 20대 후반뿐 아니라 30대 소비자까지 사로잡을 수 있었다. 이 문장은 나이라는 숫자에 갇힌 욕망을 끌어내는 데 성공했다. 광고가 막을 내린 것은 20여 년이 지났지만, 20대 피부를 꿈꾸는 소비자들의 심리는 막을 내리지 않는다.

愛とか、勇気とか、
見えないものを乗せている

사랑이라든가, 용기라든가,
보이지 않는 것을 태우고 있다

JR규슈

이 카피를 쓴 나카하타 다카시의 별명은 '카피라이터의 신'이다. 처음 기사를 접했을 때는 아무리 카피를 잘 써도 이런 별명이 붙을 수 있을까 의아했다. 그러나, 카피 연감에 실린 그의 카피가 800편이 넘는다는 것을 알게 된 후 고개를 끄덕이게 됐다. 평생 쓴 카피가 아니라, 매년 발표된 카피 중 최고의 카피들만 등재되는 연감에 기록된 것만 그만큼이란 뜻이다.

이 카피가 실린 TV 광고에는 특별한 스토리가 없다. 새벽을 뚫고 철로 위를 달리는 기차의 모습뿐이다. 그리고 낮은 목소리로 담담하게 읽는 카피 한 줄이 전부다. 이 카피는 기업 PR을 위한 것이지만, 철도운송업에 종사하는 JR규슈 직원들을 향한 메시지이기도 했다고 한다.

이 카피에는 열차에 탄 승객과 화물이 단지 일정한 운임을 받고 특정 장소로 이동시킬 대상이 아니라는 생각이 담겨 있다. 성공을 기야하며 먼 길을 떠나는 젊은이의 꿈도 타고 있을지 모른다. 가족의 생계를 위해 나선 어느 가장의 절실한 다짐도, 사랑하는 사람을 만나려고 설레는 길을 나선 연인의 마음도 타고 있을 것이다. 그렇게 생각하면, 직원들의 마음가짐도 달라지리라 생각한 것이다.

모두가 눈앞에 드러나는 실체에 매달릴 때, 보이지 않는 것을 떠올리는 남다른 생각법이 '카피의 신'을 만들었을지 모른다. 좋은 카피는 멋진 '글빨'로 쓰는 게 아님을 보여 주는 '신'의 선물이다.

Connecting People
사람을 연결하다

노키아

핀란드의 통신전문 기업 노키아가 전 세계 휴대전화 시장에서 두 각을 나타내던 시절의 슬로건이다. 단 두 단어로 이루어진 이 카피 는 업의 본질을 명확하게 제시한다. 휴대폰을 매개로 통화를 연결 하는 것은 사람과 사람을 연결하는 것이며, 결국 통신 기술로 인간 이 관계를 이루며 살아가는 현대 사회에서 핵심적인 역할을 하겠다 는 것이다. 2001년 『비즈니스 위크』와 『인터브랜드』가 선정한 세계 100대 슬로건 중 5위에 올랐다. 글로벌 휴대폰 시장의 1/3 가량을 차지하며 모바일 세상을 주도하던 노키아의 위상이 고스란히 반영 되어 있다.

그러나 2007년, 세상을 완전히 바꿔 놓은 스마트폰의 등장은 노 키아의 운명도 바꿔 버렸다. 세상의 변화를 따라잡지 못한 노키아 는 빠르게 추락했고, 2014년에는 결국 휴대전화 사업부를 마이크로 소프트에 매각하며 시장에서 철수했다. 기술로 사람을 연결하겠다 던 기업이 기술 변화를 따라가지 못해 사람들과의 연결이 끊어진 것 이다.

노키아는 원래 19세기 중반 제지회사로 출발했다. 이후 전력·고 무·전자·통신으로 끊임없이 변신하며 시대의 변화를 견뎠다. 휴대 전화 사업에서 철수한 뒤에는 5G 네트워크와 통신 인프라를 통해 도시와 산업·사람과 데이터를 잇는 기업으로 재도약하여 세계적 강 자로 군림하고 있다. 실패를 인정하고 강점을 잘 살려 부활한 것이 다. 더 이상 이 슬로건을 사용하진 않지만, 노키아는 여전히 사람들 을 연결하고 있다. 과거의 유산과 현재의 가능성을 미래와 잘 연결 하는 것이 노키아의 진짜 능력이었다.

3월

정복당할 것인가
정복할 것인가

프로스펙스

서울 압구정의 거리 한복판을 발랄하게 지나다니는 젊은이들 사이에 치마저고리 차림으로 '정신대' 어깨띠를 맨 여성의 서 있다. "역사는 되풀이될 수 있다"라는 비장한 성우의 내레이션에 맞춰 "세계 경제 전쟁 시대에 정신과 경제를 튼튼히 해야 한다"라는 자막이 흐른다.

공익광고가 아니다. 1994년에 선보인 국산 스포츠 브랜드 프로스펙스의 브랜드 광고다. 이 광고가 집행된 1990년대 초중반, 한국 스포츠용품 시장은 나이키·아디다스·리복 등 글로벌 브랜드의 공세로 요동치고 있었다. 프로스펙스는 단순한 품질 경쟁을 넘어 '국산을 살리자'는 메시지로 소비자에게 감정적 선택을 호소했다. 외국 브랜드의 공세에 맞서 경쟁하던 자사 브랜드를 민족의 자존심과 병치한 대담한 전략이었다. 특히, 민족의 아픔인 일본군 '위안부'(정신대)를 내세우면서 큰 논란이 될 것을 각오한 선택이었다.

예상대로 광고는 나오자마자 큰 반향을 일으켰다. 애국심을 고취하는 내용에 극찬하는 소비자도 있었지만, 일본군 '위안부' 이슈를 광고에 내세운 것에 대한 부정적인 의견도 만만치 않았다. 높은 화제성과 논쟁 속에서 광고는 소기의 성과를 거뒀지만, 결과적으로 외국 브랜드의 '침공'을 막아내지는 못했다. 2020년대에 들어 프로스펙스의 시장점유율이나 선호도 등의 지표는 매우 미미한 수준에 그치고 있다. 1990년대의 시점에서 보면 대한민국이 정복당한 것일지 모르지만, 역사는 그렇게 쉽게 되풀이 되진 않을 것이라 믿고 싶다.

Where there's a man, there's a Marlboro
남자가 있는 곳에, 말보로가 있다

필립모리스 말보로

말보로는 강한 남자의 상징이다. 카우보이 모자를 쓰고 묵묵히 말보로 담배를 문 모습은 전 세계 터프가이들의 롤모델이었다. 그런 말보로가 실은 1950년대 초반까지만 해도 여성용 담배로 인식되었다. 당시 광고를 보면 지금은 상상도 할 수 없는 장면이 등장한다. 통통한 볼살의 아기가 말풍선을 통해 이렇게 말한다. "엄마, 저 혼내기 전에 말보로 한 대 피우세요."

1950년대 들어 말보로는 미미한 여성 흡연자 시장에서 벗어나 남성에게 어필하려고 했다. 그러나 경쟁 브랜드와 남자들은 말보로를 여성용·게이용 담배라며 폄하했다. 말보로는 강력한 남성성을 부각하고자 카우보이를 모델로 캠페인을 시작했다. 1954년에 시작해 2류 담배를 세계 1위 브랜드로 성장시킨 「말보로 맨」 캠페인이다. 미국의 담배 광고 규제로 광고 속에 인물이 등장하는 것을 막은 1999년까지 무려 45년간 지속되며, 담배 마케팅 사상 최고의 광고 시리즈로 평가받았다.

이 카피는 1950년대 「말보로 맨」 캠페인의 초기에 사용됐다. 담배를 흡연이라는 행위가 아니라 정체성과 라이프스타일로 소구한 말보로 맨 그 자체가 담겨 있다. 하지만, 마냥 좋은 평가만 하기에는 어딘가 석연치 않다. 가장 성공적인 담배 광고의 카피라는 것은 관점에 따라서는 인류에게 가장 많은 해악을 끼친 문장이라는 뜻이기도 하니까. 심지어 말보로 맨도 그 피해를 피하지 못했다. 역대 말보로 맨 모델 중 최소 다섯 명 이상이 폐암으로 사망했다고 한다.[1]

같이의 가치

이 카피는 2009년, 농협이 선보인 새로운 브랜드 슬로건이다. 당시 농협은 금융지주와 경제지주 분리를 앞둔 구조 개편을 준비 중이었다. 금융·유통 시장은 치열한 경쟁 속에 있었고, 농협은 '시골스러울 수밖에 없는' 이미지 때문에 'NH'라는 영문을 붙이는 등 현대적인 이미지를 만들고자 노력하고 있었다.

이럴 때 자칫 범할 수 있는 흔한 실수는, 전혀 새로운 이미지를 만들겠다며 어울리지 않는 옷을 입는 것이다. 막대한 예산을 들여 도시적인 광고로 기존 이미지를 덮어 버리려는 식이다. 그러나 농협은 고유한 정체성에서 해답을 찾았다. 협동조합의 본질인 동행과 상생을 전면에 내세운 것이다. 이를 제대로 전달한 카피가 바로 "같이의 가치"였다.

이 카피는 같은 발음이 반복되는 리듬감으로 '같이'의 의미를 강조하며 브랜드 철학을 강렬하게 각인시켰다. 광고 영상도 수작업 느낌을 살린 셀애니메이션을 활용해 만들어져, 디지털 기법이 넘쳐 나는 환경 속에서 메시지가 더욱 돋보였다.

"같이의 가치"는 업계와 소비자들의 호평을 받은 뒤 농협을 넘어 사회 곳곳에서 변주되며 활용되었다. 책 제목·노래 제목·공동체 가치를 강조하는 여러 단체의 슬로건으로 재탄생하며, 협력과 상생을 이야기할 때 떠오르는 대표적인 문장이 된 것이다. 좋은 카피는 이렇게 브랜드를 넘어 전 사회가 공유하기도 한다.

昨日は、何時間 生きていましたか?

어제는, 몇 시간 살아있었습니까?

파르코

뉴욕 맨해튼의 빌딩 숲을 배경으로, 정장을 입은 중년 남자가 허드 슨 강의 한가운데서 헤엄치고 있다. 아무런 설명도 없다. 그저 강에 휩쓸려 내려가지 않기 위해 사력을 다하는 그의 모습 위로 담담한 성우의 목소리가 들려온다. "어제는, 몇 시간 살아있었습니까?" 모 델은 일본의 기성 질서에 삐딱한 시선을 내비쳐 온 록 음악가 우치 다 유야였다. 이 광고는 반항적 이미지의 아티스트를 앞세워 현대 자본주의의 물살 앞에서 자신의 정체성과 주관을 지키는 삶의 태도 를 상징적으로 그린 것이다.

일본 사회가 버블경제의 중심에서 있던 1985년에 발표된 파르코 백화점의 TV 광고였다. 모두가 끝 모를 성장을 향해 달려가고 있을 때, 자본주의 소비문화의 상징이었던 백화점이 던진 메시지라는 것 이 놀랍다. 카피는 무엇이 필요하냐고 물으며 유혹하지 않는다. 오 히려 삶의 밀도에 대한 질문으로 소비자를 당혹케 한다. 세상의 흐 름에 떠밀리며 살아가는 것이 진정 살아있는 것인가?

1980년대 일본 카피의 전설도 남은 이 문장은 광고의 지평을 철 학의 영역으로 넓혔다는 평가를 받았다. 그렇다고 이 광고가 소비를 막기 위해 만들어진 것은 아니다. 소비 사회에 비판적 메시지를 던 지는 카피마저도, 결국은 세련된 파격으로 소비를 이끌어 내기 위한 것이다. 브랜드의 언어가 다가갈 수 있는 상상력의 세계와 한계를 동시에 드러내는 역설이 엿보인다.

세상에서 가장 작은 카페

동서식품 카누

2000년대 후반, 한국의 커피 시장은 빠르게 고급화되고 있었다. 믹스커피가 주를 이루던 시대가 저물고, 커피전문점의 확산과 함께 아메리카노를 중심으로 한 에스프레소 계열의 커피를 즐기는 문화가 일상 속에 자리 잡히기 시작한 것이다. 이런 변화를 포착한 동서식품은 기존 인스턴트 커피와는 차별화된 새로운 제품 카누를 출시했다. 인스턴트 원두커피로 언제 어디서든 질 좋은 커피를 간편하게 즐길 수 있는 경험을 제시한 것이다. 이 제품의 본질을 가장 잘 드러내는 문장이 바로 "세상에서 제일 작은 카페"다.

이 카피는 '작다'와 '카페'라는 단어의 간단한 결합으로 제품의 속성을 명확하게 제시했다. '세상에서 제일 작은'이라는 말은 스틱 하나만으로 커피를 마실 수 있는 인스턴트 커피의 핵심 장점을 부각한다. 동시에 '카페'라는 단어는 고급스러운 원두커피의 맛과 향, 즉 카누의 퀄리티를 자연스럽게 암시한다. 이 한 문장 안에 편의성과 품질이라는 두 가지 키워드가 담겨 있는 셈이다. 구구절절 설명하지 않아도 소비자가 얻을 수 있는 경험의 가치를 머릿속에 그려준다.

이 광고는 모델 선정도 탁월했다. 제품 출시 몇 해 전 큰 인기를 얻은 드라마 『커피프린스 1호점』에서 '카페의 남자'로 각인된 공유를 발탁한 것이다. 조그만 팝업 카페에서 커피를 만드는 그가 만들어낸 분위기는 다른 대안이 떠오르지 않을 만큼 완벽했다. '카누=작은 카페=공유'라는 브랜드 공식이 10년을 훌쩍 넘겨 계속되는 이유다.

Everything changes but nothing changes
모든 것은 변하지만, 아무것도 변하지 않는다

에르메스

짧은 한 줄의 카피가 광고 집행 기간을 지나서도 살아 남아, 시대의 철학으로 전해지는 경우가 종종 있다. 이 카피가 그랬다. 당대 최고의 광고인 중 한 명으로 꼽히는 박웅현이 그의 저서 『여덟 단어』에서 본질의 중요성을 강조하며, 이 헤드라인을 화두로 내세운 것은 우연이 아니었다. 그는 빠르게 변화하는 시대에 변하지 않는 본질을 추구하는 것은 고루한 것이 아니라, 사람과 세상을 움직이는 실제 가치임을 역설했다.

명품 브랜드 에르메스의 정신을 담은 이 카피는 2004년 봄/여름 시즌 광고 캠페인에서 처음 등장했다. 간결한 한 줄이지만, 그 안에 에르메스의 전통과 철학이 담겼다. 역설적인 짧은 문장으로 강한 임팩트를 전하는 이 카피는 급변하는 세상 속에서도 본질적 가치는 결코 변하지 않는다는 메시지를 전한다.

이 슬로건이 만들어진 2000년대 초반은 디지털 기술 발전과 글로벌화로 시장이 빠르게 변하고 있었다. 당시 명품 시장의 많은 브랜드가 빠르게 움직이며 트렌드를 쫓으려 했다. 하지만 에르메스는 흔들리지 않았다. 시장의 변화에도 불구하고, 변함없이 장인 정신과 엄격한 품질관리·제품의 희소성에 집중하며 자신만의 가치를 더욱 명확히 했다. 변하지 않는 가치는 브랜드 충성도를 더 높였고, 에르메스는 럭셔리 브랜드를 넘어 문화적 상징으로 자리매김했다.

이 카피는 광고의 영역을 넘어 철학적 메시지로 인식됐다. 본질을 중시하는 이 메시지는 인문학·자기계발·예술 분야 등 다양한 영역에서 폭넓게 인용됐다. 이 한 줄은 변화의 소용돌이 속에서 '지켜야 할 것'을 상기시키며, 지금도 많은 사람에게 영감을 준다.

에듀윌은 합격이다

에듀윌

'합격'은 수험생에게 가장 절박하고 간절한 단어다. 교육업체가 이 두 글자를 브랜드명과 함께 떠올리게 할 수 있다면 마케팅을 이미 끝낸 것과 다름없다. 그 일을 에듀윌이 해냈다. 에듀윌이란 브랜드를 떠올리면 자연스럽게 개그맨 서경석과 합격이 떠오른다.

1992년에 설립된 에듀윌은 공인중개사·주택관리사·공무원·취업·전문자격 교육 등 분야의 온·오프라인 교육 서비스를 제공한다. 온라인 교육 시장이 빠르게 팽창하고 경쟁이 치열해지던 시기, 에듀윌은 브랜드 인지도를 높이기 위해 수험생의 핵심 니즈인 '합격'에 집중한 광고 전략을 펼쳤다. 2009년 라디오 광고를 시작으로 2014년, 에듀윌은 자격증·공무원 교육 업계 최초로 TV 광고를 론칭했다.

광고 모델인 개그맨 서경석이 부르는 "공무원 시험 합격은 에듀윌"로 시작하는 후크송은 모델의 친근한 이미지와 쉽고 친근한 음악이 결합되어 주목을 끌었다. 단순 반복의 힘은 컸다. 방송 패러디·유튜브 콘텐츠 등으로도 소비되며 '합격＝에듀윌'이라는 브랜드 공식은 자연스럽게 소비자의 머릿속에 각인되었다. 중독성이 있는 인기 곡이 으레 오르는 '수능 금지곡' 리스트에도 오르고, 노래방 음원으로 등록되어 합격을 기원하는 수험생들이 찾아 부르는 등 이 음악과 카피는 광고 밖에서도 브랜딩에 큰 기여를 했다.

단순 반복의 힘이 크다고 모두 성공하는 것은 아니다. 일관된 전략·쉽고 좋은 카피·적절한 모델 선정·꾸준한 매체 집행 등 여러 요소가 잘 맞아떨어져야 한다. 이 광고의 성공으로 잘 자리 잡은 이 카피는 합격자 배출 수치와 관련한 과징금·시정명령 등의 논란에도 불구하고, 에듀윌을 업계의 대표기업으로 만들었다.

未来は 勝手に 進まない。
進めてきた 人たちがいる

미래는 멋대로 전진하지 않는다.
나아가게 해 온 사람들이 있다

『아사히신문』 외

2021년 3월 8일, 세계 여성의 날을 맞아 『아사히신문』과 여러 대학·기업이 함께 낸 전면 광고의 헤드라인이다. 당시 일본은 성평등 문제에서 국제적으로 낮은 평가를 받고 있었고, 젠더 격차는 사회적 과제로 꾸준히 지적되던 상황이었다. 특히 한 달 전인 2월, 당시 올림픽 조직위원장이었던 모리 요시로가 "여성은 경쟁심이 많아서 여성 참여가 많은 회의는 오래 걸린다"라는 등의 여성 비하 발언으로 큰 논란을 일으켰고 결국 열흘 만에 사임한 직후였다.

　광고의 메인 이미지는 과거 『아사히신문』에 실린 여성 관련 기사의 헤드라인으로 구성됐다. 1913년 최초의 여성 대학생 탄생·1946년 최초의 여성 참정권 행사·1960년 최초의 여성 각료 탄생 등 사회가 전진한 과정을 시각적으로 보여 준다. 그리고 이러한 변화가 자연스럽게 주어진 것이 아니라, 각 시대마다 적극적으로 행동한 사람들이 있었기에 가능했다는 점을 이 헤드라인을 통해 강조한다. 과거에 그랬듯, 현재와 미래에도 행동이 필요하다는 메시지를 전하며 하나의 기념일을 보내는 데 그치지 않고 실천을 촉구한다.

　올림픽 조직위원장의 논란으로 일본 사회에 젠더 이슈가 부각된 시점이었기에 독자들의 반응은 어느 때보다 뜨거웠다. SNS를 중심으로 여성뿐 아니라 남성들도 지지를 보냈다. 성별과 상관없이 평등을 누릴 수 있는 법과 제도 개선에는 수많은 사람의 노력과 헌신이 필요했지만, 사회에 뿌리 박힌 차별적 인식까지 바꿔 나가려면 더 큰 전진이 필요하다는 메시지에 공감한 것이다. 어디 일본만의 일이겠는가.

탱크주의

대우전자

탱크는 전쟁무기다. 어떤 공격에도 끄떡없는 튼튼함과 무자비한 파괴력을 상징한다. 그런 단어가 가전제품 광고에 쓰였다. "탱크주의"라는 카피는 지금의 소비자 감성과는 사뭇 다른, 1990년대라 하더라도 매우 파격적인 선택이었다. 그만큼 강렬한 이 워딩은 소비자들에게 단번에 각인되었다. 대우전자는 기술력 경쟁에서 뒤처졌던 약점을 정면 돌파하고자, 기능보다 기본에 충실하고 고장 없는 튼튼한 제품을 만들겠다는 철학을 "탱크주의"라는 이름을 걸고 약속했다. 탱크주의와 함께 쓰인 카피는 "제품은 튼튼하게, 생활은 편리하게"였다.

대우전자의 배순훈 사장이 직접 광고에 출연해 대우전자 모델인 배우 유인촌에게 생산 현장을 소개하는 장면, 실험실에서 브라운관에 쇠추를 부딪히는 장면 등이 화제가 됐다. 대대적 캠페인을 통해 광고인지율이 99퍼센트에 육박했고[2] 기술과 제품력이 떨어진다는 인식이 있던 대우전자의 제품에 대한 관심과 신뢰가 높아졌다. 이 광고 시리즈의 성공은 대우전자가 LG전자·삼성전자와 경쟁하는 가전 3사로서의 위상을 구축하는 계기가 됐다. 배순훈 사장은 '탱크 박사'라는 별명이 생길만큼 높아진 인기와 위상을 바탕으로 몇 년 후 김대중 정부에서 정보통신부 장관을 맡게 된다.

탱크주의를 선언하며 도약을 꿈꿨던 대우전자는 IMF 위기와 대우그룹의 해체 이후 여러 사업본부가 매각되는 등 고전하다가 2006년 파산하고 말았다. 아무리 탱크가 강력하고 튼튼해도, 천재지변이나 맹폭 앞에서는 버틸 수 없는 법이다. 탱크주의의 기백도 대우의 이름과 함께 사라졌다.

Maybe she's born with it.
Maybe it's Maybelline
아마도 타고 났을 거야. 어쩌면 메이블린 때문일 거야

로레알 메이블린 뉴욕

이 카피는 1990년대 초반 시작한 메이블린의 캠페인의 중심이었다. 그 이전에 사용하던 카피 "좋은 화장품, 합리적인 가격"Fine makeup, sensibly priced이 보여 주듯, 메이블린은 실용적인 화장품 브랜드였을지는 모르지만, 세련된 이미지로 소비자들에게 꿈과 환상을 주는 브랜드는 아니었다. 브랜드가 성장하려면 대중성과 경제성을 넘어서는 가치가 필요했고, 메이블린은 '자연스러운 아름다움'이라는 감성을 택했다. 이 카피는 그러한 전략적 판단의 결과물이었다.

TV 광고 속에는 메이크업을 했지만 과하지 않은 모델들이 등장했다. 자연스러운 매력을 보여 주는 모델의 모습을 등장시키는 연출은 특별하지 않았지만, 광고 끝에 짧고 경쾌한 음악에 실려 전해지는 카피, 메이블린의 이미지를 감각적으로 전달했다. "메이비"Maybe라는 단어가 구절의 앞에 반복되면서 메이블린이라는 브랜드명과 함께 리듬을 만들어 냈다. 이 화장품 때문에 아름다워졌다는 직접적인 주장 대신, 어쩌면 이 브랜드 때문일지도 모른다는 가사가 오히려 귀에 더 꽂히며, 마치 세련된 팝음악의 한 구절처럼 전해졌다.

1990년 11퍼센트에 불과하던 메이블린의 시장점유율은 광고가 공개된 후 급격한 매출 상승과 함께 20퍼센트 가까이 치솟았고, 이 캠페인은 메이블린이 1990년대 후반 대중 화장품 시장 1위에 오르는 바탕이 됐다.[3] 90년대의 상징적인 화장품 카피로 한 시절을 풍미한 이 문장은 2015년까지 20년 이상 사용되다가 "실현하라"Make it happen로 바뀌었다. 외모만을 강조하는 것이 시대 변화를 담지 못한다는 문제의식이 반영되며, 자기 주도적이며 주체적인 여성상을 드러내는 방향으로 바뀐 것이다.

行くぜ、東北
가자, 도호쿠

JR히가시니혼

2011년 3월 11일에 발생한 동일본 대지진에 일본 열도는 충격에 빠졌다. 그 중심에 있었던 도호쿠 지방은 막대한 인명 피해는 물론, 철도와 도로 등 기반 시설·주택·생계 수단까지 송두리째 파괴되었다. 재해 복구가 한창이던 그해 겨울, JR히가시니혼은 뜻밖에도 한 줄의 문장으로 사람들의 마음을 움직인다. "가자, 도호쿠."

이 슬로건은 단순한 관광 유도 문구가 아니다. "이쿠제"行くぜ는 일본어에서 친구끼리 쓰는 친근하면서도 결연한 표현이다. 이 헤드라인은 단순한 여행 권유가 아닌, 따뜻한 마음으로 도호쿠 지역을 응원하겠다는 의지가 실려 있었다. 힘내라는 말보다 '가는 것 자체가 그 지역의 부흥'이라는 생각이 반영된 것이다.

2011년 겨울, 열차 내부의 포스터에 사용한 이 카피는, 이듬해 여름부터 본격적인 캠페인 슬로건으로 활용됐다. 계절마다 TV·인쇄·온라인 등 여러 매체를 통해 전파됐다. 성공적인 광고 캠페인에 일본 국민들의 반응이 이어졌다. 따뜻한 메시지뿐 아니라 국내외 광고제 및 디자인 페스티벌 수상 등으로 증명된 제작물의 높은 완성도도 캠페인 성공에 큰 역할을 했다. 많은 이가 다시 도호쿠로 향했다. 여행객들이 "왔어, 도호쿠" 같은 이 카피에 대한 대답과 함께 자발적인 인증샷을 남기는 사례도 있었다.

대지진의 상흔이 사라진 최근까지도 이 캠페인은 이어지고 있다. "가자, 도호쿠"는 이제 재난을 극복하자는 메시지를 넘어, 도호쿠를 상징하는 아이콘으로 남았다.

피자, 헛 먹었습니다

미스터피자

1996년, 9월 일간신문에 게재된 카피 한 줄이 점잖은 한국 광고시장에 파문을 던진다. 피자라는 단어 뒤에 쉼표를 붙여 놨지만 누가 봐도 타 브랜드를 공격하고 있는 게 아닌가. "이제껏 프라이팬에 익혀 기름이 뚝뚝 떨어지는 피자를 제 맛이라고 드셨습니까?"라는 도발적인 문구와 함께 쓰인 광고를 게재한 것은 미스터피자였다.

당시 한국 피자 시장의 압도적 리더는 피자헛이었다. 1985년에 이태원 매장을 시작으로 한국에 진출한 피자헛은 쾌적한 공간에서 세련된 서비스를 제공하면서 새로운 바람을 일으키고 있었다. 후발주자인 미스터피자 역시 소비자들의 인지도를 높이고 있었지만, 매출 규모가 피자헛의 1/10 정도에 불과했다. 사실상, 경쟁사라고 하기에 아직은 미약한 상태였던 것.

광고는 즉시 법적 대응을 불렀다. 피자헛은 이를 비방 광고로 공정거래위원회에 제소했고, 결국 광고는 중단됐다. 그러나 미스터피자는 이 광고로 큰 홍보 효과를 누리며 웃음 지을 수 있었다. 광고가 중단된 뒤에도 '피자, 헛먹었습니다'라는 문장은 사람들의 입에 오르내렸다. 소비자들은 훨씬 작은 규모의 미스터피자를 피자헛의 경쟁사로 인식했다. 브랜드 인지도가 급격히 상승했고, 이후 미스터피자가 성장하는 중요한 계기 중 하나가 됐다.

이 카피는 이후 등장한 언어유희성 비교 광고의 단초를 마련했다는 평가를 받는다. 주로 후발주자들이 리딩 브랜드를 공격하는 방식이었는데, 대우자동차가 현대자동차 아반떼를 겨냥해 만든 "아, 반대로 힘없이 왕복할 것인가"가 대표적이다.

A Diamond is forever
다이아몬드는 영원히

드비어스

오랫동안 다이아몬드는 부와 권력의 상징으로 여겨졌다. 그 희소성과 높은 가격 때문이었다. 가격을 낮추면 매출은 늘겠지만, 희소성이 떨어지는 것이 상식. 타깃을 넓혀 매출을 높이면서도 다이아몬드의 가치를 유지할 수는 없을까? 광고가 답을 찾았다.

1947년, 광고대행사 N.W에이어앤선은 다이아몬드를 약혼 선물로 포지셔닝하는 광고 캠페인을 론칭했다. 다이아몬드의 변하지 않는 강도와 아름다움이 캠페인의 성격과 잘 맞아떨어졌다. 로맨틱한 분위기와 현실적 욕망이 완벽하게 균형을 이룬 이 카피의 성공으로 시장이 움직였다. 3년 후 다이아몬드 판매는 55퍼센트 성장했다.[4] 이 캠페인이 시작된 1940년대에 다이아몬드를 받은 예비 신부는 전체의 10퍼센트 정도였다고 한다. 그 비율은 1990년에 이르러 80퍼센트에 육박했다.[5] 다이아몬드는 결혼을 약속하는 상징으로 완벽하게 자리 잡았다.

오랫동안 이어진 이 캠페인의 성공과 더불어 드비어스는 다이아몬드의 대명사로 자리매김할 수 있었다. 이 명문을 뽑아낸 미혼의 여성 카피라이터 프랜시스 게러티는 광고계의 전설이 됐다. 광고전문지 『애드 에이지』는 이 카피를 20세기 최고의 슬로건으로 선정했다. 그러나, 영원히 변하지 않는다는 다이아몬드와 달리 그것을 주고받으며 약속한 많은 이의 사랑은 영원하지 못했다. 이 문제는 광고나 마케팅으로 풀 수 없는 것이었다. 영원히.

デジタル技術が 進化しでも、
土砂崩れを 防いでいるのは、針金です

디지털 기술이 아무리 진화해도
산사태를 막고 있는 것은 철사입니다

사쿠라테크

2023년, 오사카의 제조업체 사쿠라테크가 발표한 기업 광고의 카피다. 1939년 창업 이래 80년 넘게 아연도금 철사를 만든 이 회사는 절벽 붕괴방지망 등 방재 분야에서 중요한 역할을 해 왔다. 디지털 트랜스포메이션이 모든 산업의 화두가 된 시대에, 사쿠라테크는 '디지털이 닿지 않는 영역'의 가치를 이야기한다.

이 카피는 '디지털'과 '철사'라는 상반된 두 단어의 대비로 강렬한 여운을 남긴다. 세상의 주목을 받는 최첨단 기술이 모든 문제를 해결할 것처럼 보이는 시대에도, 실제로 재해를 막고 사람을 지키는 것은 여전히 사람의 손이 직접 닿는 물리적 도구라는 메시지다. 사쿠라테크의 철사는 눈에 잘 띄지 않지만, 산사태나 홍수 현장에서 가장 앞에 서서 땅을 붙잡고 사람의 일상을 지탱한다. 세상의 관심이 온통 모니터 안의 세계에 머물러 있어도, 사람이 실제로 발을 딛고 있는 곳을 지키는 기업의 존재 이유를 설득력 있게 전하는 카피다. 나아가 IT기술과 빅테크 업체가 화려한 조명을 받고 있는 시대에, 제조업으로서 가지는 자부심과 소명 의식을 보여 준다.

이 문장은 2023년 TCC 카피연감에 수록되었다. 본상을 수상하지는 못했지만, 시간이 지날수록 그 어떤 광고보다 존재감을 드러낸다. AI가 예전보다 더 정확히 강수량을 계산하고, 산사태의 확률을 완벽하게 예측한다 해도 결국 현장에서 사람을 직접 보호하는 것은 여전히 손으로 만져지는 철사다.

おとなは、ながい
어른은 길다

오츠카제약 이온워터

이온워터는 오츠카제약 포카리스웨트의 후속 브랜드다. 같은 이온음료지만 포카리 스웨트보다 단맛이 적고 칼로리가 낮다. 이 두 브랜드는 성분과 맛의 차이보다 훨씬 더 큰 차이가 있는데, 포카리스웨트가 땀을 흘린 후 수분과 이온을 보충하는 역할이라면, 이온워터는 일상의 가벼운 갈증 해소와 수분 보충의 기능을 한다. 마케팅상의 타깃도, 광고에서 그려지는 이미지도 다르다. 포카리스웨트가 10대 청소년들이 흘리는 땀의 가치를 투영한다면, 이온워터는 그 이후의 시간을 사는 사람들을 위한 음료로 포지셔닝됐다.

이 카피는 2018년에 시작한 이온워터의 광고 캠페인 전면에 내세운 슬로건이다. 광고 모델로는 대표적인 연기파 배우 안도 사쿠라가 캐스팅됐다. 그녀가 표현하는 일상의 평범한 삶 위에, 청춘의 계절을 지나 살아가는 어른들이 느끼는 공감을 풀어냈다. 각 광고는 "만나야 할 사람은 언젠가 반드시 만난다" "어른에게는 졸업이 없다" "자유는 혼자가 되는 게 아니라, 누구와 함께 있어도 혼자 있을 수 있는 것" "일일이 울면서 있을 수 없어서, 일일이 잊어버린다" 등 어른의 시간을 통과하며 경험하는 수많은 감정을 보여 주는 문장들로 소비자들과 교감했다.

이온워터를 운동 후에 마시는 기능성 음료가 아닌 어른을 위한 일상의 음료로 포지셔닝한 전략은 적중했다. 광고 공개 이후 SNS에는 광고 카피에 대한 공감의 댓글이 넘쳐 났고, 브랜드는 일상 속 수분 케어라는 시장을 만들어 냈다는 평가를 받았다. 이 광고는 ACC CM 페스티벌 TV광고부문 동상 등 여러 광고제에서 수상하며 업계의 인정을 받았고, 카피는 2018년 TCC 카피연감에 등재됐다.

바나나는 원래 하얗다

2025년 큰 화제를 일으킨 성해나의 소설 『혼모노』에는 가짜로 몰린 박수무당이 바나나맛 우유를 마시는 장면이 등장한다. 소설 속 바나나맛 우유는 인공적인 맛과 향으로 포장된 가짜의 은유다. 베스트셀러 속에 무심히 담긴 이 장면을 보면 소설이 나오기 20년 전에 출시된 신선한 발상의 제품과 광고가 떠오른다.

2006년 말, 매일유업은 "바나나는 원래 하얗다"라는 파격적인 광고 캠페인을 선보였다. 이것은 제품명이면서, 그 자체로 완벽한 카피였다. 당시, 소비자들의 인식 속에서 바나나맛 우유는 당연히 노란색이었다. 매일유업은 이 고정관념을 깨며 "바나나는 속살이 하얗다"라는 사실을 강조하는 캠페인을 전개했다. 색소를 넣지 않은 자사 제품의 차별점을 부각한 것이다. 바나나맛 우유의 노란색은 '가짜'라는 도발적인 접근이었다. 몰래카메라를 이용한 고발 프로그램을 패러디한 TV 광고에서 "바나나는 원래 하얗다"라고 주장하는 장면은 큰 화제를 불러일으켰다.

이 광고는 역발상과 유머를 결합해 소비자들의 인식 전환을 이끌어 냈다. 출시 3개월 만에 천만 개 판매를 돌파하는 등 시장의 반응도 뜨거웠다.[6] 신제품은 정체되어 있던 가공우유 시장을 흔들며 확고한 2등 자리에서 선두 빙그레를 긴장시켰다. 그러나 화제성이 사라지면서 어느새 소비자들은 다시 항아리 모양의 1등 제품으로 되돌아갔다. 오랫동안 소비자의 입에 익숙해진 달달한 맛과 추억의 힘을 넘지 못한 것. 노란색이 진짜인가 가짜인가는 소비자에게 중요한 것이 아니었다. 바나나맛 우유 자체가 '혼모노'(진짜)라서 마시는 게 아니니까.

단언컨대, 메탈은 가장 완벽한 물질입니다

팬텍 베가 아이언

2013년, 스마트폰 광고 한 편이 소비자들의 관심을 조용히 사로잡는다. 지금은 사라진 팬텍의 제품 베가 아이언의 광고였다. 감각적인 화면 구성과 메탈릭한 푸른 계열의 모노톤이 주는 독특한 색감·배우 이병헌의 묵직한 연기와 중후한 내레이션·스마트폰 광고답지 않게 진지한 문장 구성 등 눈길을 끄는 요소가 많은 작품이었다. 그 중에서도, 가장 소비자들이 꽂힌 것은 메인 카피의 부사 '단언컨대'였다.

'단언컨대'는 이 카피를 특별하게 만든 일등공신이었다. 이 단어는 일상적으로 잘 쓰지 않는 단어였다. 그래서 한 번 들으면 쉽게 잊히지 않았다. 보통 좋은 글을 쓰기 위한 조언 중 하나는 '부사를 줄여라'이다. 의미를 강화하려고 자주 쓰다 보면 오히려 문장이 약해지기 때문이다. 하지만 베가 아이언의 카피는 정반대의 선택을 한다. 오히려 낯선 부사를 전면에 내세운 것이다. 그리고 그 선택은 명확한 자신감으로 다가왔고, 소비자의 뇌리에 깊숙이 박혔다.

'단언컨대'의 힘은 이 광고를 화제성과 파급력 면에서 성공으로 이끌었다. 카피는 각종 예능과 패러디 광고에서 끊임없이 회자되었다. 팔도 왕뚜껑 TV 광고는 이병헌 대신 개그맨 김준현이 등장하여 베가 아이언의 연출과 콘셉트를 그대로 패러디해 폭발적인 반응을 얻기도 했다.

때로는 정석이나 원칙을 깨는 선택이 더 강한 인상을 남기며 좋은 결과로 이어지기도 한다. 이 카피는 부사의 사용을 경계하는 조언을 거슬러, 탁월한 부사 사용으로 성공을 거둔 사례다. 단언컨대, 조언은 조언일 뿐이다.

사람을 향합니다

SK텔레콤 기업

단연 2000년대 한국 광고를 대표하는 카피이다. 카피 중에서도 캐치 프레이즈, 즉 캠페인 슬로건이다. 장기간 사용되는 기업 슬로건과는 달리 특정 캠페인이나 시리즈에 일관되게 나오는 카피를 말한다. 이 슬로건은 카피의 정석이라고 불러도 좋을 만큼 훌륭한 카피가 가져야 할 미덕을 모두 담고 있다.

우선 짧다. 카피는 짧을수록 좋다. 짧아야 주목을 끌기도, 기억하기도 좋다. 카피가 해야 할 첫 번째 역할을 완벽히 수행한다. 또한 이 카피는 메시지가 분명하다. 기업 PR 광고는 세일즈 메시지보다는 기업의 가치와 철학을 전달하는 데 목적을 둔다. "사람을 향합니다"는 리딩 통신 기업으로서 사람과 사람을 연결하는 업의 본질을 잘 표현하며, 기업이 지향하는 바를 명확히 보여 준다. 게다가 확장성이 있다. 캠페인 광고는 시간을 두고 여러 편의 광고를 제작하는데, 어떤 광고에도 잘 붙으며 그 의미를 더욱 크고 깊게 만들어 준다.

2005-2008년 사이에 진행된 「사람을 향합니다」 캠페인은 시리즈를 거듭하면서 대중의 사랑을 받으며 브랜드의 영향력을 더욱 굳건히 했다. 적지 않은 광고 예산도 소요됐다. 매스미디어의 영향력이 점점 줄어들면서 이 정도의 영향력을 가진 대형 광고 캠페인을 보기가 점점 어려워지고 있다. 사회와 매체 환경의 변화에 따른 자연스러운 현상이지만, 국민적으로 시대의 감성을 건드린 수준 높은 광고 캠페인이 잘 나오지 않는 건 아쉽다.

Intel inside
인텔 인사이드

인텔

1991년, 인텔은 사상 초유의 광고 캠페인을 시작한다. 컴퓨터 부품인 CPU를 소비자에게 알리는 의외의 전략을 세운 것이다. CPU는 PC제조사에게 납품하는 전형적인 B2B 비즈니스 제품이다. 당시 대부분의 소비자에게 CPU는 굳이 알 필요 없는 부품에 불과했다. 인텔은 이 인식을 바꾸고자 했다.

인텔은 PC 제조사에게 파격적인 제안을 했다. 제조사의 광고에 "인텔 인사이드"라는 카피가 들어간 로고를 넣으면 CPU 구매액의 일부를 '공동 광고비'의 형태로 되돌려 주는 것이다. TV 광고에서도, 신문광고에서도, 컴퓨터 본체에서도 소비자들은 "인텔 인사이드" 로고를 접하게 됐다. CPU가 뭔지는 몰라도 인텔은 알게 됐다. 그리고 시간이 흐르면서, 인텔 CPU가 들어 있는 컴퓨터는 믿을 수 있는 것으로 인식하기 시작했다. 어느덧, 인텔은 '보이지 않는 부품'이 아니라 '보이는 브랜드'가 된 것이다. "인텔 인사이드"는 카피이자, 로고이자, 보증서였다. 컴퓨터 업계에서 가장 든든한.

여기에 중요한 역할을 한 것은 바로 징글이었다. 단 5개의 음표로 만들어진 사운드가 들리는 시간은 단 3초에 불과했다. 그러나 짧고 강렬한 음은 로고 스티커보다 더 빠르게 브랜드를 인식시키는 수단이 됐고, 인텔 브랜드의 정체성을 대표하는 소리로 자리 잡았다. 이 성공은 이후 맥도널드·넷플릭스·삼성·현대자동차 등 수많은 기업이 고유의 사운드 로고를 만드는 결정적 계기가 되었다.

나, X세대?

태평양 트윈엑스

X세대는 캐나다 작가 더글러스 코플랜드의 소설 『X 세대』Generation X에서 유래한 단어로, 기존 질서로는 설명되지 않는 새로운 세대를 의미했다. 이 단어가 한국에 들어온 것은 1990년대 초반이었다. 경제가 발전하고 사회가 안정되기 시작한 1970년대에 태어나 대중문화의 영향을 받으며 성장한 세대를 지칭하는 말로 'X세대'가 자리 잡게 된 것은 한 화장품 광고 덕분이었다.

1993년, 태평양(현 아모레퍼시픽)은 18-25세 젊은 남성을 타깃으로 한 트윈엑스를 출시하며 "나, X세대?"라는 카피를 내세웠다. 모델로는 이병헌과 김원준을 기용했고, 전구가 깨지고 비둘기가 날아오르는 등 상징적이고 추상적인 흑백 영상으로 기존 남성화장품 광고와 차별화를 꾀했다. 기성세대와 다른 가치관과 정체성에 대한 자의식이 강한 젊은 남성을 자극한 이 광고 시리즈는 큰 호응을 얻었다. 출시 1년 만에 200만 개가 판매되며 기존 1위 브랜드를 판매량에서 추월했고,[7] 'X세대'라는 용어는 순식간에 대중화돼 사회문화 전반의 키워드로 자리 잡았다.

이 캠페인은 한국 광고사에서 최초로 특정 세대를 명명하고 그 정체성을 정의한 사례이다. 광고 카피가 정의한 세대론이 사회 담론에까지 영향을 미칠 수 있음을 보여 주었다. 카피가 나온 지 30년이 지나면서 신세대의 상징이던 'X세대'는, 어느덧 새로운 젊음이 극복해야 할 구세대의 상징이 되었다. 이 단어는 1970년대생들이 역사에서 퇴장할 때까지 사용될 것이다. 100세 시대, 늘어난 한국인의 평균 수명은 이 단어의 유통기한에도 영향을 미칠 전망이다.

見守るだけでは、守ることはできない
지켜보는 것만으로는 지켜낼 수가 없다

스미토모 임업

스미토모 임업은 2022년부터 「Good NeighborWood」 캠페인을 전개하고 있다. "숲과 인간은 좋은 이웃이 되자"森と人は、良き隣人になろう라는 슬로건 아래 여러 편의 TV 광고와 인쇄 광고를 발표했다. 이 시리즈는 단순한 환경 캠페인이 아니라, 인간과 자연의 관계를 새롭게 정의하려는 기업의 선언이다. 탄소중립과 산림환경세 시행 등 환경 이슈가 부각된 시점에 기업의 비전과 문제의식을 긴밀히 연결한 캠페인으로, 시의성과 철학을 동시에 갖추었다. 일련의 광고에는 숲과 인간을 상징하는 두 인물이 등장해, 인간이 숲과 더불어 살아가야 한다는 명제를 시각적으로 전한다.

이 카피의 탁월함은 두 단어 '미마모루'見守る(지켜보다)와 '마모루'守る(지키다)의 대비를 통해 역설과 공감을 동시에 전달하는 데 있다. 같은 글자 '마모루'守가 들어갔지만 뜻이 대조적인 단어를 나란히 배치해 주목도를 높였다. 이는 당위적인 메시지로 인해 평범하고 뻔할 수도 있던 카피에 독자의 관심을 흡인하는 힘을 부여한다. 『컨피던스맨 JP』·『핫 스팟』·『중쇄를 찍자』 등 드라마를 통해 한국에서도 인지도가 높은 배우 고히나타 후미요의 기품 있는 이미지가 더해져 카피의 설득력이 배가된다.

숲의 자원을 활용해 비즈니스를 하는 기업의 본질을 고려할 때, "숲과 인간이 좋은 이웃이 되어야 한다"라는 이 캠페인의 슬로건이 가진 균형감은 인상적이다. 불가피한 자원 이용에 대한 합리화나 막연한 환경보호 의식이 아닌 공생의 철학을 담고 있다. 이 카피는 그런 캠페인의 정신을 진정성 있게 뒷받침한다. 이 캠페인이 닛케이 광고상·마이니치 디자인상 수상 등으로 인정받은 것이 우연이 아니다.

당신의 이름이 됩니다

삼성물산 래미안

오페라 공연장에서 만난 세 명의 여성. 오랜 친구로 보이는 이들이 반갑게 인사를 나누며 티켓을 확인하는데 한 친구의 손에 달린 래미안 키링이 눈에 띈다. 놀람과 부러움이 섞인 다른 친구들의 모습과 주인공의 입가에 슬며시 걸리는 미소가 교차된다. 단정한 손 글씨 타입의 자막이 그 위에 올라선다. "당신의 이름이 됩니다, 래미안."

현대아파트·잠실주공아파트·개나리아파트·장미아파트……. 1990년대까지 아파트 이름은 기업명·지역명·순한글 이름 등이 혼재했다. 아파트를 짓기만 하면 팔리던 시대를 지나 IMF 외환위기와 아파트 분양가 자율화는 소비자의 선택을 받기 위한 건설사들의 경쟁을 촉발했고, 본격적인 아파트 브랜드 전쟁이 시작됐다.

이 경쟁에 불을 붙인 것이 삼성물산의 래미안이었다. 대대적인 마케팅과 삼성 브랜드의 후광 효과로 래미안은 프리미엄 아파트 브랜드로 빠르게 자리 잡았다. 2002년에 나온 이 카피는 래미안 브랜딩의 핵심을 잘 보여 준다. 로고만 봐도 남들이 부러워하는 아파트. 성공한 삶을 말해 주는 아파트. 실제로, 똑같은 입지에 똑같은 넓이의 공간이어도, 외벽에 래미안 로고를 붙이면 집값이 더 올라갔다.

래미안의 성공은 좋은 아파트에 살면 훌륭한 사람으로 인정받는 시대의 상징이 됐다. 훌륭한 사람이 되는 것은 매우 쉬우면서도 지극히 어려운 일인 것이다.

Invent
발명하라

휴렛팩커드

휴렛팩커드HP가 단 하나의 단어로 된 슬로건 "Invent"를 도입한 것은 1999년의 일이다. 당시 치열하게 변화하던 IT 산업에서 HP는 이 단어 하나로 브랜드의 정체성을 단순하고 강력하게 표현했다. 당시 새로 취임한 CEO 칼리 피오리나는 사명을 소문자 'hp'로 리디자인 했고, 그 아래 이 강력한 한 단어를 넣은 로고를 발표했다.

HP는 1939년 캘리포니아의 작은 차고에서 출발한 미국의 대표적인 기술 기업이다. 오실레이터·계산기·프린터·서버·PC 등 다양한 기술 제품을 선보이며 실리콘밸리 창업 신화를 만든 회사로, '실용적인 혁신'을 추구하는 기업 문화로도 유명하다. HP의 창업자들이 차고에서 기업을 시작하며 창립 정신을 집약해 만든 '차고의 원칙' Rule of Garage 중 11번째 원칙이 바로 '발명하라'였다. 이 단어를 슬로건으로 내세운 것은 기업의 첫 시작점으로 돌아가 모든 것을 혁신하겠다는 선언이었다.

구구절절한 설명 없이 '발명하라'라는 단어로 표현한 기업의 철학은 다른 기업과 광고인에게도 영감을 주었다. 2001년, 『비즈니스 위크』와 『인터브랜드』가 선정한 세계 100대 브랜드 슬로건에는 이 한 단어가 16위에 올라 있다. 100개의 슬로건 중 한 단어로 된 것은 AT&T의 "Boundless"(한계가 없는)와 HP의 "Invent" 뿐이다.

暗記した言葉は、いつか忘れる。
応援された言葉は、一生忘れない

외운 말은 언젠가 잊는다.
응원 받은 말은 평생 잊지 않는다

나고야 철도 메이테츠 사쿠라 프로젝트

나고야 철도는 2018년부터 매년 봄 '사쿠라 프로젝트'를 열고 있다. '사쿠라'라는 이름은 벚꽃이 피는 4월의 입학식과 맞닿아 있으며, 지역 수험생들의 대입 합격을 응원하는 의미를 담고 있다. 철도회사가 단순한 이동 수단을 넘어 지역사회와 밀착하며 유대를 강화하겠다는 의지를 보여 준 것이다.

이 카피는 프로젝트 시작과 함께 옥외광고에 사용됐다. 나고야 철도가 속해 있는 메이테츠 그룹 계열 29개사가 참여해 시민들의 응원 메시지를 모으고, 이를 대형 퍼즐 형태의 옥외광고로 전시했다. 전철 내부와 역사 곳곳·디지털 광고판·짧은 영상 광고를 통해 취지가 널리 전해졌다. 누구나 참여할 수 있는 구조 덕분에 수험생 응원은 지역 사회 전체의 목소리로 확장되었다.

이 문장은 단순히 합격을 독려하는 차원을 넘어, 입시 공부보다 더 중요한 가치를 강조한다. 시험을 위한 지식 못지않게, 함께 살아가는 사람들과의 따뜻한 상호작용과 공동체 정신이 앞으로의 삶에 더 큰 힘이 될 것이라는 믿음을 전한다. 캠페인은 수험생들에게 심리적 위로를 주었을 뿐 아니라, 시민들에게도 참여의 보람을 선사했다. 응원 문구를 직접 찾아 인증샷을 남기는 모습이 SNS에 확산되며 자연스럽게 입소문을 탔고, 지역 언론에서도 긍정적인 반응을 얻었다. 이 프로젝트는 지금도 매년 반복되며 봄마다 지역에 따뜻한 풍경을 만들어 내고 있다.

선영아 사랑해

2000년 봄, 서울과 전국 주요 도심 곳곳에 붙은 플래카드와 벽보에 전국의 선영이들이 술렁였다. 아무런 정보도 없이 동네마다 붙은 홍보물에는 "선영아 사랑해"라고만 쓰여 있었다. 누군가의 사랑 고백이 아니냐는 입소문이 퍼졌다. 심지어 해당 이름이 아닌 사람들조차도, 로맨틱 드라마 속 프로포즈를 감상하듯 설레어 했다. 열흘 남짓 뭇사람들을 궁금케 했던 고백은 대한민국 광고사에 한 획을 그은 전설로 남았다.

얼마 후 이 의문의 문장이 여성 인터넷 포털 서비스 마이클럽의 론칭 캠페인이었음이 밝혀졌다. 사람들의 고조된 호기심은 사이트에 대한 폭발적인 접속으로 이어졌다. 마이클럽 사이트는 트래픽 폭주로 마비와 서비스 재개를 반복할 정도로 큰 관심을 받았다. 벽보와 플래카드를 붙이는 데 500여 명이 동원됐고, 50억 원의 예산이 들었다고 알려졌다.[8] 역시 개인의 프로포즈 프로젝트로 감당할 수준은 아니었던 것.

이처럼 수많은 이의 추측과 관심을 불러일으킨 이후에 정체를 밝히는 것을 티저 광고라고 한다. 이 캠페인은 한국 티저 광고의 고유 명사가 됐다. 지금도 광고업계에서는 티저 광고를 이야기할 때 '"선영아 사랑해"처럼'이라는 수식어를 붙인다. "선영아 사랑해"처럼 많은 브랜드가 티저 캠페인을 벌였지만, "선영아 사랑해"처럼 큰 성공을 거둔 사례는 드물다. 역대급의 화제를 일으키며 큰 주목과 함께 시작한 마이클럽은 차별적인 경쟁력을 확보하지 못하고 결국 소비자들의 기억 속에서 사라졌다. 대대적 캠페인에 이름을 빌려준 선영이에게 "선영아 미안해"도 남기지 못한 채.

진심이 짓는다

2009년, 대림산업이 e편한세상의 새로운 캠페인을 시작할 무렵, 아파트 광고는 일정한 공식을 따르고 있었다. 이영애(자이)·김태희(푸르지오)·장동건과 고소영(더샵)처럼 유명 스타를 내세우거나, 전형적인 가족의 행복한 모습과 고급스러운 라이프스타일을 연출하는 것이 일반적이었다.

이 캠페인은 이런 전형적인 방식을 비틀면서 시작한다. "그녀는 거기 살지 않습니다"라는 문장으로, 스타 모델과 고급 이미지에 의존한 기존 광고들의 허구를 날카롭게 짚었다. 그리고 브랜드가 정말 중요하게 여기는 것은 '진심'이라고 선언하며, 실제 아파트 곳곳에 담긴 작은 배려들을 차근차근 소개했다. "진심이 짓는다"는 문장으로 그 모든 광고의 첫 장면을 열었다.

광고 시간도 남달랐다. 당시 광고 시장에서 가장 일반적인 15초 대신, 이 시리즈는 모두 30초 분량으로 집행됐다. 단순히 이미지를 심는 것이 아니라, 브랜드의 철학과 실체를 충분히 설명하는 데 시간을 들이겠다는 전략이었다.

"진심이 짓는다"라는 카피는 추상적인 단어였던 '진심'을 브랜드의 구체적 실천과 연결하며 소비자의 인식을 바꾸었다. 그리고 브랜드의 이미지가 아닌 본질을 전달하면서, 오히려 브랜드 이미지를 더 강하게 각인시키는 아이러니한 성공을 만들어 냈다.

야구, 좋아하세요?

컴투스 프로야구

2024년 KBO 개막 시즌에 맞춰 공개된 컴투스 프로야구의 광고는 "야구, 좋아하세요?"라는 짧은 질문으로 시작한다. 이것은 만화 『슬램덩크』의 명대사를 오마주한 것이다. 이 한마디는 단순한 게임 홍보 문구를 넘어, 스포츠 팬이 품고 있는 순수한 열정과 애증을 소환한다. 모바일로 즐기는 게임 플레이가 아니라, 이 게임이 담고 있는 본질인 '야구에 대한 사랑' 그 자체를 화두로 던진 것이다.

광고는 "나는 왜 하필 야구를 좋아해서 이렇게 고통받는 걸까?" 라는 팬들의 솔직한 독백으로 공감의 문을 연다. 응원하는 팀의 패배로 좌절하고, 이해할 수 없는 경기에 분노하는 모습은 모든 팬이 겪는 숙명과도 같다. 광고는 이 '고통'을 외면하지 않고 정면으로 끌어안는다. 그리고 '그럼에도 불구하고' 야구를 포기하지 못하고, 작은 승리 하나에 모든 것을 잊고 환호하는 팬들의 모습으로 이어진다. 분명 야구를 진심으로 좋아해 본 사람이 만든 스토리이며 카피다. 수많은 야구팬이 이 광고에 열렬하게 반응했고, 카피는 야구팬들 사이에 밈으로 소비됐다. 공개된 광고들은 빠르게 유튜브 누적 조회수 천만 회를 넘기며 화제가 됐다.

야구게임 광고지만, 게임에 대한 설명은 없다. 게임의 장점이나 플레이 방식을 설명하는 대신, 핵심 타깃인 프로야구 팬들의 감성을 정조준한다. 야구에 대한 순수한 관심과 열정을 다시금 샘솟게 하고, 자연스럽게 컴투스 프로야구는 '야구를 가장 잘 이해하고 사랑하는 사람들이 만든 게임'이라는 확신을 심어 준다. 과연 1등 야구게임다운 광고이자 카피라 할 수 있다. 이 카피를 보고 있으면 나도 모르게 대답하고 싶어진다. 야구, 좋아합니다!

When it rains, it pours
비가 오면, 쏟아져요

몰튼 솔트

익숙한 이 문장. 언젠가 형광펜으로 줄 쳐가며 공부한 것 같은 느낌적 느낌이 든다. 영어 교과서나 학습서에 등장하는 원래 속담은 "It never rains but it pours"다. "비가 한 번 내리면 쏟아붓는다"로 직역되며, '엎친 데 덮친다'는 뜻으로 주로 쓰인다. 이 속담이 "When it rains, it pours"(비가 오면, 쏟아져요)라는 형태로 널리 알려진 것은 100여 년 전 한 광고 덕분이었다.

몰튼 솔트가 이 카피를 처음 사용한 것은 1914년이다. '솔트 걸'이라 불리는 소녀의 일러스트 로고와 함께였다. 로고 속에는 파란 드레스를 입은 귀여운 소녀가 빗속에서 오른손에는 우산을, 왼손에는 소금통을 들고 있다. 기울어진 소금통에서는 소금이 바닥으로 쏟아지고 있다. 사실은 '퍼붓는'pour것이 비가 아니라, 소금을 말하고 있는 것이다.

당시 대부분의 소금은 습기에 약해 비 오는 날이면 뭉쳐 잘 부어지지 않았다. 몰튼은 소금 입자에 탄산마그네슘을 코팅해 습기에도 잘 부어지도록 개선했고, 이를 알리는 간결한 문장이 바로 "비가 오면, 쏟아져요"였다. '비가 와도 소금이 쏟아진다'는 의미다. 빗속에서도 멈추지 않는 소금의 모습은 기능을 시각적으로 증명했고, 부정적인 속담을 재치 있게 변형한 카피와 인상적인 광고 이미지 덕분에 몰튼 솔트는 시장 1위 자리를 공고히 했다. 이 광고가 유명해진 이후에는 원래 속담의 문장 외에 이 카피도 '설상가상'이란 뜻으로 쓰인다.

不自由はある、不可能はない
불편함은 있다, 불가능은 없다

일본지체부자유자탁구협회

2019년, 흔히 '파라탁구협회'로 불리우는 일본지체부자유자탁구협회가 발표한 캠페인의 헤드라인이다. '파라'Para는 패럴림픽Paralympic에서 온 말이다. 이 협회는 신체에 제약이 있는 사람들이 탁구를 통해 사회와 연결되고, 한 명의 스포츠 선수로서 경쟁할 수 있도록 돕는 공식 단체다. 협회의 공식 홈페이지 첫 화면에는 지금도 이 카피가 정면에 놓여 있다. 이것은 단체의 철학이자, 모든 방문객이 가장 먼저 마주하는 정신이다.

이 카피는 대조와 반전의 구조로 강렬한 인상을 남긴다. '불편함은 있다'는 현실의 제약과 '불가능은 없다'는 의지가 라임과 글자 수에 맞춰 배치되어 의미를 증폭시킨다. 하나의 카피 안에 '있음'과 '없음'·'한계'와 '극복'·'약함'과 '강함'이 공존하며 긴장감 있는 리듬을 만들어 낸다.

이 광고 캠페인에는 장애인 선수 두 명이 모델로 등장한다. 경기 장면과 함께, 시합에 임하는 선수의 마음을 상징하는 바디 카피가 쓰였다. "상대의 장애는 철저하게 공략한다. 그것이 리스펙트니까" "상대와 내 장애가 다르다. 공정하지 않으니까 흥미롭다"와 같은 문장들은 장애에 대한 관념적 수사가 아니라, 경기에 임하는 진심을 드러낸다. "불편함은 있다. 불가능은 없다"는 헤드라인과 어우러져 더 큰 감동을 전한다.

우주 속에 존재하는 인간은 한없이 보잘것없지만, 동시에 각각의 우주로서 존재하는 인간은 한없이 위대할 수 있다. 그것은 실제로 불가능이 없어서가 아니라, 불가능은 없다고 믿는 의지와 태도 때문이다. 이 광고와 카피가 보여 주는 것처럼.

말하지 않아도 알아요

오리온 초코파이

1980년대 중반 오리온 초코파이는 생산 중단 위기를 겪고 있었다. 1974년 첫 출시 이후 독보적인 인기를 누리던 초코파이는 1980년대 들어 경쟁 제품이 잇달아 등장하며 시장점유율이 급락했다. 크라운 빅파이·해태 오예스·롯데 초코파이 등 유사 제품이 늘어나자, 초코파이의 연간 매출은 250억 원에서 100억 원대로 반토막 났다. 회사 내부에서는 생산 중단까지 논의되었다고 한다.[9]

이 위기를 반전시킨 것이 바로 1989년 시작된 「정情」 캠페인이다. 초코파이를 단순한 과자가 아니라 '마음을 전하는 과자'·'정을 나누는 매개체'로 재정의하며 새롭게 포지셔닝을 시도했다. 이 캠페인의 CM송에 등장하는 첫 가사가 바로 이 카피였다. "말하지 않아도 알아요. 눈빛만 보아도 알아. 그냥 바라보면, 음~ 마음속에 있다는 걸."

따뜻한 멜로디 위에 실린 이 카피는 이사 가는 날·삼촌 군대가는 날 등 누구나 공감할 수 있는 일상의 장면이 담긴 20여 편의 광고와 함께 소비자들의 마음을 따뜻하게 데워 주었다. 캠페인 시작 해인 1989년, 초코파이 매출은 곧바로 뛰어올랐고 해를 거듭하며 지속적인 성장세를 보였다. '초코파이＝정情'이라는 등식은 소비자들에게 강하게 각인되며, 초코파이의 위상은 경쟁사들과 명확한 선을 그었다.

정이라는 한국적 정서를 자산으로 만들며 국민 과자 반열에 오른 오리온 초코파이는 출시 50주년을 넘긴 2020년대에도 계속 사랑받고 있다. 말하지 않으면 모르는 시대가 되었는데도 여전히.

Newton was wrong
뉴턴은 틀렸다

원더브라

뉴턴이 틀렸다니. 만유인력의 법칙을 넘어선 새로운 이론이 나왔나 싶겠지만 이 담대한 선언은 의외로 여성 속옷 브랜드의 카피다. 검은색 브래지어를 착용한 모델이 카메라를 당당하게 응시하는 모습과 함께 큰 타이포로 단호하게 이 한마디만이 자리하고 있다.

이것은 1990년대 중반에 유럽에서 게재된 원더브라의 광고 헤드라인이다. 원더브라는 여성의 신체를 더 아름답게 표현해 주는 푸시업 기능으로 크게 사랑받는 브랜드이다. 원더브라는 1994년 체코 출신의 수퍼모델 에바 헤르지고바가 등장한 광고로 화제를 모았다. "Hello Boys"(안녕, 남자들)라는 카피로 유명한 이 옥외광고 때문에 런던 일대의 교통이 큰 혼잡을 겪기도 했다.

그러나 같은 모델이 등장한 이 광고는 모델의 관능미가 아닌 카피의 임팩트로 눈길을 사로잡았다. 모든 물체는 아래로 떨어진다는 뉴턴의 법칙을 비튼 이 카피는, 가슴을 들어 올리는 제품 특성을 단 세 단어로 완벽하게 전달했다. 당시의 일반적인 속옷 광고가 여성의 신체를 성적으로 묘사하는 것에 비해 이 광고는 유쾌하고 자신감 있게 이미지를 연출하고 재치 있는 카피를 사용해 여성들의 호응을 얻었다.

이 브랜드는 이 작품 이후 제품의 속성을 위트 있게 표현한 다수의 광고로 소비자들과 광고업계의 주목을 받았다. 이 정도 유머라면, 저 세상에 계신 뉴턴도 슬며시 웃어 넘기지 않을까 싶다.

4월

史上最低の遊園地
사상 최악의 유원지

도시마엔

일본 만우절 광고 사상 최고의 카피다. 1990년 4월 1일 만우절에 이 역사적 신문광고를 집행한 곳은 전통의 놀이공원 도시마엔. 1926년 도쿄 네리마구에 문을 연 도시마엔은 오랫동안 도쿄 시민들의 일상과 추억을 담아 온 공간이었다. 그러나 대형 테마파크 디즈니랜드의 등장으로 큰 위기에 봉착했고, 이 상황에 도시마엔은 자학적 만우절 유머라는 예상치 못한 길을 선택했다.

즐거움과 환상을 강조해도 부족할 시기에, 도시마엔은 오히려 '즐겁지 않은 놀이공원'이라는 자폭 광고를 냈다. 사상 최악의 유원지라는 큰 헤드라인 아래에는 "오지 말 걸 그랬다"라며 괴로워하는 아빠·코를 막고 불쾌해하는 엄마·넋이 나간 딸과 울고 있는 아들까지 등장한다. 상상도 할 수 없는 이미지에 "두 번 다시 오지 않을 여러분을 기다린다"라는 바디 카피가 압권이다. 그리고 광고 하단에는 "오늘은 4월 1일입니다"라는 한 줄을 덧붙였다. 압도적인 브랜드 네임과 규모·시설에서 앞서는 경쟁자들과 맞서려고 억지로 장점을 내세우는 대신, 부정적인 측면을 역으로 활용하는 전략이었다.

소비자 반응은 폭발적이었다. 자칫하면 최악의 자책골이 될 수도 있던 모험이 다행히도 만우절 유머로 받아들여졌다. 이 광고는 소비자의 호기심을 자극하며, 도시마엔을 친근하고 소탈한 놀이공원으로서 인식시키는 계기가 됐다. 재치 있는 자기 비하와 위트는 신선한 화제를 불러일으켰고, 도시마엔의 존재감을 뚜렷하게 각인시켰다. 이 카피는 TCC 심사위원장상을 수상하며 일본 광고사에 거대한 족적을 남겼다. 여러 만우절 광고들 속에서 독보적인 아우라를 내뿜는다. 쉽사리 따라할 수 없는 작품이기도 하다.

諸君。学校出たら、勉強しよう
여러분. 학교를 졸업하면 공부합시다

『일본경제신문사』

이 카피는 1983년 4월,『일본경제신문사』(일경)가 포스터로 발표한 것이다. 입학이나 입사를 3월부터 시작하는 한국과 달리 일본은 4월에 시작한다. 당시 일본 기업들은 인력에 대한 수요가 넘쳤고, 일단 대학교를 졸업하면 취업이 어렵지 않았다. 그러나 직업인이 된 후의 경쟁력을 대학 졸업장이 보장하는 것은 아니었다. 자기계발과 평생학습의 필요성이 점점 강조되던 시대였다. 이런 상황에서 학교를 졸업하면 공부가 끝난다는 통념을 뒤집고 "졸업 후 진짜 공부가 필요하다"라는 카피는 신선한 메시지가 됐다.

카피의 톤도 눈길을 끌었다. 일반적인 광고 카피의 서술 방식이 아니라 '제군'諸君이라는 호칭으로 시작해 마치 청중을 앞에 두고 연설하는 듯한 어투였다. 일본에서도 이 표현은 교장이나 총장이 쓰거나, 혹은 군대·정치 연설에서 주로 쓰이는 격식 있는 호칭이다. 그래서 이 문장은 사회로 나서는 졸업생들을 향해 권위 있는 교수가 졸업식장에서 건네는 마지막 조언처럼 들렸다. 교과서와 시험에서 벗어나 이제는 진짜 인생 공부를 시작하라는, 사회 서배의 엄숙하면서도 따뜻한 훈화 같은 울림을 준 것이다.

이 광고는 신문의 이미지를 크게 바꾸어 놓았다. '주식 전문 신문'으로만 여겨지던 『일경』이 모든 비즈니스맨에게 필요한 필수 매체로 포지셔닝하는 데 성공한 것이다. 기존의 경영자와 간부뿐 아니라 신입사원과 중간관리자층으로 독자층을 넓히며 영향력을 확장했다. 이 카피는 1983년 TCC 특별상을 받으며 카피의 완성도까지 인정받았고, 40년이 지난 지금까지도 사회 초년생에게 건네는 조언으로 회자되고 있다.

골라 먹는 재미가 있다

배스킨라빈스

누구나 한번쯤은 고민해 봤을 것이다. '어떤 맛으로 먹을까?' 매장 문을 열고 들어가면 한국인의 최대 고민인 '짜장면 vs 짬뽕'보다 더 힘든 선택의 순간이 기다리고 있다. 배스킨라빈스는 그 행복한 고민 을 카피로 바꾸어 소비자가 매장을 찾아 올 이유로 선사했다.

이 카피는 1996년경부터 본격적으로 시작한 TV 광고에 사용되 며, 배스킨라빈스의 브랜드 아이덴티티를 단숨에 확립했다. 저가 제 품 중심이었던 아이스크림 시장에 배스킨라빈스는 31가지 맛과 매 장 중심의 프리미엄 전략으로 차별화에 나섰다. 다양한 맛이 있다는 것을 핵심적인 장점으로 내세워 '선택의 즐거움'으로 확장한 이 문 장은 단순한 특징이 아니라 감성적인 경험을 전했다.

초기의 TV광고는 수많은 메뉴를 숨도 쉬지 않고 읊는 매장 직원 의 모습이나, 수많은 선택지 앞에서 결정하지 못하는 고객의 모습 을 유머러스하게 보여 줬다. 모두 브랜드가 제공하는 경험을 직관적 으로 드러내는 좋은 전략이었다. 광고가 좋은 반응을 얻으며 이 카 피 역시 유행어처럼 퍼져 나갔고, 소비자들의 언어생활 안으로 들어 왔다.

배스킨라빈스의 매출은 30퍼센트 이상이 상위 다섯 가지 인기 맛 에서 나오며, 새로운 맛보다는 익숙한 맛을 찾는 고객의 비율이 높 다고 한다.[1] 그러나 소비자들은 다양한 맛이 존재한다는 사실 자체 에서 브랜드의 가치를 느꼈다. "골라 먹는 재미"라는 이 카피는 단 순히 브랜드의 특성 전달을 넘어, 선택의 자유와 일상의 즐거움을 상징하는 감성적 자산으로 유지되고 있다.

The world's local bank
세계의 로컬 은행

HSBC은행

일본인들과 골프 모임에 나간 미국의 비즈니스맨, 홀인원을 기록한 후 환호한다. 미국에서는 홀인원 기념으로 술 한 잔을 사는 문화가 있지만, 일본에서는 파트너들에게 비싼 선물을 한다는 내레이션이 흐른다. 화면이 바뀌면, 선물 받은 고급 골프백을 끌고 온 일본인들과 다시 라운딩에 나선 비즈니스맨이 등장한다. 똑같은 홀에서 일부러 다른 방향으로 공을 날리는데, 나무에 맞은 공이 홀로 빨려 들어간다. 기뻐하는 일본인들과 난감해하는 미국인의 모습이 유머러스하게 교차된다.

글로벌 금융기업 HSBC가 "세계의 로컬 은행"The world's local bank이라는 슬로건을 내세우며 내보낸 광고 시리즈 중 한 편이다. 중국인 모임에 초대받은 영국의 비즈니스맨이 식사 문화의 차이로 곤혹을 겪는 에피소드 등 문화적 차이를 다룬 시리즈가 이어졌다. 이 광고들은 서로 다른 문화를 이해하는 것이 글로벌 비즈니스의 핵심이며, HSBC가 세계 곳곳에서 지역을 존중하며 서비스하고 있다는 메시지를 전한다.

이 슬로건이 인상적인 것은 '세계'world와 '로컬'local이라는 상반된 단어를 하나의 정체성으로 통합하는 아이러니가 느껴지기 때문이다. 일견 모순된 표현처럼 보이지만, 세계 80여 개국에 진출한 글로벌 네트워크를 갖추고 현지에 맞는 맞춤 서비스를 제공한다는 HSBC의 지향점이 정확하게 표현된 카피이다. 세계적인 은행이면서, 가장 지역에 충실한 은행. 역설적인 문장이 강한 힘을 가지는 배경은, 멋진 표현이 아니라 그 실체에 있다.

나는 나를 넘어섰다

GM대우

2004년 GM대우는 중요한 기로에 서 있었다. 2002년, 대우자동차가 경영난으로 미국 GM에 인수된 후 현대자동차·기아자동차와 치열한 경쟁을 벌이며 힘겹게 경쟁 중이었다. 세계적 기업에 인수되면서 브랜드에 대한 불안감은 어느 정도 해소됐지만, 외환위기 이후 생긴 부정적 이미지를 개선하고 신뢰를 회복해야 했다. 이를 위한 적극적인 마케팅 활동을 벌이던 GM대우는 위기를 넘어서겠다는 강력한 의지를 담은 기업 PR 캠페인을 전개했다.

이 캠페인의 각 광고들은 스스로의 한계를 뛰어넘어 성공한 인물들의 이야기를 담고 있다. 가수 보아·영화감독 박찬욱 등이 모델로 등장해 눈길을 끌었는데, 그중 국가대표 레슬러 출신의 패션모델 김민철 편이 큰 반향을 일으켰다. 130킬로그램의 레슬러였던 그는 패션모델이 되고 싶었다. 모두 미쳤다고 했지만, 그는 스스로를 믿었고 뼈를 깎는 노력 끝에 패션모델이 되어 런웨이에 섰다. 드라마틱한 그의 변화와 도전 정신은 감동과 공감을 불러일으켰고, 그의 놀라운 이야기는 "나는 나를 넘어섰다"라는 카피에 진정성을 부여했다. 이 광고는 2004년 대한민국광고대상 TV부문 금상을 수상하는 등 광고 작품으로서 완성도까지 인정받았다.

GM대우는 위기를 딛고 국내 자동차 시장에서 비교적 선전했으나, 대우자동차의 흔적은 지속적으로 브랜드 성장의 걸림돌로 인식됐다. 결국, 2011년 쉐보레로 브랜드가 통합되면서 기업명도 한국 GM으로 바뀌었다. 대우라는 이름이 영원히 사라지게 된 것이다. 세상에는 의지만으로 넘어서지 못하는 것도 있다.

幸せは、名もない一日につまっています
행복은 이름도 없는 하루에 담겨 있습니다

라이온

2012년, 생활용품 전문 기업 라이온은 창립 120주년을 맞아 새로운 기업 슬로건 "오늘을 사랑하다"今日を愛する와 함께 캠페인을 시작했다. 1891년 창업 이래 치약·세제·비누 등 생활필수품을 만들어 온 라이온이 '생활을 지키는 브랜드'다운 메시지를 낸 것이다. 이 카피는 당시 집행된 인쇄 광고의 본문 첫 문장이다. 동일본대지진이 일어난 지 불과 1년도 채 되지 않은 때였다. 이 문장은 모든 사람에게 평범한 하루의 소중함을 다시 한 번 환기시키기에 충분했다.

이 카피는 평범하기에 특별하다. 행복이란 특별한 사건이나 성취가 아니라, 이름조차 붙지 않은 하루하루의 반복 속에 숨어 있다는 사실을 전한다. 아침에 세수를 하고, 깨끗한 셔츠를 입고, 가족에게 "다녀오세요"라고 인사하는 평범한 장면들. 바로 그 익숙함 속에서 우리는 안도하며 가장 큰 행복을 누린다. 대부분의 사람은 그 행복이 사라지고 나서야 비로소 깨닫는다. 행복할 때는 자신이 행복하다는 사실조차 모른다는 아이러니를, 이 문장은 조용히 일깨운다.

광고에는 거창한 약속이나 구호가 없다. 매일의 삶을 충실히 사는 사람들과 120년을 함께한 브랜드의 성실함이 담겨 있다. 일상의 위대한 아름다움을 오랜 시간 쌓아 지킨 든든함이 있다. 적절한 순간에 적절하게 전해지는 평범함은, 때로 어떤 새로움이나 탁월함보다도 강력하다. 그것을 증명해 보인 카피다.

Schlitz, in filtered air
정제된 공기로 빚은 맥주

슐리츠 맥주

1900년대 초반, 미국 맥주 시장은 서로 더 '순수한'Pure 맥주라고 주장하는 브랜드로 가득했다. 하지만 다들 순수하다고 소리만 높일 뿐, 어떤 맥주가 더 순수한지 알 수는 없었다. 대부분의 맥주가 비슷한 재료와 공법으로 만들어지고 있었다.

그 무렵, 슐리츠 맥주를 담당하게 된 카피라이터가 제품 연구를 위해 공장을 방문했다. 견학을 마친 후 그는 엄격한 공정에 감탄했다. 맥주는 필터로 걸러진 깨끗한 공기로 냉각되었고, 밀폐된 탱크에서 양조되었으며, 그 이후의 살균 과정도 철저하게 관리되고 있었다. 그는 이 과정을 광고로 알리자고 제안했지만, 광고주는 난색을 표했다. 모든 경쟁사의 맥주도 이렇게 만들어지고 있었기 때문이다.

그는 "누구나 하는 일이지만, 먼저 말하면 우리 것이 된다"라고 설득했고, 그의 판단은 적중했다. 밀폐된 유리방에서 작업을 하는 삽화와 함께 맥주 제조 공정을 꼼꼼히 설명한 광고가 큰 반향을 일으켰다. 5위권에 머무르며 경영 위기에 처했던 슐리츠 맥주는 불과 몇 달 만에 1·2위를 다투는 브랜드가 되었다. 경쟁사들은 당황했다. "우리도 합니다!"라고 따라 하자니 궁색해 보이고, 가만히 있자니 오히려 깨끗하지 않은 맥주로 오해받는 상황에 놓이게 되었으니.

이 카피를 쓴 사람은 현대 광고의 전설 중 한 명인 클로드 홉킨스다. 이 광고는 누구나 공유하는 보편적인 사실을 독점적인 기술처럼 주장하여 자신의 강점으로 만든 '선제적 리즌 와이'Reason Why 전략의 대표적 사례로 평가된다.[2] 마케팅은 결국 인식의 싸움이다.

멀리 갈수록 집은 가까워집니다

KCC건설 스위첸

물리적으로는 멀어지지만, 마음은 더 가까워진다. 이 카피는 단순한 역설을 넘어 집이라는 공간이 갖는 본질을 되짚는 한 줄이다. 2013년에 방영된 KCC건설의 아파트 브랜드 스위첸의 광고는 결혼 12년 차 주부가 혼자만의 여행을 떠나는 이야기로 시작된다. 일상에서 벗어나 바닷바람을 맞고, 소녀처럼 웃으며 시간을 보내는 그녀는 누구보다 자유로워 보인다. 그러나 여행이 끝날 무렵, 그녀의 머릿속은 집에 두고 온 가족 걱정으로 가득 찬다. 굳이 멀리 떠나와서 스마트폰으로 가족의 사진을 보며 웃는 그녀의 모습 위로 이 카피가 자막과 내레이션으로 등장한다.

KCC건설은 2010년대 초반부터 소비자들에게 집의 가치를 전하는 광고를 꾸준히 만들었다. 모기업이나 브랜드명 등의 이미지 외에는 실질적인 특장점을 바탕으로 차별화하기 어려운 아파트 브랜드 경쟁에서, 집의 가치를 감성으로 소구하는 전략을 세운 것이다. 다른 브랜드도 집의 의미를 전하는 광고를 한 적은 있지만, KCC건설의 스위첸처럼 오랜 시간 일관되게 진행한 브랜드는 없다. 한때의 유행이나 흐름이 아니라, 소비자의 삶을 반영한 섬세한 시각과 감성으로, 집의 의미를 고민하는 브랜드로서의 진정성을 구축해 온 것이다.

스위첸의 광고는 높은 완성도로 정제한 카피를 선보였다. 그중에서도 이 카피는 '공감'과 '발견'이라는 감성 커뮤니케이션의 두 축을 완벽히 구현한 수작이다. 스위첸은 2020년대 들어서도 「문명의 충돌」 시리즈 등 소비자들의 공감 속에 큰 지지를 받는 좋은 캠페인을 이어 오고 있다.

想像力 資本主義
상상력 자본주의

산요상회

1991년, 일본의 패션기업 산요상회가 발표한 기업 이미지 광고의 슬로건이다. 버블경제의 정점을 지나 물질적 풍요 뒤의 그림자가 점점 짙어지던 시기였다. 생산과 소비의 팽창이 한계에 이르면서, 물질이 아닌 새로운 가치의 가능성을 추구하는 분위기가 사회의 저변에 깔리고 있었다. 산요상회는 바로 그 시점에 상상력의 가치에 주목했다. 의류를 파는 것이 아니라, 상상력을 기반으로 문화를 창조하는 기업으로 스스로를 규정한 것이다.

이 카피는 '상상력'과 '자본주의'라는 두 개념을 충돌시켜 의미를 확장한다. 문화와 콘텐츠가 세상의 중심이 된 지금과는 잘 어울리는 말이지만, 30여 년 전만 해도 매우 이질적인 조합이었다. 자본주의가 생산과 효율·경쟁의 논리라면 상상력은 감성과 창조·인간의 내면을 반영한다. 이 두 단어의 병치는 당시 사회가 감지하던 불안과 피로를 정면으로 응시하며, 그 너머로 갈 수 있는 동력이 무엇인지 명확하게 제시했다. 돈이 세상의 중심이던 시대에 상상력을 자본의 중심에 놓은 것은, 한 세대를 앞서 내다본 선견지명이었다.

실험적인 팝아트 스타일의 인쇄 광고와 프로그레시브 록 음악을 활용한 TV 광고는 정형화된 스토리나 장면 없이 소비자의 상상과 호기심을 자극했다. 그 위에 커다란 타이포그래피로 자리한 "상상력 자본주의"라는 슬로건은 산요상회의 차별화된 브랜드 이미지를 확고하게 구축했다. 이 카피가 제시하는 통찰은 30여 년이 지난 지금도 여전히 유효하다. 인공지능이 인간의 창의력까지 점차 대체하는 시대에, 인간만이 또는 자신만이 만들어 낼 수 있는 상상력의 영토는 생존의 기반이 될 테니까.

I want YOU for U.S. Army
나는 네가 미 육군에 지원하길 바란다

미국 육군

익숙한 이미지다. 백발에 수염이 난 신사가 별이 그려진 모자를 쓰고 정면을 응시하며 손가락을 겨눈다. 그 아래에 이 카피가 쓰여 있다. 포스터를 보고 있는 사람을 지목하여 강조하듯 '너'를 모두 대문자(YOU)로 표기했다. 1917년, 제1차 세계대전 당시 미국 육군이 만든 모병 포스터다.

이 포스터는 1914년에 제작된 영국 병역 포스터의 이미지와 카피 "너의 조국이 너를 필요로 한다"Your country needs YOU를 모방한 것이었지만,[3] 오리지널을 능가하는 유명세를 떨쳤다. 단순히 군인을 모집하는 포스터가 아니라, 애국심을 상징하는 아이콘이 된 것이다. 이 이미지와 문장은 대중문화 속에서 수많은 패러디를 낳았고, 포스터에 등장한 가상 인물 엉클 샘Uncle Sam은 미국의 상징 중 하나로 자리 잡았다.

제1차 세계대전 기간 중 400만 명 이상의 미국 청년이 참전하여, 10만 명 이상이 전사하고 20만 명 이상이 부상을 당했다고 한다. 당시 모병에 큰 역할을 한 것으로 평가받는 이 작품을 만든 아티스트 제임스 몽고메리 플래그는 "젊은이들에게 전쟁을 팔았다"We sold the war to youth는 후회를 남겼다.[4] 카피는 단지 제품만 파는 게 아니다. 카피는 전쟁도 판다.

아름다운 개인주의

한국화장품 칼리

1998년, 한국화장품의 칼리가 본격적인 광고 활동을 시작하고자 내 걸은 카피 한 줄이 신선한 반향을 불러일으켰다. 여전히 개인보다는 집단을 위하는 것을 미덕으로 생각하던 당시에 '개인주의'를 대놓고 브랜드의 메시지로 삼는 것은 꽤나 모험적인 선택이었다. 칼리는 20대 여성을 주 타깃으로 '자기 자신만의 아름다움'을 강조했고, 당대의 청순함을 대표하는 배우 심은하를 모델로 기용했다.

1990년대 후반 한국 사회는 문화적으로나 경제적으로 큰 변화를 겪은 시기였다. IMF 외환위기로 인한 연쇄 부도와 대규모 해고로 더 이상 집단이 개인을 책임질 수 없다는 인식이 확산되고 있었다. 동시에 젊은 세대에게는 자기 정체성과 개성을 중요시하는 분위기가 더욱 커지고 있던 터. 특히 X세대라 불리던 70년대생들은 "남들과 다르게 살고 싶다"라는 욕망을 대놓고 드러낸 첫 세대였다. 이들은 집단의 논리보다 개인의 취향을 당당히 앞세웠다.

그런 시대에 등장한 '아름다운 개인주의'는 단순한 슬로건이 아니라, 한 시대의 감수성을 반영한 선언이었다. '이기주의'나 '무책임'이라는 단어와 연관하여 부정적인 이미지로만 여겨지던 '개인주의'는 '아름답다'는 수식어를 끼고 그 인식을 뒤집어 버렸다. 그것은 '나를 위한 선택'·'내 안의 고유한 아름다움'을 응원하는 새로운 언어였고, 이는 당대 20대 여성들의 감성과 정확히 맞아떨어졌다.

이 카피는 단순히 트렌드에 반응한 문구가 아니라, '개인의 주체성과 취향'이 전면에 부상하는 시대적 흐름을 짚어 낸 언어였다는 점에서 높이 평가할 만하다.

毎日、命懸けで生きている魚に、遊びで勝てるわけがない

매일, 목숨 걸고 살아가는 물고기를 놀이로 이길 수는 없는 법이다

이시구로

2013년, 일본의 낚시 전문점 이시구로가 발표한 포스터 광고의 카피다. 이 한 줄은 낚시를 단순한 레저가 아니라 생명과 마주하는 진지한 행위로 바라본다. 낚시는 매일 생존을 위해 싸우는 물고기를 상대하는 일이며, 그것을 인간의 가벼운 '놀이'로 대하지 않겠다는 브랜드의 태도를 드러낸다.

이 광고의 서브 카피는 "물고기와 사람을 잇다"魚と人を繋ぐ였다. 물고기와 인간을 잇는다는 것은 곧 인간과 자연을 잇는다는 뜻이다. 낚싯줄은 생명과 생명을 연결하며, 낚시라는 고요한 긴장 속에서 인간은 자연의 일부로서 자신의 존재를 자각하고 삶의 자세를 배우게 된다.

이 광고가 등장한 2010년대 초반, 장기적인 경기 침체와 여가 트렌드의 변화로 아웃도어 레저 시장은 침체기에 빠졌고, 1990년대 후반 약 2천만 명으로 추산되던 낚시 인구는 2013년경 1/3 수준으로 줄었다.[5] 이러한 배경 속에서 이시구로는 낚시를 "편안한 취미"로 포장하기보다, 낚시에 진심인 사람들에게 낚시의 철학을 전했다. 낚시는 자연 속에서 물고기와 벌이는 진검승부이자, 자신을 발견하는 시간이라는 메시지다.

이 카피는 상품의 기능이 아닌 낚시를 대하는 태도를 통해 브랜드의 전문성과 진정성을 강화했다. 낚시 애호가들에게는 낚시의 의미와 자신의 삶을 성찰하는 시간을 마련해 주었다. 그리고 한 광고대행사의 나고야 지사에서 근무하던 젊은 카피라이터에게는 2013년 TCC 신인상을 안겼다. 매일, 진심을 다해 언어를 다루는 카피라이터의 빛나는 재능은 지역을 가리지 않는 법이다.

흔들리지 않는 편안함

시몬스 침대

이 카피는 한국에서 1990년대 후반부터 사용되었다. 그 시절, 시몬스는 실험적인 TV 광고를 통해 이 슬로건의 메시지를 각인시켰다. 볼링핀이 놓인 침대 위로 볼링공을 떨어뜨리는 실험을 하여, 충격 흡수와 흔들림 제어 기술을 직관적으로 보여 주었다. 시몬스 침대가 내세운 강점을 명확하게 드러내는 카피였다. 이 볼링공 투척 실험은 1990년대 초반 미국의 시몬스 본사의 광고에서 먼저 활용됐다.

이 광고를 포함하여 시몬스는 한국 마케팅 초기에 미국 본사의 예전 광고를 많이 차용한 크리에이티브를 선보였지만, 한국의 시몬스와 미국 본사는 라이선스만 주고받는 별개의 기업이다. 미국 시몬스는 반복된 인수합병과 경영 악화로 2018년 파산 보호를 신청하는 등 위기를 벗어나지 못하고 있지만, 한국 시몬스는 완전히 다른 길을 걸었다. 라이선스를 통해 브랜드명과 기술을 도입했지만, 꾸준한 자체 기술 개발과 브랜딩 노력으로 한국 시몬스만의 경쟁력을 확보했다.

그 중심에는 "흔들리지 않는 편안함"이 있었다. 30년간 마케팅 전략과 광고 캠페인이 여러 차례 바뀌었지만 바뀌지 않은 것이 있다. 외국인 모델과 슬로건이다. 서양인을 등장시키면서 글로벌 브랜드의 이미지를 구축하면서 슬로건은 일관되게 사용하며 시몬스 침대의 핵심 브랜딩 자산을 만들었다. 이 카피는 널리 알려져, 스포츠 중계방송에서 안정적인 경기력을 보이는 선수를 묘사할 때 "흔들리지 않는 편안함"이라고 인용하기도 한다. 시몬스는 2023년에 법인설립 32년 만에 에이스침대를 제치고 처음 업계 1위에 올랐다.

Does she... or doesn't she?
그녀는 했을까? 안 했을까?

클레롤

유력 잡지 라이프가 한 염색약 광고의 게재를 거절했다. 1957년의 일이다. "그녀는 했을까, 안 했을까"라는 짧은 문장이 성적인 암시를 담은 저급한 광고라는 이유에서였다. 브랜드와 광고대행사는 잡지사 직원들을 포함해 소비자 테스트를 진행했고, 많은 여성이 그것을 성적 의미가 아닌 '염색했는지 아닌지'를 묻는 헤드라인으로 받아들인다는 결과를 얻어 잡지사를 설득했다. 이런 우여곡절 끝에, 광고 역사에 길이 남을 전설의 문장이 결국 잡지 지면에 실렸다.

1950년대, 여성의 염색에 대한 시선은 매우 부정적이었다. 염색은 연예인이나 '거리의 여성'처럼 문란하다고 여겨지는 사람들이 하는 일이라는 인식이 만연했고, 염색을 한 후에 "했느냐"라는 질문을 받는 일은 수치스런 일로 받아들여졌다. 카피라이터 셜리 폴리코프는 예비 시어머니와의 첫 만남에서 실제로 염색 여부를 추궁당한 경험을 살려 "그녀는 했을까? 안 했을까?"라는 헤드라인을 만들었다. 이 헤드라인 아래에는 "오직 그녀의 헤어 디자이너만이 알 것이다"라는 문장이 덧붙여졌다.

아이와 함께 있는 평범한 금발 여성의 모습 위에 붙은 이 카피는 제품의 자연스러움을 보장하는 약속이 되었다. 이 캠페인은 엄청난 반향을 일으켰고, 클레롤의 매출과 시장점유율 모두 폭발적으로 상승했다. 염색을 하는 여성이 급증하면서, 염색은 여성의 자연스러운 자기표현으로 받아들여지기 시작했다. 이 한 줄로 시대의 금기를 깨는 데 큰 역할을 한 셜리 폴리코프는 1974년, 광고계 최고의 영예인 ADC 명예의 전당과 크리에이티브 명예의 전당에 헌액되었다.

女の週末が、攻撃的になった
여자의 주말이 공격적이 됐다

토요타 1300 스타렛

이 카피는 1980년경 토요타가 소형차 '1300 스타렛'을 출시하며 내건 광고 카피다. 당시의 자동차 광고에서는 보기 드문 단어인 '여성'과 '공격적'이 한 문장 안에 사용되며 소비자의 눈길을 끌었다. 이 카피가 발표된 시기는 여성의 사회 진출이 본격화되던 때였다. '커리어우먼'이라는 단어가 일본에서 처음 사용된 시기로, 사회에 진출한 여성들의 경제적 자립이 서서히 확대되고 있었다. 토요타는 합리적인 가격의 스타렛을 여성 직장인을 중심으로 마케팅하며 새로운 시장을 개척했다.

역시 이 카피의 백미는 '공격적'이란 표현이다. 이 한 단어로 '적극적이다'·'활발하다'·'능동적이다'는 의미는 물론 설렘과 기대감까지 한 번에 담아냈다. 한 발 더 나아가, 성향이나 성격의 묘사를 넘어, 사회의 관습과 기대에 맞서는 태도까지 느껴진다. 주말은 직장과 가정의 울타리를 벗어나 자기 자신으로 우뚝 서는 시간이 된다. 스스로를 위해 소비하는 여성에게 자동차는 단순한 이동 수단이 아니라 자아를 실현하는 도구가 된다.

1980년대 들어 여성이 독립적인 소비 주체로 나서면서 '여성의 시대'라는 말이 생겨났다. 이 카피는 그 새로운 시대의 도래를 알린 상징적인 카피 중 하나로 평가된다. 이후 여성들은 화장품·패션·생활용품뿐 아니라 여행·자동차·금융 등 다양한 분야에서 적극적인 소비층으로 자리 잡았고, 기업들은 그들의 감성과 욕망을 이해하고자 새로운 언어를 모색하기 시작했다. 주말뿐 아니라 시대 자체가 공격적으로 변한 것이다.

깨끗하게 맑게 자신있게

존슨앤존슨 클린앤클리어

김지원·윤아·임수정·서현·서지혜·소이현·조윤희·장신영·이윤지·이요원. 이들의 공통점은 무엇일까. 모두 같은 브랜드의 광고 모델 출신이라는 점이다. 발랄하고 깨끗한 이미지로 10대 소녀들의 마음을 사로잡은 얼굴들이다. 이들 모두 광고를 통해 "깨끗하게 맑게 자신있게"를 외쳤다.

이 슬로건은 1995년 미국의 제약회사 존슨앤존슨이 한국 시장에 선보인 스킨케어 브랜드 클린앤클리어의 광고에 등장했다. 제품의 성능과 감성적 편익을 세 단어로 나열한 이 카피 자체에 큰 아이디어가 담긴 것은 아니었다. 그러나, 모델이 바뀌어도 카피를 외치는 경쾌한 톤과 특유의 리듬감을 유지하면서 소비자에게 깊이 각인되었다. 이 카피는 20년 가까이 유지되면서 오래도록 사랑받았다. 그 인기는 광고 밖으로도 이어졌다. 예능이나 코미디 프로그램에서 지속적으로 패러디됐다. 광고가 막을 내린 지 10년이 지났지만, 여전히 여러 콘텐츠에서 종종 인용된다.

한때 한국 매출이 미국에 이어 세계 2위를 기록할 만큼 큰 사랑을 받은 클린앤클리어는 화장품 로드숍의 등장과 함께 경쟁이 심화되며 시장에서 점차 밀려났고, 결국 단종되고 말았다.[6] 지금은 톱클래스의 스타가 된 모델들의 앳된 모습과 청량한 삼단 외침만 유튜브에 남겨 놓은 채.

10억을 받았습니다

푸르덴셜 생명

2006년, 푸르덴셜생명의 한 TV 광고가 전파를 타자마자 강한 논란에 휩싸였다. "10억을 받았습니다"라는 파격적인 내레이션으로 시작한 이 광고는 남편을 잃은 아내가 딸과 함께 전원주택에서 여유롭게 지내는 모습을 보여 주면서 많은 이의 감정을 자극한 것이다. 광고는 종신보험 가입 18시간 만에 사망한 가입자의 유족에게 10억 원이 넘는 보험금을 지급한 실제 사례를 모티프로 했다.

당시 푸르덴셜·ING 등 외국계 생명보험사들은 "거액의 보험금으로 사후에 가족이 곤란을 피할 수 있다"라는 영업으로 보험 시장에 파고들고 있었다. 실제로 상품에 가입한 많은 가장이 "보험에 든 후 왠지 안도감이 든다"라는 반응을 보이곤 했다. 그러나 광고가 노린 현실적 공감은 예상 외의 강한 역풍을 맞았다.

남편 사후에 보험금으로 사는 아내의 웃음 띤 표정·고급스러운 생활 공간·10억이라는 거액을 강조하는 구성은 소비자들의 반감을 샀다. 특히 남성 보험 설계사가 전원주택을 찾아가 아내에게 상담을 해 주는 장면이, 불륜을 암시하는 것이라는 오해까지 사며 온라인상에는 패러디가 쏟아지기도 했다. 은퇴자협회는 그해 최악의 광고 중 하나로 이 작품을 선정하여 발표하기도 했다. 결국 푸르덴셜 생명은 "끝까지 약속을 지키는 기업이라는 순수한 의도로 제작한 광고의 의미가 제대로 전달되지 않아 안타깝다"라는 입장을 내놓았다.

죽음과 보험금이라는 금기를 과감하게 다룬 파격적 시도는, 공감과 신뢰를 구축하지 못하고 역대급 논란과 오해를 남긴 채 막을 내렸다.

私、誰の人生もうらやましくないわ
나, 누구의 인생도 부럽지 않아요

파나소닉

1999년, 파나소닉(당시 마쓰시타 전기산업)은 싱글 여성을 위한 캠페인 「싱글 스테이지」Single Stage를 선보였다. 버블 붕괴 이후 경기 침체가 이어지던 일본 사회에는 결혼과 직장·관계에 얽매이지 않고 자신만의 삶을 살아가려는 젊은 여성들이 등장하고 있었다. 그들에게 이 캠페인은 응원의 메시지였다. 가전제품의 기능을 말하기보다, 혼자 사는 여성이 스스로의 생활을 즐기고 선택하는 모습을 자연스럽게 담았다.

이 카피는 캠페인의 헤드라인이었다. 남의 시선이나 사회적 기준에 흔들리지 않고, 자신의 일상과 선택을 긍정하겠다는 태도를 담았다. '다른 누군가처럼 사는 것'이 당연하게 여겨지던 사회적 시선에 의문을 제기한 광고에 여성들은 큰 공감을 보냈다. 1970년대부터 여성의 사회 진출이 활발해지고 여성운동의 바람도 불었지만, 21세기를 앞둔 당시에도 여전히 여성에게 수동적인 역할을 요구하는 분위기가 남아 있었다. 이러한 상황 속에서 독립적 주체로서의 여성 심리를 대변한 카피가 큰 호응을 얻은 것이다.

이 문장은 이후에도 오랫동안 회자됐다. 2016년에는 같은 문장으로 리메이크된 새로운 광고가 제작되어, 시간이 지났어도 변치 않는 카피의 힘을 다시 증명했다. 이 카피를 쓴 카피라이터 고지마 레이코는 2022년에 에세이를 출간하며 이 문장을 책의 제목으로 내세웠다. 동시대의 여성들에게 '자신만의 인생을 선택한다는 것'의 의미를 일깨운 이 한마디는, 그녀의 광고 인생을 대표하는 카피로 손색이 없다.

우리 강산 푸르게 푸르게

유한킴벌리

유한킴벌리는 어쩌면 숲을 가장 많이 훼손하는 기업 중 하나일 것이다. 종이 제품을 만드는 기업의 운명이다. 하지만 사람들은 이 회사를 '가장 숲을 아끼는 기업'으로 기억한다. 그런 인식을 만든 것이 바로 1984년부터 지금까지 40년 넘게 이어지고 있는 장기 캠페인, 「우리 강산 푸르게 푸르게」다.

유한킴벌리는 유한양행과 킴벌리클라크가 합작해 세운 기업이다. 최초의 미용티슈(크리넥스)·최초의 일회용 생리대(코텍스)·최초의 화장실 전용 화장지(뽀삐)·최초의 팬티형 기저귀(하기스) 등 수많은 국내 최초 기록을 보유하고 있다. 그만큼 종이와 밀접한 제품을 많이 생산했고, 숲의 희생을 발판으로 성장한 기업이기도 하다.

이 카피는 유한킴벌리가 1984년부터 전개한 환경 캠페인의 슬로건이다. 당시는 환경 문제에 대한 사회적 관심이 지금에 비해 미약한 시절이었다. 그런 시대에 유한킴벌리는 매출의 일부를 적립해 숲을 조성하고, 정부를 설득해 공익 캠페인을 시작했다. 세금을 감수하면서도 기금을 쌓았고, 1985년 충북 제천에서 첫 나무 심기를 진행했다. 2023년까지 5,700만 그루가 넘는 나무가 심어졌고, 40만명이 넘는 시민이 여기에 참여했다.

유한킴벌리는 2004년부터 2025년까지 22년 연속으로 한국능률협회컨설팅(KMAC)이 실시하는 '한국에서 가장 존경받는 기업'에 선정된 것을 비롯하여, 좋은 기업 이미지를 오랫동안 유지했다. 기업의 사회적 책임·지속가능경영 같은 개념이 정립되기도 전부터 환경 가꾸기를 기업활동의 일부로 실천한 결과다. 어쩌면 다소 심심한 이 슬로건이 가볍지 않게 느껴지는 이유다.

Success. It's a mind game
성공. 그것은 마음의 게임이다

태그호이어

까마득한 빌딩 옥상에서 말과 함께 옆 빌딩을 향해 도약하는 기수·상어와 나란히 수영하는 선수·면도날로 만든 허들을 뛰어넘는 육상 선수……. 태그호이어의 광고 시리즈는 얼굴도 제품도 보여 주지 않는다. 오직 극한의 상황이 주는 긴장과 집중의 순간만이 클로즈업된다. 그 장면 위에 이 카피가 올라타 있다.

1995년, 스위스의 시계 브랜드 태그호이어는 전설적인 스포츠 스타들과 함께했던 기존 캠페인을 버리고, 얼굴과 이름을 내세우지 않는 새로운 캠페인의 메시지를 제시했다. 선수들이 맞닥뜨리는 심리적 압박과 몰입의 순간에 집중한 이 광고는, '성공은 결국 마음가짐에서 비롯된다'는 철학을 강렬하게 전달했다. 이 시계를 손목에 두른다는 것은 단순히 시간을 확인하는 도구를 착용하는 것이 아니라, 자기 통제와 극도의 집중력을 다짐하는 태도를 선택하는 것이다.

이 시리즈는 유수의 국제 광고제에서 수상하며 작품성을 인정받았고, 다양한 업종 브랜드의 벤치마킹 대상이 되었다. 태그호이어는 이 캠페인의 성공 이후, '심리적 강인함'을 테마로 한 후속 캠페인을 이어 갔다. 때로는 혁신적인 기술이나 세련된 디자인·유명 모델보다 브랜드의 정신을 창의적으로 표현한 한 문장이 소비자의 마음을 더 깊숙이 흔들기도 한다.

男は、体のどっかで、20才
남자는, 몸 어딘가에 스무 살이 있다

이세탄 백화점

데이터로 확인할 수는 없지만, 아마도 광고에서 가장 많이 언급된 나이는 스무 살이 아닐까. 미성년자에게 스무 살은 어른이 되는 나이이며, 이미 오래전에 어른이 된 이들에게는 부러운 젊음의 상징이다. 1988년, 이세탄 백화점이 남성 패션관 20주년을 기념해 제작한 광고의 카피도 스무 살을 전면에 내세웠다. 나이를 먹어도 남자의 몸 어딘가에는 여전히 젊은 시절의 감성과 에너지가 남아 있다는 메시지였다.

광고는 인물 사진 두 장으로 구성되어 있다. 상단에는 안경을 쓴 남자가 차분하게 카메라를 응시하고, 하단에는 선글라스를 낀 남자가 담배를 문 채 여유롭게 포즈를 취하고 있다. 스무 살의 꿈도, 열정도, 그 어떤 것에 대한 설명도 없다. 그저 자신만의 스타일로 존재감을 드러내는 중년 남성의 이미지만이 선명하다. 카피가 던지는 의미는 단순히 나이에 관한 이야기가 아니다. '스무 살'은 숫자로 드러낸 연령이 아니라 태도를 뜻한다. 여전히 도전하고, 표현하고 싶은 마음이 있다면 그것이 곧 스무 살의 젊음이라는 것.

이 백화점의 남성 패션관이 스무 살을 맞은 시기에 '스무 살'의 은유를 썼다는 것은 중년의 남성 소비자들에게 보내는 메시지이자, 스스로에게 하는 다짐이기도 했다. 단순히 물건을 사고파는 장소가 아니라, 젊은 감성과 에너지를 충전하는 공간이 되겠다는 약속이었다. 때로는 자신의 스무 살을 만나는 가장 좋은 방법은, 사진 속이 아니라 쇼핑하는 순간일지도 모른다.

막 사 입어도 1년 된 듯한 옷
10년을 입어도 1년 된 듯한 옷

트래드클럽

1990년경 신사복 브랜드 트래드클럽이 내놓은 카피다. "막 사 입어도 1년 된 듯한 옷"은 새 옷이지만 이미 길들여진 것 같은 편안함을, "10년을 입어도 1년 된 듯한 옷"은 세월이 지나도 스타일과 품질이 유지되는 내구성을 뜻한다. 그러면서도 크게 유행을 타지 않으며, 시간이 흘러도 어색함 없이 한결같은 느낌을 준다는 약속이다.

트래드클럽은 1986년에 론칭했다. 당시 제일모직 갤럭시·LG패션 마에스트로 등 대기업 브랜드가 주도하던 신사복 시장에서, 유행보다 기본을 중시하는 영국 신사복 스타일의 디자인과 실용적인 가격 전략으로 차별화를 시도했다. 20-30대 직장인을 주요 타깃으로 하면서도, 편안한 스타일을 강조했다.

당시는 남성들의 패션 관여도가 높지 않던 시절이다. 어머니나 부인이 권하는 옷을 입는 사람들이 많았고, 새 옷이나 헌 옷이 아닌 적당히 익숙하고 편한 옷이 선호됐다. 그들에게 '편안한 옷'이라는 개념을 "1년 된 듯한 옷"으로 구체화해 제시했다는 점에 이 카피의 탁월함이 있다. 50대 이상의 남성들은 브랜드인 트래드클럽은 기억 못해도, 이 카피만큼은 잊지 않는다.

IMF 외환위기와 2008년 부도 등 여러 차례 위기를 겪은 트래드클럽은 2022년에 새 주인이 상표권을 인수하며 재론칭했다. 현재는 1980-1990년대 감성과 MZ세대의 취향을 결합한 뉴트로 콘셉트의 유니섹스 브랜드를 추구한다. 브랜드는 살아 남았지만, 시절은 바뀌었다. 이제는 막 사 입었는데 1년 된 옷 같으면, 반품될 확률이 높은 시대다.

想像力と数百円
상상력과 몇백 엔

신초사 신초문고

이 슬로건이 처음 나온 때는 1980년대 초반이었다. 일본의 대표적 출판사 중 하나인 신초사의 문고판 시리즈 '신초문고'를 알리고자 만들어진 카피다. 부담 없는 가격으로 시대를 관통하는 인간의 상상력이 담긴 세상을 만나 보라는 의미가 담겼다. 작고 저렴한 문고판 도서의 가성비와 독서 경험의 소중함을 연결한 이 캐치프레이즈는 1990년대 후반까지 신초문고의 크고 작은 광고마다 붙어 있었다.

그중 「신초문고의 100권」 캠페인은 단순한 책 광고 이상이었다. 매년 미야자와 리에·사카모토 류이치 등 당대의 유명인이 등장하는 대형 캠페인으로 인쇄 광고·TV 광고·프로모션 등을 망라했다. 그해 여름에 반드시 읽어야 할 100권의 책을 소개한 이 캠페인은 그동안 책에 관심 없던 젊은 독자층에게까지 어필하며 하나의 문화 현상으로 자리 잡았다.

캠페인의 성공과 함께 단 일곱 글자로 된 이 짧은 한 줄은 상상하지 못할 만큼 긴 파장을 남겼다. 한 기업의 마케팅 활동의 산물을 넘어, 1980-1990년대의 독서 인구 확대와 출판산업 성장의 상징이 된 것이다. 아직까지도 광고 전문잡지에서는 현직 카피라이터들이 지금까지 자신에게 영감을 준 카피로 '상상력과 몇백 엔'을 꼽는 글을 종종 읽을 수 있다.

일본도 독서율이 빠르게 하락하면서 출판계가 위기를 맞이한 지 오래다. 40년 전보다 출판업계에 상상력이 더 요구되는 상황인 것.

It gives you wiiings
날개를 달아 드려요

레드 불

레드불이라고 하면 특유의 애니메이션 광고와 이 카피가 떠오른다. 그런데, 언제부턴가 이 카피에서 날개를 뜻하는 단어 'wing'이 'wiiing'으로 바뀌어 집행되고 있다. 날개를 달아준다는 의미를 강조하려는 것 같지만, 사실은 날개가 아닌 것처럼 보이게 하려는 의도였다. 무슨 일이 있었던 걸까.

레드불은 1987년 오스트리아에서 처음 출시됐다. 태국의 에너지 음료에 탄산을 가미한 레시피로 시작해, 1990년대에는 글로벌 시장으로 확장했다. F1·모토크로스·스노보드·BMX 등 익스트림 스포츠를 후원하며 스포츠 에너지 드링크의 자리를 굳혔다. 레드불은 이 과정에서 줄곧 이 카피를 사용했다. 그들에게 날개는 단순한 장식이 아니라, 소비자에게 약속하는 최고의 컨디션과 기분을 의미했다.

하지만 2013년, 미국에서 집단 소송이 제기됐다. 바로 이 카피에서 비롯된 문제였다. 당연히 음료를 마셨는데도 날개가 나지 않았다는 주장은 아니었다. 다만 광고가 레드불을 마시면 활력과 집중력이 눈에 띄게 강화되는 것처럼 과장했다는 이유였다. 실제 각성 효과는 커피 한 잔과 비슷하다는 주장이었다. 소송 결과, 레드불은 2014년 1,300만 달러(당시 환율로 약 140억 원)의 합의금을 지급했고, 문제의 여지를 줄이려고 슬로건 속 'wings'를 'wiiings'로 바꿨다.

레드불의 날개가 졸지에 홍길동의 아버지나 형이 되어 버린 셈이다. 모두가 그것이 날개인 줄 알지만, 정작 당사자만 날개라 부르지 못하고 있다.

보이는 것만 믿으세요

세련된 느낌의 중년 남자가 비행기 비즈니스석에서 경제 전문 잡지를 조용히 읽고 있다. 유심히 기사를 읽던 남자가 갑자기 한 페이지를 뜯어내면 '미래에셋의 자산운용 수익률이 1위'라는 헤드라인이 크게 클로즈업된다. 갑자기 화면이 검은색으로 바뀌고 자막과 함께 조용히 내레이션이 흐른다. "보이는 것만 믿으세요." 2003년, 금융 및 광고업계에 신선한 파장을 던진 이 TV 광고는 어떤 수식이나 부연 설명이 없다. 수익률 1위라는 사실과 담백한 문장 한 줄이 전부다.

당시 대부분의 금융회사 TV 광고는 "고객을 먼저 생각한다"라거나 "친구 같은 파트너가 되겠다"라는 기업 PR이 주를 이루고 있었다. 1997년에 전문 자산운용회사로 시작해 금융권에서 돌풍을 일으키던 미래에셋은 대기업 계열의 증권사나 대형 투자회사와 같은 방식을 따르지 않았다. '기본을 지키는 투자'를 하겠다는 첫 기업 PR 이미지 광고로 큰 효과를 보지 못했던 미래에셋은 대형 광고대행사 대신 신생 크리에이티브 부티크에 광고를 맡겼다.

고객을 대신해 투자하는 회사에게 수익률 1위라는 사실보다 더 위력적인 무기는 없었다. 광고는 수익률 1위를 자랑하는 세련된 방식을 택했다. '보이는 것만 믿으라'는 절제된 카피가 오히려 미래에셋의 실력과 자신감을 부각했다. '보이는 게 전부는 아니다'라는 상식적인 통념을 배반하는 문장이었기에 큰 울림을 주었다. 이 카피 이후로 "00을 믿으세요"라는 패턴의 카피가 수차례 등장했지만, 이만큼의 임팩트를 만들지는 못했다. 힘 있는 사실의 제시와 반전의 묘미가 약했기 때문이다.

年齢を脱ぐ。冒険を着る
나이를 벗다. 모험을 입다

소고·세이부 백화점

소고·세이부 백화점이 2017년 1월 1일 발표한 기업 PR 광고의 카피다. "나는 나"わたしは、私라는 슬로건을 앞세운 이 광고에는 원로 배우 기키 기린이 등장했다. 1분가량의 영상 속에서 그녀는 담담한 목소리로 일본 사회에 깊이 뿌리내린 연령주의를 벗어나자고 말한다. 언제라도 바뀔 수 있는 세상의 시선과 평가에 신경 쓰지 말고, 자기 자신답게 살아가자는 메시지였다. 오랫동안 개성 있는 연기로 사랑받으면서도 기존 질서에 순응하지 않은 삶을 보여 준 배우였기에, 브랜드의 목소리는 한층 진정성 있게 전해졌다.

 "나이를 벗는다"는 것은 단순히 시간을 거스르는 의미가 아니라, 자신을 규정짓는 외부의 시선을 지우는 행위다. "모험을 입는다"는 말은 새로운 자신을 향한 의지이자, 관습의 틀을 깨는 용기의 은유였다. 패션을 매개로 개인의 자유와 자기 표현을 이야기하는 이 선언이 과격하게 들리지 않는 이유는, 그것이 곧 기키 기린 자신의 이야기처럼 들렸기 때문이다. 세상의 틀을 부수라는 선동이 아니라, 오랜 경험과 삶의 지혜로부터 나온 조용한 제안처럼 느껴졌다.

 새해 첫날 기업들이 내놓는 전형적인 신년 메시지와는 달리, 이 광고는 대중의 큰 공감을 얻었다. 기성세대뿐 아니라 젊은 세대도 SNS를 통해 광고를 공유하며 호응했다. 이 캠페인은 같은 해 닛케이 광고상 최우수상을 수상하며 대중과 업계의 인정을 동시에 받았다. 소고·세이부는 이 광고를 계기로 매년 사회적 메시지를 담은 신년 광고를 이어 가고 있다. 이후에는 기무라 다쿠야·안도 사쿠라 등이 출연해 사회의 획일화나 성차별 문제를 다뤘으며, 이 캠페인은 지금까지도 '나답게 산다'는 메시지를 확장하며 계속되고 있다.

Keep Walking
계속 걸어라

조니 워커

19세기 초반 스코틀랜드에서 시작한 조니 워커는 세계적인 위스키 브랜드로 성장해 발렌타인·시바스 리갈 등과 선두권에서 경쟁하고 있었다. 1990년 후반 들어 지속적인 매출 감소로 위기가 찾아왔고, 광고대행사는 통일성 없는 커뮤니케이션을 그 이유 중 하나로 짚었다. 특히, 젊은 소비자들에게 낡은 브랜드로 인식되고 있었다.

1999년, 조니워커는 통합적인 커뮤니케이션을 위해 미래지향적인 의지를 담은 슬로건 "Keep Walking"(계속 걸어라)을 발표한다. 그리고 브랜드의 상징인 '스트라이딩 맨'Striding Man 로고를 반대로 뒤집는다. 왼쪽을 향해 걷던 로고가 오른쪽으로 바뀐 것이다. 미래를 향해 전진한다는 의미를 담은 것이다. 방향이 무슨 상관이냐고? 2차원 그래프의 X축을 생각해 보라.

"Keep Walking"은 단순히 앞으로 걷는 행위만을 의미하지 않는다. 현실에 안주하지 않고, 끊임없이 도전하며 개인적 성장을 추구하자는 철학이 담겼다. 진취적인 인간상을 표현하며 성공의 의미를 새롭게 정의하는 광고를 통해 브랜드의 방향성을 선명히 한 것이다. 시장의 반응은 숫자로 증명됐다. 1999년에서 2007년 사이에 전 세계적 매출 신장률이 94퍼센트였다.[7]

이보다 더 중요한 것은 일관된 커뮤니케이션을 통해 브랜드가 도전과 진보를 상징하는 아이콘으로 자리 잡았다는 사실이다. "Keep Walking"은 단순한 광고 문구를 넘어, 세상을 향해 나아가려는 이들의 발걸음을 독려하는 메시지가 됐다. 물론, 지속적인 음주도 독려하고 있다.

이순신 장군님,
야후는 다음이 물리치겠습니다

다음 커뮤니케이션

마치 전쟁을 나서는 전사가 출사표를 던지듯 비장한 이 문장은, 토종 포털 다음이 글로벌 강자 야후에 맞서고자 내놓은 도발적인 메시지였다. 이 광고가 나온 1999년의 한국 인터넷 시장은 막 개화한 초창기였고 검색과 포털 서비스는 야후가 선점한 상황이었다. 한메일넷을 기반으로 성장하던 다음은 포털 서비스로의 전환을 알리며, 외국 브랜드를 '외적'에 빗대는 방식으로 도전장을 내밀었다.

광고는 효과적이었다. "광개토대왕님, 야후는 다음이 꺾겠습니다"라는 연작 카피도 등장했고, 소비자들은 '토종 포털'이라는 정체성에 공감했다. 외국산 포털에 맞선 도전이라는 서사는 불과 2년 전 IMF 외환위기로 국가적 어려움을 겪고, 국내 유수 기업들이 도산하거나 외국기업에 매각되는 것을 목격한 소비자들의 정서에도 잘 맞아떨어졌다. 이듬해 실제로 다음은 야후를 제치고 국내 점유율 1위 포털에 올랐다.

흥미로운 것은 이 디지털 플랫폼의 광고가 TV와 신문이라는 전통 매체를 통해 메시지를 전달했다는 점이다. 온라인의 폭발력이 지금과는 비교할 수 없는 매스미디어의 시대였기에 당연한 일이지만, 지금 돌이켜 보면 묘한 아이러니를 느끼게 된다. 시간이 흘러 야후는 글로벌 시장에서 밀려났고, 다음 역시 카카오에 흡수된 뒤 존재감을 오래전에 잃었다. 아이러니만큼이나, 시대의 빠른 변화와 세월의 무상함을 전하는 카피다.

ムダかどうかは、自分で決める
쓸데없는지 아닌지는 스스로 결정한다

카이그룹

지금의 한국 사회에서 여성의 겨드랑이 제모는 당연한 일로 여겨지지만, 1990년대 이전까지만 해도 일부 연예인들에게나 해당하는 관습이었다. 1980년대에는 일상생활은 물론 영화나 광고 속에서도 제모하지 않은 여성이 등장하곤 했다. 그러나 신체 노출이 많은 패션이 유행하고, 미디어를 통해 서구적 기준의 뷰티 개념이 퍼지면서 '깨끗한 겨드랑이'가 상식처럼 자리 잡았다. 영화 『색, 계』와 『러브픽션』처럼 배우가 제모하지 않은 여성을 연기한 것 자체가 화제가 되기도 했다.

이러한 사회적 압박은 일본도 마찬가지였다. 어느새 자리 잡은 미적 기준이 사회적 의무처럼 굳어졌다. 이런 흐름 속에서 2020년 면도날 제조회사 카이그룹은 파격적인 광고를 내놓았다. 광고 속에는 컴퓨터 그래픽으로 제작한 여성 버추얼 휴먼이 양팔을 들어 겨드랑이를 드러낸 모습이 담겼다. "#제모에자유를"#剃るに自由をの라는 해시태그와 함께 공개된 이 광고 속에 바로 이 헤드라인이 담겼다.

이 카피는 제모에 대한 가치 판단을 넘어서, 그것이 개인의 선택이라는 중립적인 메시지였음에도 여성들의 큰 호응을 불러일으켰다. 특히 면도날을 판매하는 기업이 '제모하지 않아도 된다'는 메시지를 낸 것이었기에 더욱 진정성 있는 발언으로 받아들여졌다. 카이그룹의 고객상담실에는 '이제까지 답답하게 생각했던 것을 말해 주어 눈물이 났다'는 등 많은 감사와 응원의 메시지가 도착했다. 이는 많은 여성이 사회적으로 고착된 미의 기준에 그동안 압박감을 느꼈음을 반증한다. 성역할·외모·행동 방식 등 '꼭 그래야 한다'고 믿고 있는 사회적 규범을 다시 한번 돌아보게 하는 카피다.

그녀의 자전거가 내 가슴속으로 들어왔다

제일모직 빈폴

노란색 셔츠를 입은 젊은 남자가 벽에 기대어 붉은 하드커버의 책을 읽고 있다. 긴 생머리를 흩날리며 한 여성이 자전거를 타고 등장한다. 그녀는 자전거의 사이드미러로 햇빛을 반사시켜 남자의 눈을 부시게 한다. 그녀의 장난인 것을 눈치 챈 남자가 환하게 웃는 순간, 그녀는 손을 흔들면서 사라진다. 그녀의 뒷모습에 자막과 함께 부드러운 남자의 목소리로 바로 이 카피가 들려온다.

1993년에 방영된 제일모직 빈폴의 TV 광고는 빈폴의 로고인 자전거를 스토리의 모티프로 삼았다. 이 영상에 등장하는 청춘남녀는 신인 시절의 한석규와 양정아다. 한석규는 단정한 셔츠·금테 안경·영어 원서까지 곁들여 마치 교회 오빠 같은 지적이고 반듯한 청년으로 그려진다. 긴 머리를 휘날리며 자전거를 타는 양정아는 장난기 넘치는 발랄함으로 1990년대 남학생들의 이상적인 이성상을 형상화했다.

이 광고는 애써 브랜드의 특장점을 강조하거나 힘주어 메시지를 전하지도 않는다. 자극적인 장면도 감각적인 편집도 없다. 심지어 배경음악엔 악기도 없다. 아카펠라로 구현한 조니 미첼의 「보스 사이즈 나우」Both sides now가 잔잔히 깔릴 뿐이다. 이런 장치 덕분에 현란하게 목소리를 높인 수많은 광고 사이에서 이 광고가 더욱 돋보였고, 이 카피는 더욱 선명하게 소비자들의 뇌리에 박혔다. 그의 가슴에 들어간 그녀의 자전거처럼. 지금도 많은 이가 1990년대를 대표하는 광고 카피로 이 문장을 빼놓지 않는 이유다.

5월

仕事を聞かれて、
会社名で答えるような奴には、負けない

하는 일을 물어보면, 회사 이름으로
답하는 녀석에게 지지 않겠다

리쿠르트 『가텐』

일본어로 '가텐계'ガテン系라는 말이 있다. 건설·제조·운송·정비 등 현장직 업무를 가리키는 말이다. 이 단어는 취업정보기업 리쿠르트가 1991년에 창간한 잡지 『가텐』에서 유래했다. 『가텐』은 주로 현장직 업무의 채용 공고와 직업교육 정보를 제공하는 잡지였다. 문제의 카피는 1998년 이 잡지의 포스터 광고에 처음 실렸다. 육체노동과 기술 전문직의 자부심을 패기 있는 목소리로 담아낸 이 한 줄은, 1990년대 후반 일본 사회에 강한 인상을 남겼다.

당시는 버블 붕괴와 함께 취업난이 심각해진 소위 '취업 빙하기' 시절이었다. 안정된 대기업에 들어가는 것이 성공의 조건처럼 여겨졌지만, 모두에게 허락된 길은 아니었다. 유명 기업 소속임을 자랑스럽게 여기는 이들이 많았고, 그렇지 못한 현실에 자괴감을 느끼는 사람들도 적지 않았다. 그런 분위기를 당연시하던 일본 사회를 향해 이 카피는 웅변하고 있었다. 명함에 새겨진 회사 이름보다 더 중요한 것이 있다고.

땀 흘리며 일하는 젊은 현장 노동자들의 모습과 함께 이 카피가 담긴 포스터와 옥외광고가 게재되자, 현장직은 물론 취업준비생과 일반 직장인들의 지지가 이어졌다. 패배감에 젖어 있던 청년들의 자존감을 일깨우고, 자신의 일에 대한 동기를 부여해 준 것이다. 이 문장의 울림은 20여 년이 지난 지금도 여전하다. 카피를 쓴 시가키 주로는 이 작품으로 1998년 TCC 최고신인상을 받으며 광고계의 주목을 받았다.

> 新しいことを始めると、
> 人生の登場人物が変わる
> 새로운 것을 시작하면 인생의 등장인물이 달라진다
>
> 라이프스타일 잡지 『필트』 74호 커버

일본의 라이프스타일 잡지 『필트』FILT는 20-30대 독자를 대상으로 한 무료 미디어다. 이 잡지는 매호 표지에 수준 높은 카피를 실으며 눈길을 끌었다. 표지 문구를 내부 편집 과정에서 뽑지 않고, 외부의 전문 카피라이터에게 의뢰해 완성도를 높였다. 이러한 카피들은 단순히 기획의 소재나 주제를 넘어, 세상을 바라보는 『필트』만의 시각을 담아 정체성과 철학을 드러낸다.

이 문장은 2015년 봄호의 표지를 장식한 것이다. 새 학기와 새로운 회계연도가 시작되는 시점에 특히 잘 어울린다. 카피는 단순히 무언가를 새로 시작해야 한다는 당위를 강조하지 않는다. 대신, 그로 인해 예기치 못한 만남이 생기고, 새로운 관계가 형성되는 것에 시선을 둔다.

이 카피는 은유의 힘을 효과적으로 활용한다. 인생은 무대다. 어떤 이에게는 영화의 무대일 수 있고, 또 다른 이에게는 연극이나 뮤지컬일 수도 있다. 무엇을 떠올리든 "무대 위 등장인물이 달라진다"라는 글을 읽는 순간, 모든 독자는 자신만의 무대의 주인공이 된다. 주인공으로 맞이하는 새로운 등장인물들은 이전과 같은 의미일 수 없을 것이다. 이후 모든 만남과 앞으로 펼쳐질 일들을 가능성과 설렘으로 색칠해 주는 문장이다. 이 봄, 무언가 새로운 것을 시작하고 싶은 마음이 일렁이지 않는가?

며느리도 몰라

해찬들 태양초 고추장

1996년, 고추장 시장의 경쟁이 치열하던 시기, 해찬들이 내놓은 광고 한 편이 사람들의 눈길을 사로잡았다. 화면에 등장한 주인공은 신당동에 본인의 이름을 건 떡볶이집의 주인인 마복림 할머니. 어떤 고추장을 쓰느냐는 질문에 다른 고추장은 써 본 적도 없다면서 고추장의 비밀은 며느리도 모른다고 너스레를 떠는 할머니의 모습은 큰 화제가 됐다. 유명 연예인이 광고 모델을 하는 게 당연하던 시절, 떡볶이집 주인 할머니의 등장은 보기 드문 파격이었다. 카메라 앞에서 보여 준 솔직하고 자연스러운 할머니의 모습에 소비자들은 큰 호감을 느꼈다.

광고가 방영되자 해찬들의 매출은 급증했다. 당시에는 고추장을 집에서 담가 먹는 대신 브랜드 제품을 구매하는 소비자들이 늘고 있던 과도기였고, 해찬들은 적절한 타이밍에 선보인 광고의 대히트로 대표 고추장 브랜드로 자리하게 됐다. 카피 자체도 큰 인기를 끌며 유행어로 확산됐다. 한동안 사람들은 '모른다'거나 '비밀이다'라는 표현을 할 때 "며느리도 모른다"라는 말로 대신하곤 했다.

마복림 할머니는 1953년 신당동 골목에서 가판대를 열고 떡볶이 장사를 시작했다고 한다. 고추장에 춘장을 섞은 맛이 큰 인기를 끌며 지금도 사랑받는 신당동식 즉석 떡볶이의 원조가 됐다. 마복림 할머니는 '신당동 떡볶이 거리'와 "며느리도 몰라"라는 명언을 남긴 채 2011년, 91세의 나이로 세상을 떠났다. 할머니의 별세 소식은 전국 주요 언론사의 보도로 알려졌고, 만나본 적 없는 많은 사람도 그녀를 추모했다. 할머니는 15초짜리 광고 한 편의 출연이 이처럼 파급력이 클지 꿈에도 몰랐을 것이다. 며느리도 몰랐을 것이다.

> # I never read The Economist.
> # – Management trainee. Aged 42
> # 나는 『이코노미스트』를 읽지 않는다.
> # – 수습사원. 42세
>
> 『이코노미스트』

1980년대 후반, 영국의 주간 경제지 『이코노미스트』가 만든 옥외광고 속의 카피다. 이 잡지의 로고 색상과 같은 빨간 배경 위에 단 9개의 단어가 흰색으로 배치된 단순한 광고였다. 그 이상의 설명도 필요 없었다. 이 한 줄만으로 한 사람의 인생 궤적이 그려진다. 젊은 시절 공부나 자기계발보다는 유흥을 즐겼을지도 모르는 누군가의 뒷모습 그리고 늦은 깨달음의 쓸쓸함까지. 단순한 문장이지만, 그 안에는 드라마가 있다. 이 잡지를 읽지 않았을 때의 결과를 독자는 스스로 상상하게 된다. "말하지 않아도 아는 것"이 어찌 초코파이뿐일까.

이 광고는 영국뿐 아니라 글로벌 미디어 시장의 경쟁이 치열해지던 시기에 나왔다. 기존 매체의 영향력은 여전히 강력했지만, 뉴미디어가 빠르게 성장하던 때였다. 이코노미스트는 명확하게 '지적·직업적 상승 욕구가 강한 고학력 화이트칼라'를 겨냥했다. 그리고 런던 도심의 출퇴근 동선을 따라 옥외광고를 설치해, 『이코노미스트』를 읽는 이들은 곧 지적이고 성공한 사람들이라는 메시지를 전했다. 학생들과 저연차의 사회인들에게는 광고 속 그 사람처럼 되지 않으려면 『이코노미스트』를 읽으라는 암시와 함께.

이 옥외광고가 화제가 되면서 이 문장은 수많은 패러디를 낳았다. 『이코노미스트』는 이후에도 성공한 사람들의 지적 허영심과 성공을 꿈꾸는 사람들의 선망을 동시에 자극하는 유머러스한 광고를 이어가며 자신만의 스타일을 확립했다. 광고비를 3.5배 더 쓴 경쟁사보다 더 높은 광고 인지도를 기록했고, 발행부수와 구독자 수, 광고 수익 모두 성장했다.[1] 이 카피에 대한 해설은 여기까지. 이제 커피를 마시면서, 『이코노미스트』를 좀 읽어야겠다.

**わんぱくでもいい
たくましく育ってほしい**

개구쟁이라도 좋으니 튼튼하게만 자라다오

마루다이 식품

자녀가 때로는 말을 잘 안 듣고 때론 말썽을 부리더라도, 몸과 마음이 건강하게 자라길 바라는 것이 부모의 마음이다. 그 마음을 담은 광고가 나온 지 50년이 지났지만, 자녀를 둔 사람들이 느끼는 공감의 무게는 1그램도 다르지 않다. 이 카피는 1970년대 초반, 마루다이 식품의 햄 제품 TV 광고에 등장한 일본 광고계의 전설 중 하나다.

마루다이 식품은 햄 및 소시지 등 육가공품 시장에서 선두주자로 자리 잡은 회사이다. 광고는 아버지와 아들이 낚시나 등산 등의 야외 활동을 하며 모닥불에 햄을 구워 먹는 등의 화목한 모습을 보여주며 이 카피를 반복했다. 이 소박한 문장은 자녀 교육과 아이들의 건강한 성장에 관심이 높아지던 사회 분위기를 잘 포착했다. 이상적인 부자상을 담은 연출과 성우의 내레이션이 잘 어우러져 광고의 임팩트는 더욱 커졌다. 광고는 코미디 프로그램에서 패러디될 만큼 대중적인 인기를 모았고, 카피는 시대의 유행어가 됐다.

이 카피는 50대 이상의 한국 성인들에게도 매우 익숙한 문장이다. 1970년대 한국의 한 영양제 광고에서 사용한 광고 카피와 같다. 부자가 함께 가지는 흐뭇한 시간을 스토리의 뼈대로 하는 것도 동일하다. 일본의 제품·광고·문화 등을 모방하며 뒤따라가던 당시의 시대적 한계를 드러내는 단면 중 하나이다. 한국의 크리에이티브가 발전하고 정보가 쉽게 공유되는 요즘으로선 상상하기 힘든 일이다. 1990년대 초반까지만 해도 공공연히 벌어지던 일인데, 이 광고에 대해서는 1974년 한 신문기사가 이미 다룬 적이 있다.[2]

라끄베르와 상의하세요

LG생활건강 라끄베르

1996년, "믿을 수 있는 화장품"을 표방하며 출발한 라끄베르는 초기 캠페인이 큰 반향을 일으키지 못해 고전하고 있었다. 조금씩 천천히 입지를 다지던 라끄베르는 1998년 여름, 페이스파우더 광고를 통해 반전을 맞는다.

실험대 위에 놓인 파우더에 주사기가 꽂힌다. 피스톤을 당기면 입자 하나하나가 고운 입김처럼 부드럽게 빨려 올라온다. 파우더의 섬세한 입자가 시각적으로 증명되는 순간, 모델이 소비자를 향해 자신 있는 목소리로 한마디를 건넨다. "라끄베르와 상의하세요."

광고에 등장한 배우 김남주의 역할도 시너지를 일으켰다. 도시적인 세련미와 똑 부러지는 이미지를 지닌 그녀의 입을 통해 전달된 이 카피는 브랜드의 전문성과 신뢰감을 함께 끌어올렸다. 이후 연달아 제작된 광고들에서도 반복된 이 카피는, 소비자의 피부 고민에 맞춘 솔루션을 제안하는 브랜드로서 라끄베르의 인식을 굳히는 데 중요한 역할을 했다.

무엇보다 당시 대부분의 화장품 광고가 모델의 아름다움만을 강조하던 시절, 라끄베르는 컨설팅이라는 새로운 콘셉트와 이를 짧고 임팩트 있게 표현한 한 줄 카피로 차별화를 이뤄 냈다. 좋은 카피는 좋은 전략에서 시작한다는 것을 보여 주는 좋은 사례다.

お母さんを育てるのは、赤ちゃんです
엄마를 키우는 것은 아기입니다

육아 잡지 『에쿠보』

출판사 슈에이샤가 발행한 『에쿠보』는 0-2세 아기와 엄마를 함께 대상으로 한 콘텐츠를 다루는 유아 잡지였다. 이 카피는 1989년 잡지 창간을 알리는 신문광고의 헤드라인으로 사용됐다. 잡지명『에쿠보』는 일본어로 보조개를 뜻한다. 광고에는 엄마가 두 손가락으로 아가의 보조개 위치를 가리키는 이미지와 함께 이 카피가 커다랗게 배치되어 있다.

당시 일본은 합계출산율 1.57이 발표된 이른바 '1.57 쇼크'로 저출산에 대한 사회적 문제의식이 높아지고 있었다. 한편으로 육아가 여성의 의무라는 전통적 가치관이 여전히 강하게 자리 잡혀 있었고, 많은 초보 엄마가 '완벽한 엄마'가 되어야 한다는 압박에 시달렸다. 이때 "엄마도 육아를 통해 성장한다"라는 메시지는 불안과 부담에 눌려 있던 여성들에게 위로가 되었다. 아기를 돌보며 시행착오를 겪는 경험 자체가 자연스럽고 당연한 과정임을 드러낸 것이다.

이 카피는 '엄마가 아기를 기른다'는 상식을 뒤집어 소비자의 관심을 끌었다. 또한 완벽하지 않은 어른도 육아를 통해 성장한다는 공감을 불러일으켰다. 역발상으로 관심과 공감을 이끌어 낸 이 문장은 1990년 TCC 카피연감에 등재되었으며, 완성도 높은 카피의 사례로 지금도 자주 인용된다.

Thank you, Mom
고마워요, 엄마

P&G

글로벌 기업들이 4년마다 "자랑스러운 올림픽 스폰서"임을 자랑하며 마케팅 효과를 극대화할 때, 핵심 타깃들을 겨냥해 "자랑스러운 엄마들의 스폰서"를 자임하는 기업이 있다. 바로 P&G다.

2010년 런던 올림픽을 앞두고 발표된 영상 광고는 세계 각국 선수들의 성장 과정을 보여 준다. 그리고 그들의 땀방울 뒤에 묵묵히 헌신한 엄마들의 모습을 조명한다. 감동적인 승리 뒤에서 눈물을 흘리는 엄마들의 모습 위에 "세상에서 가장 힘든 일은, 세상에서 가장 좋은 일이다"라는 자막이 흐른다. 그리고 너무나 평범하지만, 그래서 더 감동적인 한마디가 이어진다. "고마워요, 엄마."

올림픽 기간마다 보여 주던 스타들의 영웅 서사 대신에, 운동 선수에만 맞춰져 있던 스포트라이트가 처음으로 어머니들을 향했다. 반응은 폭발적이었다. 글로벌 조회수 7,400만 회, 미디어 노출 760억 회, 추가 매출 5억 달러 등 숫자로 드러난 성과도 압도적이었다.[3] 올림픽이 끝난 후, 마케팅 제국이라는 별명이 붙은 P&G의 175년 역사상 가장 성공적인 캠페인이라고 평가받은 이유다.

"주부들이 생활용품을 구매하는 주 타깃이니까, 이렇게 만들었다"라면서 삐딱하게 팔짱을 끼고 봐도, 감동받지 않을 수 없는 완성도의 영상과 카피. 엄마들에게 세제·치약·기저귀를 팔던 기업이, 엄마들 편에 서서 엄마를 이해하고 지지하는 기업으로 바뀌는 순간이다.

양말도 옷이다

싹스탑

1989년, 싹스탑은 이 한 줄 카피와 함께 국내 최초의 패션 양말 전문 브랜드로 등장했다. 양말은 단순히 발을 보호하고 땀을 흡수하는 기능 중심의 제품으로 여겨지던 시절이었다. 단색 제품에 브랜드 로고만 붙인 것이 일반적이었고, 디자인 요소라고 해도 단순한 무늬가 들어가는 정도에 그쳤다. 이런 시장에서 이 한마디는 양말도 패션의 일부라는 개념 자체를 처음으로 선보인 혁신적인 시도였다.

싹스탑은 "양말은 옷의 일부"라는 철학으로 디자인과 색상의 차별화를 시도했다. 다품종 소량생산 전략을 도입하고, 양말만을 판매하는 전문 대리점까지 운영하는 등 새로운 유통 방식을 선보였다. 당시로서는 파격적인 실험이었다. 소비자들은 무심히 1만 원에 서너 켤레씩 묶음 구매하던 습관에서 벗어나, 자신의 스타일에 맞는 양말을 고르기 시작했다. 싹스탑은 여고생과 여대생을 중심으로 한 10-20대 여성층의 공감을 얻으며, 패션양말이라는 새로운 시장을 창출하는 데 성공했다.

싹스탑은 김하늘·하리수 등 인기 연예인들을 모델로 TV 광고를 제작하는 등 적극적인 마케팅으로 눈에 띄는 성장을 이어 갔다. 그러나 2000년대 중반 이후 국내외 브랜드와의 경쟁이 치열해지고 유통 환경이 변화함에 따라 패션양말을 선도하던 위상을 잃어 버렸다. 하지만 소비자의 오래된 인식을 바꾸며 양말을 패션의 영역으로 끌어올린 이 문장은, 한국 패션 광고의 역사에서 중요한 전환점을 만든 카피로 여전히 인정받는다.

おいしい生活
맛있는 생활

세이부 백화점

1982년, 일본 유력 신문의 광고 지면에 느닷없이 우디 앨런의 얼굴이 등장했다. 뭐, 그 우디 앨런? 영화 감독? 일본 전통 의상을 입고 세이자正座(무릎을 꿇고 앉는 일본식 자세)를 한 그가 들고 있는 족자에 쓰인 헤드라인이 바로 "맛있는 생활"이었다. 코미디언 출신의 헐리우드 영화 감독과 일본의 백화점이라는 상상하기 힘든 조합은 사람들의 시선을 단숨에 사로잡으며 신선한 바람을 일으켰다.

이 카피는 어떠한 상품도 직접 가리키고 있지 않다. 그저 새로운 라이프스타일을 제안할 뿐이다. 광고는 물질적 만족을 넘어 정신적·문화적 풍요를 갈망하던 1980년대 일본 사회의 변화를 정확히 포착했다. 당시의 일본인들이 동경하던 지적이면서도 세련된 감성을 건드린 것이다.

"맛있는 생활"이란 말은 지금의 언어 감각으로는 다소 평범해 보인다. 그러나 당시로서는 매우 참신한 발상이었나 보다. 원로 카피라이터 안도 다카시는 평범한 두 단어의 낯선 결합으로 '맛있다'도 '생활'도 모두 새로운 단어가 됐다고 평가했다.

이 짧은 한마디는 2년 정도밖에 광고에 활용되지 않았지만, 40여 년이 지난 지금까지도 일본 광고를 대표하는 카피로 인식된다. 일본의 광고전문기관 선전회의宣傳會議가 2011년에 발간한 『일본의 카피 베스트 500』에서는 "맛있는 생활"을 전후 일본 광고 60년사를 빛낸 카피 1위로 선정했다. 그러니까 전문기관이 공인한 일본 최고의 카피라고 봐도 무방하겠다. 한국에서도 이런 시도가 있다면 어떤 카피가 한국 광고사 최고의 카피로 뽑힐까?

十歳にして愛を知った
열 살에 사랑을 알았다

후쿠이상사 라이온 사무용 파일

누가 봐도 첫사랑에 빠진 소년의 이야기일 것 같지만 이 한 줄은 오피스용 파일 광고의 카피다. 언뜻 읽어서는 사무용품과 열 살의 사랑이 어떤 관련이 있는지 쉽게 연결되지 않는다.

광고의 메인 이미지는 '교육한자총람'이다. 일본의 초등학생이 배워야 할 필수 한자들이 빼곡히 적혀 있다. 아하, 열 살에 사랑을 알았다는 것은 누군가를 좋아하는 경험을 처음 했다는 의미가 아니라, 사랑 애愛자를 처음 알게 됐다는 뜻이다. 유쾌한 반전이다. 어그로에 낚였다는 기분 없이 광고의 흐름을 따라가게 된다.

이 광고의 타깃은 사회 초년생들이다. 바디 카피는 어려운 한자를 배우며 외웠던 어린 시절의 기억력에 대한 이야기로 시작해, 비즈니스의 세계에서는 기억력에만 의존할 수 없다는 메시지로 이어진다. 중요한 것은 꼭 바로바로 파일에 정리해 두라는 조언까지 잊지 않는다. 본문 위에 새겨진 두 줄의 서브 카피가 이를 다시 한 번 강조한다. "기억은 사라진다. 기록은 살아남는다."

외외성 있는 헤드라인과 비주얼로 관심을 끌면서, 연관성 있는 화두로 타깃의 공감을 통해 제품의 필요성을 강조한 이 광고는 1975년 TCC그랑프리를 받았다. 광고가 나온 지 50년이 넘었지만, 지금도 일본 광고사에 길이 남을 카피의 교과서 중 하나로 꼽힌다.

운전은 한다. 차는 모른다

스피드메이트

한적한 시골 교차로에 세워진 자동차 위, 젊은 여성이 앉아 있는 장면으로 광고는 시작된다. 고장난 차 앞에서 막막한 표정을 짓는 그녀의 모습과 함께 이 카피가 등장한다. 이 한 줄은 브랜드의 존재 이유를 명쾌하게 설명한다.

이 광고가 등장한 때는 2000년대 초반이다. 빠르게 늘어난 운전자 수에 비해 정비에 대한 정보나 신뢰는 턱없이 부족했던 시대였다. 특히 여성 운전자나 사회 초년생에게 정비소는 불안하고 부담스러운 공간이었다. 과잉 정비와 불투명한 서비스·비싼 수리비는 업계 전반의 고질병이었고, 소비자들은 차가 고장 나도 바가지를 쓸까 봐 전전긍긍했다. 이런 상황 속에서 스피드메이트가 론칭했다.

이 카피는 그런 소비자의 마음을 정확히 꿰뚫었다. 많은 '차알못'이 자신의 이야기라며 반응했다. 고객 방문과 매출이 급증했고, 스피드메이트는 빠르게 자리 잡았다. 뿐만 아니라, 서비스를 표준화하며 소비자 지향적으로 정비업계가 변화하는 데 크게 기여했다. 시장 상황과 소비자의 심리를 정확히 파악해 서비스를 기획한 비즈니스 전략이 훌륭했고, 이것을 한 줄로 정리한 카피가 신의 한 수가 됐다.

이 카피는 소비자를 향한 공감의 힘이 얼마나 중요한 것인지 알려주는 좋은 카피의 모범이다. 이 힘이 간과된 수많은 문장을 보면 이런 생각이 절로 난다. "글은 쓴다. 카피는 모른다."

愛は食卓にある

사랑은 식탁에 있다

큐피

1919년 설립된 큐피는 일본 최초로 마요네즈를 출시하며 일본 식탁의 상징적 브랜드 중 하나로 자리 잡았다. 마스코트인 큐피 인형으로도 잘 알려진 큐피는 마요네즈와 드레싱 분야에서 압도적인 점유율을 유지하며 일본인의 생활과 식문화에 함께했다. 또한 광고에서도 독보적 존재감을 보였다. 매년 카피연감에 작품이 실리고 각종 광고상을 수상할 만큼 수준 높은 광고를 꾸준히 선보인 기업이다.

이 슬로건은 2007년부터 지금까지 20년 가까이 사용되고 있다. 단순히 식품을 판매하는 회사가 아니라, 식품을 매개로 가족과 친구 등 소중한 사람들을 사랑으로 이어 주는 기업이라는 정체성을 선언한 것이다. 일본 사회가 핵가족화와 맞벌이 확산으로 가족이 함께 식사하는 시간이 줄어들던 때였기에, 이 메시지는 큐피의 비즈니스 철학을 분명히 보여 주었다.

이 슬로건을 처음 공개한 신문광고에는 어떤 사진도 없이 이 한 줄과 큐피 로고만이 커다랗게 새겨져 있었다. 그리고 혼자 식사할 때조차 우리는 누군가를 그리워하고, 누군가를 위해 요리하고 싶어진다는 메시지를 담담히 전했다. 이 카피를 볼 때마다 소비자들은 마요네즈 한 통이 아니라 소중한 사람과 함께하는 따뜻한 이미지를 떠올린다. 이 슬로건과 함께 큐피는 고소한 맛이 아니라 따뜻한 온기를 전하고 있다.

묻지도 따지지도 않고

라이나생명

생명보험 광고업계에서 가장 성공한 카피로 꼽는 문장이다. 2006년, 라이나생명의 OK실버보험 광고에서 모델인 배우 이순재의 입을 통해 유명해졌다. 당시 고령자를 대상으로 한 보험상품의 경우 가입 문턱이 높았고, 심사 과정에서 수많은 질문과 조건이 따라붙었다. 라이나생명은 무진단·무심사라는 상품의 핵심적인 편익을 직관적으로 알리는 광고를 만들었다. 복잡한 설명 대신, 그동안 보험 가입 희망자들이 불안해하는 문제를 직설적 표현으로 즉각 이해시키는 이 카피가 광고를 통해 전달됐다.

광고는 전형적인 보험광고의 형식 그대로였다. 문구 자체가 새로운 표현이라거나 남다른 관점을 담은 것도 아니었다. 그러나 오랫동안 대중들에게 신뢰감을 준 노배우 특유의 단호하면서도 확신에 찬 목소리로 들려 주는 이 카피는 소비자들의 귀에 명확히 꽂혔다. 결과는 즉각적으로 나타났다. 광고가 방영된 직후 보험 가입자가 빠르게 늘었고, 매출은 급신장했다. 예상치 않게 이 카피는 유행어가 되어 개그 프로그램 등 방송에서 수많은 패러디를 낳았고 일상 대화에까지 스며들었다.

큰 화제를 낳은 이 카피는 2009년을 마지막으로 더 이상 사용되지 않았다. 여러 조건에 의해 가입이 제한될 수 있음에도, 누구나 가입할 수 있는 것처럼 소비자를 기만한다고 비판을 받은 것이다. 급기야 국정감사에서까지 광고 문구에 대한 지적과 소비자 피해에 대한 문제 제기가 나왔다. 여론의 동향을 살피던 라이나생명은 광고를 중단했고, 이듬해 이 표현이 광고에서 사용할 수 없는 문구로 등록됐다. 아예 "묻지도 따지지도 않고" 쓸 수 없게 되어 버렸다.

오늘은 속이 불편하구나

1984년 5월 15일 스승의 날, 쌍용그룹은 국내 주요 일간지에 한 편의 기업 PR 광고를 게재했다. 메인 비주얼은 양철 도시락 두 개. 하나는 보자기로 싸여 있었고, 뚜껑이 열린 다른 도시락에는 쌀밥과 단무지 몇 개가 전부였다. 바디 카피에는 우리나라가 빈곤하던 시절 제자들을 아끼던 어느 선생님의 이야기가 담담하게 적혀 있었다.

그 시절, 늘 두 개의 도시락을 싸 와 한 개는 드시고 한 개는 제자에게 주시던 선생님의 사연이었다. 가끔은 "오늘은 속이 불편하다"라는 말씀을 남기고 도시락을 모두 학생들에게 내어 주며 찬물로 허기를 달랜 선생님을 기억한다는 내용이었다. 이 광고는 집행 첫날부터 강한 반향을 일으켰다. 아침 식탁에서 신문을 펼친 독자들이 눈시울을 붉혔고, 언론은 이 광고를 칭찬하는 글을 잇달아 실었다. 특히 광고가 나간 뒤 쌍용그룹 홍보실에는 전국 각지의 교사들로부터 감사 편지가 쇄도했다.

1980년대 중반, 시멘트 업체인 쌍용양회를 모기업으로 한 쌍용그룹은 소비재 계열사가 없던 것은 아니지만 전반적으로 딱딱한 중공업 이미지가 강했다. 이 인쇄 광고는 쌍용그룹에 따뜻하고 감성적인 이미지를 입혀 주는 계기가 됐다. 광고가 세상에 나온 지 40여 년이 흘렀고 그사이에 쌍용그룹은 경영 위기를 넘지 못하고 해체됐다. 음식이 남아돌고 교사의 권위가 예전 같지 않은 시대만을 살아온 세대는, 쌍용이라는 이름도 당시의 이 광고에 대한 뜨거운 반응도 낯설지 모르겠다.

好きになった教科には、
好きにしてくれた先生がいる

좋아하게 된 과목에는
좋아하게 만들어 준 선생님이 있다

일본교육대학원대학

누구에게나 학창 시절 한번쯤은 그런 경험이 있을 것이다. 외모가 멋져서, 재미있어서, 나에게 관심을 가져 줘서 등 다양한 이유로 선생님을 좋아했던 기억. 그리고 그 선생님 때문에 그 과목을 좋아했고, 잘하려고 노력했던 경험. 일본교육대학원대학의 이 광고 카피를 보면 바로 그 기억을 꺼내게 된다. 누구나 공감할 수 있는 한 줄이기에, 짧지만 강력하다.

2010년대 중반, 통폐합되기 전 일본교육대학원대학은 교원 양성의 철학을 알리려고 연작 옥외광고를 집행했다. 이미지는 사용하지 않고 헤드라인을 커다랗게 배치한 심플한 포스터였다. 공감을 불러일으키는 스토리를 담아내며 지나가던 사람들의 발걸음을 멈춰 세웠다. 2013년부터 2017년까지 만들어진 약 30편의 카피가 카피연감에 등재되어 있으며, 이 문장도 그중 하나다.

당시는 교직에 대한 관심이 점점 떨어지고 교원 지원율이 계속 하락하던 시기였다. 이 문장은 선생님을 꿈꾸는 학생들에게 '좋은 선생님이란 어떤 선생님인가'를 다시 묻는다. 광고의 바디 카피는 누구나 한번쯤은 만나 봤을 법한 좋은 선생님들의 이야기로 시작해 "좋은 선생님이 되자"いい先生になろう라는 문장으로 마무리된다. 결국 교직은 지식을 전달하는 일이 아니라, 마음이 마음을 움직이는 일이라는 메시지다. 그것이 비단 교육에만 해당하는 일이겠냐마는.

Taste the rainbow
무지개를 맛보세요

스키틀즈

이 카피는 과일맛 캔디 브랜드 스키틀즈가 1994년에 내놓은 슬로건이다. 이전까지 제품 기능을 강조하던 스키틀즈는 이때부터 초현실적인 스토리를 활용한 광고를 선보였다. 숲속에서 솟은 무지개에서 사탕이 쏟아지거나, 거대한 괴물이 스키틀즈 비를 맞는 등 기묘한 장면이 이어지고, 마지막은 늘 "무지개를 맛보세요"로 끝맺었다.

이 문장은 스키틀즈의 특성을 직관적으로 보여 준다. 무지개처럼 다양한 색과 맛을 담았다는 점을 환상적이며 유쾌한 경험으로 연결시켰고, 무지개가 가진 긍정적 이미지까지 브랜드에 입혔다. 간결하면서도 소비자가 쉽게 기억하고 즐길 수 있는 메시지였다. 기괴하다는 반응도 있었지만, 젊은 층을 중심으로 컬트적 인기를 얻으며 스키틀즈는 독특하고 재미있는 브랜드로 자리 잡았다. 뜨거운 반응은 매출 상승으로 이어졌고, 카피는 10여 년 이상 변주되며 이어졌다. "무지개를 만져요"Touch the rainbow, "무지개를 믿어요"Believe the rainbow 등 다양한 형태로 확장되었다.

무지개 상징은 이후 더 깊은 의미를 갖게 됐다. 성소수자 인권운동과 연결되면서, 2016년 프라이드 퍼레이드 기간에는 무지개 색을 뺀 흰색 패키지를 내놓아 "무지개를 양보한다"는 메시지를 전했다.[4] 스키틀즈는 이렇게 유쾌한 창의성에 다양성과 포용의 이미지를 더하며 브랜드 가치를 확장했다.

私たちは明日を知るために、過去に遡る
우리는 내일을 알기 위해, 과거로 거슬러 간다

이와나미 쇼텐 이와나미강좌 세계역사

2022년, 일본의 대표 인문출판사 이와나미 쇼텐이 '이와나미강좌 세계역사' 시리즈를 선보이며 내건 카피다. 이와나미 쇼텐의 세계 역사 시리즈는 1969년부터 3년간 1차(전 31권), 1997년부터 4년간 2차(전29권)에 이어, 2021년부터 3년간 3차(전 24권)로 완성된 대형 학술 프로젝트다. 인류의 역사를 체계적으로 조망한 50여 년의 지적 대장정이었다. 이 시리즈를 알리는 광고 이미지 자체는 전형적인 전집류 광고의 모습이다. 전집에 속한 책들이 나란히 늘어서 있는 모습은 매우 익숙하고 평이하다. 그러나 그 위에 세로쓰기로 단호하게 박힌 글자들의 무게는 가볍지 않다.

이 카피는 전집을 홍보하는 문구이면서, 우리가 역사를 왜 읽는가에 대한 답을 밝힌다. 과거를 되돌아보는 것은 단순한 회상이나 향수로 재미를 추구하는 것이 아니라, 내일을 이해하고자 하는 지적 행위라는 것이다. 이 광고가 발표된 2022년은 코로나19와 전쟁·경제 불안 등으로 미래가 불투명했던 시기였다. 불확실한 시대일수록 사람들은 즉각적인 해답을 찾으려 하지만, 진정한 지혜는 축적된 과거 속에 있다는 의미가 담겨 있다.

이 카피의 메시지는 지금도 유효하다. 인공지능의 급속한 발전이 사회와 문화의 질서를 바꾸고, 극단적인 의견들이 충돌하며, 국제사회가 새로운 균형점을 찾아가는 지금, 어쩌면 그 해답의 실마리는 이미 역사 속에 기록되어 있을지 모른다.

일요일은 내가 짜파게티 요리사

농심 짜파게티

오랫동안 오뚜기 카레가 점령했던 일요일 식탁에 강력한 경쟁자가 나타났다. 1984년, 농심이 짜장 스프와 굵은 면발을 결합한 짜파게티를 출시한 것이다. 당시 라면 시장은 소고기 국물이 지배했고, 1970년대에 여러 기업이 선보인 짜장라면은 별다른 반향을 얻지 못했다. 농심은 이를 다시 꺼내들며 대대적인 마케팅을 펼쳤다.

출시 초기에는 '짜장＋스파게티'라는 독특한 이름을 알리는 데 집중했으나, 곧 '주말 별식'이라는 콘셉트를 전면에 내세웠다. 오뚜기 카레의 전략과 유사했지만, 짜파게티 광고는 조금 달랐다. 주방에 낯선 아빠가 앞치마를 두르고 요리를 하거나, 아이들이 직접 짜파게티를 끓여 먹는 모습이 등장한 것이다. 이는 '쉬운 조리법'과 '가족이 함께 즐기는 별식'이라는 이미지를 동시에 강화했다.

요리를 잘 모르는 아빠도, 심지어 아이들까지도 쉽게 만들 수 있다는 광고는 단순한 조리법 홍보를 넘어 엄마의 수고를 덜어 주려는 특별한 주말을 그려 냈다. 가사가 주부의 몫이라는 인식이 당연하던 시절을 고려하면, 다른 광고 속 가정의 모습과 비교해 반걸음쯤 앞선 풍경일지 모르겠다.

결과적으로 오뚜기와 농심이 '일요일'이라는 키워드로 맞붙는 모양새가 되었지만, 라면과 카레라는 다른 품목이었기에 직접적인 경쟁보다는 소비자의 선택지를 넓혀 주는 역할을 했다. 소비자 입장에서는 '일요일에 카레냐 짜파게티냐' 하는 즐거운 고민만 남았다.

아내는 여자보다 아름답다

동서식품 맥심 프리마

프리마는 인스턴트 커피와 함께 타 먹는 크림 분말 제품이다. 아메리카노·카페라떼 등 에스프레소 커피가 대세가 되기 전에는 가정이나 직장에서 일반적으로 커피·크림·설탕을 구비하여 직접 타서 마셨다. 사람들마다 2-2-2, 2-3-3 등 자기 입맛에 맞는 비율 배합이 있었다. 크림 분말에 대한 소비가 많았던 만큼 TV 광고도 1980년대 이후로 꾸준히 집행됐다. 이 카피는 대표적인 크림 분말 제품인 프리마의 1990년대 광고에 사용되었다.

당시 프리마의 TV 광고 속에는 화목한 부부의 모습이 그려졌다. 온화하고 깊이 있는 이미지의 배우 안성기가 남편 역할이었다. 부인 역으로 출연한 이현미도 단아하고 우아한 모습이었다. 광고 속 두 사람의 이미지는 '이상적인 1990년대 중산층 부부' 그 자체였다. '더 이상 완벽한 부부 모델을 만들 수 없다'는 광고계의 평이 훗날 신문 기사를 통해 소개될 정도였다.[5]

이현미가 현직 미국인 외교관과 결혼한 후 미국에서 거주하게 되면서 모델이 교체될 수밖에 없는 상황이 됐다. 그러나, 소비자들의 뇌리에 깊이 새겨진 그녀를 대체할 대안을 찾을 수가 없던 광고대행사는 연예계를 떠난 그녀를 다시 찾아 출연 승낙을 받아냈다. 광고를 통해 10여 년이 넘게 부부 역할을 했기에 많은 이가 그녀를 배우 안성기의 실제 부인으로 오해하기도 했다.

이 카피는 아내에 대한 깊은 사랑이 담긴 일상의 스토리에 얹혀 오래도록 사랑받았다. 현실에서는 그런 부부와 그런 사랑을 찾기 힘들기 때문이라는 세간의 농담과 함께. 안성기-이현미 커플의 프리마 광고는 2000년대 초반까지 이어졌다.

결혼해 듀오

결혼정보회사 듀오가 이 슬로건을 처음 선보인 때는 2008년이었다. 이 카피는 브랜드명을 활용한 언어유희이면서, 기업의 정체성을 압축한 메시지였다. 언뜻 보면 '결혼해 주오'라는 말로 보이지만, '듀오를 통해서 결혼하라'는 브랜드 제안도 자연스럽게 녹아 있다. 두 가지 의미 어느 쪽으로도 해석이 될 수 있는 카피는 보는 사람이 머릿속으로 그 뜻을 다시 헤아려 보게 된다. 짧지만 임팩트 있으면서 소비자의 마음속에 은근히 남는 좋은 카피다.

이 카피가 나온 2000년대 중후반은 결혼정보회사 간 경쟁이 점점 치열해지던 때였다. 듀오는 경쟁 업체들과 특장점을 내세우며 경합하기보다는 업계 선두답게 감성적 접근을 택했다. 청춘남녀의 설렘 가득한 이미지를 활용하면서, 손글씨 스타일의 큰 캘리그래피로 카피를 적어 마치 프로포즈를 하는 로맨틱한 분위기를 자아내는 광고 시리즈를 연달아 선보였고, 이 시리즈는 소비자의 호평을 받았다. 이후 듀오는 '사랑해 듀오'·'만나게 해 듀오' 등의 연관 광고를 집행하기도 했지만, '결혼해 듀오'를 오랫동안 사용하며 일관된 커뮤니케이션을 이어 오고 있다.

'결혼해 듀오'는 15년 넘게 사용되며 듀오 브랜드를 대표하는 문장이 되었다. 동시에 결혼정보업에 대한 부정적 인식을 덜어 내고 친근한 이미지를 만드는 데에도 기여했다는 평가를 받는다.

울어라! 암탉아

숙명여자대학교

1990년대 중반 들어 신입생 유치를 위한 대학교의 이미지 광고들이 경쟁적으로 등장하기 시작했다. 신문·잡지 등 인쇄 광고와 지하철 옥외광고는 물론, 광고비가 비싼 지상파 TV·라디오에서도 대학 광고가 나오기 시작했다. 그동안 볼 수 없었던 대학들의 본격적인 홍보 경쟁에 비판적 목소리도 있었지만, 미디어를 활용한 이미지 경쟁은 되돌리기 힘든 대세가 됐다.

수많은 대학 광고 가운데 가장 눈에 띈 것은 1997년 숙명여대가 발표한 "울어라! 암탉아"였다. 전래 속담 "암탉이 울면 집안이 망한다"를 뒤집은 반어법적 표현으로, 여성의 주체성과 사회 참여를 적극적으로 주장한 광고였다. 바디 카피에서는 무용가 홍신자 등 숙명여대 출신 인물들의 활약상을 소개하며 "세상 곳곳에서 숙명이 움직입니다. 세상이 부드럽게 바뀌고 있습니다"라는 문장으로 포용적 리더십과 가능성을 강조했다. 대학 광고에서 최초로 재학생을 광고 모델로 활용한 점도 큰 화제를 모았다. 모델로 나선 학생에게 광고 대행사 및 연예기획사의 연락이 쇄도하는 등 이 기획은 흥미로운 뒷이야기까지 남겼다.

이 광고와 함께 발표된 "나와라! 여자 대통령"·"없습니까? 19세 교수" 등 도발적인 카피의 시리즈 광고가 호평을 받으며, 숙명여대의 이미지는 조용하고 보수적인 학교에서 미래지향적이고 적극적인 학교로 전환되었다. 이 시리즈를 계기로 '세상을 바꾸는 부드러운 힘'이라는 슬로건도 자리 잡았다. 광고 집행 이후 입학 지원자가 약 20퍼센트 증가했고, 1997년 대한민국광고대상 은상을 수상하는 등 지금까지도 대학 광고의 대표적인 성공 사례로 꼽힌다.

Meet the Superhumans
슈퍼휴먼을 만나세요

채널4

2012년 런던 패럴림픽을 앞두고, 영국의 공영방송 채널4가 전개한 캠페인의 슬로건이다. 채널4가 영국의 대표적 방송국인 BBC를 제치고 패럴림픽 중계권을 따내면서 진행한 대대적 마케팅의 일환이었다. 채널4는 패럴림픽 전체 경기 중 일부만 생중계되는 관행을 깨기 위한 계획을 세웠고, 아울러 장애에 대한 인식을 바꾸기 위한 캠페인도 준비했다.

이 짧은 문장은 패럴림픽에 대한 관점을 바꾼다. 올림픽 본 행사가 끝난 뒤 부수적으로 열리는 장애인들의 행사가 아니라, 인간의 한계를 넘어선 엘리트 선수들의 경기라는 것이다. 광고 영상은 패럴림픽 선수들의 훈련 장면과 그들이 상처 입고 또 회복하는 순간을 교차시킨다. "힘에 대해 알고 있던 모든 것을 잊어라. 인간에 대해 알고 있던 모든 것을 잊어라"라는 카피와 함께 "슈퍼 휴먼을 만나세요"라는 슬로건이 등장할 때, 시청자는 장애가 아닌 인간의 능력에 집중했다. 육체의 제약을 극복하며 인간의 한계를 뛰어넘은 광고 속의 선수들은 그야말로 슈퍼맨·원더우먼 같은 슈퍼휴먼이었다.

캠페인은 방영 후 큰 호응을 얻으며 패럴림픽을 향한 분위기를 고조시켰다. 패럴림픽에 대한 10퍼센트대의 인지도는 77퍼센트까지 치솟았고, 패럴림픽 출전 선수의 이름을 기억하는 비율도 2배 이상 뛰어올랐다. 광고 방영 후 장애인에 대한 인식이 긍정적으로 바뀌었다는 응답이 80퍼센트를 넘었다.[6] 칸 국제광고제 필름 크래프트 부문 그랑프리를 비롯해 다수의 상을 수상하며 전 세계의 주목도 받았다. 무엇보다, 패럴림픽을 앞두고 채널4의 광고 시간대가 완판됐다. 이 정도면 '슈퍼휴먼'을 앞세운 '슈퍼 광고'라 해도 무방하겠다.

触ってごらん、ウールだよ
만져봐, 울이야

국제양모사무국

이 카피가 나온 1980년대 초는 화학섬유가 각광받던 시기였다. 화학섬유는 낮은 가격으로 대량생산이 가능해 전통적인 천연섬유 시장을 크게 위협했다. 특히, 젊은 세대가 패션성과 개성을 중시하면서 화학섬유의 수요가 증가하는 상황이었다. 국제양모사무국은 '울마크'라는 품질보증마크와 함께 정공법으로 대응했다. 특별한 수사나 복잡한 설명 없이 일상의 언어로 직접 만져 보라고 권유한 것이다.

TV 광고에는 기차 좌석에 무심히 놓인 울코트의 모습만 보여 준다. 카메라가 점점 클로즈업 해 코트의 질감이 느껴질 무렵 내레이션에 맞춰 자막 한 줄만이 떠오른다. "만져봐, 울이야" 문장 자체도 명령형이 아니라 다정하게 권유하는 말투인데, 남자 성우의 목소리가 양모가 손에 스치듯 부드럽다. 마치 성시경의 라디오 프로그램 엔딩 멘트 "잘 자요" 같다.

광고는 큰 인기를 얻었고, 이 카피는 금새 세간의 유행어가 됐다. 촉각이라는 가장 원초적이고 신뢰할 수 있는 감각을 자극한 이 카피의 성공으로, 울 제품에 대한 신뢰와 프리미엄 이미지가 확고히 자리 잡았다. 이 짧은 문장은 시장과 소비자 인식을 바꾼 일본의 레전드 카피 중 하나로 기억되고 있다. 담당 카피라이터 니시무라 요시나리가 2013년 카피라이터 명예의 전당에 헌액된 데 제일 큰 영향을 미친 것도 당연히 이 카피의 성공이었다.

다 무신사랑해

무신사

2020년 10월, 무신사는 배우 유아인을 앞세워 새로운 광고 캠페인을 선보였다. 이전까지 「여기서 사」 캠페인으로 패션 쇼핑몰로서 대세감을 과시하던 무신사, 쇼핑 플랫폼을 넘어서는 의미와 영향력을 전달하려는 커뮤니케이션 방향을 설정하고 있었다. 그 전환의 순간에 등장한 문장이 바로 "다 무신사랑해"였다.

이 카피는 "모두 무신사에서 한다"는 것인지 "무신사를 사랑한다"는 것인지 금방 알 수 없는 모호함이 큰 매력이었다. 바로 그 모호함이 해석의 여지를 만들었고, 소비자들은 이 메시지를 자신만의 방식으로 받아들이며 놀이처럼 즐겼다. 브랜드 이름을 그대로 불러내는 동시에 사랑 고백처럼 들리는 이 짧은 카피는 곱씹을수록 소비자의 머릿속에 각인되었다. 게다가, 쇼핑 플랫폼의 특성상 다른 브랜드나 셀럽과의 협업에도 멋지게 맞아떨어졌다. 나이키도 무신사랑해, 삼성도 무신사랑해, 미주도 무신사랑해, 김희진도 무신사랑해…….

결과는 수치로 나타났다. 광고가 집행된 후 무신사는 월간 활성 사용자 수가 전년 대비 59퍼센트 증가하면서 패션 플랫폼 1위를 기록했다.[7] 핵심 타깃의 니즈를 정확히 반영한 마케팅 전략과 광고 효과가 시너지를 일으킨 결과였다. 더 중요한 것은, 한 줄의 모호하면서도 유쾌한 문장이 단순한 구매 사이트를 넘어 소비자들의 라이프 스타일 깊숙이 스며드는 브랜드에 존재감을 강력하게 부여했다는 점이다. 브랜드 메시지를 일방적으로 밀어붙이지 않고, 언어유희로 소비자에게 해석의 자유와 즐길거리를 주며 관심을 끌어당긴 카피 전략의 힘이었다.

Once You Pop, You Can't Stop
한번 열면 멈출 수 없어

프링글스

2012년에 켈로그에 매각됐지만, 놀랍게도 프링글스는 비누와 세제로 유명한 생활용품 기업 P&G가 처음 만들었다. 1960년대, P&G는 감자칩이 잘 부서지고, 쉽게 상하는 문제점을 자신들의 강점인 화학 기술을 이용해 해결했다. 화학자인 프레드릭 바우어가 2년여의 연구 개발을 통해 안장형 곡면 칩을 완성했고, 공기와 습기를 차단하는 원통형 포장에 담는 아이디어도 이때 탄생했다.[8]

"한번 열면 멈출 수 없다"라는 한마디는 스낵으로서 프링글스의 매력을 그대로 말해 준다. 감자칩 애호가라면 누구나 통을 열자마자 금새 바닥이 보이는 순간의 아쉬움과 죄책감을 느껴 봤을 것이다. 프링글스는 바로 그 '멈출 수 없음'을 메시지의 핵심으로 활용했다. TV 광고는 이러한 순간을 유머러스하게 표현했고, 한국에서도 같은 카피로 여러 편의 광고가 방영됐다.

이 카피의 또 다른 매력은 'Pop'(열다)이라는 단어에 있다. 'Stop'(멈추다)과 라임을 맞추면서 프링글스 통의 플라스틱 뚜껑을 열 때 나는 경쾌한 소리를 카피의 일부로 가져왔다. 비닐봉지를 찢는 소리와는 다른, 짧고 명확한 청각적 쾌감이 담긴 단어다. 이 카피를 들으면 자연스럽게, 타 브랜드와는 차별화되는 프링글스만의 매력이 연상되는 것이다. 지금 주변에 프링글스 통이 보인다면 조심하는 편이 좋을 것이다. 전 세계 수많은 감자칩 애호가의 뱃살을 책임졌던 이 통을 여는 순간, 멈추지 못하고 흡입하는 스스로를 발견할지 모른다.

遊んでくれてありがとう。
ボクは石油にもどります

놀아 줘서 고마워요.
나는 석유로 돌아갑니다

도시바

1994년 도시바가 선보인 광고의 카피다. TV 광고 속에는 잔잔한 허밍이 배경음악으로 깔린 가운데, 석유 위에 떠 부유하고 있는 더럽혀진 큐피 인형의 모습만이 보인다. "태어났을 때는 큐피라는 이름이었습니다. 버려졌을 때는 플라스틱이라는 이름이 되었습니다"라는 카피가 이어진 후 "놀아 줘서 고맙다"라며 이제 "석유로 돌아간다"라는 자막이 등장한다.

이 카피는 장난감을 의인화해 자원 순환 메시지를 전한다. 아이와 함께 놀던 인형이 더 이상 쓰이지 않을 때, 쓰레기로 소멸되는 것이 아니라 원래의 모습인 석유로 돌아간다는 설정은 재활용의 가치를 감성적으로 전달한다. 당시 일본 사회에서 플라스틱 폐기물 처리 문제가 심각한 사회적 이슈로 떠올랐고, 이 광고는 복잡한 기술을 일상적인 정서와 연결해 설득력을 높였다.

도시바가 선보인 것은 플라스틱을 다시 석유로 환원하는 기술이었다. 플라스틱을 다시 가공해 낮은 단계의 제품으로 만드는 기존의 다운사이클링을 뛰어넘어, 본래의 원료로 되돌리는 '순환 경제'의 개념을 구현한 것이다. 이러한 혁신적 기술력을 내세우기 전에 친숙한 인형을 주인공으로 삼아 추억과 감정을 불러일으킨 후, 기술적 의미를 자연스럽게 이해시키는 전략을 택했다.

이 광고는 기업의 기술력과 사회적 책임을 자연스럽게 연결하면서도 일상의 소재를 감성적으로 전달한 좋은 표본이다. 자원 재생 기술을 따뜻한 작별 인사로 전하며 도시바를 친환경 기업으로 포지셔닝해 준 이 광고는 34회 ACC TV 광고부문상 등 여러 광고상을 수상했다.

한 달에 한 번,
여자는 마술에 걸린다

대한펄프 매직스

이 카피가 처음 등장한 때는 1994년이다. '마술'이라는 단어로 제품명을 연상시키면서도 생리를 직접적으로 언급하는 것을 피하던 당시의 정서에 맞게, 은유적이고 감성적으로 표현한 것이다. 인쇄 광고에 사용되던 이 카피는 1995년 광고 심의 규정이 개정되면서, TV 광고에도 사용됐다. TV 광고에는 아예 실제 여성 마술사가 등장해 제품을 마술처럼 소개했다. 센스 있는 광고와 카피가 여성들의 반응을 이끌어 냈고, 높아진 브랜드 인지도와 함께 매출도 증가했다. 마술이라는 단어는 추후, 마법이라는 표현으로 바뀌었다.

이 광고의 히트로 '마술'이라는 표현은 '그날'처럼 생리를 우회적으로 부르는 일상어 중 하나가 됐다. 그런데 따져보면 '생리'生理라는 단어 자체도 월경을 직접적으로 말하지 않으려고 쓰는 말이다. 월경을 생리현상의 일부로 모호하게 뭉뚱그린 이 일본식 표현은 일제 강점기에 들어온 것으로 알려져 있다. 결국 '마술'이나 '그날'은 우회어의 우회어인 셈이다. 이러한 언어적 완곡함은 사회의 인식과 감수성을 반영하는 결과이다.

최근에는 생리를 숨기기보다는 자연스럽게 받아들이려는 흐름이 확산되고 있다. '그날'·'마법'·'마술' 같은 표현 대신 '생리' 혹은 '월경'이라고 부르자는 주장이 호응을 얻고 있다. 덕분에 한 시대를 풍미했던 '마술'이라는 단어도 점차 퇴장하고 있다. 언어는 시대의 거울이다. 그 시대에 어울렸기에 사랑받았던 '마술'이, 세월이 흘러 세상을 제대로 비추지 못해 사라지는 일은 자연스럽다.

Like No Other
그 어떤 것과도 다른

소니

2004년 소니가 내놓은 브랜드 슬로건이다. 당시는 소니에게 매우 도전적인 상황이었다. 특히 디스플레이 시장에서 기술력이 높아진 삼성과 LG 등 한국 브랜드가 급부상했다. 이에 소니는 스펙 경쟁보다는 감성적 경험을 제공하며 차별적인 브랜드 이미지로 승부하는 전략을 세웠다. "그 어떤 것과도 다른"Like No Other이라는 슬로건에서 한 걸음 더 들어가면 '소니다움'에 대한 추구가 읽힌다.

전설적인 TV 광고 컬러공 편이 나온 것이 이때다. 25만 개의 컬러공이 샌프란시스코의 언덕을 가득 메우며 굴러 내리는 장면은 화질이라는 개념을 감성으로 바꿔 냈다. 컴퓨터 그래픽 기술 없이 실제 촬영으로 완성된 이 영상은 예술과 광고의 경계를 무너뜨렸고, 음악과 색·공의 움직임만으로 브랜드의 감성을 전했다. 슬로모션으로 마치 도시에 비처럼 쏟아지는 컬러공의 모습은 시청자들을 사로잡았다. 압도적 시청각적 자극과 함께 "Color"(색)라는 단어가 단독 자막으로 제시되고 바로 뒤이어 "그 어떤 것과도 다른"이 나오면서 아무런 설명 없이도 소비자를 납득시켰다.

큰 화제를 일으킨 이 광고의 성공과 별개로 소니는 가전 시장에서 쇠락을 피하지 못했다. 시장점유율이 하락하고 핵심 사업이 몰락하며 부정적 전망이 높아졌다. 그러나 과감히 브랜드의 핵심이었던 가전 사업을 축소 또는 매각하며 사업 구조 조정을 단행했다. 어느새 소니는 워크맨·TV·노트북 등을 생산하는 전통 가전기업에서 미래형 엔터테인먼트 기업으로 놀라운 전환을 이뤄 냈다. 전문 분야는 바뀌었지만 소니의 "그 어떤 것과도 다른"이라는 브랜드 DNA는 변함없는 것 같다.

もういちど、自動車を発明します
다시 한 번, 자동차를 발명합니다

메르세데스 벤츠 재팬

1997년, 메르세데스 벤츠가 A클래스 출시와 함께 내세운 카피다. 1886년 칼 벤츠가 세계 최초의 자동차를 발명한 지 100여 년 만에 던진 이 한마디는 신차 홍보를 넘어 자동차의 기본 개념을 다시 정의하겠다는 담대한 선언이었다. "세계 최초로 자동차를 발명한 우리가, 만들지 않으면 안 되는 자동차가 있습니다"라는 서브 카피는 그 의미를 명확히 한다. 그야말로 벤츠만이 쓸 수 있는 카피였다.

이 카피는 무엇보다 '발명'이라는 단어 선택이 돋보인다. 벤츠는 A클래스를 통해 단순히 차체를 줄인 소형차가 아니라, '샌드위치 콘셉트'라 불린 독창적 2층 구조 플랫폼을 선보였다.[9] 차체 하부 공간을 전동화 기술까지 수용할 수 있도록 설계한 이 구조는 당시로서는 전례 없는 형태였다. 이러한 혁신적 발상과 앞선 기술을 "다시 발명한다"라는 말로 압축한 것이다. 이 표현은 소비자에게 A클래스를 신차의 범주를 넘어, 새로운 발명에 준하는 혁신 기술로 인식시켰다. 그러면서도, 브랜드의 격을 지키는 가운데 고객층을 확장하도록 기여했다.

'컴팩트하면서도 벤츠다운 혁신적인 차'라는 시도는 출시 직후 안전 테스트에서 전복 사고가 발생해 난관에 빠지기도 했다. 그러나 전량 리콜과 안전 장치 개선으로 오히려 기술력과 책임감이 재조명되었다. A클래스는 일본 '올해의 차' 선정 수입차 부문에서 수상하는 등 성공적으로 자리 잡았고, 이 카피는 1998년 TCC 상을 받으며 브랜드의 명성에 걸맞는 카피임을 증명했다.

담배는 노답, 나는 노담

보건복지부 금연 캠페인

2020년 보건복지부가 청소년을 대상으로 선보인 금연 캠페인에서 "담배는 노답 나는 노담"이라는 문장이 처음 등장했다. '노답'은 답이 없다는 속어이며, '노담'은 담배를 하지 않는다는 신조어다. 이 짧은 두 단어를 병치한 카피는 흡연을 문제적 행위로, 비흡연을 자랑스러운 선택으로 대조해 보여 주었다. 기존 금연 광고가 주로 경고나 공포심에 의존했다면, 이 카피는 청소년 스스로의 태도를 당당하게 드러내는 방식이었다.

이 문장이 주목받은 이유는 청소년들의 줄임말 언어 습관을 차용해 자연스럽게 받아들여지도록 한 점이다. 동시에 개인의 취향이나 신념을 적극적으로 드러내는 '미닝아웃'meaning out 트렌드를 반영해 흡연을 하지 않는 것을 '쿨한 행동'으로 제시했다는 점도 인상적이다.[10] 청소년들에게 금연을 강요하지 않고, 스스로 자랑할 수 있는 행동으로 선택하도록 프레임을 바꾼 것이다.

정부 캠페인의 키워드를 청소년이 실제 언어처럼 받아들인다는 것은 쉽지 않은 일이다. 꼰대들의 따분한 가르침에 저항감을 가지는 일은 당연하니까. 그러나 '노담 캠페인'은 정해진 답을 강요하지 않고 그들의 문화를 반영하며, 일관성 있는 메시지 전개로 청소년들이 자연스럽게 동참하도록 이끌었다. 공공 캠페인으로서는 드물게 성공을 거둔 사례로 꼽을 만하다. '노답'인 공공 캠페인들이 되새겨 볼 만하다.

6월

Got Milk?
우유 있어요?

캘리포니아 유가공위원회

우유 소비량이 떨어지며 낙농가의 근심이 점점 커지던 1990년 초 등장한 "Got Milk?" 캠페인은 시작부터 소비자들의 관심을 끌었다. 이 카피는 스토리에 따라 "우유 있어요?" 또는 "우유 드셨어요?"로 해석되는데, 전화 퀴즈쇼의 참가자가 빵 때문에 목이 메여 기회를 놓치는 유머 광고가 그 첫 편이었다. 훗날 『나쁜 녀석들』·『트랜스포머』 등으로 헐리우드의 흥행 감독이 된 마이클 베이가 연출한 광고였다. 이 작품 이후로도 우유가 필요한 다양한 상황을 유머러스하게 표현한 광고가 연이어 방송을 탔다.

1995년에 광고대행사가 바뀌고 우유 콧수염milk mustache 시리즈가 성공하며 "Got Milk?"는 장기 히트 슬로건의 반열에 오른다. 우유 콧수염이란 우유를 맛있게 마시고 난 다음에 윗입술에 남은 자국을 말한다. 마이클 조던·비욘세·브리트니 스피어스·해리슨 포드를 비롯한 수퍼스타들은 물론 심슨·스폰지밥·배트맨 등 인기 캐릭터까지 인중에 우유 자국을 묻히고 등장한 인쇄 광고 시리즈는 오랫동안 지속되며 한 시대를 풍미했다.

캘리포니아에서 시작한 이 캠페인은 우유 매출 증가로 이어졌고, 미국 전역으로 확대됐다. "Got Milk?" 슬로건은 하나의 문화적 아이콘이 되어 수많은 패러디를 낳았다. 그러나 광고의 성공이 지속적인 산업의 성장을 담보하지는 못했다. 미국인들의 식습관의 변화와 대체 음료의 성장으로 우유 소비가 감소하는 것까지 막을 수는 없었다. 그것은 광고가 할 수 있는 범위를 넘어서는 일이었다. 20년 가까이 지속된 이 캠페인은 결국 2014년에 막을 내렸다.

国会議事堂は、解体

국회의사당은, 해체

다카라지마샤

푸른 잔디 위에 사람들 수백 명이 모여 있다. 연단과 의자가 놓인 그곳은 마치 야외 국회처럼 보인다. 배경에는 아파트 단지가 늘어서 있어, 권위적인 국회의사당 대신 생활 속 공간에서 열리는 새로운 정치의 장을 상징한다. 이 인상적인 비주얼 위로 "국회의사당은, 해체"라는 문장이 크게 적혀 있다.

이 광고는 2002년, 일본의 출판사인 다카라지마샤가 『일본경제신문』 전면에 실은 것이다. 이 출판사는 민감한 사회적 이슈를 건드리는 독특한 기업 광고를 집행하는 것으로 유명하다. 화제성이 높은 광고를 집행하여 격렬한 찬반 논쟁을 일으키고, 이를 통해 사회에 해당 이슈에 대한 관심을 환기시킨다.

다카라지마샤는 국회의사당이라는 웅장한 건축물을 허물고 시민 누구나 참여할 수 있는 광장에서 정치를 시작하자고 제안한다. 광고를 통해 정치인의 권위주의와 무책임을 비판하며, 제도보다 먼저 권위의 상징인 국회라는 공간을 바꿔야 한다고 주장한 것이다.

이 작품은 공개 지후 사회적 화제를 모았고, 2003년 TCC상을 수상했다. 출판이라는 업의 한계를 넘어 사회적 의제를 공론화한 다카라지마샤다운 광고였으며, 기업 광고가 사회 담론을 환기시킬 수 있다는 가능성을 다시 한번 보여 주었다. 모두가 잘 알다시피, 그 이후로도 일본 정치는 크게 변하지 않았다. 일본 국민들의 정치에 대한 관심도 마찬가지다. 이 광고는 기업 광고가 가지는 한계도 분명히 보여 주었다.

Every little helps
작은 것 하나하나가 도움이 된다

테스코

1993년, 영국의 유통기업 테스코가 발표한 카피다. 1990년대 초반 영국의 소매·유통 시장은 1위 세인즈버리를 비롯해 테스코와 아스다 등 3대 업체가 지배하고 있었다. 이들의 치열한 경쟁 속에서 테스코는 고객 조사를 통해 소비자들이 낮은 가격 이상의 쇼핑 경험을 원한다는 사실에 주목했다. 테스코는 광고를 통해 쇼핑을 더 쾌적하게 만들기 위한 작은 개선부터 하나씩 실천하겠다는 약속을 전하기 시작했다.

테스코가 만든 TV 광고는 일반적인 유통업체의 메시지와 달랐다. 첫 편부터 매장 모습이나 세일 정보는 등장하지 않았다. 집 안에 있는 귀여운 아기들의 다양한 모습으로 시선을 먼저 사로잡으면서, 내레이션으로 아기를 동반한 부모의 불편을 해소할 기저귀 교환대 설치, 유아용 카트 구비 등을 제시했다. 이어지는 광고들 역시 반품 정책·계산대 확대 등 고객 편의를 위한 실제 개선 사례를 알렸다. 모든 광고는 "작은 것 하나하나가 도움이 된다"라는 문장으로 끝나며, 소비자의 작은 불편을 해결해 나가겠다는 약속을 전달한다.

이 시리즈가 고객의 신뢰를 얻으면서 테스코는 불과 2년 만에 세인즈버리를 제치고 선두에 올랐다.[1] 테스코를 1위로 끌어올린 요인은 거창한 비전이나 화려한 시설이 아니었다. 작은 약속과 실천이 모이면, 대단한 혁신보다 더 큰 변화를 만들 수 있다는 사실을 광고로 보여 주었다. 이 카피는 이후 30년 넘게 테스코를 지탱하는 정신이 되었고, 직원들의 행동 원칙이자 기업 문화로 자리 잡았다. 작은 것 하나하나가 도움이 되는 건 소비자뿐 아니라 브랜드에도 마찬가지다.

흔들어 주세요

해태 써니텐

1976년, 해태 써니텐은 국내 최초의 과즙 탄산음료라는 타이틀을 달고 시장에 등장했다. 당시 탄산음료 시장에는 이미 환타와 오란씨가 자리 잡고 있었다. 1968년에 먼저 출시되어 시장을 장악한 코카콜라의 환타에 맞서, 1971년에 선보인 토종 음료 오란씨가 CM송을 앞세워 경쟁하던 상황이었다. 두 제품 모두 과일향을 첨가한 탄산음료였다. 실제 과즙은 들어 있지 않았다는 뜻이다.

후발주자 써니텐은 이들과 차별화하고자 과감히 천연 과즙 10퍼센트를 첨가했다. 하지만 이 차별점이 발목을 잡았다. 당시 음료 생산 기술의 한계로 인해 용기 바닥에 침전물이 생기는 문제가 있던 것. 해태는 이 단점을 숨기거나 변명하지 않고 정면 돌파했다. 써니텐의 무기는 "흔들어 주세요"라는 카피였다. 제품을 흔들면 침전된 과즙이 고루 섞여 더욱 맛있어진다는 설명이면서, 천연 과즙의 존재를 보여 주어 차별점을 드러낸 표현이었다.

그 한마디는 곧 브랜드의 정체성이 되었다. 음료를 마시는 자연스러운 상황을 담던 TV 광고는 "흔든다"라는 의미를 잘 살리기 위해, 신나는 음악에 맞춰 춤을 추는 내용으로 발전됐다. "흔들어 주세요"는 단순한 사용 안내를 넘어, 몸과 세상을 흔드는 젊음과 에너지의 표현이 된 것이다. 이 카피는 제품의 약점을 창의적인 아이디어를 활용해 장점처럼 각인시켜, 브랜드 자산으로 전환한 대표적인 성공 사례다.

The World's Slowest Ketchup
세계에서 제일 느린 케첩

하인즈

오늘날 현대 사회만 스피드가 미덕인 것은 아니다. 150년 전의 소비자들도 기다림을 싫어했다. 19세기에 설립된 하인즈는 좋은 품질의 케첩으로 인기였지만 소비자들의 불만도 적지 않았다. 높은 점성으로 타사 제품보다 병에서 느리게 흘러나오는 것이 문제였다. 답답한 소비자들은 병을 두드리거나 흔들어서 케첩을 빨리 따르려고 했다. 하인즈는 케첩을 묽게 만들어 문제를 없애려 하지 않고, 느린 속도를 프리미엄 제품의 증거로 내세웠다.

1964년에 등장한 TV 광고에는 케첩을 먼저 쏟아 버리는 내기를 하는 아이들이 등장한다. 주인공 아이가 가져온 하인즈 케첩이 "너무 진하고 풍부해서" 패배하는 모습으로 제품의 장점을 알린다. 1971년에는 의인화된 케첩들이 서부극을 벌이는 애니메이션 광고에서 "서부에서 가장 느린 케첩"이란 문구를 사용했고, 그 이후로 "세계에서 가장 느린 케첩"이란 카피를 다양한 채널을 통해 확산시켰다.

하인즈는 느리다는 속성을 내세우는 것에 그치지 않고 한 걸음 더 나아갔다. 훗날 로큰롤 명예의 전당에 오른 싱어송라이터 칼리 사이먼의 노래 「앤티서페이션」Anticipation을 광고에 사용하여 기다림을 기대감으로 바꿔 버렸다. 가족들이 광고에서 병을 기울이며 케첩이 떨어지기를 기다리는 순간, 달콤한 멜로디가 속삭인다. "기대감이 나를 늦게 해요, 기대감이 나를 계속 기다리게 해요." 기다림의 불만을 설레는 기대감으로 바꾼 카피는 이렇게 전설이 됐다. 느린 공으로 유명한 투수 유희관 선수에게는 미안하지만 '느림의 미학'이라는 왕관은 하인즈 케첩에게 씌워야 할 것 같다.

いろいろ奪うと大人ができる
많은 것을 빼앗으면 어른이 된다

더 타이머즈 앨범 『부활! 타이머즈』

이 카피는 1995년 일본의 록밴드 더 타이머즈의 앨범 『부활! 타이머즈』 발매를 맞아 신문광고에 등장했다. 더 타이머즈는 1980년대 후반 복면을 쓰고 정체를 숨긴 채 활동한 밴드로, 직설적이고 풍자적인 가사로 정치·사회·미디어를 비판하며 강렬한 인상을 남겼다. 생방송에서 금지어를 노래해 방송 사고를 일으킨 뒤 활동을 중단했다가, 몇 년 만에 발매한 앨범의 광고에 이 카피가 실렸다.

국가를 펑크록으로 편곡해 부르거나 방송에서 방송국을 노골적으로 비난하고, 예정에 없던 곡을 기습적으로 연주하는 등 반항적 행보로 유명했던 밴드의 앨범 광고였기에, 이 문장은 기성세대에 대한 저항의 메시지로 읽혔다. 어른이 된다는 것을 나이·경험·경제적 여유·사회적 지위 같은 성취가 아니라, 순수함·자유·꿈 같은 가치를 잃는 일이라고 냉소한 것이다.

특히 '빼앗기면'이 아닌 '빼앗으면'이라는 능동형 표현이 눈에 띈다. 어른이 되길 강요당하는 피동적 입장이 아니라, 그런 가치를 빼앗는 사회 자체를 주체로 설정했다. 이는 빼앗긴 이들의 좌절보다 빼앗는 이들에 대한 저항감을 더욱 선명하게 드러낸다.

그렇잖아도 버블 붕괴 이후 불황의 그림자가 드리우고 미래에 대한 회의감이 사회 전반을 덮기 시작한 시점이었다. 권위에 대한 사회적 불만을 상징적으로 압축한 이 메시지는 젊은 세대의 크나큰 공감을 얻었다. 이 카피는 사회적 문제의식을 응축한 작품으로 인정받아 1996년 TCC 심사위원장상을 수상하며, 음악계뿐 아니라 광고계에도 뚜렷한 족적을 남겼다.

사랑해요 LG

1995년 1월 1일, 럭키금성그룹은 그룹명을 LG그룹으로 변경했다. 럭키금성그룹은 1947년 생활건강용품을 생산하는 락희화학공업(현 LG생활건강)으로 시작하여, 1958년 설립된 금성사(현 LG전자)가 최정상급 가전 기업으로 성장하면서 한국을 대표하는 유력 대기업군이 되었다. 그런데 계열사들의 이름이 제각각이었고, 글로벌 시장에서 경쟁을 가속화하던 금성사의 경우는 해외에서 골드스타Gold Star로 표기하는 등 브랜드 관리 문제가 제기됐다. 대중적으로 널리 알려진 사명을 생소한 영문 약자로 변경하는 것에 대한 반발도 있었지만, 해외 시장 진출 및 브랜드의 효율적 통합 관리를 위해 발음이 어렵고 긴 '럭키 골드스타' 대신, 간결한 이름 'LG'를 선택했다.

LG그룹은 새로운 이름을 빠르게 정착시키려고 사명 변경에 따른 광고를 대대적으로 집행했다. LG라는 두 글자를 대중에게 각인시키고자 제작된 CM송이 바로 「사랑해요 LG」다. 친숙하고 부드러운 멜로디, 반복되는 후렴 "사랑해요, 사랑해요 LG"는 대대적인 광고 집행과 함께 빠르게 대중에게 확산됐다. 남녀노소 누구나 쉽게 따라 부를 수 있었던 이 CM송 덕분에 LG라는 새로운 이름은 빠르게 뿌리내렸다.

당시 광고에는 배용준·최지우 등 톱스타가 출연했고, 명화 패러디·오케스트라 등 다양한 버전으로도 광고가 제작되며 브랜드 호감도를 높이는 데 큰 역할을 했다. 그 시절을 통과한 사람이라면 30년이 넘은 지금도 바로 흥얼거릴 수 있는 「사랑해요 LG」는 LG의 브랜드 자산이 되었고, 지금까지도 한국 광고사에서 가장 오래 기억되는 CM송 중 하나로 회자된다.

See What's Next
다음을 보라

넷플릭스

2015년, 넷플릭스가 DVD 우편 대여 서비스에서 글로벌 스트리밍 플랫폼으로 전환하며 내세운 카피다. 영화 한 편 값도 안 되는 구독료로 플랫폼의 모든 영화를 볼 수 있다는 서비스 설명이자, 넷플릭스의 비전을 보여 주는 선언이다. 당시 넷플릭스는 미국을 넘어 50개국으로 진출하며 통합된 브랜드 아이덴티티를 구축하려는 시점이었다.

넷플릭스가 진짜 보여 주고자 한 것은 영상이 아니라, 넷플릭스가 만들어 갈 미래였다. 이 카피는 기술과 문화의 경계를 넘어 넷플릭스가 가고자 하는 길을 암시한다. 개별 콘텐츠에 가격을 매겨 소비자에게 판매하는 것이 상식이던 시절, 전 세계를 대상으로 OTT 구독 서비스를 내놓은 넷플릭스의 발상은 많은 사람의 눈에 의문부호와 겹쳐 보였다. 콘텐츠 공급사와 영화관 등 기존 업계의 반발도 적지 않았고, 넷플릭스의 시도가 비즈니스로서 성공할 수 있을지 회의론도 높았다.

세간에서 넷플릭스의 비즈니스 모델이 왜 문제이며, 왜 실패할지 목소리를 높일 때, 넷플릭스는 묵묵히 자신의 목표를 향해 나아갔다. 출시 10년이 지난 지금, 넷플릭스는 전 세계 구독자 3억 명을 돌파하며 재정적 성과·콘텐츠 투자 규모·기술 혁신·시장 지배력 모든 면에서 업계를 압도하고 있다. 넷플릭스는 이 슬로건을 더 이상 사용하지 않지만, 여전히 서비스를 통해 세상에 외치고 있는 듯하다. "See What's Next"(다음을 보라).

소리 없이 세상을 움직입니다

포스코

광고는 평범한 일상에서 시작한다. 아이를 태우고 자전거를 타는 노인·책을 읽는 아이·놀이공원에서 노는 사람들·놀이터의 어린이들. 자세히 보면 있어야 할 것들이 보이지 않는다. 자전거의 프레임과 휠과 안장이 없다. 놀이기구를 연결하는 라인도, 놀이터의 구름사다리도 보이지 않는다. 우리의 모든 삶 속에 철이 없는 상황을 시각적으로 연출하면서, 우리 삶 어디에나 철이 있다는 메시지를 명확하게 보여 주는 광고다.

포스코의 업의 본질을 '철을 만드는 회사'에서 '세상을 움직이는 회사'로 바꿔서 표현한 것이다. 이전까지 철강회사인 포스코 하면 떠오르는 것은 포항의 거대한 제철소·용광로·안전모를 쓴 작업자 같은 이미지였다. 우리의 삶과 동떨어진 거대하고, 무겁고 위험한 느낌이었다. 그러나 광고가 성공을 거두면서 포스코에 대한 대중의 인식은 바뀌었다. 단순히 철을 만드는 회사가 아니라, 사람들의 생활 구석구석에 필요한 것을 만드는, 우리의 삶에 깊이 밀착된 필수적이면서도 따뜻한 느낌의 기업이 되었다. 철을 만든다는 사실은 변함없지만, 그 의미를 다른 시각으로 해석하면서 기업의 이미지와 가치는 달라졌다.

참신한 아이디어, 컴퓨터 그래픽을 활용한 기발한 이미지가 묵직한 카피와 시너지를 일으킨 첫 광고의 성공 이후 오랫동안 캠페인이 이어졌다. 카피 자체도 2000년부터 2011년까지 10년 넘게 포스코의 슬로건으로 사용됐다. 이 카피와 캠페인은 B2B 기업도 광고와 카피를 통해 강력한 브랜드 자산을 만들 수 있다는 점을 보여 준 모범 사례로 꼽힌다.

1秒に喜び、1秒に泣く
1초에 기뻐하고, 1초에 운다

세이코

만화가이자 그림책 작가인 고이즈미 요시히로가 광고회사에 근무하던 시절에 쓴 카피다. 그에게 1985 TCC 신인상을 안긴 이 카피의 전문은 「1초의 말」이라는 제목의 시로 전해진다.

처음 뵙겠습니다. 이 1초 남짓한 짧은 말에 평생의 설렘을 느낄 때가 있다.
고맙습니다. 이 1초 정도의 말에 사람의 따뜻함을 알게 될 때도 있다.
힘내요. 이 1초 정도의 말에 용기가 되살아날 때가 있다.
축하합니다. 이 1초 정도의 말에 행복이 넘칠 때가 있다.
미안합니다. 이 1초 정도의 말에 사람의 약한 모습을 보기도 한다.
안녕…… 이 1초 정도의 말이 평생의 이별이 될 때가 있다.
1초에 기뻐하고, 1초에 운다.
일생 최선을 다한, 1초.

이 카피는 1984년에 처음 라디오 광고에서 쓰였고, 이듬해인 1985년에는 TV 광고로 제작되어 연말에 단 한 번 방영됐다. 이후 2008년에 다시 리메이크되어, 일본 '시간時의 날'인 6월 10일에 한 차례 방송됐다. 시간의 소중함을 전하는 카피의 울림을 강조하고자 비싼 제작비를 들여 만든 광고를 단 한 번만 방영한 것이다. 매체 집행 방식까지도 시간에 관한 철학과 미의식을 실천적으로 보여 준 작품이었다. 그렇게 시時에 대한 카피가 시詩가 되었다.

Beanz Meanz Heinz
콩 하면 하인즈

하인즈 베이크드 빈즈

이 카피가 나온 때는 1960년대 후반이다. 조리된 콩 통조림 제품인 하인즈 베이크드 빈즈 광고에 등장한, 영국 광고사의 전설적인 카피다. 전설적인 카피답게 전설적인 비하인드 스토리도 남아 있다. 광고대행사 영앤루비컴의 제작팀이 낸 아이디어가 연이어 광고주에게 거절당한 상황. 팀장이 팀원들과 펍에서 맥주를 마시며 기분 전환을 하던 중, '빈즈'Beans와 '하인즈'Heinz의 발음이 닮았다는 점에서 착안한 아이디어를 메모했다. 그 문장이 최종 카피로 채택된 것이다.

"콩 하면 하인즈"Beanz Meanz Heinz는 'Beans'를 'Beanz'로, 'Means'를 'Meanz'로 변형해 브랜드명과 완벽하게 라임을 맞췄다. 단순한 문장이 완벽한 운율을 얻었고, 의미 또한 "콩 하면 하인즈"라는 메시지가 되어 광고에 더할 나위 없이 잘 어울렸다. 광고가 방송된 뒤 영국 전역에 이 문장이 퍼졌고, 어린이들까지 장난스럽게 따라하며 국민적 유행어가 됐다. 이 카피의 가장 큰 장점은 단순함과 리듬이다. 세 단어의 반복은 노래처럼 귀에 남았고, 맞춤법을 살짝 비튼 'Beanz'는 브랜드에 친근한 개성을 더했다. 심지어 교사들이 "아이들이 철자를 틀리게 배운다"라며 항의할 정도였다. 이런 소동은 오히려 광고의 성공을 부채질했다.

광고가 대히트를 거두며 하인즈는 압도적으로 영국 시장을 장악했다. 이후 조사에서 99퍼센트의 영국인이 이 슬로건을 완성할 수 있을 만큼 사람들의 뇌리에 이 문장이 각인됐다고 한다.[2] 1999년에는 영국 광고 명예의 전당에서 '역사상 최고의 슬로건'으로 선정되었다. 런던의 한 펍에서 맥주를 마시다 떠오른 한 줄이 영국 광고사에 길이 남을 명작이 된 것이다.

Tá bom
따봉

델몬트 오렌지 주스

1989년 TV 광고에 처음 등장했을 때, '아주 좋다'는 뜻의 이 브라질 현지어 단어가 오랫동안 한국인의 언어 생활에 남게 될 줄은 아무도 상상하지 못했을 것이다. 영상 속 브라질 농장에서 오렌지의 품질을 살펴 보던 검사관이 '엄지 척'을 하며 뱉은 두 음절은 이내 전 국민적 유행어가 됐다. 광고가 나온 지 30여 년이 지난 지금도 여전히 한국인들은 '좋다'는 뜻으로 '따봉'을 외친다.

원래 제작팀이 준비한 말은 '오케이'·'엑설런트' 정도였다고 한다. 촬영을 준비하면서 현지인들이 하는 '따봉'이란 말을 듣고, 쉽고 재미있는 어감 때문에 광고에 사용한 것이다. 광고 크리에이티브에는 때론 직감과 순발력이 필요하다.

따봉은 시대를 초월한 유행어가 됐지만, 그 인기만큼 짙은 그림자도 남겼다. 광고와 따봉은 히트했지만, 제품명이 제대로 노출되지 않아 오히려 시장점유율이 높던 경쟁 제품의 매출이 늘었다는 이야기가 떠돌았다. 대행사는 억울했다. 이는 소문에 불과하며, 오렌지 음료 시장의 침체기에 오직 델몬트만 매출이 30퍼센트 증가했다고 강조했다. 그러나, '따봉'은 광고만 히트하고 판매에는 도움이 안 된 대표적 마케팅 사례로 박제됐다.

광고가 집행된 바로 다음해에 델몬트 주스는 델몬트 따봉 주스로 상품명이 바뀌었다. 그리고 "델몬트가 따봉입니다"를 강조하는 광고가 집행됐다. "따봉"이 보여 준 파급력만큼 마케팅 성과가 만족스럽지 못했다는 것만큼은 사실인 것 같다.

明日できることを今日やるな
내일 할 수 있는 일을 오늘 하지 마라

유키지루시 유키코

2022년, 종합 유제품 기업 유키지루시는 자사의 대표 제품인 커피 우유 '유키코' 60주년을 맞아 새로운 캠페인을 선보였다. 「나에게 달콤해지자」自分に甘くなろう라는 캠페인명은 제품의 달콤한 맛을 반영하면서도, '甘い'(달다)가 가진 이중적 의미를 살려 "스스로에게 관대해지자"라는 메시지를 담았다. 건강에 대한 관심으로 당분을 줄이는 트렌드가 업계 전반에 퍼지던 시기에, 단맛을 유지한 제품의 매력을 감성적으로 포장해 강조한 역발상이었다.

이 캠페인의 주요 타깃은 직장인이었다. 도쿄와 오사카 등 직장인 유동 인구가 많은 주요 전철역에 60여 종의 포스터를 게시해, 현대식 직장 격언처럼 공감할 수 있는 문구를 선보였다. 그중 하나였던 이 카피는 일본 사회에 깊이 뿌리내린 근면과 성실의 미덕을 뒤집으며 큰 화제를 모았다. 튀르키예의 속담을 인용한 이 문장은 '오늘 할 일을 내일로 미루지 말라'는 익숙한 교훈에 유쾌한 반기를 들며 많은 사람에게 신선한 자극을 주었다.

캠페인은 부드럽고 달콤한 커피의 브랜드 이미지와 일관된 정서를 유지하면서, 과로와 인간관계·성과 압박에 지친 직장인들에게 위로를 건넸다. "오늘은 좀 쉬어도 괜찮다"라는 메시지에 공감 댓글이 쏟아졌다. 과잉 경쟁의 레일에서 잠시 내려와 숨을 고르는 일이 게으름이 아니라 삶의 균형을 회복하는 일임을, 많은 이가 이 캠페인을 통해 확인했다. 직장인의 마음을 달콤하게 녹인 이 문장은 결국 매출 상승으로도 이어졌다. 이 정도의 성과를 내는 캠페인이라면, 내일 할 수 있어도 꼭 오늘 하고 싶어 하는 직장 상사가 많을 것 같다.

열심히 일한 당신, 떠나라

현대카드

1970년대 영국의 노동운동 진영에서 처음 사용한 "워크 앤드 라이프 밸런스"work and life balance가 '워라밸'이란 줄임말로 대한민국에서 사랑받기 시작한 것은 2010년대 중후반의 일이다. 그렇다고 그 이전에 일과 여가 생활의 균형을 추구하는 개념이 한국에 아예 없던 것은 아니다. 몇 년 거슬러 올라가면 민주통합당 대선 후보 경선에서 손학규 전 대표가 내놓은 "저녁이 있는 삶"이 있었다.

"저녁이 있는 삶"에서 10년 정도 더 거슬러 올라가면 직장인들의 가슴을 뛰게 하던 이 카피가 있다. 2002년에 방영된 현대카드 TV 광고에는 30대의 미청년 시절의 배우 정준호와 일찍 세상을 떠난 배우 장진영이 등장한다. 힘든 업무에 지친 회사원들이 자신의 공간을 탈출해 어디론가 떠난다는 스토리다. 운전석의 유리창을 내리고 팔을 날개처럼 뻗어 운전하는 장면은 시청자들을 설레게 하기 충분했다. 해방감과 자유로움이 교차하는 두 사람의 모습 위에 얹힌 이 한 줄이 많은 이의 마음을 흔들었다. 광고는 크게 히트했고, 카피는 널리 패러디됐다. 당시만 해도 후발 신용카드로 크게 주목받지 못했던 현대카드가 업계와 소비자들에게 큰 존재감을 알린 계기가 됐다.

한마디로 이 광고는 워라밸 시대를 훨씬 앞서 워라밸을 말했다. 이 카피의 성공은 스토리에 어울리는 멋진 문장을 뽑은 결과기도 하지만, 소비자가 목말라 하는 포인트를 제대로 짚어 낸 전략이 이끈 승리다. 사람들의 마음을 사로잡는 한 줄은 손이 아니라 사람들을 읽는 눈에서 시작한다.

Smell like a man, man
진짜 남자의 향기

올드 스파이스

2000년대 후반 들어 미국의 남성용 그루밍 브랜드 올드 스파이스는 위기 상황에 있었다. 70여 년의 전통을 자랑했지만, 젊은 세대에게는 '아버지 세대의 향수'로 인식되며 점점 시장에서 밀려났다. 경쟁 브랜드 엑스Axe가 젊음과 섹시함을 내세워 시장을 장악하던 때, 브랜드와 광고대행사는 흥미로운 사실 하나를 발견한다. 남성 제품의 약 60퍼센트를 여성이 구매한다는 것이었다. 브랜드의 핵심 타깃을 '남성'이 아닌 '남성을 선택하는 여성'으로 바꾼 새로운 전략이 시작됐다.

2010년 2월에 나온 광고에서 등장한 카피가 바로 "진짜 남자의 향기"였다. 진짜 남자라면 이런 향기가 나야 한다는 말이다. 남성미 넘치는 미식축구 선수 출신의 스타 이사야 무스타파가 카메라를 향해 여성들에게 직접 말을 거는, 재미있는 화면 전환으로 눈길을 끈 광고였다. 유머러스한 어조와 반복적인 리듬·능청스러운 연기로 여성들에게 "올드 스파이스를 쓰면, 당신의 남자도 나처럼 멋진 향기가 난다"라는 메시지를 전했다.

광고는 공개 직후 유튜브에서 폭발적인 반응을 얻으며 2010년대 바이럴 영상의 신화적 반열에 올랐다. 불과 몇 달 만에 바디워시 매출이 60퍼센트 이상 급증했고, '올드하다'는 브랜드 이미지는 '재치 있고 매력적인 남자'로 완전히 바뀌었다.[3] 이 카피는 다양하게 패러디 되면서 밈의 형태로 소비자의 생활에 스며들었다. 광고 전문지 『애드 에이지』에서 21세기 최고 광고 캠페인 중 하나로 꼽을 만한 성과였다. 사용자와 구매자를 구별해야 한다는 마케팅의 기본에서 시작한 전략의 승리였다. 기본이 이렇게 중요하다.

日曜日の夕方からは、もう月曜日だ
일요일 저녁부터는 이미 월요일이다

라쿠텐 트래블

2006년, 일본 최대 온라인 여행사 라쿠텐 트래블이 게재한 신문광고 카피다. 이 한마디는 일요일 저녁이 되면 다음 날 등교와 출근을 떠올리며 우울해지는 학생과 직장인의 마음을 절묘하게 포착했다. 원치 않는 한 주의 시작을 떠올리며 무거워지는 것만으로, 일요일에 육체를 남겨 둔 채 사람들의 멘탈은 월요일에 잠식당하는 것이다. 이 문장은 단순한 공감에 머물지 않는다. 일요일 저녁의 무력함은 여행의 욕망에 불을 지피는 심리적 트리거가 된다. 여행으로 도망가고 싶은 마음을, 여행으로 충전하고 회복하고 싶은 마음을 불러일으킨다.

라쿠텐 트래블은 귀여운 일러스트 캐릭터를 등장시킨 돌출 광고를 지속적으로 게재하며 매일 다른 카피를 게재했다. 매일 여행을 자극하는 재미있는 문장과 함께, 여행 정보 검색을 유도하는 문구를 내보낸 것이다. 이때 게재된 라쿠텐 트래블의 많은 카피는 TCC 카피연감에 등재될 만큼 완성도와 독창성을 인정받았다.

이 시리즈가 인기를 얻자 일반 소비자를 대상으로 아이디어 공모를 진행했고, 약 7천여 건의 응모작 중 수십 편이 실제 광고로 게재되며 큰 화제를 모았다. 라쿠텐 트래블은 매일 카피가 바뀌는 돌출 광고의 재미와 공감 그리고 소비자 참여형 마케팅을 결합해 브랜드 호감도와 인지도를 높였다. 이 캠페인은 온라인 여행사 시장에서 라쿠텐 트래블이 확실한 주도권을 잡는 계기가 되었다. 음……, 마침 이 글을 쓰고 있는 지금도 일요일 저녁이다. 이 카피 해설까지만 쓰고, 여행 플랫폼 사이트를 열어 봐야겠다.

짝짝짝 짝짝, 대~한민국!

SK텔레콤

2002년 한일 월드컵을 목격한 한국인이라면 광고와 함께 모든 국민이 하나가 된 특별한 경험을 평생 잊을 수 없을 것이다. 그 중심에는 특유한 리듬의 박수와 함께 울려 퍼진 "대~한민국!"이라는 구호가 있었다. 의외로, 광고를 만든 SK텔레콤은 당시 월드컵의 공식 후원사가 아니었다. 통신 부문 후원사는 경쟁사였고, SK텔레콤은 '월드컵'이라는 단어는 물론, 축구공 이미지조차 사용할 수 없었다. 이런 제약 속에서 그들은 '응원'이라는 틈새를 창의적으로 공략했고, 배우 한석규가 국가대표 축구팀 서포터인 붉은악마 응원법을 가르쳐 주는 광고를 내보냈다.

국가대표팀의 선전과 함께 광고는 폭발적인 반응을 얻었다. 이 구호는 입에서 입으로 퍼져 전국의 거리 응원 현장을 메웠고, 2천만 장이 넘는 붉은 티셔츠가 판매되었으며, 길거리 응원에 7백만 명 이상이 참여했다. 이 광고는 단순한 응원을 넘어 국민적 이벤트가 되었고, SK텔레콤은 브랜드 선호도와 시장점유율 상승은 물론, '월드컵 하면 떠오르는 기업 1위'로까지 자리매김했다. 공식 후원이 아닌 비공식 영역에서 이룬 이러한 성과는 전 세계 마케팅 업계에서도 주목받는 앰부시 마케팅의 대표적 성공 사례로 기록되었다.

이 광고는 한 기업의 상업 커뮤니케이션을 넘어, 온 국민을 하나로 묶은 보기 드문 사례다. 20여 년이 지난 지금도 30대 이상의 한국인들에게 이 리듬의 박수를 쳐주면 입에서 자동적으로 "대~한민국"이 나올 것이다. 대중매체의 힘이 약해지면서, 국민적인 대형 캠페인이 사라진 2020년대에는 상상하기 힘든 놀라운 성과다. 아마 다시는 이런 광고 캠페인을 볼 수 없을지도 모른다.

YONDA?
욘다?

신초샤

이 정체불명의 단어는 일본어 발음으로 '읽었어?'読んだ？라는 뜻이다. 2000년 무렵 출판사 신초샤가 진행한 독서 캠페인의 카피이자, 캠페인 마스코트인 판다의 이름이다.

"욘다"가 판다와 발음이 비슷한 점을 활용한 언어유희는 재미를 더했다. 마치 "읽었냥?"이라는 고양이 캐릭터를 내세워 독서를 장려하는 아이디어인 셈이다. 재미있는 이름과 귀여운 캐릭터는 책과 독자 사이 거리를 줄여 주는 매개체가 됐다.

당시 일본 출판 산업은 1990년대 중반을 정점으로 하락세에 접어들었다. 인터넷과 게임·만화 등 대체 콘텐츠가 성장하면서 독서율은 점점 낮아졌다. 「욘다?」 캠페인은 이런 흐름 속에서 책 읽기를 놀이처럼 제안했다. 판다 캐릭터를 이용한 다양한 광고가 만들어졌고, 포스터·POP·책갈피·스티커로 이용됐다. 심지어 인형으로 제작돼 큰 인기를 끌었다.

이 캠페인은 신초문고의 매출을 끌어올리고 문고본 시장 전반에 활력을 불어넣었다. 판다 굿즈가 빠르게 소지될 만큼 열광적인 반응이 이어졌고, 독서 이미지를 긍정적으로 환기하는 역할을 했다. "욘다?"는 단순한 광고 문구를 넘어 일본 서점가의 아이콘으로 자리 잡았다. 짧고 명쾌한 한 단어와 언어유희 그리고 귀여운 판다가 만든 현상은, 카피가 텍스트의 경계를 넘어설 때 얼마나 힘이 배가될 수 있는지를 보여 줬다.

Often a bridesmaid, never a bride
가끔 들러리는 서지만,
결코 신부는 될 수 없어

리스테린

19세기 말, 외과용 소독제나 방부제로 판매되던 리스테린이 소비자용 구강청결제로 판매를 시도한 일은 1910년대 들어서였다. 1920년대까지 시장을 제대로 형성하지 못하고 있던 리스테린은 전설적인 광고를 내면서 폭발적인 매출과 함께 브랜드도 성장했다.

광고는 '에드나'라는 가상의 인물을 내세웠다. 친구들이 결혼하는 동안 여전히 혼자 남은 여성. 이유는 아무도 말해 주지 않지만, 사실 문제는 '입냄새'였던 것. 당시는 결혼이 여성의 성공에 대한 유일한 기준이던 시대였다. 입냄새 때문에 평생 결혼을 못 할지도 모른다는 저주에 가까운 위협 광고가 제대로 먹힌 것이다. 왠지 슬픈 표정으로 벽에 기대 서 있는 아름다운 여성의 사진 옆에 붙어 있는 카피가 바로 "가끔 들러리는 서지만, 결코 신부는 될 수 없어"였다.

리스테린은 잔인한 이 한 줄로 시장을 바꿨다. 광고 이후 회사의 연간 매출은 몇 년 만에 수십 배로 뛰었다. 이 광고를 계기로 사람들은 입냄새를 '고쳐야 할 결함'으로 인식하게 되었고, 리스테린은 '구강청결제'라는 새로운 카테고리를 창조했다. 광고가 크게 히트하면서 이 카피는 관용적 표현이 됐다. 첫 단어 "가끔"Often을 "항상"Always으로 바꾼 "늘 들러리를 서지만, 결코 신부는 될 수 없어"Always a bridesmaid, never a bride라는 문장은 지금도 '언제나 2인자에 머무는 사람'이라는 의미로 사용된다.

はたちを過ぎたら21
20살이 지나면 21

산토리 위스키 21

1984년 출시된 산토리 위스키 21의 광고 캠페인 카피다. 이제 막 성인이 된 젊은이들에게 나이를 활용해 자연스럽게 브랜드명을 불러주는 이 카피는 숫자를 활용한 언어유희이자, 정교한 마케팅 전략이 담긴 묘수였다.

젊은 층을 겨냥한 제품답게 기존 위스키보다 가볍고 부드러운 맛을 강조했고, 세련된 디자인을 적용해 차별화를 시도했다. 광고 모델도 파격적이었다. 프랑스 출신의 미녀 피아니스트 듀오로 세계 클래식계의 아이콘으로 떠오른 카티아 라베크·마리엘 라베크 자매를 기용해, 그랜드피아노 앞에서 발랄하게 연탄곡을 연주하는 장면을 담았다. 이는 기존 위스키 광고에서는 볼 수 없던 새로운 접근이었다.

이 카피의 묘미는 타깃과 제품명을 하나로 묶은 절묘함에 있다. 성인이 되며 누구나 '20'을 지나 '21'을 맞는다. 카피는 너무나 당연한 이 사실을 끄집어내어 타깃과 브랜드를 같은 선상에 놓았다. 술을 마실 자격이 주어진 사회적 통과의례 시기와 브랜드가 겹쳐지면서 "첫 번째 위스키 경험은 산토리 21"이라는 메시지가 강렬하게 각인됐다. 짧지만 임팩트 있는 구조 덕분에 쉽게 기억되고, 소비자에게 자기 정체성의 일부처럼 전달된 점이 탁월했다.

이 광고는 젊은 소비자들의 감각과 라이프스타일을 지향한 혁신적인 시도였으나 기대한 만큼의 실적이나 시장 판도의 변화를 이끌어 내지는 못했다. 위스키 소비가 정점을 지나 감소기에 접어든 시장 상황 그리고 젊은 층에게는 다소 부담스러운 가격이 한계였다. 무엇보다…… 20살이 지나면 위스키보다는 일단 맥주 아닌가?

育児をしない男を、父とは呼ばない
육아를 하지 않는 남자를
아버지라 부르지 않는다

일본 후생성

이 카피는 1999년 일본 후생성이 내건 광고에 등장하며 큰 논란과 함께 사회적 파장을 일으켰다. 당시 포스터에는 당대 최고의 인기가수 아무로 나미에와의 결혼으로 화제를 모은 아이돌 멤버 샘SAM이 아들을 안고 있는 모습이 담겼다. 여기에 얹힌 카피는 밖에서 일하고 돈만 벌어 오면 아버지의 역할을 다했다는 전통적 인식을 정면으로 부정하며, 아버지라는 존재를 새롭게 정의했다.

이 무렵 일본 사회는 여성의 꾸준한 사회 진출에도 불구하고 육아 부담이 여전히 여성에게 집중되어 있었다. 오래전부터 육아는 여성 몫이라는 관념이 바뀌지 않고 있는 상황에 이 캠페인은 남성들의 인식과 역할 변화를 강하게 요구한 것이다.

이 도발적인 카피가 담긴 포스터가 공개되자 찬반 양론이 뜨거웠다. 젊은 세대를 중심으로 남성도 육아의 주체가 되어야 한다는 긍정적 반응이 많았지만, 여건이 따라 주지 않는 현실을 외면한다는 비판도 뒤따랐다. 장시간 노동과 기업 문화 같은 구조적 문제는 그대로 둔 채 개인의 책임만을 강조한다는 의견도 있었다.

이 문장은 일본 사회에서 남성 육아 참여 논의를 본격적으로 공론화하는 계기가 되었다. 이후 보수적인 일본 사회도 점진적으로 변화하여, 2019년에는 고이즈미 신지로 환경상이 장관급 인사로는 처음으로 육아휴직을 선언하여 화제가 되기도 했다. 20년 전의 도발이 그저 도발로 끝난 것은 아니었다.

한국 지형에 강하다

삼성전자 애니콜

1990년대 초반, 한국 휴대폰 시장은 외국 브랜드, 특히 모토로라가 압도적인 점유율로 장악하고 있었다. 삼성전자는 후발주자였고, 국산 브랜드에 대한 신뢰도는 낮았다. 이동통신 시장이 서서히 열리던 당시, 소비자에게 가장 중요한 이슈는 통화 품질이었다. 삼성전자는 기술력에 대한 부정적 시선을 정면으로 돌파하고자 '홈코트'의 이점을 최대한 활용하는 전략을 구사했다. 그 전략을 정교하게 압축한 문장이 바로 "한국 지형에 강하다"였다.

이 카피는 '모토로라가 미국에서는 좋을지 몰라도, 산이 많은 한국에서는 국산이 더 낫다'는 주장을 내포하고 있었다. 이를 설득력 있게 전달하고자 삼성은 설악산·한라산·울릉도·변산반도 등 상징적인 장소에서 통화 품질을 입증하는 캠페인을 벌였다. 결과는 대성공이었다.

실제로 애니콜이 모토로라보다 한국 지형에 더 강한지는 증명된 바 없지만, 마케팅이 인식의 싸움이라는 점은 이 광고로 다시 한번 여실히 증명됐다. 불과 2년 만에 애니콜은 통신사 신규 가입자 수에서 모토로라를 앞지르기 시작했고, 당황한 모토로라는 과장 광고라며 문제를 제기했지만, 이미 소비자의 선택은 애니콜로 기울고 있었다.

1990년대는 세계화의 물결 속에서도 강한 애국주의가 공존하던 시기였다. "한국 지형에 강하다"라는 문장은 단순히 기능적 장점만이 아니라, 외국 브랜드에 맞서 국산 제품을 지지해야 한다는 국민적 감정도 건드렸다. 애니콜의 신화는 뛰어난 기술력만으로 만들어진 것이 아니다. 소비자의 이성과 감성을 동시에 움직인 치밀한 전략과 강력한 카피가 있었기에 가능했다.

フジテレビを見なくても生きてはいける
후지TV를 보지 않아도 살아갈 수는 있다

후지TV

1988년 봄에 나온 카피다. 일본의 대표적 민영방송인 후지TV가 전년부터 이어 온 「수퍼 TV 선언」 캠페인 중 한 편의 신문광고에 담겼다. 개국 30주년을 기념해 제작된 광고였다. 자사 방송을 보지 않아도 사는 데 문제가 없다는 직설적인 자기부정은 자칫 위험해 보인다. 그러나 이 문구는 오히려 대중의 호기심을 자극했고, 치열한 시청률 경쟁 속에서 후지TV의 대담한 캐릭터가 부각됐다.

광고 비주얼은 전통적인 기념사진 형식을 차용했다. 파티에 참석한 듯 보이는 정장 차림의 남성과 기모노 차림의 여성 들이 단체로 포즈를 취하고 있다. 사진을 찍을 카메라가 있어야 할 자리에는 삼각대 위에 놓인 TV가 있다. 후지TV를 보지 않아도 살아갈 수 있다는 헤드라인과 달리 사람들은 초롱초롱한 눈빛으로 TV를 주목한다.

이 광고는 단순한 겸손이나 유머라기보다는, 후지TV의 자신감을 반영한 것으로 해석된다. TV 없이도 살 수 있지만, 이미 20세기 현대인의 삶 깊은 곳까지 침투한 TV의 영향력이 이 광고로 자연스럽게 드러난다. 자화자찬식 광고 메시지가 아니었기에, 당시 12년 연속 시청률 1위를 달성하며 일본 민영방송의 선두주자로 자리한 후지TV의 존재감이 역설적으로 더 부각된다.

되돌아 보면, 최고의 인기를 구가하는 TV 방송국이 신문 매체를 통해 기업 PR 광고를 내고, 그것이 사회적 화제가 되었던 것이다. 20세기 후반이기에 가능한 일이었다. 매스미디어의 힘이 쪼그라든 오늘날에는 상상하기 힘든 '옛날 이야기'다.

Do you Yahoo…?
야후하세요…?

1995년, 인터넷 세상이 아직 낯설고 느리던 시절이었다. 스탠퍼드 대학교 대학원생 제리 양과 데이비드 필로가 세운 야후는 웹사이트 디렉터리로 사업을 시작했고, 1996년 상장을 계기로 인터넷 시대 대표 기업으로 부상했다. 자금을 확보한 야후는 야후를 통해 삶을 바꾸는 다양한 스토리가 유머러스하게 펼쳐지는 광고를 대대적으로 집행했다. "Do you Yahoo…?"(야후하세요…?)라는 카피와 요들송 스타일의 징글은 인터넷 세상이 열렸다는 인사가 됐다.

이 슬로건의 장점은 브랜드 이름을 동사로 만들어 시장의 대표성을 굳혔다는 점이다. "야후하세요…?"는 단순한 질문이 아니라, 세상을 향한 초대장이었다. 이 카피와 함께 '야후하다'는 자연스럽게 '검색하다'를 뜻하게 되었고, 더 나아가 '웹을 탐색하고 세계와 연결된다'는 의미로 확장됐다. 많은 사람이 야후를 통해 처음으로 인터넷을 뉴스 속 기술이 아닌 경험으로 받아들였다. 마우스를 클릭하고, 새로운 페이지로 이동하는 단순한 행위가 새로운 생활이 됐다. 한때 전 세계 인터넷 사용자의 절반 이상이 하루를 야후로 시작했다.

그러나 세상은 끊임없이 변한다. 인터넷의 상징이던 야후는 변화의 흐름에 제대로 대응하지 못하면서 왕좌를 구글에게 넘겨주었고, 2016년 버라이즌에 인수되며 초라하게 퇴장했다. '검색하다'라는 동사는 이미 오래전에 '야후하다'에서 '구글링하다'로 넘어간 뒤였다. 그러나 영원할 것 같던 구글의 시대에도 균열이 생기고 있다. AI로 어떤 변화가 우리 앞에 펼쳐질지 가늠하기조차 어려울 정도로 기술 발전 속도가 빠르다. 새로운 세상을 의미하던 "야후하세요…?"가 아득한 과거를 상징하는 유물이 될 줄이야. 이렇게나 빨리.

지킬 것은 지킨다

동아제약 박카스

박카스는 1970년대부터 20여 년간 회사원·정비기사·환경미화원 등 묵묵히 열심히 일하는 사람들을 모델로 기용해 만든 광고를 집행했다. 신뢰감 있는 이미지를 쌓으며 '피로 회복'이라는 명확한 메시지를 앞세워 업계의 대표 브랜드로 굳건하게 자리매김했다. 그러나, 시간이 흐르면서 자연스럽게 중장년층을 위한 '아저씨 음료' 이미지가 생겨났다. 1990년대 후반, 젊은 세대로 타깃을 확장하고자 광고 전략을 바꾸어 젊은이의 일상을 소재로 광고를 제작한다.

한밤의 농구 내기·배낭여행·국토대장정 등 건강한 20대 주인공이 등장하는 광고로 시동을 건 박카스는 1999년부터 "젊음, 지킬 것은 지킨다" 시리즈를 내놓았다. 엄한 여자친구의 아버지가 정한 귀가 시간을 지키려고 숨을 헐떡이며 그녀와 함께 달리는 청년이 나온 첫 편부터 화제가 됐다. 남자친구 역할을 맡은 신인 배우 고수의 조각 같은 얼굴보다 더 눈길을 끈 것이 이 카피였다. 이어서 다리를 다쳤음에도 지하철 노약자석에 앉지 않는 학생과 군대 현역 판정을 받으려고 일부러 시력검사에서 틀린 답을 말하는 청년이 나온 광고가 집행됐고, 모두 소비자의 좋은 반응을 얻었다.

에피소드가 어색하다거나 작위적이라는 의견도 일부 있었지만, 긍정적인 반응이 압도적이었다. 그 이후에도 박카스는 훌륭한 캠페인을 많이 선보였지만, 「지킬 것은 지킨다」 캠페인이 여전히 박카스의 상징적인 광고로 회자된다. 젊음의 풋풋한 순수함에 대한 향수 때문일까, 아니면 지킬 것을 지키는 일이 여전히 쉽지 않은 세상 때문일까.

Nude or Laforet
누드 아니면 라포레

라포레 하라주쿠

1990년대 일본 젊은 세대 패션 문화의 중심이었던 쇼핑센터 라포레 하라주쿠가 1997년에 발표한 캠페인의 슬로건이다. 이 카피는 패션의 본질에 대한 도발적인 질문이자, 라포레가 표방하는 패션 철학의 선언이다. 라포레의 파격적 광고 전략은 불황 속에서도 브랜드를 문화적 아이콘으로 부상시키며 소비자를 사로잡았다.

광고 사진부터 파격이었다. 공항·사무실·번화가 등 일상 공간에서 속옷 차림인 서양인들의 모습을 제시했다. 직장인·비행기 탑승 대기자·거리의 시민이 아무렇지도 않게 속옷만 입고 등장하여 일상을 살아간다. '누드'라는 단어와 함께 등장한 이 속옷 차림은 단순히 심의나 윤리적 비판을 피하기 위한 장치가 아니다. 인간이 옷을 입는다는 것의 의미를 소비자에게 묻는 것이다. 그러면서 소비자들의 인식 속에 패션의 상징성을 심는 과감하면서도 장난기 어린 비주얼 쇼크였던 것.

이 캠페인이 나온 1997년은 경기 침체로 소비 심리가 크게 위축되던 시기였다. 합리적 소비로 회귀하던 사회 분위기 속에서, 라포레는 정반대로 충격적이고 실험적인 이미지를 내세워 차별화를 시도했다. 그 결과 이 캠페인은 일본 광고계에서 큰 화제를 불러일으켰고, 1998년 TCC 최고상을 수상하며 카피 자체의 창의성과 영향력을 동시에 인정받았다.

Good things come to those who wait
좋은 일은 기다리는 자에게 온다

기네스

기네스의 흑맥주는 주문한 뒤 바로 마실 수 없다. 기네스 생맥주를 취급하는 라이선스가 있는 펍에서는 자체적으로 고안한 방식으로 맥주를 따르게 하며, 여기에 걸리는 시간은 119.5초이다. 성격이 급한 것으로 세계 탑 레벨에 속하는 한국에서도 예외가 없다. 1990년 대 후반, 브랜드의 성장세가 둔화되던 기네스는 바로 이 문제에 주목했다. 기네스는 관심을 다른 곳으로 돌리거나, 관행을 바꾸지 않고 이 문제를 정면으로 돌파한다. 기다려야 하는 수고를 최상의 맛을 내는 증거로 바꾼 것이다.

"기다리는 자에게 좋은 일이 온다"라는 영미권의 속담을 차용한 것이다. 1999년, 이 카피를 담은 전설적인 TV 광고 '서퍼 편'이 전파를 탔다. 고급스러운 흑백 영상으로 만들어진 이 광고 속에는 서퍼가 완벽한 파도를 기다리는 장면이 묘사된다. 긴 기다림 끝에 바다로 뛰어들어 파도와 한 몸이 되는 쾌감을 즐기는 서퍼들의 모습이 비친 후, 잘 따라진 기네스 한 잔과 함께 이 카피가 등장한다. 기다림의 긴장감과 그 끝에 찾아오는 쾌감이 한 잔의 맥주로 응축된다.

빨리 서빙해 한 잔이라도 더 팔아야 할 판국에, 최고의 맥주를 마시려면 기다리라는 광고였다. 기네스의 장인 정신과 자신감이 그대로 묻어난다. 광고는 대성공이었다. 프리미엄 이미지가 강화되면서 충성도 높은 올드 팬들에게는 자부심을 안겼고, 젊은 세대에게는 새로운 매력을 선보였다. 매출이 크게 신장됐고, 광고 자체도 수많은 광고상을 휩쓸었다. 이 카피는 단점을 장점으로 만든 캠페인의 교과서 같은 사례로 지금도 회자된다.

당신을 보내세요

코레일 KTX

일본의 역대 우수 광고를 살펴보면 철도기업의 작품이 많다. 철도기업마다 단순한 정보 전달을 넘은 수준 높은 캠페인을 많이 진행했다. "Discover Japan"(일본을 발견하세요) "그래 교토에 가자" "청춘18티켓" 등 일본 광고사에 남은 멋진 광고와 카피들은 한국에도 많이 알려졌다. 그에 비해 한국의 철도 관련 광고는 그다지 눈에 띄지 않는다. 광고 마케팅 자체가 많지 않았다. 그나마 대중을 타깃으로 한 매스 마케팅이 본격화된 것은 KTX가 개통한 2004년 이후다.

이 카피는 코레일이 2006년 처음 집행한 KTX의 TV 광고다. 바쁜 일상을 살아가는 평범한 사람들의 모습과 함께 미안한 마음을 전하는 전화통화 소리가 들려온다. 목소리나 선물 대신 당신을 보내라는 내레이션과 함께 짧은 자막 한 줄이 화면 정중앙에 나타난다. "당신을 보내세요." 시속 300킬로미터인 초고속 기차의 등장으로 전국이 1일 생활권이 되었음을 감성적인 스토리와 임팩트 있는 카피로 표현한 것이다. 처음으로 공중파에 등장한 KTX 광고는 공감 가는 스토리와 완성도 높은 카피로 소비자에게 깊은 인상을 남겼다.

짧은 이 한 줄의 강한 전달력은 '당신'이라는 단어를 목적어로 바꾸면서 생겨났다. 사람이 열차를 타고 이동하는 일을 '가는 행위'가 아니라 '보내는 행위'로 시각을 바꾸어 본 것이다. 왠지 마음 한구석을 긁으며 자리 잡아 오래 남는다. 이 카피를 들으면 이번 주말에는 고향의 부모님께 한번 가 봐야겠다는 생각이 솔솔 난다. 우리도 일본 철도기업의 훌륭한 광고 캠페인에 꿀리지 않는 멋진 수작을 가지게 됐다는 기쁨도 솔솔 난다.

보통 사람

대통령선거 노태우 캠프 슬로건

1987년, 16년 만에 부활한 대통령 직선제 선거는 그 자체로 역사적 사건이었다. 전두환 정권에 저항한 6월 민주항쟁의 결과로 가능해진 선거였지만, 결과는 군부 세력 집권의 연장이었다. 전두환 대통령의 후계자인 노태우 후보가 당선된 것이다. 결정적 원인은 야권 분열이었다. 야권의 후보 단일화 실패로, 노태우 후보는 겨우 36.64퍼센트의 득표율로 승리를 거머쥐었다.

야권 분열 못지 않게 큰 역할을 한 것이 노태우 후보의 슬로건 "보통 사람"이었다. 선거 캠프에 참여했던 김학준 전 인천대 총장은 "미국 대통령 앤드루 잭슨의 '애버리지 피플'average people 개념에서 착안했다"라고 밝혔다.[4]

이 슬로건은 노태우 후보의 군부 출신 이미지를 희석했다. "보통 사람"이라는 슬로건을 걸고 어린이를 안고 찍은 포스터 사진은 노태우 후보를 시민친화적으로 포장해 줬다. "보통 사람" 구호를 통해 노태우 후보는 정치적 안정과 평온한 일상을 약속하는 친근한 리더의 느낌을 형성했다. 야권 후보에 대한 불안을 품은 보수적 유권자들에게 어필하는 데 성공한 그는 결국 막강한 야권 지도자들을 꺾고 대통령이 됐다.

"보통 사람 노태우"는 대한민국 정치사에서 가장 성공적이며 영향력 있는 선거 슬로건으로 평가받는다. 그러나, 5공화국이 들어서기 전 전두환과 함께 군사 반란과 내란을 주도한 역사까지 덮지는 못했다. 그는 헌정 사상 처음으로 구속된 전직 대통령이 됐고, 사면 이후 국민들의 냉담한 시선 속에서 조용히 지내다가 세상을 떠났다.

恋人は、しょせん素人です
연인은 결국 아마추어다

헤르스 도쿄

1999년, 일본의 신문광고에 실리면서 알려진 카피다. 광고 전문 서적과 잡지에서 여러 차례 눈에 띄던 문장이지만, 처음에는 맥락을 몰라 그냥 지나쳤던 기억이 있다. 자료를 찾아보고 나서야 비로소 그 의도를 이해할 수 있었다. 이 광고를 집행한 헤르스 도쿄는 일본에서 '풍속점'風俗店이라 불리는 성인 서비스 업소라고 한다. 성적인 서비스를 제공하는 업체가 대중매체 지면에 광고를 집행했다는 사실부터가 놀라웠다.

이 카피는 여러 의미에서 놀라움의 연속이다. 일본의 풍속점은 법적으로 일정 범위 안에서 허용된 업종이지만, 공공연히 대중매체에 광고를 내는 것은 다른 차원의 문제다. 더구나 문장의 내용이 한국인의 시각에서는 상식을 넘어선다. 연인을 '아마추어'라고 규정하고, 업소의 종사자를 쾌락의 '프로페셔널'이라며 비교한 한 줄에 눈이 휘둥그레질 수밖에 없다. 이 문장이 위트와 유머를 갖춘 명작으로 평가받으며 권위를 자랑하는 TCC 카피연감에 수록되고, 일본 광고계의 대표 기관인 선전회의에서 발간한 칼럼집[5]에서 여러 유명 카피라이터들에게 영감을 준 명작으로 소개된 것도 놀랍다.

일본의 광고물을 보다 보면 언어 감각과 정서가 너무도 잘 통하는 좋은 작품에 감탄하면서도, 극복하기 힘든 문화적 차이를 발견하기도 한다. 이 카피는 분명 후자에 속한다. 한국 사회에서는 용인되기 힘든 표현이 일본에서는 창작물로 인정받아 명작의 반열에까지 올랐다. 업종과 창작에 편견이 없는 것일 수도, 사회적 수용도가 다른 것일 수도 있겠다. 확실히 일본은 가깝고도 먼 나라다.

7월

I am Canadian
나는 캐나다인입니다

몰슨 비어

이 카피는 캐나다의 맥주 브랜드 몰슨이 2000년에 선보인 TV 광고에 등장했다. 광고는 대형 화면이 비춰진 무대에 한 청년이 걸어 나와 "I am Canadian"(나는 캐나다인입니다)이라며 이름과 함께 자신을 소개하며 시작한다. 그는 캐나다에 대해 잘 알려진 사실을 힘주어 강조하고, 익숙한 편견은 유머러스하게 반박하며 점점 목소리를 높인다. 감동적인 음악과 함께 고조되는 감정·재치 있는 대사·관객의 함성이 어우러진다. 마지막에 다시 한번 이 카피를 외치며 광고가 마무리된다.

당시 캐나다 사회는 점점 커지는 미국의 경제·문화적 영향력에 대한 반발심이 커지고 있었고, 장기 불황과 퀘벡 독립 투표의 여진까지 더해져 '캐나다다움'이라는 정체성과 자부심을 재확인하려는 흐름이 있었다. 몰슨은 이런 분위기에 부합하는 전략을 세웠다. 국수주의로 비치지 않도록 유머러스한 접근을 택한 크리에이티브 덕분에, 캐나다뿐 아니라 다른 나라 사람들도 부담 없이 받아들였다.

이 광고는 당시 각종 우수 광고 아카이브에 수록돼 전 세계 광고인들에게 영감을 주었고, 칸 국제광고제를 비롯한 여러 광고제에서 수상했다. 집행 후 몰슨의 매출과 시장점유율은 빠르게 상승하며 크리에이티브의 영향력을 입증했다. 그러나 캐나다는 미국과 다르다는 자존심을 세워준 이 카피는 아이러니하게도, 몰슨이 2005년 미국 업체 쿠어스와 합병하면서 사용이 중단됐다.

남자는 여자하기 나름이에요

가히 전설의 시작이라 할 만하다. 갓 스물이 넘은 무명의 배우 최진실을 국민 요정으로 등극시킨 한마디였다. 이 광고를 계기로 다수의 광고와 드라마 출연이 이어지면서 최진실은 짧은 기간에 대한민국 최고의 슈퍼스타로 발돋움했다. 지금도 많은 사람이 1980년대의 대표 카피 중 하나로 기억한다. 정확히는 "남자 퇴근 시간은요, 여자하기 나름이에요"였다.

광고는 비디오 테이프 레코더의 동시녹화 기능을 강조한 스토리로 구성됐다. 집에서 혼자서 TV를 보던 아내가 자신이 좋아하는 영화를 보면서 동시에 남편이 부탁한 축구 시합을 녹화한다. 녹화된 축구 경기를 보며 즐거워하는 남편 뒤에서 카메라를 향해 몰래 내뱉는 한마디가 바로 이 카피였던 것.

사실 광고 속 대사를 한 사람은 최진실이 아니라 관록의 성우 권희덕이었다. 권희덕이 연기한 목소리는 최진실의 깜찍한 모습에 찰떡같이 붙었다. 최진실 본인의 목소리보다 더 그녀의 것 같았다. 카피가 지닌 귀여운 발칙함에 권희덕의 목소리와 최진실의 상큼한 연기가 시너지를 일으키면서 광고는 큰 화제가 됐다.

광고와 최진실만 뜬 것이 아니었다. 광고의 대히트로 가전 분야에서 늘 열세에 있던 삼성전자가 경쟁사 금성사를 처음으로 추월하는 성적을 낸 것이다.[1] 역시 매출도, 광고하기 나름이었다.

プロの男女は、差別されない
프로의 남녀는 차별받지 않는다

도라바유

1980년 창간된 『도라바유』는 일본 최초의 여성 전용 취업 전문 정보지였다. 이름은 프랑스어 '트라바일'travail(노동)에서 유래했으며, '도라바유하다'라는 표현이 여성의 취업과 전직을 의미하는 말로 통용될 만큼 사회적으로 큰 반향을 일으켰다.

『도라바유』의 포스터에 실린 이 카피는 1986년에 처음 시행되어 고용 과정에서 성차별을 금지한 '남녀고용기회균등법'과 연관이 있다. 이 문장은 성별이 아니라 실력과 전문성으로 평가받아야 한다는 너무나 당연한 원칙을 담고 있다. '프로'라는 단어를 강조하면서 능력 중심이라는 사회적 목표를 명확히 드러낸 것이었다. 이 카피는 여성 직장인들에게 깊은 인상을 남기며 큰 호응을 얻었고, 광고계에서도 직장 내 성평등 문제를 다룬 수준 높은 카피로 높은 평가를 받았다.

법제화와 광고는 분명 시대적 전환을 알리는 신호였지만, 일본의 직장 내 남녀 차별을 없애는 긴 여정의 시작에 불과했다. 이 카피가 등장한 지 40년 가까이 지났지만, 일본은 세계경제포럼의 글로벌 성별 격차 지수 등 국제 지표에서 여전히 하위권에 머물러 있다.

1999년 남녀고용기회균등법 개정으로 남녀 구분 모집 광고가 금지되면서 『도라바유』도 성별을 가리지 않는 공용 매체로 전환되었다. 2007년에는 종이 잡지 발행을 중단하고 온라인 서비스로 명맥을 잇고 있다. 『도라바유』의 정체성과 영향력은 사라졌지만, 카피 한 줄로 성평등 담론을 공론의 장으로 끌어올린 문제 의식은 광고계의 유산으로 남아 있다.

Wassup!
뭐 하냐!

버드와이저

1999년, 젊은 친구들이 전화로 의미 없는 인사만 반복하는 TV 광고가 미국 전역을 강타했다. 장난스럽게 외치는 "Wassup!"(뭐 하냐, What's up의 구어체 표현)은 단순하면서도 중독성이 있었다. 너도 나도 생활 속에서 "Wassup!"을 따라했고, 순식간에 이 유쾌한 한마디는 대중문화 속 유행어로 자리 잡았다.

버드와이저는 이 광고에서 맥주 광고의 전형적 장면을 보여 주지 않는다. 경쾌한 소리와 함께 캔이나 병의 뚜껑이 따지는 장면, 풍부한 맥주 거품이 컵을 타고 흘러 넘치는 시즐 같은 것은 보이지 않는다. 심지어 맥주를 마시는 장면조차 거의 등장하지 않는다. 대신 친구들 사이의 장난과 대화 속에서 드러나는 강한 유대감과 친밀한 분위기가 광고의 전부이다. 버드와이저는 맛있는 맥주가 아니라 함께하는 즐거운 시간의 상징이 됐다.

"Wassup!"이라는 말 자체가 하나의 문화로 자리 잡았고, 이 말을 외치는 후속 광고가 연이어 히트했다. 광고는 칸 국제광고제를 포함해 수많은 상을 휩쓸었으며, 캠페인 이후 매출도 크게 증가했다.

다만, 언어와 사회적 맥락을 이해할 수 없는 문화권에서는 공감할 수 없는 크리에이티브였기에, 영어권 국가에서만 방영됐다. 당시, 해외 우수 광고 모음 자료 등을 통해 이 광고를 접한 많은 한국의 광고인도 도대체 왜 이 광고가 그토록 큰 사랑을 받는지 이해하기 어려웠다. 그럼 어떠랴. 상관없는 나라의 광고인들까지 이해시키려고 만든 광고는 아닌 것을.

저 이번에 내려요

롯데칠성 레쓰비

1997년에 나온 TV 광고의 한 장면. 버스 창가 좌석에 앉아 캔커피를 마시던 소녀와 바로 앞에 서 있던 남자가 서로에게 호감을 느끼는 분위기다. 그러나 용기를 내 말을 걸지 못하는 남자에게, 소녀가 일어나며 던진 한마디가 "저 이번에 내려요"였다. 당대의 청춘스타 류시원과 막 이름을 알리기 시작한 신인 전지현이 등장한 이 캔커피 광고 속 대사에 전국 청춘남녀들의 마음이 들썩거렸다. 버스 안이라는 일상적 공간에서 우연히 마주친 두 사람 그리고 커피 한 캔이 만들어 낸 작은 용기가 시청자들의 감성을 자극했다. 현실에서는 좀처럼 일어나지 않을 만남이지만, 바로 그 비현실적인 환상이 많은 이에게 달콤한 설렘으로 남았다.

당시 캔커피 시장은 맥스웰하우스와 네스카페가 양분하고 있었고, 레쓰비는 3위에 머물러 있었다. 롯데칠성은 제품 리뉴얼과 함께 젊은 세대의 감성에 집중한 마케팅을 택했다. 맛이나 기능 대신 커피를 매개로 한 '설레는 순간'을 전면에 내세웠다. 결과는 놀라웠다. 광고가 방영된 이듬해인 1998년, 레쓰비는 시장점유율 1위에 올랐다.[2]

광고가 방영되자마자 이 카피는 곧 유행어가 되었고, 수많은 패러디를 낳았다. 또 다른 청춘 스타 명세빈과 박용하가 출연한 후속편이 제작되면서 브랜드의 스토리텔링도 이어졌다. 당돌하고 낭만적인 '하차 정류장 통보 플러팅'에 설레었던 그 시절의 청춘들은 어느새 기성세대가 됐다. 로맨틱 스토리의 주인공 자리를 자녀 세대에게 물려주고 가끔씩 편의점에서 레쓰비를 사 마시며 30년 전 버스 속 그 사람을 떠올리는.

Finger Lickin' Good
손가락을 빨게 만드는 맛

KFC

KFC는 1939년 할랜드 샌더스가 자신이 만든 튀김기로 조리한 닭이 인기를 얻으며 시작됐다. 1952년에는 유타주 솔트레이크시티 인근에 첫 프랜차이즈를 내며 본격적인 확장에 나섰다. 이 슬로건은 프랜차이즈 확장 초기인 1950년대에 우연히 만들어져, KFC의 성장과 함께했다고 알려졌다.

이 카피는 애리조나주 피닉스의 한 가맹점주가 자체적으로 지역 TV에 광고를 내보내면서 벌어진 일에서 유래했다. 지금처럼 브랜드가 관리되는 시절이 아니었기에 가능했던 일인 듯하다. 이 광고 영상에서 치킨을 먹으면서 손가락을 빨아 먹는 장면이 송출됐는데, 청결하지 못하다고 생각한 한 시청자가 이 장면에 불만을 제기한다. 이에 대해 프랜차이즈 식당의 매니저가 임기응변으로 "손가락을 빨아먹을 만큼 맛있으니까요"It's finger lickin' good라고 답했다는 것. 이 말이 퍼지면서 나중에는 브랜드의 공식 슬로건으로 채택되기에 이른다.

이 카피의 매력은 특별한 미사여구 없이 맛있게 프라이드 치킨을 먹는 모습이 생생하게 그려진다는 점이다. 입으로만 맛보는 것이 아니라, 치킨을 두 손으로 들고 뜯으며, 손에 묻은 부스러기까지 쪽쪽 빨아 먹는 장면이 연상되면서 자연스럽게 입맛을 다시게 된다. 맛있는 것을 먹는 원초적 즐거움을 상기시키고, 즐거운 브랜드 경험을 다시 떠올리게 하는 이 세 단어는 20세기 최고의 슬로건 중 하나로 꼽힌다.

サラリーマンという仕事はありません
샐러리맨이라는 직업은 없습니다

세이부 세존그룹

이 카피가 등장한 때는 1980년대 후반, 일본이 버블경제의 절정에 있던 시기였다. 당시 '샐러리맨'이라는 단어는 화이트칼라 직장인을 의미했다. '평생 고용' 신화가 강하게 자리 잡고 있었고, '샐러리맨이 되는 것'은 곧 안정적인 삶을 보장받는 것으로 여겨졌다. 한편, 기업들은 수요에 비해 공급이 부족한 우수 신입 인력을 확보하고자 회사 단위에서 대규모로 인력을 선점하여, 장기적으로 육성하는 전략을 취하고 있었다. 이러한 분위기 속에서 직종이나 직무와 상관없이 인력을 채용하는 것이 일반적인 관례였다. 이 짧은 한 줄은 일본 사회의 통념과 관행에 반기를 든 것이다.

이 카피는 신입사원 채용을 위한 광고에 쓰인 헤드라인이다. 광고에는 '회사 설명회'가 아니라 '직업 설명회'를 연다고 적혀 있었다. 회사 이름을 보고 샐러리맨이 되려는 사람이 아니라, 어떤 일을 할지 고민하는 인재를 뽑겠다는 메시지였다. 이것은 단순한 채용 홍보 문구를 넘어, '일의 본질'을 묻는 근본적인 질문이기도 했다. 회사에 소속되어 급여를 받는 존재로 살아갈 것인가, 자신이 맡은 역할과 직무로 스스로의 가치를 만들어 갈 것인가.

지금의 시각으로 보면 너무나도 당연한 가치관이지만, 고정관념에 빠져 있던 당시의 일본 사회에는 적지 않은 울림을 남겼다. 시대를 앞선 혁신적인 생각을 명료한 한 줄로 표현한 이 카피는 1988년 TCC 클럽상을 받으며 카피의 완성도까지 인정받았다. 이 문장은 세월이 지난 지금도 여전히 우리에게 묻고 있다. 우리가 진짜 하고 싶은 일은 무엇인지.

Impossible is nothing
불가능, 그것은 아무것도 아니다

아디다스

나이키에 밀려 고전하던 아디다스는, 유럽의 국가 대항 축구 축제인 유로2004를 맞이하여 새로운 캠페인으로 승부수를 던졌다. 여러 편의 광고에 지네딘 지단·데이비드 베컴·리오넬 메시 등 축구 선수를 비롯하여 여러 분야에서 최정점에 오른 세계적 슈퍼스타들을 총출동시킨 것이다. 그러나 가장 강렬한 인상을 남긴 것은 은퇴한 지 20년이 넘은 권투선수 무하마드 알리였다.

캠페인에서 가장 화제가 된 광고는 과거의 알리와 현재의 딸 라일라가 링 위에서 맞붙는 스토리를 담은 것이었다. 정교한 디지털 합성 기술로 구현된 이 장면은 단순한 볼거리 이상이었다. 현실에서는 불가능한 시합을 영상으로 만들어 보였으니, 작품의 존재 자체가 슬로건에 담긴 정신을 그대로 보여 주는 증거가 됐다. 무엇보다 "불가능, 그것은 아무것도 아니다"라는 카피가 알리가 실제로 한 말에서 따온 것이어서 그 의미가 배가되었다. 불가능은 핑계이며, 사실이 아니라 의견이며, 도전의 대상이며, 일시적인 것일뿐이라는 그의 신념이 그대로 광고로 옮겨진 것이다.

「불가능, 그것은 아무것도 아니다」 캠페인은 2004년 칸 국제광고제에서 골드 라이언상을 수상해 크리에이티브를 인정받았다. 높은 화제성은 실적으로 이어졌다. 캠페인 이후 1년 만에 세계 시장에서 아디다스 제품의 판매량은 11퍼센트 증가했고,[3] 시장점유율도 높아지는 직접적인 성과를 거뒀다. 굳건하던 시장의 리더 나이키와의 간격이 좁혀진 것이다.

더 중요한 것은 "Just do it"으로 표현되는 나이키 정신에 대응하는 아디다스만의 브랜드 정신이 강력하게 구축된 것이었다.

치킨은 살 안쪄요
살은 내가 쪄요

배달의민족

늦은 저녁 치킨이 땡긴다. 어쩔 수 없다. 이것은 과학이다. 다이어트 생각으로 망설이고 있는 한국인이라면 한 번 이상 떠올려 봤을 카피다. 이 문장은 2015년 배달의민족이 주최한 '배민신춘문예' 공모전에서 대상을 받았다.

배달앱 시장의 초창기 플레이어인 배달의민족은 치열한 경쟁 환경에서 차별화를 위해 'B급 감성' 마케팅을 선택했다. 유머와 언어유희를 통해 20-30대 젊은 세대의 공감을 이끌어 내는 전략이었다. "우리가 어떤 민족입니까" "슬플 때 우럭" "다이어트는 포샵으로" 등 재미있는 카피들과 함께 '치믈리에 자격 시험' 같은 참여형 이벤트까지 더해지며 배민만의 독특한 브랜드 정체성을 만들어 가고 있었다.

이 작품에 대한 반응도 폭발적이었다. 이 문장은 광고로 만들어져 지하철·현수막 등 옥외 매체를 통해 노출되었고 SNS와 온라인 커뮤니티에서 자발적으로 공유되며 바이럴 효과가 극대화됐다. 치킨에 대한 죄책감을 유쾌하게 비튼 언어유희는 일상에서 유행어처럼 사용될 정도로 대중적 인지도를 얻었다.

이 카피는 단순한 광고 문구를 넘어, 특정 세대의 문화를 반영하고 그들과 소통하려는 브랜드의 노력이 얼마나 큰 영향력을 가질 수 있는지 보여 준 대표적인 사례가 됐다. 솔직함과 유머로 무장한 B급 감성이 정제된 A급 광고보다 더 강력한 힘을 발휘할 수 있다는 증거이기도 하다.

갈증 해소 음료

제일제당 게토레이

정말 딱딱하고 재미없다. 음료 광고의 슬로건이 이렇게 건조할 수가 있나. 제품 콘셉트를 그냥 적어 놓은 것 같다. 하지만, 이런 돌직구가 필요한 마케팅 환경도 존재한다. 1990년대를 맞이하던 게토레이가 딱 그랬다.

게토레이가 음료 시장에 뛰어든 1980년대 후반은 탄산음료가 시장을 주도하고 있었고 과즙음료와 보리음료 등 수많은 제품이 경쟁 중이었다. 1987년에 한국 시장에 소개된 포카리스웨트와 함께 게토레이는 이온음료 시장을 형성했다. 게토레이는 초기에 스포츠 음료라는 콘셉트로 마케팅을 전개했지만, 만족스러운 반응을 얻지 못하며 포카리스웨트에 밀리는 형국이었다.

1990년대에 들어서면서 게토레이의 전략이 바뀐다. 스포츠음료라는 다소 막연한 콘셉트에서 '갈증 해소'라는 명확한 편익을 전면에 내세운 것이다. 하이킹·스쿼시 등의 레저 활동 등 평소 목마름을 느낄 법한 상황을 보여 주면서 "달지 않아야 한다"·"흡수가 빨라야 한다"라는 갈증 해소를 위한 음료의 조건을 제시한다. 그리고 "갈증엔 역시 게토레이"라는 내레이션과 함께 "갈증 해소 음료"라는 슬로건이 제품 로고 위에 박힌다. 이 음료를 마셔야 할 명확한 이유를 단도직입적으로 드러낸 것이다.

포카리스웨트에 밀리던 게토레이는 '갈증 해소'라는 콘셉트로 정면돌파한 것을 계기로 시장점유율을 7퍼센트에서 33퍼센트로 4배 이상 끌어올리며 시장을 움직였다.[4] 유머·반전·감성·과장·은유 등 카피를 쓰는 방법은 많지만 때로는 담백하게 제품의 속성을 말하는 것이 효과적일 때도 있다.

セブン-イレブン いい気分
세븐일레븐, 좋은 기분

세븐일레븐

이 카피는 1976년 11월 1일 방영된 TV 광고에서 처음 등장했다. 세븐일레븐이 일본에 진출하여 2년 만에 100점포를 돌파하던 시점에 나온 광고였다. 미국에서 이름 그대로 오전 7시부터 밤 11시까지 영업하던 세븐일레븐이 일본에서 24시간 영업과 도시 생활자의 라이프스타일에 맞춘 상품 및 서비스로 일본의 일상을 바꾸고 있었다. 이 짧고 단순한 한 줄의 카피는 쉬운 멜로디에 실려 전국적으로 인기를 얻으며, 새로운 생활 방식의 탄생을 알렸다.

이 카피를 일본어 발음 그대로 읽으면 '세분이레분, 이이 키분'이 된다. '~분, ~분'으로 라임을 맞춘 짧은 문장이 경쾌한 리듬감을 만들었다. TV를 통해 반복적으로 방송되며 소비자들의 입에도 잘 붙었다. 브랜드명에 이어지는 "좋은 기분"이라는 표현은 가볍고 긍정적인 어감을 지니며, 젊은 세대의 감성에 맞게 소비 경험을 즐거운 감정으로 치환한다. 단순히 편리함을 알리는 설명이 아니라, 브랜드 이용의 이점을 감성적 편익으로 바꿔 표현한 것이다. 이 기분 좋은 슬로건과 함께 세븐일레븐은 일본인의 라이프스타일을 바꿨고, 일본을 편의점의 나라로 만드는 선두에 섰다.

세븐일레븐은 1980년대 초반 롯데쇼핑을 통해 한국에 진출했다가 철수했고, 1980년대 후반에 다시 점포를 열고 본격적인 편의점 시대를 열었다. 한국세븐일레븐은 이 슬로건이 들어간 징글을 한국식으로 바꾸어 광고에 활용했다. 같은 멜로디에 올라탄 한국식 슬로건은 "세븐일레븐, 새로운 생활"이었다. 일본과 달리, '세~, 새~'로 두운을 맞추었다. 세븐일레븐이 한국의 도시 생활의 풍경까지 바꾼 것을 생각하면, "새로운 생활"도 잘 어울린다.

Pizza! Pizza!
피자!피자!

리틀시저스 피자

1979년, 리틀시저스는 이 카피로 한참 경쟁이 치열해지던 미국 피자 시장에서 돌파구를 열었다. 피자헛·도미노 등 대형 브랜드들이 세를 넓히던 시기였고, 소비자들은 더 저렴하고 푸짐한 메뉴를 원했다. 리틀시저스는 '두 판을 한 판 가격에' 제공하는 파격적인 전략을 내세웠고, 이 혜택을 가장 직관적으로 표현한 것이 바로 이 두 단어였다.

이 카피의 힘은 단순함에 있었다. 같은 단어를 반복함으로써 두 개의 피자를 상징적으로 드러냈고, 짧고 경쾌한 리듬 덕분에 누구나 쉽게 기억하고 따라할 수 있었다. 브랜드의 마스코트인 로마인 캐릭터가 높은 목소리로 "Pizza! Pizza!"를 외치는 장면은 코믹하면서도 강렬한 인상을 남겼다. 머리가 아닌 입에 붙은 이 짧은 외침은 '피자 두 판' '피자 1+1' 등의 설명적 카피보다 훨씬 더 강력했다. 자연스럽게 장난스러운 유행어가 되었고, 주문을 고민할 때마다 소비자들이 자연스레 떠올리는 브랜드의 신호가 됐다.

이 카피는 단순 반복이 얼마나 강력한 힘을 발휘할 수 있는지를 보여 준다. 이 슬로건은 1980~1990년대 리틀 시저스를 미국 내 3위 피자 체인으로 성장시키는 데 결정적 역할을 했다. 지금도 이 카피는 미국 소비자들에게 '가성비 피자'의 상징으로 남아 있다.

내 나이 20과1/2

1994년, 레쎄 화장품은 광고 한 편으로 소비자들의 마음에 강렬한 한 줄을 새겨 넣었다. '20과 1/2살'이라는 낯선 숫자 조합이 강한 인상을 남긴 것이다. 흔한 스무 살도, 명확한 스물한 살도 아닌 그 사이 어딘가. 단지 나이를 말하는 것이 아니라, 어른이 되었지만 아직 어른이 다 되지 못한, 그 미묘한 경계의 시간을 나타낸 표현이었다.

고등학교를 졸업하고 처음으로 화장을 해 보는 나이. 한껏 멋을 내 보지만 아직은 어딘가 어설픈 시기. 하지만 그 어설픔 속엔 미완성의 가능성과 설렘이 공존한다. 불안정하지만 찬란한 시기를 '20과 1/2살'이라는 어정쩡한 숫자로 담아낸 이 카피는, 짧은 한 줄 안에 청춘의 불안과 자의식·기대와 감정을 압축해 담았다.

광고 모델로 등장한 배우 신은경은 이 메시지를 더욱 입체적으로 완성시켰다. 꾸밈없는 솔직함과 보이시한 매력으로 사랑받던 그녀는 당시 'X세대 여성'을 대표하는 인물이기도 했다. TV 광고는 굳이 예쁘게 보이려 애쓰지 않는 자연스러운 그녀의 매력을 극대화했고, 또래 여성들은 해방감을 느끼며 뜨거운 지지를 보냈다. 서태지·이병헌·김원준 그리고 20과 1/2살의 신은경까지. 1990년대는 그렇게 X세대의 시대로 완성되어 가고 있었다.

羽なんか、いらないよ
날개 같은 건 필요 없어

포카리스웨트

한국의 포카리스웨트 광고라고 하면 바닷가와 푸른 하늘, 청순한 '포카리 걸'의 청량한 이미지를 떠올리게 된다. 반면 일본의 광고는 청소년들의 땀과 도전의 순간을 드라마틱하게 담아내는 쪽에 좀더 초점을 맞춘다. 2022년 공개된 광고의 이 한 줄 역시 일본 포카리스 웨트 광고의 접근법을 잘 보여 준다.

광고 속에는 한 소녀가 자동차 위를 뛰어 올라 구름 위로 향하는 모습이 그려진다. 일상의 틀에 갇혀 있는 자신의 한계를 넘어서려는 의지가 담겼다. 꿈과 목표를 이루게 해 주는 것은 누군가의 힘이나 도구가 아니라, 자신의 땀과 노력이라는 메시지를 전한다.

자칫 뻔한 교훈담이 될 수도 있는 스토리를 자연스럽게 받아들이 게 하는 장치는 현실과 판타지의 경계를 넘나드는 영상 기법과 감각 적인 카피다. 광고 제작 과정에서도 컴퓨터그래픽 대신 대형 세트를 만들어 땀 흘려 달리는 장면을 실제로 연출했다. 제작 방식의 진정 성까지 더해져, 이 카피가 웅변하는 땀의 가능성은 더욱 큰 울림을 만들어 냈다. 메이킹 영상이 본편 광고 못지않은 인기를 누리는 기 현상이 벌어진 이유다.

최근 한국 포카리스웨트 광고도 청춘의 땀을 응원하는 메시지를 담고 있다. 같은 성분의 같은 제품 광고를 같은 내용으로 만들면서 도, 다른 제작 방식으로 다른 분위기를 만들어 내는 한일 광고의 미 묘한 차이가 흥미로운 감상 포인트다.

Das Auto
자동차, 그 자체

폭스바겐

2007년, 폭스바겐이 내놓은 슬로건이다. '자동차'를 뜻하는 독일어다. 영어로는 'The Car'이다. 관사와 명사, 두 단어로 만들어진 이 짧은 슬로건은 단순한 제품 설명이 아니라 선언이었다. 폭스바겐은 자신들을 많은 자동차 브랜드 중 하나로 보지 않았다. "자동차 그 자체"를 대표하는 이름이 되고자 했다.

당시 폭스바겐의 새 CEO로 취임한 마틴 빈터콘은 회사를 세계 최대 자동차 기업으로 만들겠다는 목표와 함께 이 슬로건을 발표했다. 자동차 기업이 자동차 그 자체를 슬로건으로 내세웠다는 것은 양면적이다. 자동차의 본질을 추구하겠다는 겸허함이자, 스스로 자동차를 정의하겠다는 자신감이다. TV 광고에는 폭스바겐의 역사와 수많은 고객의 일상이 교차하며, 진정한 자동차가 갖춰야 할 조건을 제시한다. 그리고 폭스바겐이야말로 그 조건을 갖춘 자동차라는 자부심이 드러난다.

"자동차, 그 자체"는 단순한 광고 슬로건이 아니었다. 세계 1위를 향한 기업 전략의 상징이었다. 기술 개발·브랜드 포트폴리오 확장·글로벌 네트워크 강화 등 전방위적인 노력을 기울였다. 미국발 금융위기로 세계 경제가 휘청이던 때였지만, 폭스바겐은 사상 최대 실적을 기록하며 그 비전을 실적으로 증명했다. 그러나 2015년, 디젤 배기량 조작 사건으로 위기에 처하면서 이 슬로건의 사용을 중단했다. 이미지가 좋을 때는 본질을 추구하는 자세로 읽혔지만, 비난을 받을 때는 오만한 태도로 보였다. 좋은 말도 실체가 좋을 때에만 도움이 된다. 카피도 그렇다.

별이 다섯 개

장수돌침대

색종이 별을 이마에 붙이고 나와 "별이 다섯 개!"를 외치는 중년 남자의 모습이 TV에 나왔을 때, 시청자들은 당황스러움을 감추지 못했다. 세련미라고는 찾아볼 수 없는 화면 구성·다소 어색한 대표님의 연기는 실소를 자아내기에 충분했다. 고가의 돌침대 광고를 이렇게 한다고? 주로 케이블TV에서 집행된 이 광고는 단돈 300만 원의 제작비로 30분 만에 촬영되었다고 한다. 광고는 초기에 "유치하다" "조잡하다"라는 평가와 함께 조롱의 대상이 되기도 했다.

원래 장수돌침대의 첫 광고는 고가의 제작비를 들여 만든 것이었다. 결혼식장에서 딸을 시집 보내는 아버지의 모습을 담은 감성적인 광고였다. 그러나 무난한 스토리가 특별한 반응이 없자, 기억에 남는 광고를 만들고자 아이디어를 낸다. 당시 유사 상품이 범람하던 돌침대 시장에서 자사의 차별점을 부각하고자 정품인증마크에 있는 다섯 개의 별 모양만 강조한 것.

촌스러운 광고라는 반응에도 광고는 꾸준히 집행됐다. 홈쇼핑 등 채널을 통해 매출이 상승하며 돌침대 업계 1위를 오랫동안 차지했고, 2014년 한 조사에서 브랜드 인지도 93퍼센트를 기록할 만큼 광고 결과는 성공적이었다.[5] 이 광고는 시간이 흐르면서 'B급 레트로 감성 광고'의 아이콘으로 떠오르며, 젊은 세대의 관심도 끌게 됐다. 2020년에는 젊은 세대를 타깃으로 리메이크 버전이 나와 유튜브 조회수 100만 회 이상을 기록하기도 했다. 막대한 제작비를 들여 고급스럽게 만든 광고가 하지 못한 일을 해낸 것이다. 그야말로 뚝심으로 이루어 낸 촌스러움의 역습이라 할 만하다.

男は黙って サッポロビール
남자는 묵묵히 삿포로 맥주

삿포로 맥주

빨간색 셔츠를 입은 중년 남자가 커다란 배 위에 홀로 앉아 있다. 혼자서 호탕하게 맥주를 따라 마시는 장면이 광고의 전부이다. 어떤 대사도 정보도 나오지 않는다. 굵게 붓으로 쓴 "남자는 묵묵히 삿포로 맥주"라는 카피만 잠시 보여 준다. 짧은 TV 광고에 많은 정보를 담아 직접적으로 홍보하는 것이 일반적이던 시절, 기존 영상 광고 문법을 깨고 파격적인 미니멀리즘으로 만든 광고가 큰 화제가 됐다.

이 광고가 나온 1970년 경 삿포로 맥주는 '상쾌하고 깔끔한 맛'의 여성적인 맥주라는 이미지였다. 주 소비층인 남성을 공략하고자 남성적인 브랜드 이미지를 만들려는 광고를 제작한 것이다. 말보로맨의 일본 맥주 버전쯤 되겠다. 당시는 성별에 따른 고정관념이 강하게 자리 잡혔던 시대였다. 과묵하고 진중한 것을 이상적인 남성상으로 꼽던 소비자들의 정서를 건드린 화법은 광고의 대히트로 이어졌다. 삿포로 맥주는 인지도와 매출이 급상승하며 맥주업계의 강자 자리를 차지했다. '남자는 묵묵히'라는 말 자체가 유행어가 됐고, 수많은 패러디를 낳았다.

희한한 루머도 돌았다. 삿포로 맥주 회사에 신입사원 선발 면접 때의 일이라고 했다. 한 지원자가 면접관의 질문에 일절 대답을 안 하고 있어 면접관이 퇴실하라고 하자 "남자는 묵묵히 삿포로 맥주!"라는 카피 한 줄을 외치고 돌아갔는데, 당당히 합격했다는 것이다. 사실 여부는 확인할 수 없지만, 당시 이 카피가 얼마나 큰 사회적 반향을 일으켰는지는 엿볼 수 있다.

I'm your energy
나는 당신의 에너지

GS칼텍스

이 카피는 2009년에 GS칼텍스가 기업 PR 광고에서 내놓은 슬로건이다. 글로벌 금융위기의 여파로 사회 전반에 불안감이 깔려 있던 때에, 세상을 향해 따뜻하고 일상적인 메시지를 전하고 있다. 석유와 같은 에너지원을 공급하는 회사로서, 에너지에 대한 의미를 재해석하여 기업의 존재 가치를 확장했다.

에너지는 물리적 연료를 뜻하면서 동시에 인간관계의 원동력·삶의 활력까지 아우른다. 광고의 내용도 이러한 전략을 잘 반영했다. "아임 유어 에너지"라는 가사가 반복되는 CM송에 맞춰 목욕탕에서 아이들이 서로 등을 밀어 주는 귀여운 모습·하이파이브가 사람들 사이로 릴레이되는 상황 등을 특별한 스토리 없이 유쾌한 분위기로 보여 준다. 서로가 서로에게 에너지가 되는 세상과 그 세상을 지탱해 가는 에너지 기업으로서의 존재감이 부담 없이 그려졌다.

이 캠페인은 GS칼텍스의 따뜻하고 선한 기업으로서 이미지를 구축하는 데 기여했다. 이후로도 GS칼텍스는 사람들 사이의 관계를 소중하게 생각하는 철학을 전하는 크고 작은 캠페인을 이어 갔다. "제가 세상에서 제일 좋아하는 우리 엄마가 상담해드릴 예정입니다"라는 통화연결음을 처음 만들어 전화상담원에 대한 폭언 문제를 이슈화한 '마음이음 연결음 캠페인'도 이 슬로건하에서 진행됐다. 기업이 다루는 비즈니스의 대상을 이윤 추구의 수단이 아니라 세상을 더 좋게 만드는 매개로 해석하여 꾸준히 밀고 간, 성공적인 기업PR 캠페인 사례로 꼽을 만하다.

> **海の字には母の字がある。なぜかな。**
> 바다 해海에는 어미 모母가 들어 있다.
> 왜일까?
>
> 일본수산

1980년 일본 최대의 수산식품기업 일본수산(현 닛스이)의 기업 PR 광고 시리즈 중에서 나온 카피다. 바다를 뜻하는 한자 '해'海 속에는 어머니를 뜻하는 '모'母가 들어가 있다는 단순한 사실을 발견한 데서 출발한 아이디어이지만, 그 울림은 재치 있는 언어유희를 넘어선다. 글자 구조를 해체하여, 바다를 생명과 모성의 원천으로 재해석했다.

이 광고가 등장한 1980년대는 일본 식생활의 서구화가 본격화되던 시기였다. 생선 소비가 줄어드는 가운데 대표 수산식품 기업인 일본수산은 바다의 본질적 의미를 환기하는 캠페인을 통해 수산식품의 중요성을 강조했다.

흥미로운 점은 광고 비주얼이다. 어미 모母자에서 직접적으로 연상되는 모성의 이미지가 아니다. 해변에 선 서양 여성 모델이 흰색 비키니 차림으로 조개를 귀에 대고 있는 모습이 전면에 배치됐다. 직관적이고 설명적인 비주얼 대신, 이국적이고 관능적인 이미지로 소비자의 시선을 붙잡는다. 강렬한 시각적 자극과 모성을 연상시키는 카피의 어긋남은 오히려 더 복잡한 해석의 여지를 남긴다. 광고 속 모델 여성은 전통적 의미의 모성보다는 바다의 풍요로움과 신비함을 생명력으로 상징화한 것이다.

이 카피는 평범한 단어 하나도 훌륭한 아이디어의 원천이 될 수 있음을 보여 준다. 단어 하나를 파고들어 해체와 재구조화를 거치면 새로운 의미가 도출되기도 한다는 좋은 사례이다.

역사는 1등만을 기억합니다

『타임』이 매년 발표하는 '올해의 인물'을 처음 선정한 때는 1927년이다. 그 영광의 첫 번째 인물은 찰스 린드버그다. 많이 들어 본 이름 아닌가? 맞다. 최초의 대서양 횡단자이다. 뉴욕에서 출발하여 장장 33시간을 날아 파리에 도착한 그는 25세의 나이에 일약 세계의 영웅으로 떠올랐다. 그런데 혹시, 두 번째로 횡단에 성공한 비행사를 아는가?

이건 어떤가. 최초로 달에 착륙한 사람의 이름은? 맞다. 닐 암스트롱이다. 그럼 두 번째로 달에 발을 디딘 사람은? 역사 애호가나 우주 덕후가 아니라면 버즈 올드린을 기억하는 이는 거의 없을 것이다.

찰스 린드버그와 닐 암스트롱 그리고 최초의 전화 발명가 그레이엄 벨 등을 엮어 역사는 1등만을 기억한다는 명제를 던진 TV 광고가 전파를 탄 때는 1990년대 중반이다. 세계 일류가 되는 것만이 한국 경제가 생존할 수 있는 선택이라는 메시지였다. 시대적 흐름을 잘 읽은 통찰이 담긴 카피였지만 삼성의 1등주의를 비판하는 사례로 자주 거론되곤 한다. 2010년경, 『개그콘서트』에서 박성광이 유행시킨 대사 "1등만 기억하는 더러운 세상"도 이 카피를 패러디한 것이다.

참, 두 번째로 대서양을 횡단한 사람은 버트 힝클러였다. 린드버그보다 훨씬 빠른 기록을 남겼지만 아무도 기억하지 못한다.

AVIS is only No.2
우리는 2등입니다

에이비스

역사는 1등만 기억할 것 같지만, 영리한 2등도 역사에 남는다. 렌터카 회사 에이비스가 그 증거다. 1940년대에 설립된 에이비스는 미국의 자동차 및 연관 산업의 확대와 더불어 착실하게 성장했다. 그러나 그 존재감은 미약했다. 70퍼센트 이상의 점유율로 시장을 지배하던 압도적 1위 기업 허츠가 있었다. 1962년에 에이비스는 고만고만한 2위권에서 박차고 나갈 담대한 카피의 광고를 집행한다. "우리는 2등입니다. 그래서 더 노력합니다."

이 카피는 시장을 흔들었다. 1등을 자랑하기 바쁜 광고 시장에 신선한 돌풍이었다. 약점을 인정하는 진실한 회사라는 이미지와 함께 매출이 폭발적으로 뛰었다. 13년간 연속 적자 행진을 하던 회사는 단숨에 흑자로 돌아섰고,[6] 시장점유율은 허츠를 위협할 수 있는 수준으로 커 나갔다. 에이비스가 결국 허츠를 넘어서지는 못했지만 소비자의 인식 속에 렌터카의 양대 산맥으로 자리하며 지속적으로 성장했다.

에이비스가 실제로 경쟁자보다 열심히 일해서 성공한 것이 아니다. 압도적 1등과 비교하여 2등이라는 포지셔닝을 확고히 했기 때문이다. 그래서 이 캠페인은 2등 전략의 교과서로 불린다. 에이비스의 2등 전략을 따라한 수많은 광고가 있었지만, 에이비스만큼 유의미한 성공을 거둔 사례는 찾기 힘들다. 교과서는 교과서일 뿐이다.

生年月日を捨てましょう
생년월일을 버립시다

다카라지마샤

이 카피가 나온 때는 2003년이다. 언뜻 보면 나이에 구애받지 말자
는 평범한 문장으로 읽히지만, "생년월일을 버립시다"라는 제안은
의외의 큰 반향을 일으켰다. 이는 단순히 연령의 문제를 넘어서, 태
어날 때 자신의 의지와 무관하게 주어지는 속박에서 벗어나자는 선
언이었다. 성별·나이·출신·국적 등 우리를 규정하는 모든 조건으로
부터 자유로워져야 한다는 의미이며, 기존 질서에 대한 도전이었다.

그런 의미를 더욱 강력하게 만든 것은 광고의 모델로 등장한 미와
아키히로였다. 가수·배우·연출가로 활동하며 젠더와 연령의 경계를
넘나든 그는 사회적 규범에 얽매이지 않는 삶을 살아온 인물이었다.
보수적인 일본의 1950년대에 동성애자임을 커밍아웃하며 사회적
매장 분위기 속에서도 당당하게 자신을 표현했다. 주로 노란머리의
여장을 하며 살아온 그는 모든 정체성의 속박으로부터의 자유를 상
징하는 인물이었고, 이번 광고에서 그 존재감이 극대화되었다. 모델
의 아우라에 카피의 힘은 더욱 강력해졌다.

광고는 곧바로 화제가 되었다. 신문광고 게재 이후 다카라지마샤
에는 전화가 빗발쳤고, 지하철 포스터 앞에는 발길이 끊이지 않았
다. 충격적이라는 반응과 통쾌하다는 의견이 교차했다. 이 작품은
이후 수많은 광고상을 수상하며 다카라지마샤 기업 의견 광고 시리
즈의 대표작으로 자리매김했다. "생년월일을 버립시다"라는 한마디
가 실제로 버린 것은 고정관념이었는지도 모른다. 광고는 이래야 한
다, 모델은 이래야 한다, 기업의 의견은 이렇게 내야 한다는.

엘라스틴했어요

LG생활건강 엘라스틴

2001년, LG생활건강은 외국계 브랜드가 장악한 프리미엄 샴푸 시장에 엘라스틴을 출시했다. 일반 샴푸보다 20-30퍼센트 비싼 가격이었다. '머리도 피부다'라는 콘셉트 아래 내놓은 핵심 카피는 "엘라스틴했어요." 브랜드 네임을 하나의 동사로 삼은 색다른 시도였다. '엘라스틴으로 샴푸하다'가 아닌 '엘라스틴하다'라는 신선한 표현은 소비자의 머릿속에 강하게 남았다.

이 카피가 사랑받은 첫 번째 이유는 즉각적인 이해와 간단한 구조였다. 복잡한 설명 없이도, 광고 속 모델의 탄력 있고 윤기 나는 머릿결이 모든 것을 말해 줬다. "했어요"라는 구어체 어미는 쉽고 자연스럽게 다가왔다. 제품의 기능과 소비자의 욕망을 직관적으로 연결한 이 한마디는 당시 치열했던 프리미엄 샴푸 경쟁 속에서 엘라스틴의 차별점을 부각했다.

두 번째 이유는 모델 파워와 카피의 완벽한 결합이다. 영화 『엽기적인 그녀』와 삼성 마이젯 프린터의 히트로 떠오르는 스타가 된 전지현의 이미지는 카피와 이상적으로 어울렸다. 광고가 장기간 이어지면서 '엘라스틴=전지현'이라는 공식을 만들며 마케팅 효과가 극대화되었다. 2011년에는 11년간의 모델 활동을 기념하는 헌정 광고까지 제작됐다.

몇 명의 모델을 거쳐 2019년 전지현이 다시 엘라스틴 모델로 복귀했다. 카피는 "다시, 엘라스틴했어요"였다. 역시 이 카피는 전지현의 목소리로 들어야 엘라스틴한 것 같다.

Like a girl
여자애처럼

P&G 올웨이즈

2014년, 여성용품 브랜드 올웨이즈가 발표한 영상 속 키워드다. "여자애처럼 던진다" "여자애처럼 뛴다" 등 일상적으로 쓰는 말 속에 담긴 '여자애처럼'이라는 표현에 숨어 있는 뿌리 깊은 편견에 문제를 제기한 작품이었다.

사춘기 시기에 급격히 떨어지는 소녀들의 자존감 그리고 여전히 생리와 여성성에 대한 부정적 인식이 남아 있던 사회적 분위기가 이 캠페인의 출발점이었다. 영상은 다큐멘터리 형식으로 구성됐다. "여자애처럼 행동해 보라"라는 연출진의 요청에 성인들은 과장되게 약하고 미숙한 동작을 취한다. 심지어 여성들까지도. 그러나 나이 어린 소녀들은 힘차고 진지하게 임한다. 영상은 묻는다. 언제부터 "여자애처럼"이란 말이 모욕이 되었을까. 짧은 질문 하나에 말 속에 감춰진 고정관념과 정면으로 마주하게 된다. 영상은 마지막에 "'여자애처럼'이란 말이 놀라운 것을 의미하도록 바꾸자"라는 자막으로 마무리된다.

캠페인은 유튜브에 먼저 공개된 뒤, 60초 버전으로 편집되어 슈퍼볼 광고로 방영됐다. 영상 공개 후 2개월 만에 7천만 회 이상의 조회수를 기록하며 뜨거운 반향을 일으켰다.[7] 결과는 화제로만 그치지 않았다. '여자애처럼'이란 말의 의미가 바뀌었다는 응답이 10대 여성에서 70퍼센트를 넘겼다.[8] 브랜딩에 관련된 각종 지표의 상승과 유수의 광고상 수상이 당연히 뒤따랐다. 사회적 메시지를 담으면서 브랜드도 성장하는 방법을 찾는다면 이렇게 해 보면 좋을 것 같다. "여자애처럼"의 올웨이즈처럼.

売ってないものは、作るしかない
팔고 있지 않은 것은, 만드는 수밖에

부라더 공업

이 카피가 나온 때는 1980년대 중반이다. 가정용 미싱 콤팔αⅡ 출시에 맞춰 만든 TV 광고에 사용됐다. 이 제품은 세계 최초로 재봉틀에 음성 안내 기능을 탑재해 초보자도 쉽게 다룰 수 있도록 한 획기적 제품이었다. 이 카피는 제품을 알리는 광고 문구에 기업의 진취적 철학과 도전 의식을 압축한 선언이었다.

재봉틀은 가정적이고 전통적인 이미지가 강했지만, 부라더 공업은 기존 틀에 갇히지 않았다. 자동 단추 구멍 재봉·메모리 기능 등 '있으면 좋겠다'는 상상 속의 기술을 실제로 구현했다. 상상 속에서만 존재하던 기술을 만들어 실제 시장에서 팔겠다는 이 카피는 단순한 수사가 아니라 혁신을 입증하는 증거였다. 게다가 업계 관행을 깨고 광고 모델로 당대 최고의 아이돌 가수인 마츠다 세이코를 기용해 큰 화제가 됐다. 기술과 마케팅 두 측면에서 모두 "없는 것을 만든다"라는 메시지를 실천한 셈이다.

이 카피는 대기업의 메시지에 국한되지 않고 스타트업이나 개인에게도 의미 있게 확장될 수 있다. 세상이 정해 놓은 틀 안에 머물지 말고, 없는 길이라면 스스로 개척해 나갈 수 있다는 용기와 자극이 된다. 내 아이디어가 팔리지 않는다면 나만의 비즈니스를 만들 수 있다. 나의 가능성이 팔리지 않는 구직자라면, 잠재 능력을 끌어올리는 노력을 할 수 있을 것이다. 반드시, 누구나 만들 수 있는 것이 있다. 무엇을 만들지는 각자의 몫이다.

Be More Human
가능성은 한계를 넘는다

리복

"사람이 완전히 망가졌네"처럼 사물이나 기계에나 쓰던 '망가지다'라는 표현을 사람에게 사용하기 시작한 것은 1990년대의 일이다. 1999년에 발간된 국립국어원의 표준국어대사전에는 망가지다의 사전적 정의에 사람이나 상황이 나빠졌다는 의미가 공식적으로 처음 추가되었다. "취업하려면 스펙 잘 쌓아야 돼"처럼 제품의 세부 사양이나 성능을 가리키던 '스펙'(specification의 준말)이란 단어를 사람에게 사용하기 시작한 때도 그 무렵이다. 2004년에는 국립국어원이 펴낸 신어 자료집에 사람의 자격이나 조건을 통칭하는 의미로 '스펙'이 처음 올랐다.

언제부턴가 우리는 무의식중에 사람을 사물이나 기계처럼 대한다. 재미와 재치로 시작한 수사였겠지만, 치열한 경쟁과 물질중심주의가 만연한 시대의 단면을 드러내고 있는 것도 부정할 수 없다. 이쯤 되면 궁금해진다. 사람이란 무엇인가. 사람다움이란 무엇인가.

기업마다 다르게 정의하는 가운데 스포츠 브랜드 리복은 한계를 극복하고 도전하는 존재로서 사람을 바라본다고 선언했다. 2015년부터 전개한 글로벌 브랜드 캠페인의 카피가 바로 "비 모어 휴먼"Be More Human이다. 모두가 가진 잠재력을 믿으며, 육체적·정신적·사회적 한계를 극복하고 더 나은 사람이 되려는 도전을 응원한다는 메시지다. 그래서, 한국 캠페인의 카피는 "더 인간답게"가 아니라 "가능성은 한계를 넘는다"였다. 사람을 사람답게 보는 일이 점점 어려운 도전이 되는 때라 이 카피가 더욱 의미 있게 다가온다.

난 느껴요

코카콜라

이 문장은 단순히 청량음료를 알리는 한 줄이 아니었다. 1980년대 의 끝자락에 한국 사회가 새로운 시대로 옮겨 가고 있다는 신호에서 던져진 감각의 언어였다. 이 광고가 처음 나온 1988년은 독재 정권 이 물러나면서 정치사회적 억압이 점차 사라지고, 경제성장이 이어 지면서 라이프스타일과 대중문화도 점점 과거의 틀을 벗어 가던 과 도기였다. "난 느껴요"는 새로움을 갈망하는 대중의 감각을 완벽히 꿰뚫었다.

이 광고는 1987년에 일본에서 선풍적인 인기를 끈 "I Feel Coke" (난 코카콜라를 느껴요) 시리즈를 동일한 스토리보드로 제작한 한 국 버전이었다.

영상 속에는 당시로서는 파격적인 직장인들의 모습이 등장한다. 비즈니스 캐주얼과 정장을 입은 남녀가 자유롭게 어울리며 컴퓨터 앞에서 일하고, 포트폴리오 가방을 들고 외출한다. 그 복장 그대로 롤러 스케이트를 타거나 캐치볼을 하는 장면 등도 인상적이었다.

세련되며 자유분방한 신세대 직장인의 모습은 기존 광고나 드라 마에서 볼 수 없는 신선한 자극이었다. 이 광고에 출연한 이종원과 심혜진 등은 대중의 주목을 받으며 스타덤에 올랐다. 이 광고는 그 저 과거의 유물로 남지 않았다. 지금도 유튜브에는 이 영상들을 찾 는 사람들이 북적인다. 30여 년이 지난 지금, 한국에서는 뉴진스가, 일본에서는 아야세 하루카가 모델로 등장하여 리메이크 버전이 제 작되었고, "난 느껴요"는 다시 한번 시대의 공기를 환기시키고 있 다. 세대를 넘어 전설은 계속된다.

牛乳に相談だ
우유에게 상담해 봐

중앙낙농회의

2000년대 초반 일본의 우유 소비는 매년 감소했다. 특히 중고등학생 사이에서 우유 음용이 크게 줄었고, 어린이들이 마시는 음료라는 인식에 갇힌 우유는 젊은 세대와 점점 멀어졌다. 이런 위기 속에서 중앙낙농회의는 2005년부터 대대적인 캠페인을 시작했다. 「우유에게 상담해 봐」는 캠페인의 타이틀이자 슬로건이었다.

이 카피는 우유의 장점을 논리적으로 설명하려 들지 않고 고민을 들어 주는 친구 같은 존재로 재포지셔닝했다. 공부하다 피곤할 때·운동하다 지칠 때·집중이 안될 때 등 중고생들이 공감할 만한 상황에서 우유 덕분에 황당하게 문제를 극복하는 유머러스한 스토리로 소비자들의 뜨거운 반응을 이끌어 냈다.

캠페인은 TV뿐 아니라 옥외·우유팩·웹사이트 등 다채로운 매체에서 펼쳐졌다. '러브레터 편'은 칸 국제광고제에서 수상하며 광고계에서도 높은 평가를 받았다. 인지도 역시 빠르게 올랐고, 우유에 대한 친밀감을 되살리는 데 성공했다는 평을 받았다.

그러나 실제 소비 증가는 쉽지 않았다. 소비자들이 광고를 좋아했음에도 '예전보다 우유를 더 마시게 되었다'고 응답한 비율은 소수에 그쳤고, 우유 소비 감소 추세는 계속됐다. 결국 2010년 이후에는 타깃을 주부층으로 전환한 「밀크 저팬」MILK JAPAN 캠페인으로 이어졌다. 재미있고 인기 많은 광고가, 반드시 광고의 목표를 달성하는 것은 아니라는 씁쓸한 사례로 남았다. 이 문제는 누구와 상담해야 하나.

침대는 가구가 아닙니다

에이스침대

1994년 7월 29일. 교육부는 에이스침대에 "침대는 가구가 아닙니다"라는 내용의 광고를 고쳐 줄 것을 공식적으로 요청했다. 1학기말 서울 강남의 한 초등학교에서 2학년 시험에 '다음 중 가구가 아닌 것은'이라는 문제가 나왔다. 그런데, 정답이 '전화'였음에도 불구하고, 대부분의 학생이 '침대'라고 응답하는 일이 벌어진 것이다.[9]

1980년대에 시장점유율 30퍼센트로 안정적인 성장을 하던 에이스침대는 1990년대 들어 종합가구회사들이 침대 시장에 뛰어들면서 위기를 맞았다. 이들은 침대 전문회사임을 강조하는 광고를 내보내며 과학적인 기술력을 강조했다. 1993년에는 신뢰감이 넘치는 배우 박상원으로 모델을 바꾸고 새로운 광고를 선보였다. 과학적인 연구를 강조하는 평이한 영상이었다. 그러나 마지막 카피 한 줄이 소비자들의 뇌리에 깊이 남았다. 그것이 바로 한국 광고의 전설이 된 "침대는 가구가 아닙니다"였다. 광고 첫 해에만 매출 신장률이 80퍼센트가 넘었다.[10]

에이스침대는 5년여의 광고 활동 후 1990년대 후반부터는 '편안한 침대'라는 콘셉트로 여러 가지 카피를 전전했다. 그리고 2010년대에 들어 광고 콘셉트가 잘 풀리지 않을 때마다 '침대 비非가구론'을 다시 꺼내 들었다. 소녀시대·지성·이보영·이정재·고소영의 입을 통해 전해지던 이 전설의 카피는 박보검으로 이어지면서 카피가 처음 나온 지 30년을 훌쩍 넘어서도 소비자와 만나고 있다. 전설은 지금도 진행 중이다.

The Uncola
콜라가 아니다

세븐업

1960년대 중후반, 미국의 음료 시장은 콜라가 절대적으로 지배했다. 소비자들의 머릿속에는 '코카콜라'·'펩시콜라' 그리고 '나머지'로 구분됐다. 점점 입지가 좁아지며 위기에 처했던 라임 탄산음료 세븐업은 명확한 카피 한 줄의 마케팅으로 순식간에 음료 시장의 강자로 떠오른다. 바로 "콜라가 아니다"라는 카피였다. 콜라를 떠올릴 때 세븐업이 자동으로 함께 떠오르게 하는 영리한 전략이었다. 콜라가 아니라는 선언으로, 콜라의 대안이 된 것이다. 캠페인 전개와 함께 판매고와 시장점유율이 빠르게 치솟았다.

「The Uncola」 캠페인의 성공은 시대적 분위기의 영향도 있었다. 마침, 베트남전쟁으로 촉발된 반전·반체제 문화가 젊은 세대를 중심으로 부상하던 시기였다. 기존 질서와 권위에 대한 반감이라는 흐름을 주목한 광고대행사는 '콜라 vs 세븐업'이라는 선긋기로 '기득권 vs 대안'의 구도를 만들었다. 반전 시위에서 부각된 'Un-American'(반미국적인)이라는 구호로 인해 'Un-'이라는 접두사가 저항·자유·개성의 의미로 받아들여지고 있었다. 세븐업은 그 에너지를 슬로건으로 이용한 것이다.

젊음의 이미지로 콜라에 저항하며 라임 탄산음료 시장의 왕좌를 오래 지켰던 세븐업의 권세는 아이러니하게도 결국 또다른 젊음의 저항에 막을 내렸다. 1990년대 젊은 세대의 언어인 힙합 문화를 내세운 스프라이트가 새로운 주인공이 된 것이다.

눈높이를 맞춰주세요

대교

이 카피는 1989년 TV 광고에서 처음 등장했다. 발상은 미국 스미스소니언 박물관의 '키를 낮춘 선생님' 이야기에서 비롯됐다. 학생들의 견학에 앞서 사전 답사를 와 어린이들의 시선에서 전시물을 살펴보던 한 초등학교 선생님의 이야기를 광고대행사 직원이 전한 것이 계기가 됐다. 당시 인쇄 광고에는 "키를 낮춘 눈높이 선생님"이라는 헤드라인 아래 이 일화가 자세히 소개돼 있었다.

1970년대 후반 종암동의 작은 과외방으로 시작해, 일본의 구몬수학을 들여왔던 '한국공문수학연구회'는 라이선스 갈등을 계기로 사명을 '대교'로 바꾸고, 공문수학 대신 '눈높이 수학'을 선보였다. 10년 가까이 쓰던 이름을 포기하는 것은 큰 모험이었지만, 결과적으로는 신의 한 수가 됐다. 이 광고가 큰 화제를 불러일으킨 후, 대교는 교육 철학을 강조하는 광고를 잇달아 제작하며, 학습지의 특장점과 학업 성취를 중심으로 홍보하던 기존 교육업체들과 차별화를 시도했다. 모든 활동의 중심에는 '어린이의 입장에서 생각하는 교육'이라는 '눈높이 철학'이 있었다.

'눈높이'라는 말은 이전에도 존재했지만 흔히 쓰이는 표현은 아니었다. 이 브랜드명과 카피가 화제를 모으면서 '눈높이를 맞춘다'는 표현은 상대방의 입장을 배려한다는 관용적 의미로 자리 잡았다. 지구 반대편 박물관에서 생긴 작은 일화가 광고 카피를 통해 우리의 언어 생활 속에 깊이 뿌리내린 것이다.

8월

산소 같은 여자

태평양화학 마몽드

1990년, 화장품 브랜드 마몽드는 당시 대학생이었던 이영애를 모델로 기용하며 광고 캠페인을 시작했다. 이 캠페인의 카피인 "산소 같은 여자"는 투명함과 순수함 그리고 일상에 꼭 필요한 존재감을 비유적으로 담아냈다. 초기에는 '유용 산소화장품'이라는 소개와 함께 이 카피가 사용됐으나, 크게 와닿지 않는 제품과의 연관성은 묻혀버리고, "산소 같은 여자"라는 카피만 남았다.

이영애의 신선하면서도 도회적인 아름다움과 잘 어울리는 이 카피는 마몽드의 명확한 브랜드 정체성을 형성하는 데 결정적인 역할을 했다. 이영애는 드라마 『대장금』으로 '단아함'의 대명사가 되기 전까지, 이 광고로 형성된 모던한 도시형 미인의 이미지가 강했다.

카피의 순수하고 깨끗한 느낌과 달리 광고 속에는 주체적이고 적극적인 여성상이 표현됐다. 당시의 TV 광고에는 커리어우먼·경호원·특수요원 같은 직업을 지닌 여성의 모습이 담겼다. 산소 같다는 표현이 단순히 맑고 깨끗한 피부와 외모에 국한된 것이 아니라, 시대 변화에 맞는 여성의 능동성과 가능성을 제시한 것이다.

광고의 성공으로 모델 이영애는 단숨에 인기 스타로 떠올랐다. 그리고 약 10년간 마몽드의 모델로 활동하며 이 브랜드와 카피 모두와 떼려야 뗄 수 없는 관계가 됐다. 20대 시절 CF 스타 이미지가 강했던 그녀는 30대에 접어들면서 연기력을 인정받는 배우가 됐지만, 꽤 오랫동안 "산소 같은 여자"라는 수식어가 그녀를 따라다녔다.

飲む時は、ただの人
마실 때는 그저 사람일 뿐

산토리 화이트

이 카피는 1980년대 초반 산토리 화이트 위스키의 TV 광고에서 처음 등장했다. 남성적 카리스마로 유명한 배우 스가와라 분타가 한밤중 벚꽃나무 앞에서 위스키 잔을 들고 강렬한 목소리로 말한다. "사장님도 장관님도, 마실 때는 그저 사람일 뿐이지. 그렇지?"라는 대사를 히로시마 사투리로 호방하게 내뱉는다. 그리고 화면 위로 커다랗게 이 카피가 자막으로 나타난다.

이 한마디는 위스키의 특징을 설명하는 문구가 아니라, 인간 관계와 존재의 본질에 대한 철학에 가까웠다. 직위와 권력·사회적 위계가 절대적이던 1980년대 일본에서, 술을 마시는 순간만큼은 모두가 평등하다는 선언이기도 했다. 술이기에 가능한 일이었다. 이 문장은 소비자에게 경직된 사회와 문화에서 잠시 벗어나는 해방감을 선사했고, 술의 본질적 즐거움이 인간적 교감에서 비롯됨을 일깨워 주었다.

당시 일본 위스키 시장은 사상 최고의 소비량을 기록한 정점기였다. 경쟁 브랜드들이 고급스러움과 성공을 강조하던 때, 산토리 화이트는 지위와 성공이라는 껍데기를 내려 놓자는 반대의 길을 선택하며 멋지게 차별화에 성공했다. 이 광고로 산토리 화이트는 성숙한 어른의 철학이 담긴 위스키로 자리 잡으며 애주가들의 큰 사랑을 받았다. 물론, 마실 때는 그저 똑같은 사람이었던 사장님과 장관님을 다음 날엔 똑같지 않은 자리에서 마주해야 하는 현실은 변하지 않았지만.

母が恋した頃の夏に、娘が近づいて行く
엄마가 사랑에 빠졌던 무렵의 여름에
딸이 다가가고 있다

AGF 블랜디 아이스커피

수영복을 입고 한여름의 해변을 걸어가는 소녀에게 소년들이 다가와 말을 건다. 싫지 않은 표정으로 대화를 나누는 소녀의 모습을 멀리서 엄마와 아빠가 바라보고 있다. 여름휴가를 떠나 온 평범한 가족이 겪는 일상의 단면을 보여 주는 영상 위에 내레이션과 함께 이 카피가 흘러나온다. 일본의 식품기업 아지노모토와 미국 제너럴푸즈의 합작사 AGF가 아이스커피 광고를 위해 제작한 광고다.

이 광고가 나온 1980년대 후반은 일본의 커피 시장이 치열한 경쟁 속에서 성장하던 시기였다. AGF의 인스턴트 커피 브랜드 블렌디는 기능이나 가격 대신 제품의 속성을 감성적으로 해석해, '가족이 함께 여름을 즐기는 커피'로 포지셔닝하는 전략을 택했다. AGF는 가족 간의 따뜻한 에피소드를 담은 광고 시리즈를 이어 갔고, 이 작품 역시 그 연장선에 있었다. 영상 속 배경과 등장인물이 모두 서양인인 점도 눈에 띈다. 가족의 정이라는 동양적 주제를 다루면서도, 서양적인 세련미를 함께 보여 준다.

한때 엄마가 사랑했던 청춘의 여름으로 딸이 다가가고 있다는 카피에 젊은 세대와 부모 세대는 자연스럽게 감정을 공유하게 된다. 광고와 카피는 제품을 직접 말하지 않으면서도 여름 시즌의 공기와 아이스커피의 청량함 그리고 가족의 사랑과 기억을 한 장면 안에 녹여 냈다. 감정을 자극하면서도 절제된 어조·일상과 시의 경계를 넘나드는 언어 감각이 돋보인다. 한 문장만으로 뭉클한 감정과 청춘의 여름을 떠올리게 하는 탁월한 카피다.

Have it your way
마음대로 하세요

버거킹

이 슬로건이 탄생한 1974년의 햄버거 시장은 여전히 맥도널드가 큰 격차로 1위를 차지하고 있었다. 당시 버거킹은 버거셰프·핸리스 햄버거 등의 브랜드들과 2위권에서 경쟁하고 있었다. 버거킹은 이 슬로건을 친근한 멜로디의 징글로 만들어 고객이 원하는 방식으로 햄버거를 주문하는 내용으로 광고를 집행했다.

캠페인은 성공으로 버거킹은 강력한 2위 브랜드로 부상했다. 한때 맥도널드를 위협할 정도의 위치를 차지하기도 했다. 또한 다양한 취향을 존중하는 고객 중심의 브랜드로 이미지 자산을 강력하게 확립할 수 있었다. 이 카피는 마케팅 전문미디어 『로컬아이큐』에서 선정한 역대 가장 상징적인 슬로건 5위에 오르는 등 다양한 매체에서 광고계의 레전드로 손꼽힌다.

'Have it your way'는 일상생활에서도 흔히 쓰이는 문장이다. 말싸움을 하거나 서로 다른 주장을 강하게 하다가, 한쪽에서 포기하거나 체념하면서 뱉는 말로 "니 맘대로 하세요"쯤 된다. 주로 부정적으로 많이 사용되는 강한 표현을 긍정적인 카피로 사용하며 생긴 가벼운 의미 선복이 소비자에게 재미를 주면서 슬로건의 성공에 영향을 준 것으로 보인다.

이 카피가 세상에 선보인 이후 50년간 버거킹은 막대한 마케팅 비용을 투여하며 성공적인 캠페인을 이어 왔다. 그러나 여전히 프랜차이즈 햄버거의 '킹'은 버거킹이 아니라 맥도널드다. "고객 마음대로 하라"라며 열심히 노력했지만, 세상엔 맘대로 되지 않는 일도 많다.

好きだから、あげる
좋아하니까, 줄게

마루이 백화점

1980년대 초반, 너무나 평범해 보이는 한 줄의 광고 카피가 일본 전역 젊은 세대의 가슴을 설레게 했다. 단순해 보이는 문장이지만, 이 카피는 일본 광고사에서 전설이 되었고, 40여 년이 지난 지금도 명작 광고 카피의 교과서로 회자된다.

이 카피의 진짜 힘은 누구나 당연하게 생각하지만 굳이 꺼내지 않는 말을 꺼내 보여 줬다는 데 있다. "좋아하니까, 줄게"라는 것은 선물을 하는 가장 기본적인 이유다. 하지만 1980년대 초 일본의 선물 문화는 소위 '의리' 문화가 지배적이었다. 생일·결혼·승진 등 특별한 날의 선물은 체면과 예의상 주고받는 것이 당연하게 여겨졌다. 마루이 백화점은 이런 관성에 맞서 '좋아한다'라는 솔직한 감정과 순수한 마음을 전면에 내세웠다. 좋아하니까 준다는 것은 너무 당연한 이야기지만, 본질을 잃어 버린 세상에서는 그 뻔한 이야기가 정곡을 찌르는 일격이 됐다. 그리고 엄청난 공명을 일으켰다.

이 카피는 특히 마루이가 타깃팅하고 있던 젊은 세대에게 폭발적인 공감을 불러일으켰다. '의리가 아닌 진심'을 강조함으로써 젊은 층의 감성 소비 트렌드와 완벽하게 맞아떨어진 것이다. 이 캠페인의 성공으로 마루이는 단순한 백화점이 아닌, 젊은이들의 라이프스타일을 제안하는 브랜드로서의 위상을 굳힐 수 있었다. 선물을 구매하는 것이 아니라 '마음을 주고받는 경험'을 제공한다는 새로운 가치를 창조한 것이다. 본질을 향해 직구를 던져 승부한, 카피의 성공이었다.

남자한테 참 좋은데
어떻게 표현할 방법이 없네

천호식품 산수유1000

2010년, TV 광고를 보던 사람들이 자못 의미심장하게 킥킥대며 웃기 시작한다. 표현할 방법이 없다고 이야기했지만, 아는 사람들은 다 아는 이야기다. 회사 대표가 직접 나와 어눌한 경상도 사투리로 머뭇거리며 고민을 이야기하는 짧은 광고는 빠르게 사람들의 입소문을 타고 화제가 됐다. 총 제작비 2천만 원. 왠만한 유명 CF 감독의 연출료도 안되는 비용으로 만든 이 영상은 B급 감성 TV 광고의 전설 중 하나가 됐다.

당시 건강기능식품 시장은 지속적으로 성장 중이었고, 산수유는 남성의 성기능과 관련된 이미지로 소비자에게 인식되고 있었다. 그러나 여러 규제상 직접적인 효능 언급이 불가능했다. 브랜드는 이를 역으로 이용한다. "말은 못하지만 뭔지는 알겠지?"라는 식의 간접적이고 유머러스한 표현이 적중한 것이다. 방영 직후 산수유 제품 매출은 150퍼센트 이상 급증했고[1] 이 카피는 유행어가 되어 수많은 패러디를 낳았다. 천호식품의 매출은 빠르게 성장했고 광고에 출연한 김영식 회장은 '산수유 회장님'으로 불리며 큰 인기를 얻었다.

그러나, 절묘한 광고가 가져다 준 성공은 7년을 넘기지 못했다. 2016년에는 김 회장이 박근혜 정권 국정농단을 규탄하는 촛불집회 참여자들을 폄하했다는 논란에 휘말렸고, 2017년에는 가짜 홍삼농축액을 쓴 일이 적발되어 큰 비판에 직면하다 식약청의 행정처분까지 받았다. 결국, 창업주 김 회장은 경영에서 물러났고, 지분도 모두 사모펀드로 넘어갔다.

Zoom-Zoom
줌-줌

마쓰다

2000년대 초반, 일본의 자동차 브랜드 마쓰다가 미국 시장을 시작으로 내놓은 슬로건이다. 이 카피는 전형적인 자동차 브랜드의 슬로건들과는 전혀 다른 방식으로 만들어졌다. "Zoom-Zoom"(줌-줌)은 어린아이가 장난감을 가지고 놀며 흉내 내는 자동차 소리다. 한국어로 치면 '붕붕' 혹은 '씽씽' 정도의 느낌이다. 브랜드의 기술력이나 성능이 아니라, 움직임이 주는 본능적 즐거움, 즉 운전하는 사람의 감각을 이야기한 것이다.

이 슬로건은 자동차에 대한 원초적인 호기심과 동경을 자극한다. 짧게 반복되는 의성어는 쉽게 따라 할 수 있고, 특유의 리듬감이 입에 잘 붙는다. 언어와 문화를 초월해 전 세계 소비자들에게 어필할 수 있었다. 이는 감성의 영역에서 소비자와 브랜드의 일체감을 만들어 냈다. 그 결과 마쓰다는 '이동을 위한 기계'가 아니라, '움직임의 즐거움을 주는' 브랜드로 자리매김했다. 광고에 사용된 브라질 민요풍의 경쾌한 배경 음악 역시 이 슬로건을 소비자의 뇌리에 깊이 각인시켰다.

유치하게 들릴 수도 있었던 시도는 오히려 소비자의 직관과 감성을 건드리며 젊은 세대부터 자동차 마니아까지 폭넓은 호응을 얻었다. 미국 시장에서의 성공은 글로벌 시장으로 확산되었고, 브랜드 인지도와 판매량도 크게 증가했다. 흥미롭게도 해외에서 먼저 성공한 이 슬로건은 '역수입'되어 일본 내에서도 마쓰다의 핵심 슬로건으로 정착했다. '애들 장난'할 때 쓰는 말이 성공적인 카피가 된 셈이다.

なにも足さない。なにも引かない
아무것도 더하지 않는다.
아무것도 빼지 않는다

산토리 위스키 야마자키

1980년대 중반 최정점을 찍은 뒤 일본 위스키 시장에는 위기의 신호가 감지되고 있었다. 주세가 인상되었고 와인 등 대체 주류가 부상하기 시작했다. 엎친 데 덮친 격으로 외국산 위스키 수입까지 늘어나며 1980년대 중후반에 침체기로 접어들었다. '보틀 킵' 제도를 도입하는 등 위스키 대중화를 주도하며 시장을 이끌던 산토리는 광고를 통해 성공한 성인 남성 취향의 고급스러운 이미지를 강조하고 있었다. 상황은 변했고, 시장 침체에 대응할 전략이 필요했다.

산토리는 본질에 집중하기로 했다. 광고에는 야마자키 지역의 한 호수 표면에 사자성어가 큰 자막으로 나타난다. 山紫水明(산자수명). 산의 풍경은 아름답고, 물은 맑고 깨끗하다. 정성껏 위스키를 숙성시키는 나무통과 자연이 교차되는 담백한 이미지뿐이다. 어떤 현란한 광고적 기교도 없다. 말 그대로 본질 외에 어떤 것도 허락하지 않는 장인 정신, 자연과 시간만으로 빚은 술이라는 자부심과 자신감이 조용히 광고 속에서 빛난다.

이 광고의 정점은 카피다. "아무것도 더하지 않는다. 아무것도 빼지 않는다." 위스키의 다양한 요소가 어우러진 완벽한 균형을 이토록 쉽고 명징하게 표현할 수 있다니. 진정성·자연스러움·장인 정신을 이 짧은 카피에 여유롭게 담아냈다. 짧지만 깊고, 단순하지만 철학적이다. 본질을 꿰뚫는 통찰력과 그것을 시적으로 표현하는 언어 감각이 만나 탄생한 명작이다.

Be Stupid
멍청이가 되자

디젤

이탈리아의 청바지 브랜드 디젤이 "멍청이가 되자"라고 선언한 것은 스마트 혁명이 세상을 뒤흔들던 2010년의 일이다. 2007년에 아이폰이 출시된 후, 온 세상이 '스마트'를 추구하던 때다. 도발적이고 반지성주의적으로 보이는 이 슬로건은 단순한 역설 이상의 메시지였다. 디젤은 이 대담한 문장으로 세상의 흐름에 맹종하는 분위기와 기존의 규범을 비틀었다. 앞뒤 따지지 않고 시도해 보는 바보 같은 행동이 창조와 변화의 원동력이라는 기업의 철학이 담겨 있었다.

광고에는 CCTV 앞으로 올라가 가슴을 드러내는 여성·우체통에 머리를 넣고 물구나무를 서는 남성 등이 등장한다. 선정적이며 반사회적이라는 비판을 받을 만큼 임팩트가 강한 비주얼 위에 "스마트한 사람은 계획을 갖고, 멍청이는 스토리를 갖는다" "스마트한 사람은 머리로 듣고, 멍청이는 가슴으로 듣는다" 등의 카피가 함께 얹혔다. 스마트와 대비되는 멍청이의 가치가 담긴 광고물은 큰 반향을 일으키고, 젊은 가슴을 뛰게 했다. 칸 국제광고제 옥외 부문 그랑프리 등 유수의 광고상 수상은 덤이었다.

이 슬로건은 기존의 틀을 벗어나 거침없이 도전한 스티브 잡스의 인생과 맞닿아 있다. "바보같이 살라"Stay Foolish고 강조한 스티브 잡스가 만든 것이 스마트폰이고, 그 정신을 잘 살리는 방법이 "Be Smart(스마트해지자)"가 아닌 "Be Stupid"(멍청이가 되자)다. 이 역설은 진짜 스마트함과 어리석음이 무엇인지 생각해 보라고 과제를 던져 주는 것만 같다.

ただ一度のものが、僕は好きだ
단 한 번뿐인 것이, 나는 좋다

캐논 카메라

이 카피는 1976년 캐논 AE-1 카메라 광고에서 처음 등장했다. AE-1은 세계 최초로 마이크로컴퓨터를 탑재한 자동 노출 기능의 카메라로, 고가의 전문가용 제품이 주도하던 SLR 카메라 시장을 일반 소비자에게까지 넓힌 제품이었다. 일반인도 전문가에 뒤지지 않는 품질로 결정적인 순간을 남길 수 있는 카메라라는 뜻.

광고는 이것을 의외의 비주얼로 표현했다. 고교 야구가 열리는 고시엔 구장에서 경기 전에 흰 라인을 긋는 장면을 위에서 내려다본 사진이 광고의 메인 이미지다. 사선으로 그려진 흰 선은 경기 시작 전의 묘한 긴장감을 자아낸다. 이 장면은 이치카와 곤 감독의 영화 『도쿄 올림픽』의 엔딩 신을 모티프로 만들어졌다고 한다.[2] 사진 아래에는 헤드라인에 이어, 다시 오지 않을 청춘의 소중함과 그 순간을 기록하는 감동을 바디 카피로 담았다. "단 한 번"이라는 표현에 담긴 절실함이 주는 울림이었다.

결국 이 광고는 촬영 기술이나 노하우가 없어도 순간을 놓치지 않는 카메라라는 점을 소비자들에게 전하려고 만들어졌다. 그러나 그것을 기술적 설명이 아니라 공감할 수 있는 감성으로 전했기에 소비자와 광고인 들의 찬사를 받았다. 광고가 집행된 후 제품에 대한 관심이 높아진 만큼 판매량과 시장점유율이 빠르게 올라갔다. 이 카피는 1978년 TCC 클럽상을 받으며 그해 발표된 최고의 광고 카피 반열에 올랐다.

사랑은 언제나 목마르다

롯데칠성 2% 부족할 때

1999년, 롯데칠성은 새로운 개념의 음료를 내놓았다. 물보다 진하고 주스보다 가벼운 미과즙 음료 '2% 부족할 때'였다. 체내 수분이 2퍼센트만 부족해도 갈증을 느낀다는 과학적 사실에서 출발한 이 제품은 단순한 기능성보다 감각적인 언어로 소비자를 자극했다. 단어가 아니라 숫자와 기호가 포함된 문장형 네이밍은 당시로서는 파격이었다.

이 카피는 정우성이 출연한 TV 광고에 처음 등장했다. 론칭 초기에는 일반적인 음료 광고의 문법으로 제품을 알리던 롯데칠성은, 2001년부터 영화의 한 장면 같은 극적인 광고 시리즈를 선보였다. 배우 정우성을 주인공으로 장쯔이와 전지현 등이 열연한 이 시리즈에서 "가! 가란 말이야!" "날 채워 줘" "우리 그냥 사랑하게 해 주세요" 같은 대사가 유행어처럼 퍼졌다. 모든 영상의 마지막을 장식한 문장이 바로 "사랑은 언제나 목마르다"였다. 이러한 광고 전략은 제품의 속성을 감성적인 스토리와 연결해 물리적 갈증과 심리적 갈증을 중첩시키며 브랜드의 정체성을 강화했다.

이후 걸그룹 핑클을 모델로 한 "날 물로 보지 마" 같은 유쾌한 카피도 등장했지만, 가장 강력한 카피는 따로 있었다. 제품명 그 자체였다. '2% 부족할 때'라는 이름이 준 임팩트는 강하고 오래갔다. 지금도 뭔가 아쉬운 상황을 두고 "2프로 부족하다"라고 표현한다. 제품명이 관용어로 자리 잡으며 스스로 생명력을 얻게 된 것이다.

Imagination at Work
일 속의 상상력

제네럴 일렉트릭

2003년 1월, 제네럴 일렉트릭(이하 GE)은 24년간 사용한 "We bring good things to life"(우리는 좋은 것을 삶으로 가져옵니다)를 내려놓고 새 슬로건을 발표했다. 2001년에 잭 웰치의 뒤를 이어 CEO에 오른 제프리 이멜트가 기업의 이미지를 혁신하고자 지시한 새로운 커뮤니케이션 전략이 시작된 것이다. 당시 GE는 이미 오래전에 가전·조명 중심의 제조업을 넘어, 항공·헬스케어·금융 등 사업군을 다각화하고 있었다. 그러나 일반적인 사람들의 인식 속의 GE는 여전히 전구와 세탁기를 만드는 회사였다.

GE는 새로운 사업군과 B2B 파트너를 아우르는 폭넓은 브랜드 이미지가 필요했고, 기존 슬로건으로는 한계가 분명했다. 그래서 내놓은 키워드가 바로 "상상력"이었다. 새 슬로건은 GE가 하는 일의 본질을 '무언가를 만들어 내는 것'에서 '새로운 발상을 통해 창조하고 혁신하여 사람들의 삶과 세상을 변화시키는 것'으로 확장했다.

새로운 슬로건으로 대대적인 캠페인을 전개하면서 오래된 슬로건 교체에 대한 비판과 회의론이 잦아들었다. 캠페인 1년 후의 조사에서는 GE를 혁신적인 첨단 기업으로 인식하는 비율이 크게 상승한 결과를 받아들 수 있었다. 제조기업의 이미지를 글로벌 혁신 기업의 상징으로 새롭게 포지셔닝한 이 짧은 한 줄은, 2005년 아메리칸비즈니스미디어가 주최한 '광고 위크'에서 최우수 슬로건 1위를 차지했다.[3]

Discover Japan
일본을 발견하세요

일본국유철도

1970년 10월, 일본 성장의 상징이었던 오사카 만국박람회가 막을 내렸다. 1964년 신칸센 개통 등 철도 인프라가 정비됐지만, 박람회 이후 교통 수요 감소가 우려되는 상황이었다. 당시 자동차 보급이 급증하고 비행기 수요가 빠르게 증가하면서, 철도는 타 교통수단과의 경쟁도 심화되고 있었다.

철도 여행의 매력을 강조하며 수요를 견인하고자 시작된 「Discover Japan」 캠페인은 철도기업이 그동안 만든 기존 광고와 달리 목적지 중심의 홍보 방식을 과감히 버렸다. 대신 '여행 그 자체의 의미'와 '자신과 일본의 재발견'이라는 감성적 메시지에 집중했다. 구체적인 여행지를 제시하지 않고 '어딘가로 떠나고 싶다'는 분위기를 조성하는 것이 핵심이었다. 이 광고는 50여 년 전의 것이라는 게 믿어지지 않을 만큼 세련됐다. 커다란 영문 타이포와 감성적 여행 사진 그리고 공감과 여운을 주는 서브 카피까지 수준 높은 광고물이 대중의 눈을 사로잡았다.

사실, 슬로건 자체가 파격이었다. 1967년에 미국에서 진행된 관광 캠페인인 「Discover America」(미국을 발견하세요)에서 형식을 차용했는데, 당시에는 "Discover"가 대중적 슬로건으로 쓰기에는 어려운 단어라는 의견도 많았다고 한다.[4] 또한 국유철도기업에서 영어 슬로건을 내세운 것에 대한 비판도 쏟아졌다. 그러나 완성도 높은 광고와 함께 캠페인은 큰 성공을 거두었다. 뚝심 있게 밀어붙인 영어 단어 두 글자가 일본 사회에 신선한 충격을 주고, 일본의 여가 문화를 바꾸기 시작한 것이다.

주소만 한국이다

우송대학교

2010년대 후반, 지방 대학의 위기 속에서 대전에 위치한 우송대학교가 내놓은 슬로건이다. 위치는 한국에 있지만 교육의 수준은 세계적이라는 뜻을 담고 있다. 우송대는 솔브릿지 국제경영대학을 비롯한 주요 전공의 영어 강의·복수 학위 프로그램·해외 취업 연계 등 실제로 국제화 전략에 집중했다. 글로벌 네트워크를 강조하는 수많은 대학이 대부분 비슷한 내용을 홍보하고 있지만, 이 대학은 세계 대학평가에서 유수의 수도권과 지방 명문대학들을 제치고 국내 대학 31위, 국제화 역량 전국 1위를 차지하는 등 실질적인 성과를 내고 있다.[5]

광고는 버스 외부와 정류장·디지털 매체를 중심으로 꾸준히 집행됐다. 광고에는 이 슬로건과 함께 "우송이 곧 유학이다" 같은 문구로 외국인 교수·글로벌 취업 사례 등을 강조하며 일관된 메시지를 전달했다. 지방 대학의 이미지를 더 부각시킨다는 비판적 반응도 있었지만, 차별적 교육 수준에 대한 자신감을 명쾌한 카피로 전달했다는 호평을 받았다. 입시철이 되면 수많은 대학의 광고들이 경쟁하고 있는데, 카피 측면에서는 가장 돋보인다.

무엇보다 눈여겨 볼 점은 이 슬로건을 오랜 시간 일관되게 사용했다는 사실이다. 많은 대학이 총장이 바뀔 때마다 슬로건과 카피를 바꾸면서 일관성 없는 홍보 활동을 벌이는 데 비해, 우송대는 자신 있는 하나의 메시지를 꾸준히 밀어붙이며 대학 이미지를 확립했다. 성공적인 지방 대학의 브랜드 전략 사례로 평가할 만하다.

It is. Are you?
우리는 그렇습니다. 당신은?

『인디펜던트』

1986년, 영국 언론계는 거대한 변곡점에 서 있었다. 정치적 입장에 따라 나뉘어 있던 전통 언론들은 낡은 관행에 묶인 채 노조와 갈등을 빚었고, 루퍼트 머독의 미디어 제국이 여론을 독점하고 있었다. 그때 등장한 새로운 일간지 『인디펜던트』는 이름 그대로 '독립'을 선언했다. 특정 정당이나 자본으로부터 자유로운 품격 있는 언론을 지향하는 새로운 신문의 탄생이었다.

창간과 함께 공개된 이 슬로건은 신문의 정신을 압축했다. 『인디펜던트』의 창간 기념 TV 광고에는 평범한 사람들의 모습과 "그녀는 그렇다"She is "그는 그렇지 않다"he isn't 등의 자막만이 등장한다. 그러고 나서 『인디펜던트』의 제호가 정면으로 잘 보이게 접혀 있는 신문지 아래에 "우리는 그렇습니다. 당신은?"이라는 자막이 제시된다. 이것은 소비자에게 던지는 질문이다. 당신은 자본과 권력과 여론의 영향으로부터 독립적으로 세상을 보고 있는가.

론칭 첫날, 70만 부가 넘게 팔리며 기존 언론에 염증을 느끼던 영국인들의 뜨거운 반응이 확인됐다. 이후 『인디펜던트』는 균형 잡힌 시각의 언론으로 빠르게 자리매김했다. 그러나 정치와 자본으로부터 독립하려던 『인디펜던트』도 시대의 흐름으로부터 독립할 수는 없었다. 매스미디어와 종이 신문이 쇠퇴기를 맞으며, 온라인 기사만 발행하기로 결정한 것이다. 2016년 3월 26일을 마지막으로 『인디펜던트』는 더 이상 종이 신문을 발행하지 않는다.

United Colors of Benetton
유나이티드 컬러스 오브 베네통

베네통

이탈리아의 패션 브랜드 베네통의 슬로건이다. 1980년대 초에는 "All the Colors of the World"(세계의 모든 색상)이라는 카피를 사용했는데, 이때만 해도 색상은 단순히 옷의 다양한 색을 뜻했다. 충분히 패션 기업이 내세울 만한 콘셉트와 슬로건이었다. 1980년대 중반에 들어서면서 "United Colors of Benetton"이라는 슬로건으로 바뀌었다.

사진작가 올리비에로 토스카니가 베네통의 크리에이티브를 주도하면서 이 카피는 세계인들에게 본격적으로 각인되었다. 베네통은 1980년대 후반부터 1990년대를 통과하며 흑인 여성과 백인 아기의 모유 수유·에이즈 환자의 죽음·사형수의 초상·종교 지도자들의 키스 등 사회적 금기를 건드린 파격적인 크리에이티브를 선보였다. 베네통의 캠페인은 언제나 논란과 찬사를 동시에 불러왔다. 충격적인 이미지마다 이 카피가 놓여 있었다.

베네통이 말하는 색은 상품의 색상이 아니라 다양한 인간에 대한 은유였다. 이런 시도는 베네통을 화제의 중심에 세우며 인지도와 주목도를 높였지만 점점 패션 브랜드로서의 본질은 흐려졌다. 베네통식 논란에 대한 대중의 피로감이 쌓이면서 광고의 효과도 서서히 떨어졌다.

베네통은 2000년대 들어 토스카니와 결별한 후 메시지의 방향을 바꿨다. 여전히 다양성과 포용성을 내세우지만, 사회적 이슈보다는 보편적 개인의 가능성으로 초점을 좁혔다. 확실히 패션 브랜드다워졌다. 하지만 논란이 없는 베네통은 과거를 회개하고 돌아와 모범생이 된 탕아처럼 재미도 없어졌다.

女性の美しさは都市の一部分です
여성의 아름다움은 도시의 일부분입니다

시세이도 인우이

이 카피는 1981년, 시세이도의 프리미엄 브랜드 인우이의 광고에서 처음 선보였다. 인우이 브랜드 안에서도 아이라이너·마스카라·아이브로 같은 아이 메이크업을 중심으로 색조 화장품 라인의 광고에 사용됐다. 선과 색으로 여성의 메이크업을 완성하는 제품의 특성은 화려하면서도 세련된 도시적 분위기와 잘 어울리는 듯하다. 그렇다고, 이 카피가 여성 소비자를 단순히 외모를 꾸며서 도시를 돋보이게 만드는 장식 역할로 규정한 것은 아니었다.

인우이는 1970년대 후반 브랜드 론칭 이후 선보인 광고에서도 "그녀가 아름다운 것이 아니라, 그녀의 삶의 방식이 아름답다"라는 카피를 통해 여성의 주체적인 독립성을 강조한 바 있다. 1980년대 들어서는 한 발자국 더 나아갔다. 점차 숫자가 늘어나고 있던 커리어우먼들을 '도시의 아름다운 독립적 주체'로 규정한 것이다. TV 광고 속의 여성 모델은, 남성 중심의 도시에서 당당하게 자신만의 존재감을 발현하는 모습으로 표현됐다.

실험적인 예술 작품 스타일의 영상과 도시성을 강조한 카피가 어우러져, 인우이는 고급스러우면서도 지적인 브랜드로 자리 잡았다. 이 카피는 계절마다 새로운 광고가 쏟아지는 화장품 업계에서 이례적으로 장기간 사용되며 인우이의 정체성을 확고하게 세웠다. 화장품 브랜드를 알리는 메시지를 넘어, 시대에 어울리는 미학을 제안했다는 측면에서 이 한마디는 1980년대 초반의 대표 카피로 지금까지 기억된다.

Nothing comes between me and my Calvins
나와 청바지 사이엔 아무것도 없어요

캘빈 클라인

1980년, 15세 소녀가 찍은 청바지 광고 한편에 온 업계가 들썩거렸다. 곡선이 강조된 자세로 청바지를 입고 앉아 휘파람을 불던 소녀가 문득 카메라를 똑바로 바라보며 속삭인다. "나와 캘빈 클라인 사이에 무엇이 있는지 알고 싶어요? 아무것도 없어요."

주인공은 바로 영화배우이자 모델 브룩 쉴즈였다. 1980년대 한국에서도 소피 마르소·피비 케이츠와 함께 '책받침 여신'으로 큰 인기를 모았던 스타다. 12세에 영화『프리티 베이비』에서 어린 매춘부 역을 맡아 충격을 안긴 그 소녀가, 이번에는 청바지 모델로 다시 한 번 논란의 중심에 선 것이다. 광고는 단순했다. 노출도 없었다. 그저 카메라에 대고 던지는 도발적인 메시지. 그것으로 충분했다. ABC·CBS 등 주요 방송국들이 방영을 금지했고, 여성단체와 교육계는 "아동 포르노"라며 비난의 목소리를 높였다.

그러나 논란은 곧 매출로 이어졌다. 광고가 나간 직후 한 달 만에 200만 장의 청바지가 팔려 나갔고, 1년 만에 1억 달러 이상의 매출을 올렸다.[6] 떠오르던 신성 브룩 쉴즈는 하루아침에 패션 세계의 아이콘이 됐다. 훗날 그녀는 인터뷰를 통해 "그때는 너무 순진했다. 선정적인 메시지를 담고 있는지 몰랐다"라고 회고했다. 논란의 15세 소녀는 어느새 환갑을 넘겼다. 브룩 쉴즈는 그때 입었던 청바지 중 한 벌을 메트로폴리탄 미술관에 기증했다. 그녀가 입었던 바지는 이제, 박물관의 유물이 되었다.

작은 차 큰 기쁨

대우자동차 티코

이 카피는 1991년, 대우자동차가 경차 티코를 출시하며 내세운 슬로건이다. 당시 국내 시장은 '큰 차' 선호가 뚜렷했지만, 국민차 사업이 추진되며 경차 시장이 막 태동하던 시기였다. 경쟁 차종이 거의 없던 상황에서 티코는 연비와 유지비 부담이 적고, 도심 주행·주차에 유리한 장점을 내세워 20-30대와 여성 운전자·세컨드카 수요층의 호응을 얻었다. 초기에는 '작다'는 편견이 있었으나, 경제성과 실용성이 입소문을 타면서 '국민 경차·서민의 발'로 인식이 바뀌었다.

광고에는 좁은 골목과 혼잡한 도심에서 편리하게 주행·주차하는 장면, 저렴한 유지비와 실속 있는 옵션이 부각됐다. 밝고 경쾌한 연출은 젊은 소비자층의 감성에 맞춰 경차에 대한 인식을 바꾸는 데 기여했다. TV 광고 속 경제성을 강조한 카피 "아껴야 잘 살죠"도 유행어가 되며 티코의 인기를 부추겼다. 티코는 출시 첫 해 하반기 3만 대 이상, 이듬해 6만 대 가까이 판매되며 베스트셀러 반열에 올랐다.

티코는 2001년을 마지막으로 생산이 중단되고, 마티즈가 그 뒤를 이었다. 그러나 한국에서는 안전에 대한 우려·경차 혜택 축소·가격 경쟁력 약화가 겹치며 2010년대 이후 경차의 판매량과 시장점유율이 급감했다. 무엇보다도 차를 사회적 성공의 지표로 보는 사회적 인식이 걸림돌이 됐다. 이런 사회적·문화적 환경 속에서 한국에서는 '작은 차의 큰 기쁨'을 온전히 누리기 어려운 시절이 오래 이어지고 있다.

トースト娘ができあがる
토스트 소녀가 완성되다

전일본공수

이 카피는 1979년 민간 항공사 전일본공수가 선보인 오키나와 여행 캠페인에 등장했다. "토스트 소녀"라는 표현은 오키나와의 태양 아래 건강하게 그을린 피부를 지닌 소녀를 가리킨다. 여성의 피부를 토스트로 은유한 것이 자칫 오해를 불러일으킬 수도 있었지만, 햇빛이 뜨거운 여행지에서 피부 색상이 변하는 것에 대한 표현으로 유쾌하게 받아들여졌다.

이 카피의 배경에는 1970년대 말 고도 경제성장의 여유와 오키나와 여행의 대중화가 깔려 있다. 이 시기 일본항공과 전일본공수가 오키나와 노선을 두고 치열한 마케팅 경쟁을 벌였다. 한편으로는, 서핑과 테니스 같은 서구형 아웃도어 스포츠 인기로 인해 일광욕을 한 구릿빛 피부가 건강하고 활동적인 라이프스타일의 상징으로 인식되던 때였다. 전일본공수는 이러한 흐름을 크리에이티브한 아이디어로 반영해 광고를 선보였다.

광고에는 건강한 이미지의 소녀가 수영복을 입은 모습으로 등장했다. 오키나와에서 근무중인 미국 공군 장교의 딸이었던 모델은, 동양계 어머니의 영향으로 동서양의 아름다움이 섞인 신비한 분위기에 갈색 피부로 '토스트 걸'이라는 별명을 얻으며 큰 관심을 모았다. 거리에 붙은 그녀의 포스터가 도난당하고, '토스트 걸'이라는 표현이 만화에도 등장하는 등 유행어가 되기도 했다. 이 캠페인 이후 일본 광고계는 '캠페인 걸' 유행이 퍼지기도 했다. 이 광고는 오키나와 관광에 대한 관심과 광고주의 매출을 끌어올리면서, 그해 최고의 광고로 평가됐고 1980년 TCC 클럽상을 받았다.

帰ったら、白いシャツ
돌아오면 하얀 셔츠

전일본공수

앞에서 본 "토스트 소녀"와 함께 일본 전후 광고 카피 베스트 100위 안에 꼽힌 전설적 카피다. 이 문장 역시 오키나와 여행 캠페인에서 등장했다. 사회·문화적 파급력은 재치 있는 발상의 "토스트 소녀" 가 더 컸지만, 카피의 완성도 측면에서는 오히려 이 문장을 더 높게 평가하기도 한다.

광고는 단순하다. 열대수의 그늘이 드리워진 해변에 앉아 있는 모델의 모습과 이 카피가 전부다. 이 카피가 지닌 힘은 소비자의 상상력으로 꽉 채워지는 여백에 있다. 여행지의 뜨거운 햇살·건강하게 그을린 피부가 먼저 떠오른다. 그리고 여행지에서 돌아와 일상에 복귀했을 때, 오키나와에서의 추억을 각인시켜 주는 듯이 구릿빛 피부가 돋보이는 새하얀 셔츠의 대비까지. 9개의 글자 앞에 선 소비자의 마음은 이미 오키나와의 해변으로 날아가고 있다.

이 카피는 발표 직후 광고계와 소비자 모두에게 깊은 반향을 일으키며 오키나와를 단순한 여행지가 아니라, 현대 일본인이 선망하는 휴양지로 격상시켰다. 또한 일본항공과는 차별화되는 세련됨과 여유라는 감각을 항공사 브랜드 이미지에 더했다. 오늘날에도 이 문장은 간결한 문장으로 풍성한 스토리텔링을 완성한 명카피로 인용되고 있다.

The best or nothing
최고가 아니면 아무것도 아니다

메르세데스 벤츠

벤츠는 왜 고급스러워 보일까. 가격? 희소성? 기술력? 아니다. 벤츠니까 그렇다.

벤츠는 차가 아니다. 상징이다. 성공, 그 이상의 성공을 의미한다. 물론, 벤츠보다 비싼 차도 있다. 다양한 라인업이 나오면서 타는 연령대나 소득층도 넓어졌다. 그러나 여전히 대중의 머릿속에 벤츠는 최고로 성공한 0.1퍼센트를 의미한다. 이러한 '벤츠다움'을 가장 극적으로 보여 주는 슬로건이 있다면 바로 "The Best or nothing"(최고가 아니면 아무것도 아니다)이다.

이 슬로건은 2010년 공식 도입되었지만, 그 뿌리는 훨씬 깊다. 메르세데스 벤츠의 창립자 중 한 명인 고틀리프 다임러는 20세기 초 "최고가 아니면 만들지 않는다"Das Beste oder nichts라는 말을 남겼고, 이는 이후 벤츠의 브랜드 철학으로 계승되었다. 1902년 벤츠 광고에서 유사한 표현이 처음 등장한 것도 이 철학의 연장선상에 있다.[7]

100년이나 지난 시기에 이 슬로건이 다시 등장한 배경에는 프리미엄 자동차 시장의 경쟁 심화가 있었다. 100년 이상의 역사를 통틀어 수많은 벤츠의 슬로건이 있었다. 이전까지는 '엔지니어링 우수성'이나 '럭셔리' 중심이었다면, 이 문장은 기술력·디자인·안전 등 모든 부문에서 타협 없는 완성도를 추구하고 있다는 자신감을 담았다. 그저 미래지향적 비전이나 의지가 아니다. 과거·현재·미래를 포괄하는 '벤츠적 시제'를 가진 문장이라 할 만하다.

그래서, 500원입니다

롯데삼강 구구콘

구구콘이 처음 등장한 1990년의 짜장면 한 그릇 가격은 800원, 일반 고급 아이스크림이 300원이었다. 100원짜리 아이스크림이 즐비하던 시절, 300원짜리 아이스크림도 제법 결단이 필요한 사치였다. 그런데 500원이라니. 미국 스탠다드 캔디의 구구 클러스터를 라이선싱했던 롯데삼강은 초 프리미엄 콘제품 구구콘을 출시하면서 가격을 광고의 주제로 삼는 정공법을 택했다. 전형적인 저관여 제품군에 속하는 아이스크림 광고에서는 상상하기 힘든 모험이었다.

광고에는 배우 최수종이 단정한 양복 차림으로 등장했다. 그는 초콜릿·마시멜로·아몬드 등 고급 재료를 차례로 나열하며 마지막에 유머러스하지만 단호한 목소리로 "그래서 500원입니다"를 외쳤다. 손가락 다섯 개를 펼치며 외치는 카피는 순식간에 전국적인 유행어가 됐다. 많은 사람이 맥락과 상관없이 "그래서 500원입니다"를 따라했다. 이 카피는 가격에 대한 저항을 자연스럽게 흡수했고, 구구콘의 판매도 급격히 증가했다.

이 광고가 나온 후 20여 년이 흐른 뒤 '500원'이 다시 화제가 된다. 『개그콘서트』「거지의 품격」코너에서 허경환의 대사 "궁금하면 500원"이 유행어가 되며 인기를 끈 것이다. 시기의 차이도 있고, 500원의 가치도 다르기 때문에 전혀 다른 맥락의 콘텐츠이긴 하다. 물론 직접적 연관성은 없지만, 구구콘 광고로 인해 한국인의 무의식 속에 남아 있던 '500원'이라는 단위가 친근하게 작용했기 때문은 아니었을까. 검증할 수는 없지만 꽤 설득력 있는 가설이다.

ナイフで切ったように夏が終わる

칼로 베어 낸 것처럼 여름이 끝난다

파르코

이 카피는 1982년, 패션 중심의 복합쇼핑몰 파르코의 신문광고에서 공개됐다. 광고는 남자의 머리를 끌어안은 채 강렬한 눈빛으로 어딘가를 응시하는 여성 모델의 이미지와 짧은 문장만으로 구성됐다. 세일 정보를 알리는 것도, 쇼핑몰에 대한 설명도 없었다. 이 알듯 말듯한 한 줄이 어떻게 소비자들의 사랑을 받고 40년이 지난 지금까지도 회자될까.

일본 광고 속 여름은 흔히 젊음·열정·축제를 상징한다. 그런데 파르코는 이 계절이 '칼로 자른 듯' 끝나 버렸다고 표현한다. 서서히 사라지는 것이 아니라 갑작스럽게 단절되는 것은, 계절이 아니라 감정이다. 예고 없이 끝나는 사랑 뒤에 찾아오는 쓸쓸함과 공허함을 계절의 전환에 빗대어 말하는 것이다. 이는 소비자의 감수성을 이해하고자 한 파르코의 메시지이자, 브랜드의 정서적 정체성을 드러낸 표현이었다.

스타일리시한 비주얼과 함께 구체적인 설명을 배제하고, 의미의 여백을 소비자 스스로가 해석하도록 하는 시적 카피는 파르코 광고의 특징이다. 그중에서도 이 문장은 상실감을 통해 소비자와 감성적 일체감을 형성하며 위로를 건넨 독특한 작품이다. 이 문장은 1982년 TCC 연감에 수록되며 일본 광고사의 명작이 되었다.

I'm lovin' it
난 사랑해요

맥도널드

2002년 4분기, 맥도널드는 창립 이래 처음으로 분기 손실을 기록했다. 회사가 상장된 1965년 이후 처음 있는 일이었다. 이 손실로 맥도널드는 전 세계 7백 개 이상의 매장을 닫고 인력을 감축하는 등 대규모 구조조정에 나섰다.[8] 2000년대 초반 들어 맥도널드는 여러모로 위기 상황에 놓였다. 건강 트렌드가 확산되고 어린이들이 주로 찾는 브랜드라는 이미지 탓에 젊은 성인들의 발길은 점점 줄어들었다. 맥도널드는 이 상황을 돌파하고자 전 세계 매장을 하나의 메시지로 묶어 브랜드 이미지를 새롭게 구축하는 글로벌 캠페인을 기획했다.

그 중심에는 "빠빠 빠빠빠~"하며 반복되는 5음표짜리 징글과 함께 등장한 이 슬로건이 있었다. 슬로건은 맥도널드가 아닌 소비자의 시각에서 표현됐다. 즉 제품이나 서비스를 제공하겠다는 약속이 아니라 소비자가 맥도널드를 경험하는 순간의 즐거움을 강조한 것이다. '러빈'(lovin', loving의 간결한 표현)처럼 끝을 줄인 단어를 써서 더 편하고 친근하게 들리도록 했고, 진행형 문장을 써서 즐거운 시간의 생동감을 더했다.

맥도널드가 준비한 것은 단순히 슬로건을 바꾸고 광고를 몇 편 만드는 캠페인이 아니었다. 인기 가수 저스틴 팀버레이크의 노래를 먼저 유행시킨 뒤, 함께 쓰인 징글을 공개하고 글로벌 규모의 통합 광고 캠페인을 전개하는 등 철저한 계획 아래 '생생한 즐거움을 경험하는 공간'으로 브랜드 이미지를 재정비해 나갔다. 캠페인과 함께 매출과 주가가 동반 상승했고, 이 슬로건과 징글은 20년 이상 사용되며 세계인들을 맥도널드로 이끄는 핵심 브랜드 자산이 됐다.

안에서 밖을 만들다

SK하이닉스

2015년, 반도체 기업 SK하이닉스는 TV 광고와 함께 새로운 슬로건을 내놓았다. 반도체는 전자기기 내부에서 보이지 않게 작동하지만, 그 성능과 혁신은 외부 세계의 변화를 이끈다. 이 한 줄은 반도체의 본질적 속성과 그 가치를 직관적으로 연결한다. 또한 전문 용어나 개념 대신, 소비자가 쉽게 이해할 수 있는 간결한 언어로 기술기업의 메시지를 전달하는 데 성공했다.

카피가 등장한 2015년은 4차 산업혁명 담론이 쏟아지고 기술산업의 발전으로 반도체의 중요성이 부각되던 시기였다. 스마트폰·노트북·자동차 등 다양한 산업에 반도체가 핵심 부품으로 쓰였지만, 대중의 인식 속에서 SK하이닉스는 삼성전자에 비해 존재감이 낮았다. B2B 중심의 무겁고 기술적인 이미지를 넘어, 대중과 젊은 세대가 공감할 수 있는 메시지가 필요했다. 그런 상황에서 나온 이 카피는 기업과 제품의 존재 가치를 쉽고 명확하게 전달했다.

광고는 운동선수·디자이너·연구원 등이 어려움 속에서 해답을 찾아가는 모습을 보여 주며, 내실 있게 '안'을 준비하는 것이 '밖'의 긍정적 변화를 만든다는 메시지를 시각화했다. 2018년에는 '반도체 학교'라는 콘셉트로, 의인화된 반도체들이 스마트폰·AI·PC 등 전자기기로 '졸업'하는 장면을 유쾌하게 연출해 어려운 반도체 이야기를 소비자가 쉽게 이해하도록 했다.

이 광고는 유튜브에서 2주 만에 조회수 765만 회를 기록하는 등 폭발적인 반응을 이끌어 냈고, 2018년 대한민국 광고대상에서 크리에이티브 부분 대상을 수상했다. 이 카피는 B2B 기업의 가치를 소비자 언어로 쉽게 전한 모범적인 사례로 평가할 만하다.

さようなら、人類
사요나라, 인류

『마이니치신문』

이 카피는 1971년에 등장했다. 『마이니치신문』이 창간 백 주년을 맞아 기획한 '현대를 바라보자' 시리즈의 1탄으로 발표된 전면 광고에 담겨 있다. 광고 속에는 어딘가를 조용히 응시하는 커다란 고릴라의 얼굴이 크게 클로즈업되어 있고, 그 아래에는 "사요나라, 인류"라는 헤드라인이 굵게 쓰여 있다. 광고 하단에는 고릴라의 시선으로 인간 문명을 반추하는 편지 형식의 긴 바디 카피가 이어지며, 자연을 파괴하며 달려가는 인류가 결국 자기 자신을 멸망으로 이끌 것이라는 경고를 담았다. 이 신문사는 창간 백 주년을 자축하는 대신, 사회적 화두를 전면에 내세운 것이다.

당시 일본 사회는 고도 경제성장의 말기에 접어들며 공해와 환경 문제가 심각해지던 시기였다. 미나마타병·이타이이타이병·요카이치 천식 등 산업화가 남긴 상처는 사회 전반에 충격을 주었고, '성장의 한계' 담론이 대두되고 있었다. 이러한 상황 속에서 신문은 고릴라라는 의외의 화자를 내세워, 발전을 향해 앞으로만 달리는 일본 사회와 인류의 현실을 냉정하게 비판했다.

이 광고는 일본 사회에 적지 않은 파장을 안겼다. 고도 경제성장의 그늘에서 발생한 환경 문제에 대한 사회적 성찰을 촉발했고, 환경보호에 대한 대중적 의식을 고취시켰다. 이후 다수의 신문사와 기업들이 공익적 메시지를 담은 광고를 집행하는 흐름을 선도한 롤모델이 되었다. 또한 언론의 존재 의미를 다시 고찰하게 했으며, 광고의 사회적 역할을 확장하는 계기가 됐다. 이 카피는 이듬해 1972년 TCC 연감에 수록되며 광고계에서도 그 가치를 인정받았다.

The Ultimate Driving Machine
궁극의 드라이빙 머신

BMW

이 카피는 1974년, 미국 시장을 겨냥해 처음 사용되었다. 1956년에 처음 미국 시장에 진출한 BMW는 그동안 각 지역 딜러와 독립 유통 업체가 각자 광고와 마케팅 전략을 세우고 있어 브랜드 이미지가 분산되어 있었다. 각자 여러 가지 장점을 따로 이야기했고, 소비자들에게는 뾰족한 메시지가 전달되지 않았다. 당연히 존재감도 낮았다.

BMW는 벤츠나 아우디 같은 다른 고급차 브랜드와 명확한 차별점을 내세울 전략이 필요했다. BMW는 자동차의 고급스러움이 아니라 운전 그 자체에서 오는 성능과 쾌감을 강조해야 한다고 판단했고, 새로운 광고대행사 아미라티 푸리스 애브루틱이 그 해결책으로 이 슬로건을 제시했다.

이 슬로건은 도로 위의 퍼포먼스와 핸들링·운전의 짜릿함을 브랜드의 정체성으로 규정했다. '이 차는 단순한 이동 수단이 아니다. 최고의 주행 경험을 위한 머신이다'라는 메시지는 BMW의 기술력과 상대적으로 날렵한 디자인과 시너지를 일으켰다. 그리고 시장이 움직였다. 1974년 1만 5,000대였던 판매량은 10년 만에 연간 10만 대에 육박하게 되었다.[9] 이 슬로건은 럭셔리 자동차 시장에서 BMW가 벤츠 등 경쟁자들을 제치고 리딩 브랜드로 치고 나오는 강력한 기폭제가 됐다.

이후 "기쁨"Joy이나 "순수한 운전의 즐거움"Sheer Driving Pleasure 등 여러 캠페인에서 다른 카피도 시도했지만 큰 성공을 거두지 못했다. 결국 BMW는 이 슬로건으로 돌아왔고, 이 한마디는 여전히 핵심 아이덴티티로 자리하고 있다. 처음 세상에 나온 지 50년이 지난 이 카피는 자동차 광고 역사상 가장 위대한 슬로건 중 하나로 꼽힌다.

OK! SK!
오케이! 에스케이!

SK그룹

선경그룹이 사명을 SK로 바꾸며 새로운 도약을 선언한 때는 1998년 IMF 외환위기 직후이다. 당시 선경은 섬유·에너지·반도체·통신 등 다양한 계열사를 거느린 재계 5위 대기업으로, 위기에 잘 대응하며 글로벌 시대를 착실히 준비하고 있었다. 그런데 예상 외의 문제가 있었다. 바로 '선경'이라는 이름이었다. 영문 표기 'Sunkyoung'은 발음이 어렵기도 했지만, 'Sunk + Young'(젊음이 가라앉는다)으로 읽힐 수 있는 부정적 뉘앙스를 그대로 쓸 수는 없었다. 같은 시기 럭키금성이 LG로 사명을 변경해 성공적으로 브랜딩을 한 것을 참고하여, 선경의 영문 첫자를 따 SK라는 사명을 지었다.

이 낯선 이름 'SK'를 소비자에게 쉽고 간결하게 알린 것이 바로 슬로건 "OK! SK!"였다. 고객이 'OK'할 때까지 최선을 다하겠다는 의미를 담았고, 'K'로 끝나는 두 단어가 주는 리듬감은 슬로건의 강점을 더했다. 인쇄 매체로 시각적 노출을 강화했지만, 무엇보다 단순한 멜로디의 징글로 전파를 타면서 금세 대중에게 각인되었다.

이 슬로건에 대한 부정적인 의견도 있었다. 'OK'가 '최고'라기보다는 '그럭저럭 괜찮다'는 의미로 해석될 수도 있어 기업의 슬로건으로 적당치 않다는 지적이었다. SK는 "고객이 OK할 때까지"라는 태그라인을 "고객이 행복할 때까지"로 바꾸면서 부정적인 의미가 부각되지 않도록 '고객 행복'이라는 기업 철학에 집중하며 정면 돌파했다. 이 슬로건과 함께 꾸준히 광고 캠페인이 진행되면서, "OK! SK!"는 SK브랜드의 중요한 자산으로 남았다. 물론, 비판의 목소리도 모두 가라앉았다.

死ぬまで女でいたいのです
죽을 때까지 여자이고 싶습니다

파르코

이 카피는 1975년 패션 전문 쇼핑센터 파르코의 광고에 등장했다. 광고 속에는 전통 기모노 차림의 여성 상반신과 함께 이 문장이 크게 배치되었다. 모델은 현직 게이샤였던 기리키 지즈로, 정적인 아름다움과 기품 있는 모습이 돋보였다. 이 광고는 여러 의미에서 파격적이었다. 트렌디한 패션의 최전선에 있던 파르코가 메인 모델로 게이샤를 전면에 세운 것도, 당시 광고에서 금기시되던 '죽음'死이라는 단어를 노골적으로 쓴 것도 모두 그랬다.

이 카피는 단순히 늙어서도 외모를 아름답게 유지하겠다는 수준의 의미를 넘어선다. 당시 일본은 여성운동이 본격화되던 시기였고, 여성의 지위와 역할 확대에 대한 목소리가 커지고 있었다. 이런 사회적 분위기 속에서 유행에 민감한 브랜드가 전통 의상을 입은 게이샤를 내세우며 '여자이고 싶다'는 메시지를 던진 것이다. 이는 남성 중심 사회의 규범에 순응하지 않고, 자기 정체성과 욕망·미의식을 끝까지 지키겠다는 의미로 읽힌다. 연령의 굴레를 넘어 새로운 시대를 주체적으로 살아가는 여성성을 표현했으며, 전통적 이미지와 진보적 어센다가 절묘하게 교차된 작품이었다. 상품을 판매하는 곳이 아니라 문화를 전파하는 곳이라는 파르코의 철학이 묻어난다.

금기를 깨뜨린 이 광고가 공개되자 뜨거운 반응이 일었다. 단아한 게이샤의 모습이 담긴 포스터는 도난당해 암거래될 정도로 인기가 있었고, "죽을 때까지 ○○이고 싶다"는 패러디 카피가 여러 분야에서 쏟아졌다. 이 작품은 광고계와 미디어에서 큰 화제를 모았고, 1970년대 중반을 상징하는 전설적 광고로 평가받았다.

What else?
더 바랄 게 있나요?

네스프레소

2006년, 네스프레소의 첫 "What else?"(더 바랄 게 있나요?) 광고는 배우 조지 클루니가 매장에 들어서는 장면으로 시작된다. 그는 매장의 두 여성의 대화가 자신을 칭찬하는 이야기인 줄 알고 기분 좋아하지만, 그들이 네스프레소에 대해 이야기하고 있던 사실이 드러나자 머쓱해한다. 전형적인 클리셰로 구성된 코믹 스토리지만, 고급스러운 영상미와 조지 클루니의 매력 그리고 "What else?"라는 짧고 강렬한 카피 덕분에 큰 인기를 끌었다. 같은 해 네스프레소는 클루니를 브랜드 앰배서더로 발탁하고 이 카피를 글로벌 슬로건으로 채택했다.

당시 프리미엄 커피 시장은 급성장 중이었고 캡슐 커피 경쟁도 본격화되고 있었다. 네스프레소는 단순한 맛과 향의 경쟁을 넘어, 프리미엄 브랜드로서의 상징적 위치를 확립하는 전략을 세웠다. "What else?"는 불필요한 설명 없이 이미 충분히 훌륭하다는 메시지로, 네스프레소의 방향성을 압축했다. 이 짧은 문장은 품질과 자신감을 함축하며, 소비자가 다른 브랜드를 더 이상 찾을 필요가 없다는 확신을 전했다. 캠페인 이후 네스프레소는 매출이 4년 만에 3배 이상 증가[10]하며 시장 리더십을 공고히 했다.

광고 시리즈는 20년 가까이 이어지며 위트와 세련된 영상미 그리고 모델의 고급스러운 매력을 결합해 프리미엄 이미지를 각인시켰다. 매년 새로운 에피소드와 게스트를 더해 신선함을 유지했고, 로맨틱 코미디와 탐정물 등 다양한 장르를 패러디해 관심을 끌었다. 2023년부터는 한국 배우 김고은이 등장해 국내 소비자들의 눈길을 사로잡았다. 김고은이라니. 더 바랄 게 있겠는가?

9월

니들이 게 맛을 알아?

롯데리아 크랩버거

1936년생 배우 신구는 연극 무대와 드라마에서 잔뼈가 굵은 연기자다. 2000년에 시작한 시트콤에서 코믹한 역할을 맡으며 젊은 시청자들에게 강한 인상을 남겼지만, 여전히 대중에게는 전형적인 중노년 역할을 잘 소화하는 중후한 배우였다. 그러다 2002년에 나온 한 TV 광고가 히트하며 대체불가한 존재감을 지닌 방송인이 됐다.

헤밍웨이의 소설 『노인과 바다』의 패러디로 광고는 시작한다. 사투리 끝에 엄청난 크기의 대게를 잡고 배 위에 누워 있는 그를 보고, 다른 배 위의 선원들이 놀라워한다. 그들에게 던진 한마디 "니들이 게 맛을 알아?"는 순식간에 국민적 유행어가 됐다, 여기저기서 "니들이 ○○을 알아?" 유의 패러디가 쏟아졌다. 심지어 롯데리아 매장에서 직원에게 "니들이 게 맛을 알아?"를 외치며 주문하는 사람도 많았다고 한다. 게살이라는 독특한 재료가 들어간 제품의 속성을 짧고 직설적으로 표현한 것이 주효했다. 또한 근엄한 역할을 주로 맡던 신구의 익살스러운 연기도 반전의 재미를 주었다.

광고 출연 후 이 노년의 배우는 여러 방송과 광고에서 다양한 역할을 맡고 새로운 유행어를 만들어 내는 등 전 세대를 아우르는 인기를 구가하게 됐다. 66세에 출연한 광고 한 편이 새로운 전환점이 되었고, 그렇게 열린 길은 90대까지 이어지고 있다. 인생의 대표작 『전국노래자랑』의 MC를 60대에 시작해 90대까지 진행한 송해와 더불어 그의 행보는 설익은 인생론을 설파하는 많은 후배에게 조용히 묻고 있다. "니들이 인생을 알아?"

人類八麺類
인류는 면류

닛신식품 멘황

1983년, 닛신식품이 고급 인스턴트 라면 브랜드 멘황麺皇을 출시하며 선보인 카피다. 당시 일본 라면 시장은 프리미엄 제품 출시 경쟁이 치열했다. 소비자들은 단순히 싸고 맛있는 상품을 넘어 더 나은 품질과 독특한 개성을 추구했고, 기업들마다 고급 이미지를 내세운 상품으로 차별화를 시도했다. 이런 상황 속에서 멘황의 이 한마디는 경쟁의 차원을 인류학(!)의 범주로 확장시켰다.

TV 광고는 중국 광저우의 유명 식당 '반계주가'를 배경으로 한다. 대형 식당의 야외 테이블을 가득 채우고 먹는 수많은 중국인과 다른 공간에서 멘황을 먹는 모델이 교차되어 보여진다. 일본인 모델이 멘황을 다 먹자 식당에 있던 중국인들이 일제히 기립박수를 보내는 스토리는 다소 엉뚱해 보인다.

광고의 압권은 식사 장면 위에 자리 잡은 "인류는 면류"라는 커다란 자막이다. 카피가 라임을 맞춘 말장난 같으면서도, 면 요리를 좋아하는 것은 지역과 인종을 뛰어넘은 인류의 공통 기호라는 점에서 강한 공감을 불러일으킨다. 이 카피는 면 요리에 일가견이 있는 일본인뿐 아니라, 국수·라면·짜장면·우동·파스타 사랑만으로는 부족하여 국물 요리마다 면 사리를 추가하는 한국인들에게도 보편타당한 명제가 된다. 짧은 한 줄의 임팩트와 면 사랑의 공감이 어우러진 이 카피는 40여 년이 지난 지금까지도 일본 인스턴트 라면 광고의 대표 카피 중 하나로 꼽힌다.

부채표가 없는 것은 활명수가 아닙니다

동화약품 활명수

1897년에 탄생한 소화제의 상징 활명수에게도 위기가 있었다. 1964년, 탄산가스를 넣어 청량감을 높인 삼성제약의 까스명수가 인기를 얻으며 1위를 차지하게 된 것이다. 동화약품은 탄산가스를 넣은 까스활명수로 맞불을 놓아 1위를 되찾았다. 그러나 까스명수의 적극적으로 마케팅으로 1990년대 중반 까스명수의 시장점유율이 30-40퍼센트를 육박하며[1] 활명수를 턱밑까지 위협하게 된다. 동화약품은 소비자의 신뢰를 강화하고 소화제 대표 브랜드로서의 입지를 다지고자 부채표를 강조한 광고를 시작했다.

지금도 유튜브 등에서 찾아볼 수 있는 것이 사극 편이다. 속이 불편한 중전이 내관이 바친 제품에서 부채표가 없는 것을 발견하고 타박하는 내용의 유머러스한 광고다. 직설적인 카피와 함께 로고를 강조한 캠페인은 여러 매체를 아울러 전개됐다. 개별 광고가 크게 히트하지는 않았지만 메시지를 일관되게 유지하면서, '부채표=활명수=오리지널'이라는 공식을 소비자에게 각인시켰다. 지속적인 캠페인은 시장점유율을 70퍼센트까지 끌어올리면서 활명수의 리더십을 공고하게 만들었다.

흥미로운 것은, 원조를 강조하는 이 광고의 원조는 활명수가 아니라 까스명수라는 점이다. 1960년대 탄산을 처음 넣었던 까스명수는 고가 전략을 내세우며, 20원이었던 까스활명수를 겨냥해 "30원이 아닌 것은 까스명수가 아닙니다" "사실 때는 왕관표를 확인하세요"라는 카피로 마케팅을 한 적이 있다. 활명수는 경쟁자의 30년 전 화법을 고스란히 되돌려준 셈이다.

Don't be evil
사악해지지 말자

구글

2001년에 개봉한 영화 『패스워드』에는 빌 게이츠를 연상시키는 사업가가 악역으로 등장한다. 배우의 외모도 빌 게이츠와 너무나 닮아서, 영화를 보는 내내 '마이크로소프트가 감독을 고소하는 하는 거 아닐까' 걱정이 들 정도였다. 윈도 시스템과 오피스 프로그램으로 디지털 세계를 장악한 빌 게이츠가 그 시절 '세계를 지배하는 독점 기업가'의 대표 후보였다. 그러나 마이크로소프트는 오래지 않아 왕좌에서 내려왔고, 그 자리는 구글의 몫이 됐다.

20여 년 이상 온라인 광고시장의 90퍼센트를 차지하며 그야말로 세계를 지배한 구글의 위치를 생각하면, "Don't be evil(사악해지지 말자)"이라는 슬로건이 오만하게 느껴질지 모른다. 그러나 이 슬로건이 나온 2000년경의 구글은 수익모델도 확실치 않은 신생 기업이었다. 이 슬로건에는 단기적 이익에 급급해 나쁜 결정을 하기보다는, 장기적인 윤리 경영으로 좋은 이미지와 신뢰를 쌓겠다는 신생 IT기업의 건강한 패기가 담겨 있었다.

빠르게 성장해 지구를 정복한 구글은 전임 정복자 마이크로소프트와 유사한 행보를 보였다. 시장점유율이 확대되는 과정에서 여러 논란에 휩싸였고, 개인정보 침해 등의 이슈에도 연루됐다. 독점과 관련된 문제도 지속적으로 제기되며 정부의 견제도 받았다. 하필이면 초기의 다짐이 "사악해지지 말자"여서 초심을 잃었다며 더욱 공격받는 신세가 됐다. 2015년을 전후해 구글은 공식 윤리강령에서 "사악해지지 말자"를 삭제했다. 다행히 그 자리를 대체한 것은 "사악해지자"가 아니라 "올바른 일을 하자"Do the right thing였다.

로션 하나 바꿨을 뿐인데

소망화장품 꽃을 든 남자

스포츠센터 복도를 지나가던 두 남자의 어깨가 부딪힌다. 천천히 서로를 바라보는 두 남자. 서로의 얼굴을 주시하는 눈빛에서 긴장감마저 도는데…… "피부가 장난이 아닌데?"라는 한 남자의 독백에 상대방의 독백이 이어진다. "로션 하나 바꿨을 뿐인데."

이 CF는 '꽃을 든 남자 컬러로션'의 론칭 광고였다. 당시 히트 드라마 『로망스』의 주인공을 맡은 배우 김재원과 2002년 월드컵 스타 축구 선수 안정환의 신드롬급 인기가 광고의 화제성을 끌어올렸고, "로션 하나 바꿨을 뿐인데"라는 한마디는 단숨에 유행어가 됐다. "~하나 ~했을 뿐인데"라는 문구는 재미있게 변형하고 확장하기 쉬웠고, 코미디를 비롯한 여러 콘텐츠에서 패러디되며 일상생활에서도 농담처럼 재활용되곤 했다.

당시 남성화장품 시장은 크게 개화하기 전이었다. 계절에 따라 스킨과 로션을 바르기만 해도 제법 외모에 신경을 쓰는 남자에 속했다. 남성용 색조·기능성 화장품은 시기상조로 보였지만, 브랜드는 시대의 변화를 정확히 읽고 있었다. 남성미보다는 곱상한 외모를 가진 스타들이 각광을 받는 '꽃미남' 트렌드와 맞물려 컬러로션은 성공적으로 시장에 안착했다.

제품은 광고의 성공과 함께 6개월 만에 500억 원 매출을 내는 등 뜨거운 반응을 얻으며 돌풍을 일으켰고,[2] 아모레퍼시픽·LG생활건강도 남성용 기능성 화장품을 내놓으며 치열한 경쟁에 뛰어들었다. 흐름을 읽고 광고 하나 잘 만들었을 뿐인데, 남성 화장 시대의 서막을 여는 신호탄이 됐다. (사실, 그게 제일 어려운 일이다.)

Melts in your mouth,
not in your hands
입에서 녹고, 손에선 안 녹아요

마스 엠엔엠즈

전설은 전쟁 속에서 태어났다. 식품기업 마스의 창업자 포레스트 마스 시니어는 스페인 내전에서 군인들이 설탕 코팅을 한 초콜릿을 먹은 것에서 영감을 받아 손에서 녹지 않는 초콜릿을 개발한다. 이것이 엠엔엠즈M&M's의 시작이다. 이 제품은 제2차 세계대전 중 군인들에게 보급되어 큰 호응을 얻었다. 이 작은 초콜릿은 전쟁이 끝난 후 민간 시장에서도 빠르게 인기를 끌었다. 군인들이 집으로 돌아오면서, 이 제품의 편리함과 즐거움도 함께 퍼져 나갔다.

엠엔엠즈가 인기를 끌었지만 미국 최대의 초콜릿 회사는 허쉬였다. 마스는 라디오·인쇄·옥외 광고 등을 포함해 다양한 마케팅 노력을 쏟으며 성장했지만 허쉬를 넘어서지는 못하고 있었다. 그러던 마스가 새로운 광고대행사를 통해 1954년에 회심의 카피를 내놓았다. 입에서만 녹고, 손에서는 안 녹는다는 카피는 손에 묻지 않는 제품의 특징을 명확하게 제시하며 브랜드 인지도는 물론 매출도 큰 폭으로 상승시켰다. 이 카피를 앞세운 지속적인 마케팅을 통해 결국 마스는 허쉬를 추월한다.

이 카피는 엠엔엠즈만의 특징을 명확하게 전달하는 'USP'Unique Selling Proposition광고의 대표 사례 중 하나로 자주 인용된다. 짧고, 명확하며, 기억하기 쉽고, 제품의 실질적인 장점을 정확히 전달하는 모범적 슬로건이다. 『애드 에이지』·『애드글리츠』 등 광고 전문 매체마다 이 문장을 광고 역사를 빛낸 카피로 꼽는 이유다.

사나이 울리는 신라면

농심 신라면

1986년 처음 출시된 신라면은 첫 광고부터 남자를 울릴 만큼 매운 맛이라는 콘셉트로 만들어졌다. 신라면을 먹으며 눈물을 빼는 남자들을 타박하던 코미디언 구봉서가 제품을 먹고 난 뒤 "신라면이 날 울렸어"라며 유머러스하게 매운 맛을 자랑한다. 그 이후에 나온 광고에서는 직접적으로 "사나이 울리는 신라면"이라는 카피가 쓰였고, 멜로디까지 붙은 징글로 만들어져 소비자를 유혹했다.

이 카피는 농심 창업자 신춘호 회장이 직접 만든 슬로건이다. '강한 남자도 울릴 만큼 매운 맛'이라는 직관적 표현은 단숨에 소비자의 머릿속에 각인됐고, 신라면이 매운맛의 대명사가 되는 데 결정적 역할을 했다. 콘셉트가 그렇다 보니 최수종·최민식·송일국·박지성·류수영·하정우·손흥민·이세돌 등 당대의 남자 스타들이 모델을 맡았다.

"사나이 울리는"이라는 표현은 당시의 한국 사회의 분위기와도 맞아떨어졌다. 남자는 씩씩하고 강해야 한다는 고정관념이 강하던 시기였고, 광고는 그러한 남성성의 이미지를 감성적으로 건드리며 강렬한 인상을 남겼다. 그러나 시대가 변하고 성별 고정관념을 반영한 표현이라는 비판이 꾸준히 제기됐다. 성평등에 대한 사회적 인식이 확산되면서 농심은 2024년 1월부터 이 슬로건을 "인생을 울리는 신라면"으로 교체했다. 38년간 이어진 전설이 그 역할을 다하고 역사의 한 페이지로 물러난 것이다.

あんたも 発展途上人
너도 개발도상인

산토리 화이트

1984년 산토리 화이트가 위스키 광고로 내세운 한 줄이다. 이 카피의 핵심은 '개발도상국'이라는 익숙한 단어를 '개발도상인'으로 바꿔 만든 신조어에 있다. 완성된 존재가 아니라 끊임없이 발전하는 인간을 긍정적으로 규정한 발상이다. 여기에 '너도'あんたも라는 친근한 2인칭 표현을 사용하여 성장의 여정에 있는 후배나 친구를 응원하고 포용하는 듯한 느낌을 살렸다.

광고의 비주얼도 인상적이었다. 서민계층을 대변하는 이미지의 남성적 배우가 등장하여 성장하고자 노력하는 사람의 모습을 유쾌하게 표현했다. 후지산을 배경으로 재미있는 표정으로 점프를 한다거나, 현장 작업 중에 오른팔로 휘감은 호스에서 물이 솟구치는 것을 보며 호탕하게 웃는 모습이 연출되었다.

고소득 화이트칼라를 겨냥한 고급 위스키와 달리, 대중적 포지셔닝의 브랜드 성격을 고려한 전략으로 볼 수 있다. 블루칼라를 연상케 하는 남성적 비주얼과 성장을 긍정하는 메시지에 가벼운 언어유희가 어우러져 전형적인 위스키 광고와는 차별화되는 독특한 분위기를 자아낸다. 이 카피는 일본의 대표적 광고 카피 중 하나로 평가받으며 40년이 지난 지금도 명카피 모음집 등에 수록되어 회자된다.

Belong Anywhere
어디서든 속해 있어요

에어비앤비

에어비앤비가 2014년 대대적인 리브랜딩과 함께 내놓은 슬로건이다. 당시 전 세계적으로 공유경제가 빠르게 성장하며 수많은 스타트업이 수십억 달러의 투자를 유치하던 시기였다. 에어비앤비는 그중에서도 두각을 나타내며 선두주자로 부상했지만, 단순히 저렴하게 숙소를 중개하는 서비스 이미지만으로는 성장의 한계가 보였다. 따라서 기능적 편익보다 더 큰 가치를 제시하며 확장된 정체성을 구축하고자 했고, 그 결과물이 바로 이 슬로건이었다.

이 슬로건의 핵심은 "속하다"라는 단어였다. 낯선 곳의 집을 빌려 잠시 "머무는"Stay 것이 아니라, 그곳에 속한다는 감정을 내세운 것이다. 이는 게스트와 호스트 나아가 지역 사회까지 연결되는 공동체적 소속감의 경험을 뜻했다. 세계 어디서나 집처럼 편안하게 소속감을 느낄 수 있는 커뮤니티를 추구하는 브랜드의 비전을 단 두 단어로 압축한 문장이다.

이 슬로건과 함께 에어비앤비는 TV 등 전통 매체와 모바일을 포괄하는 대대적인 캠페인을 전개했다. 매출과 사용자 모두 빠르게 증가하면서 에어비앤비는 공유경제를 대표하는 글로벌 기업으로 자리매김했다. 기능과 속성을 강조하기보다 커뮤니티 중심의 정체성을 일관되게 전달한 결과였다. 이 캠페인은 에어비앤비를 숙박 중개 서비스를 넘어 글로벌 라이프스타일 브랜드로 변모시킨 대표적인 리브랜딩 사례로 평가된다. 이후 에어비앤비의 카피는 변했지만, 이 슬로건의 우산 아래에서 그 지향점은 여전히 유지되고 있다.

恋は遠い日の花火ではない
사랑은 먼 옛날의 불꽃놀이가 아니다

산토리 뉴올드

"과장님의 뒷모습을 보는 것을 좋아해요"라며 당돌하게 말하는 미모의 부하 직원. 농담하지 말라면서도 흔들리는 눈빛을 감추지 못하는 남자의 마음엔 당혹과 설렘이 교차한다. 그런가 하면, 도시락을 사가던 훈남 단골 청년은 매일 먹으면 질리지 않느냐는 말에 "도시락 때문에 매일 오는 게 아니다"라며 주인 여성의 가슴에 파문을 일으킨다.

1990년 중반 큰 화제를 일으킨 산토리 위스키의 광고 캠페인 주인공들은 모두 중년이다. "뉴올드"라는 브랜드명과 "낡은 것은 새로운 것이다"Old is New라는 슬로건이 암시하듯 중년에게 찾아 온 새로운 연애 감정이 광고에 그려진다. 이 광고가 나오던 시기는 이른바 버블경제가 무너지던 때였다. 중년으로 진입하던 베이비붐 세대를 불안과 허무함이 덮치던 시기에 이 시리즈는 중년 소비자들의 감성을 건드리며 큰 호응을 받았다. 젊고 아름다운 이성에게 플러팅을 받는다? 중년의 판타지일지 모르지만 판타지는 판타지대로 효용이 있는 법이다.

자칫 불륜이나 외도를 부추기는 표현으로 매도될 수 있던 캠페인은 광고의 엔딩마다 배치된 주인공들의 귀여운 동작과 문학성 높은 키 카피 덕분에 적절한 균형감을 갖추어 큰 사랑을 받았다. 그 시절 수많은 중년의 마음에 작은 불꽃을 일으킨 이 문장은 1990년대를 대표하는 광고 카피로 지금도 손꼽힌다.

人は誰でもミスをする
사람은 누구나 실수를 한다

메르세데스 벤츠 재팬

1995년, 메르세데스 벤츠 일본 법인이 낸 신문 전면광고에 내걸린 카피다. 지극히 상식적이고 평범한 이 한 줄은 메르세데스 벤츠의 안전 철학을 명확히 보여 주는 선언이다. 운전자가 매 순간 완벽할 수 없으며, 실수할 수도 있다는 사실을 전제로 자동차를 만든다는 메시지다. 인간의 불완전성을 전제로 안전을 설계한다는 한마디만으로 브랜드에 대한 신뢰의 깊이는 차원이 달라진다.

광고 안에 자동차는 보이지 않는다. 우유 잔을 든 세 살 남짓한 소녀가 우유를 바닥에 흘리는 모습에 "사람은 누구나 실수를 한다"라는 작은 카피가 얹혔을 뿐이다. 일상의 작은 실수를 보여 주며, 언제라도 누구에게나 생길 수 있는 상황까지도 고려한다는 철저한 안전 철학을 부드럽게 전달한다. 점점 치열해지는 고급 수입차 시장에서 화려한 이미지나 성능보다는 인간적인 배려와 철학을 강조하는 전략을 택한 것이다.

이 카피는 기술적 우월성을 강조하지 않는 감성적 방식으로 브랜드에 대한 신뢰를 구축한 작품으로 평가받으며 1995년 TCC상을 받았고, 명카피를 소개하는 여러 자료에서 지속적으로 인용된다. 누구나 입에 올릴 수 있는 평범한 한마디가, 어떤 맥락에서 사용되는가에 따라 시대의 명문이 되기도 한다.

당신의 능력을 보여 주세요

삼성카드

2001년, 삼성카드는 새로운 광고 캠페인을 준비하며 당시 한국 축구 국가대표팀 감독으로 부임한 거스 히딩크와 전속 계약을 맺었다. 그러나 평가전 성적이 기대에 미치지 못하면서, 광고 효과에 대한 우려가 점점 커졌다. 급기야 평가전에서 연달아 5:0으로 지고 히딩크 감독의 별명이 '오대영'이 되자, 삼성카드는 한국 연예인 모델을 내세운 광고로 방향을 조정하기도 했다.

정우성과 고소영이 출연해 럭셔리한 라이프스타일을 표현한 광고에서 이 카피가 처음 쓰였다. 남들이 부러워할 만한 경제적 능력을 카드로 보여 주는 내용이었지만, 과하지 않게 균형을 잘 잡은 연출로 좋은 반응을 얻었다. 이 광고에 처음 등장한 "당신의 능력을 보여 주세요"라는 카피도 차츰 주목을 받았다. 그러던 중 2002 월드컵이 다가오며 분위기는 반전된다. 경기력이 상승한 대표팀에 대한 기대가 높아지면서, 삼성카드는 다시 히딩크를 전면에 내세운 광고를 제작한다.

"히딩크, 우리에게 당신의 능력을 보여 주세요"라는 내레이션이 담긴 광고는 본선 첫 승리와 함께 대중의 폭발적인 반응을 이끌어 냈다. 이 문장은 단순한 광고 카피를 넘어, 온 국민의 염원을 담은 응원 구호가 되었다. 한국팀의 4강 진출과 함께 히딩크는 국민적 영웅이 되었고, 삼성카드는 브랜드 이미지와 광고 효과 모두에서 최고의 성과를 거두었다. 약 50억 원의 광고비로 1조 원에 달하는 효과를 거두었다는 분석도 뒤따랐다.[3] 히딩크가 이런 '능력'까지 보여 줄 줄은 아무도 예측하지 못했다.

Live Young
젊게 살라

에비앙

에비앙이라고 하면 사람들은 오랫동안 알프스의 깨끗한 물을 먼저 떠올렸다. 그러나 비슷한 속성과 이미지로 많은 브랜드와 경쟁하면서 성장의 한계가 드러났다. 한편, 2000년대 들어 전 세계적으로 건강과 웰니스에 대한 관심이 높아지는 상황에 에비앙은 '젊음'의 가치를 강조하는 차별적인 커뮤니케이션을 시작했다. 그 중심에는 슬로건 "Live Young"(젊게 살라)이 있었다. 에비앙은 '젊게 산다는 것'을 직접적으로 설명하는 대신, '아기'라는 상징을 유머와 위트가 담긴 이미지로 연결하는 방식을 택했다.

2004년 칸 국제광고제에서 수상한 '워터 보이' 편에서는 물의 순환을 귀여운 애니메이션으로 만들었고, 2009년의 TV 광고에서는 경쾌한 힙합 음악에 맞춰 아기들이 롤러스케이트를 타면서 과격한 춤을 추는 모습으로 화제를 일으켰다. 이어진 인쇄 캠페인에서는 아기의 몸이 프린트된 흰 티셔츠를 입은 사람들의 모습을 통해 '젊음'을 상징적으로 표현했다. 에비앙은 이런 방식으로 '젊음'을 단순히 나이가 적은 상태가 아니라, 순수함과 활력과 유쾌함이 어우러진 태도와 감각으로 규정했다.

에비앙은 20여 년 이상 이 슬로건을 유지하고 있다. 광고의 내용은 조금씩 달라졌지만 젊게 산다는 것을 생활 감각을 제거한 유머러스한 상징으로 표현하는 기조도 그대로다. 이 슬로건과 함께 에비앙은 '유서 깊은 고가의 깨끗한 물'에서 젊음의 활력을 표현하는 브랜드로 진화했다. 시대의 변화에 맞게 새로운 이미지를 만드는 노력이 태어난 지 200년이나 된 브랜드를 여전히 젊게 살도록 해 주고 있는지 모른다.

道のさき 空のふもと
길의 끝 하늘의 기슭

토요타 코롤라 필더

이 카피는 2000년대 중반에 방영된 토요타의 준중형 세단 코롤라 필더 광고 시리즈에 사용됐다. 당시 일본 자동차 시장은 장기 불황과 젊은 세대의 자동차 구매 기피로 침체 국면에 있을 때였다. 이러한 상황에 가격·연비·성능을 강조한 경쟁 차들과 달리 토요타는 다른 방향을 택했다. 자동차를 이동 수단이 아닌 감성적 경험의 매개로 포지셔닝하는 전략이었다.

TV 광고에는 당대의 인기 가수 히라이 겐이 등장했다. 그의 히트곡을 배경으로 시골 소년과의 우정·자연 속의 휴식 등이 서정적인 영상미로 그려졌다. "지름길만 찾다 보면 소중한 것을 놓치게 된다"라는 사색적인 내레이션과 함께, 일상의 속도를 늦추고 여유롭게 세상을 바라보라는 메시지가 전해졌다. 그리고 마지막 장면에서 "길의 끝, 하늘의 기슭"이라는 카피가 화면을 채우며 광고가 마무리된다.

이 표현은 단순히 공간적 풍경만을 가리키지 않는다. "하늘의 기슭"은 지평선처럼 닿을 수 없지만 언제나 앞에 열려 있는 가능성을 암시한다. 현실과 이상이 맞닿는 경계·새로운 출발의 문턱이자 자유와 해방감을 느끼게 하는 상징적 이미지였다. 자동차의 성능 대신 브랜드의 목소리를 전한 카피는 젊은 세대와 여성층의 호응을 이끌어 내며 세련되면서도 깊이감 있는 브랜드 이미지를 남겼다. 기능적 장점 대신 브랜드의 감성적 가치를 전한 이 카피는 2005년 TCC 클럽상을 수상해 작품성을 인정받았다.

빼는 게 플러스다

홈플러스

2016년 3월, 홈플러스 창립 19주년 캠페인에서 "빼는 게 플러스다" 라는 슬로건이 처음 공개됐다. 브랜드명 홈플러스와 정반대되는 의미의 표현이 단박에 시선을 끌었다. '플러스'가 '더하는 것'이라는 상식을 뒤집은 이 역설적 문장은 '불필요한 것을 빼야 진짜 가치가 더해진다'는 메시지를 압축적으로 담았다. 단어의 반전이 만들어 내는 의외성과 간결함은 첫 순간부터 주목도를 높였다.

이 슬로건은 단순한 언어유희가 아니었다. 부정적인 요소를 빼고, 고객에게 더 좋은 가치를 더하겠다는 브랜드의 목표를 담은 헤드라인이었다. TV 광고는 방송인 윤종신의 신뢰감 있는 목소리로 "거품을 빼고 신선함을 더한다" "불필요한 비용을 빼고 품질을 지킨다"라는 메시지를 전하며 직소싱·100퍼센트 품질보장제 등 실제 매장에서 시행 중인 서비스와 정책을 구체적으로 제시했다. 헤드라인이 전하는 "빼기"가 소비자에게 어떤 "플러스"로 돌아오는지, 설득력 있는 카피 구조로 짜임새 있게 만든 광고였다.

2020년대 들어 유통 환경이 변화하면서 홈플러스는 매각설·무더기 폐점·구조조정·점포 축소 등으로 위기설에 자주 오르내렸다. 결국 2025년 3월에는 기업회생절차에 들어갔다. 덜어 낼 것은 과감하게 덜어 내고 진짜 중요한 핵심을 강화하겠다는 자신들의 광고 카피 "빼는 게 플러스다" 속에, 위기 극복을 위한 힌트가 숨어 있을지 모르겠다. 홈플러스에서의 추억이 많은 한 소비자로서의 응원이다.

地図に残る仕事
지도에 남는 일

다이세이 건설

업의 본질을 이야기할 때 거론되는 유명한 사례들이 있다. 스타벅스는 '커피를 파는 것'이 아니라, '사람들이 만나고 쉴 수 있는 공간 경험을 제공하는 것'을 추구한다고 한다. 삼성의 이건희 회장이 호텔업의 본질을 '서비스업'이 아니라 '부동산업'이라고 강조했다는 이야기도 널리 알려져 있다. 결국 업의 본질은 무슨 생각으로 일을 하는가의 문제다. 똑같은 일을 하는 것 같아도, 생각의 방향이 어디를 향했는가에 따라 결과는 달라질 수밖에 없다.

업의 본질을 간명하게 슬로건화한 대표적 사례가 바로 이 카피다. 일본의 대형 건설회사인 다이세이건설은 이 짧은 한마디를 1992년 이후 인쇄 광고와 TV 광고 등에서 30년이 넘도록 사용했다. 현재도 이 기업의 홈페이지에 커다랗게 박혀 있다. 이런 슬로건을 앞에 건 기업은 단순히 건물을 짓거나 흙을 파서 공사를 하는 회사일 수 없다. 사람들이 살고 있는 환경을 바꾸고, 생활을 바꾸고, 결국 세상을 바꾸고 있는 것이다.

업의 본질은 기업뿐 아니라 개인도 변화시킨다. 자신이 하는 일을 남다르게 규정하는 사람은 남다르게 성장한다. 똑같은 자료를 복사해도 '선배가 시켜서' 하는 인턴과 '프로젝트를 성공시키려는 팀원'으로 일하는 인턴은 그리 오래 기다리지 않아도 다른 성과를 낸다.

내가 하고 있는 일에 확신이 없을 때 문제에 더 몰입해서 '왜'를 따지기보다 한발 뒤로 물러서 보는 것도 좋다. 그리고 스스로에게 물어보자. 나는 지금 무엇을 하고 있는가.

쓱

신세계 SSG닷컴

2015년 12월 31일, SSG닷컴이 낯선 분위기의 광고 한 편을 선보였다. 미국 화가 에드워드 호퍼 풍의 배경 속에서 배우 공유와 공효진이 진지한 표정으로 대화를 나눈다. 공효진이 "영어 좀 하죠?"라며 다가와 SSG라고 크게 쓰인 태블릿을 내밀자, 공유가 무표정하게 "쓱"이라고 답한다. 공효진이 "잘하네"라고 혼잣 말하듯 중얼거리며 광고의 전반부가 끝난다. 이어서 두 사람은 "코트 하나 쓱 한다" "김치도 쓱 해요" 등의 대사를 주고받는다.

"쓱"은 브랜드명 SSG의 자음을 한글로 옮긴 콩글리시 스타일의 언어유희에서 출발했다. SSG닷컴을 발음 그대로 하면 에스에스지닷컴으로 길고 어렵기에 신세계그룹 내부에서 약칭으로 "쓱"이라고 부르던 것을 광고 카피로 활용한 것이다. 발음하기에도 기억하기에도 쉽고, 빠르고 간단한 동작을 연상시켜 모바일 쇼핑의 속성과 잘 맞아떨어졌다. "쓱 하다"라는 부정적인 표현을 SSG닷컴에서 쇼핑을 한다는 의미로 바꾼 것이 젊은 세대의 감각에 재미있는 유머로 받아들여졌다.

TV 광고에 대한 폭발적인 반응과 함께 유튜브 영상 조회수도 수백만 회를 기록했다. 캠페인 직후 신규 고객과 매출이 각각 20퍼센트 이상 증가하며 광고 효과가 바로 매출로 이어졌다.[4] 이 광고는 모기업의 네임밸류에 비해 존재감이 작았던 SSG닷컴을 순식간에 화제의 중심에 서게 했고, OK저축은행의 '웃', LF몰의 '냐' 등 콩클리시 조어가 유행하는 시작점이 됐다. 알파벳과 한글의 경계를 '쓱' 지워버린 것이다.

きょ年の服では、恋もできない
작년 옷으로는 연애도 할 수 없어

버버리 블루 레이블

1997년, 버버리 블루 레이블의 포스터에 실린 문장이다. 유행을 고려해 키워드를 나열하는 일반적인 패션 광고와 달리, 이 카피는 핵심 소비자인 젊은 여성의 감정을 유머러스하게 건드리며 공감을 유도했다. 새로운 옷을 입을 때의 기분과 새로운 사랑을 시작하는 설렘을 교차시키면서, 새 옷을 구매하는 여성의 입장을 유쾌하게 대변했다.

버버리 블루 레이블은 기존의 정통 버버리를 부담스럽게 느끼던 20대 전반의 여성 소비자를 위해 일본에서만 기획된 라인이었다. 중후하고 고급스러운 이미지 대신 세련되고 가벼운 분위기를 앞세워, 젊은 고소득층 여성을 위한 버버리를 선보였다. 세련된 20대 여성 모델의 모습과 함께 적혀 있는 "춤출 수 있는 버버리"라는 서브 카피는 이 브랜드의 성격을 명확히 보여 준다.

당시 일본은 버블 붕괴 이후 소비자들이 합리성과 실용성을 중시하던 시기였지만, 블루 레이블은 여성들이 여전히 '멋지고 사랑받는 자신'을 원한다는 점을 간파했다. 광고를 통해 옷을 사는 것을 곧 '사랑을 얻는 자신감'을 사는 일로 치환해 심리적인 충족감까지 안겼다. 이 광고는 버버리가 가진 품격은 유지하면서도 무거운 이미지를 세련되고 사랑스럽게 바꾸는 데 기여했다는 평가를 받았다. 이 카피는 1997년 TCC 카피연감에 등재됐으며, 1990년대 후반을 대표하는 광고 문구 중 하나로 지금까지 기억된다.

Always low prices. Always
언제나 낮은 가격으로. 언제나

월마트

1962년 미국 아칸소주 로저스에서 첫 매장을 연 월마트는 저가 전략으로 세계 최대의 유통 기업으로 성장했다. 월마트의 최저가 정책을 가장 직접적으로 드러낸 슬로건이 바로 "Always low prices. Always"(언제나 낮은 가격으로. 언제나)였다. 이 슬로건은 월마트의 존재 의미를 규정한 한 줄이자, 언제나 약속을 지키겠다는 강한 의지의 표현이었다.

월마트의 시작과 함께 사용된 이 슬로건은 1980년 후반에 "Always the low price. Always"(언제나 가장 낮은 가격으로. 언제나)로 살짝 바뀐 적이 있다. 'the' 하나만 더했을 뿐인데 의미는 크게 달라진다. "Always low price"는 낮은 가격에 상품을 제공하겠다는 기업의 철학으로 받아들여지지만, 정관사가 더해져 "Always the low price"가 되는 순간 언제나 최저가로 상품을 제공한다는 의미로 확장되기 때문이다. 월마트가 'the'를 더한 슬로건을 사용하자, 경쟁 소매업체들과 소비자단체들은 이 유통 공룡이 불가능한 약속으로 소비자를 기만한다고 광고심의기구에 제소했다. 결국, 심의기구의 권고에 따라 월마트는 6년 만에 'the'를 뺀 기존 슬로건으로 복귀했다.[5]

온라인 및 모바일 쇼핑이 대세로 부상한 지금도 월마트는 오프라인의 강점과 디지털 혁신을 결합하여 지속적으로 성장하고 있다. 그 중심에는 60여 년 전에 처음 매장 문을 열면서 소비자들에게 약속한 이 한마디가 있었다.

크리넥스로도 닦을 수 없는 그리움이 있다

유한킴벌리 크리넥스

담담한 표정으로 기차 창가에 앉아 있는 여자. 기차가 출발하자 슬픈 마음을 감추지 못한다. 우연히 바라본 창밖에는 한 남자의 뒷모습이 있다. 결국 흐르는 눈물을 참지 못하는 여자의 모습 위로 자막과 함께 이 카피가 맺힌다. 1990년대 전파를 탄 크리넥스 티슈의 TV 광고다. 제품에 대한 언급은 전혀 없이 브랜드를 소비자의 마음에 각인시킨 이 카피는 1990년대 감성 광고의 대표작으로 지금까지 기억된다.

이 카피의 힘은 역설에 있다. 티슈는 눈물을 닦는 도구지만, 정작 가장 깊은 감정까지 닦아 낼 수 없다. 가장 부드럽고 흡수력이 좋은 티슈라는 설명이 필요 없이 스토리와 카피만으로 해당 제품군의 대표 브랜드임을 자연스럽지만 강력하게 각인시킨다. 이미 품질 차별화를 통한 경쟁이 필요 없는 크리넥스만의 브랜드력에 더해 아름다운 시어 같은 카피로 쐐기를 박았다.

이 작품이 성공한 이후, 크리넥스는 출산한 부부의 애틋한 감정을 스토리로 "크리넥스로도 닦을 수 없는 사랑이 있다" 등으로 카피를 확장하며 마케팅을 이어 갔다. 고급스러운 이미지와 압도적인 브랜드 파워의 크리넥스가 감성적 브랜드로서 정체성을 굳건히 다지며, 한동안 견줄 만한 경쟁자가 없는 '어나더 레벨'의 미용 티슈로 자리한 것은 당연한 일이었다.

쇼를 하라

영화 매표소 앞. 표를 사려던 소녀가 갑자기 막춤을 추자, 영화관 직원과 주변 사람들은 당황한 표정을 감추지 못한다. 소녀는 벽면의 "쇼를 하면 영화표 공짜"라는 안내문을 보고 자기 나름의 "쇼"를 한 것이다. 그러나 그 쇼가 그 쇼가 아님을 깨달은 것은 이미 못 볼 꼴을 다 보여 준 뒤였다. 이 '쇼'는 2007년 KTF가 내놓은 새로운 이동통신 브랜드 'SHOW'였다.

당시 이동통신 시장은 음성통화 중심 서비스에서 영상통화와 데이터 서비스로 옮겨 가고 있었다. 브랜드명 SHOW도 '보여 주다' Show라는 의미를 앞세운 것이었다. 이를 함축적으로 드러낸 한마디가 바로 "쇼를 하라"였다. 광고 시리즈에서는 영상통화를 통해 보여 줄 수 있는 다양한 에피소드가 이어졌다. 고장 난 가전제품을 일부러 영상통화로 보여 주는 시골 부모님 편, 장모에게 "언니가 아니시냐"고 말하며 점수를 따는 예비 사위 편 등이 대표적이었다.

'쇼를 한다'는 말은 흔히 가식적이고 과장된 행동을 뜻한다. KTF는 이 뉘앙스를 뒤집어 '이제는 보여 주고 즐기라'는 새로운 소통 방식으로 해석했다. 신선한 도발 같은 이 카피는 부정적 어감을 유머러스하게 바꾸어 대중적 화제를 낳았다. 광고에 등장한 무명 출연자들이 일약 스타덤에 올랐고, 수많은 패러디가 이어졌다. 이 광고가 2007년 대한민국 광고대상의 여러 부분을 휩쓸었다는 소식을 전한 한겨레의 헤드라인은 당시 이 캠페인의 위력을 보여 준다. "KTF의 '쇼' 올해 광고계 평정."

주말엔 바람이 된다

에스에스패션 위크엔드

1993년 촬영되어 이듬해 방영된 캐주얼복 브랜드 위크엔드의 TV 광고에는 무명의 남자 모델이 등장한다. 강 위를 부유하는 배에서 팔베개를 하고 쉬며 여유를 만끽하는 모습이다. "일주일에 한 번은 내 방식으로 산다"라는 문장과 함께, 영상의 마지막에는 "주말엔 바람이 된다"라는 카피가 브랜드 로고와 함께 제시된다. 짧은 영상 속에 주말의 해방감과 자유를 함축적으로 표현한 구성이다.

이 광고가 등장한 1990년대 초반은 경제 성장과 더불어 여가와 라이프스타일에 대한 관심이 높아지던 시기였다. 편안하면서도 세련된 캐주얼웨어를 찾는 수요도 자연스럽게 커졌다. 또한, 당시에는 일부 기업에서만 토요일까지 쉬는 주5일제가 시범적으로 시행되던 때였다. 여전히 많은 사람에게 허용된 주말은 하루와 반나절뿐이었기에 그 가치는 지금보다 훨씬 더 소중했다. 그런 분위기 속에서 주말의 자유를 시적으로 표현한 이 카피는 '위크엔드'라는 브랜드명과 절묘하게 맞아떨어지며 소비자의 좋은 반응을 이끌어 냈다.

한편, 이 광고에 1천만 원도 안 되는 계약금으로 출연한 모델이, 출연한 드라마가 큰 인기를 얻으며 순식간에 톱스타로 떠오르는 일이 벌어졌다. 이 광고에 등장한 무명 모델이 바로 드라마『사랑을 그대 품안에』로 국민적 신드롬을 일으킨 배우 차인표였던 것. 위크엔드는 졸지에 저렴한 비용으로 톱스타를 전속 계약한 셈이 되었다. 브랜드에는 소비자에게 전해 준 주말의 설렘보다 더 짜릿한 기쁨이었을 것이다.

Life's too short for the wrong job
인생은 안 맞는 일을 하며 살기에 너무 짧다

Jobsintown.de

코인 빨래방의 세탁기 옆면, 그 안에 여성이 갇혀 손빨래를 하고 있는 사진이 프린트되어 있다. ATM 안에서는 직원이 직접 돈을 챙겨주고, 주유기 내부에서는 사람이 연료 작업을 수동으로 하고 있다. 이 역시 ATM·주유기에 부착된 대형 사진들이다. 이 재미있는 작품은 독일의 구인구직 사이트 'Jobsintown.de'가 집행한 옥외 매체 광고들이다. 사람들이 일상에서 늘 마주치는 기계의 측면을 광고판으로 삼아, 마치 그 속에서 사람이 갇혀 일하는 듯한 착시를 일으켰다.

"인생은 안 맞는 일을 하며 살기에 너무 짧다"라는 이 카피는 광고의 아이디어를 응축해 보여 준다. 단순하지만 강렬한 이 문장을 보면 누구나 직장생활에서 느끼는 불만과 무력감이 떠오른다. 이 캠페인이 등장한 2005년 당시 조사에 따르면, 독일 직장인의 87퍼센트가 현재 직장에 만족하지 않는다고 답변했다.[6] 시간과 국가를 바꿔도 숫자의 차이만 있을 뿐 직장인들이 느끼는 감정은 크게 다르지 않을 것이다. 국경과 세대를 뛰어넘은 보편적 공감은 캠페인이 진행된 독일뿐 아니라 다른 나라에서도 큰 호응을 이끌어 냈다.

단순한 취업 사이트 홍보를 넘어 사회적 메시지를 던진 이 캠페인 이후, 'Jobsintown.de'의 방문자 수와 인지도는 크게 상승했고, 칸 국제광고제에서 7개 부문 수상을 비롯해 총 70여 개의 국제광고제에서 상을 받으며 그 힘을 입증했다. 아, 세계인 여러분, 안 맞는 일 하면서 사느라 고생들 많습니다.

住まいの88%は空気です
주택의 88%는 공기입니다

일본 홈즈

집을 생각할 때 대부분의 사람들은 외관·구조·인테리어를 떠올린
다. 그러나 실제로 거주 공간의 대부분은 벽이나 가구가 아니라 '공
기'로 채워져 있다. 주택전문 건설업체 일본 홈즈의 이 광고 카피는
당연하면서도 한 번도 생각해 본 적 없는 이 사실에 주목했다.

이 카피가 나온 1970년대 후반은 일본에서 실내 공기질에 대한
인식이 막 형성되던 시기였다. 공해 문제가 사회적 이슈로 부각되
고, 실내 환경의 쾌적함을 중시하는 소비자들이 늘어나고 있었다.
일본 홈즈는 공기의 중요성과 자사 상품이 가진 공조 시스템의 우수
성을 강조하는 신문광고를 냈다. 공기의 질이 주택의 경쟁력이 될
수 있다는 마케팅 포인트를 잡은 것도 훌륭했지만, 짧은 한 줄로 소
비자의 시선을 사로잡은 카피가 더 인상적이었다.

이 헤드라인은 88퍼센트라는 정확한 수치를 제시하여 주목도와
임팩트를 높인다. 막연히 '대부분'이라고 했으면 다소 맥이 빠졌을
것이다. 구체적 숫자가 주는 힘으로 소비자를 끌어당기면서, 주택이
단순한 구조물이 아니라 쾌적한 공기를 담는 그릇이라는 발상의 전
환을 유도했다. 이를 통해 사물을 보는 소비자의 세계관을 바꿨다.
이 한 줄에는 문장을 수려하게 하는 어떠한 장치도 없다. 그저 새로
운 생각을 담은 평범한 문장일 뿐이다. 그러나 어떤 카피보다도 강
한 힘이 느껴진다. 이 카피는 1977년 TCC카피연감에 등재되었다.
좋은 광고 카피는 문장력이 아니라 세상을 다르게 보는 발견에서 나
온다는 사실을 보여 주는 좋은 사례다.

Life is short. Play more
인생은 짧다. 더 많이 플레이하라

마이크로소프트 엑스박스

2002년, 마이크로소프트가 유럽 시장에 게임기 엑스박스를 출시하며 만든 광고에 담긴 카피다. 이 광고를 소개하는 문구나 썸네일에는 늘 '충격적인'이라는 수식어가 붙는다. 영상은 한 산부인과에서 시작한다. 출산 직전의 산모가 마지막 힘을 주자, 아기가 대포알처럼 발사되어 하늘로 날아올라 간다. 빠르게 하늘을 날아가며 아기는 소년·청년·중년을 거쳐 노인으로 변해 가고, 어느 무덤 안으로 떨어진다. 그 위에 새겨진 자막이 바로 "Life is short. Play more."(인생은 짧다. 더 많이 플레이하라)이다.

짧은 인생, 후회하지 말고 게임을 더 즐기라는 메시지는 강력한 영상의 힘과 함께 엑스박스를 소비자에게 각인시켰다. 소니의 플레이스테이션이 시장을 지배하던 유럽 게임기 시장에서 후발주자인 엑스박스는 유럽 출시 첫날 완판에 가까운 성과를 거뒀다. 플레이스테이션이 장악한 게임기 시장을 뚫고 그해 연말까지 20퍼센트에 가까운 시장 점유율을 차지했다.[7]

파격적인 내용인 만큼 논란도 뜨거웠다. 출산과 생명에 대한 모욕이라며 시청자들의 항의가 빗발쳤다. 영국에서는 TV 광고의 방영이 금지됐다. 늘 그렇듯 논란은 더 큰 화제를 모았고, 엑스박스는 짧은 시간 안에 플레이스테이션의 경쟁자로 자리 잡는 데 성공했다. 이 광고는 방송을 금지한 영국에서도 광고상을 받는 등, 유수의 광고상까지 휩쓸었다. "인생은 짧다. 더 많이 플레이하라"라는 카피는 어쩌면 논란까지 염두에 두고 기꺼이 마케팅 게임을 한 엑스박스의 좌우명이었을지도 모른다.

男も妊娠すればいいんだ
남자도 임신하면 좋을텐데

오카모토

1980년대 후반 일본 콘돔 시장 1위 기업 오카모토가 발표한 광고의 헤드라인이다. 화면에는 배가 불룩하게 부른 남성들의 모습이 나열되어 있고, 그 위로 이 카피가 크게 배치되어 있다. 단순한 제품 소개가 아니라 성역할에 대한 근본적인 질문을 던지는 메시지였다. 보수적인 일본의 1980년대에 선구적으로 젠더 이슈를 제기한 광고로 꼽힌다.

이 카피는 재미있는 상상을 동반한 유머나, 남자도 임신의 고충을 알면 좋겠다는 수준의 메시지를 넘는다. "남자도 임신한다면"이라는 가정은, 피임과 출산의 책임이 여성에게 집중되어 있는 일본 사회의 문제를 드러낸다. 비주얼과 카피가 주는 의외성은 금새 화제가 됐다. 일부 남성층의 당혹감과 반발을 야기했지만, 결과적으로 사회적 논의를 불러일으키는 데 기여했다.

이 광고는 덴츠 광고상을 수상했고, 1988년 TCC 부문상을 수상하며 광고와 카피의 크리에이티브 측면에서도 높이 평가받았다. 이 카피를 쓴 네기시 레이코는 40편에 가까운 카피를 TCC 연감에 등재시킨 당대의 명 카피라이터로, 섬세한 감각과 시선으로 여성의 입장을 대변하는 카피를 많이 발표했다. 그녀의 작품답게 시대의 성차별에 이의를 제기한 이 카피도 1980년대 페미니즘 광고의 대표작 중 하나로 꼽힌다.

앞뒤가 똑같은 대리운전

1577 대리운전

늦은 밤, 술자리가 끝나고 대리운전을 불러야 할 시간이 왔다. 취기와 피로로 몽롱한 지금 가장 필요한 것은 나를 집에 데려다 줄 전화번호 하나다. 1577 대리운전은 소비자가 서비스를 이용하는 순간을 정확히 이해하고 있었다. 대리운전은 서비스 품질의 차이를 미리 비교·검증하기 어려운 업종이다. 이용 상황도 즉각적이고, 선택 시간은 몇 초에 불과하다. 전화번호 자체를 각인시키는 것이야말로 가장 효율적인 커뮤니케이션 방법이었다.

2008년부터 1577 대리운전은 반복되는 번호의 속성을 "앞뒤가 똑같다"고 표현하며, "1577"만 반복하는 CM송을 내보냈다. 흥겨운 멜로디에 붙은 이 카피는 이용자가 이성적인 판단을 거치지 않고도 습관적으로 번호를 누를 수 있도록 했다. 광고 전략상 제작비를 많이 들일 필요도 없었다. 최소한의 퀄리티로 최소한의 비용을 들여, 최대한 자주 CM송을 들려 주는 것이 핵심이었다.

2000년대 경쟁이 격화된 대리 운전 시장에서 이 번호는 단숨에 인지도를 끌어올렸다. 반복 노출과 쉬운 운율은 전국적으로 퍼졌다. 이 광고의 성공 이후, 번호의 형태나 발음을 살린 CM송 광고가 범람했지만, 똑같은 CM송을 꾸준히 퍼뜨린 1577 대리운전을 능가한 사례는 없었다. 대리운전이 필요 없는 어린이들까지 따라 부를 수 있는 이 CM송을 넘어서기는 쉽지 않다.

우리의 것은 소중한 것이여

조선무약 솔표 우황청심원

1991년, 그동안 TV 광고에서 볼 수 없던 장면이 전파를 탔다. 인간문화재 박동진 명창이 판소리 『흥보가』의 한 소절 "제비 몰러 나간다~"를 힘차게 부른다. 구수한 목소리에 시청자의 시선이 꽂히고, 제자들을 가르치던 명창은 마지막에 "우리의 것은 소중한 것이여"라는 한마디를 던진다. "~것이여"로 끝나는 사투리 같은 어미가 명창의 육성에 실제감을 더했다. "것이야"나 "것이다"로 끝났다면, 그 느낌은 사뭇 달랐을 것이다.

1988 서울올림픽 이후 본격적인 세계화 물결 속에서 '한국적인 것이 세계적인 것'이라는 담론이 확산되던 시기였다. 당시 조선무약의 솔표 우황청심원은 광동제약 거북표와 양강 구도를 이루고 있었다. 1925년에 창업해 우황청심원 시장을 이끈 조선무약은 1970년대에 출발한 경쟁사와 대비되는 원조의 자부심을 광고에 담았다. 전략적 맥락에 어울리면서도 의외성 있는 캐스팅은 큰 화제를 불러일으켰다.

반응은 폭발적이었다. 이 광고를 모르면 간첩이라고 말할 만큼, 아니 간첩도 다 알 만큼 전국적 인지도를 얻었고, "우리의 것은 소중한 것이여"는 유행어처럼 퍼졌다. 광고를 계기로 국악과 전통문화에 대한 관심이 높아졌으며, 솔표 브랜드의 인지도와 매출도 크게 상승했다. 그 힘으로 1990년대 중반까지 시장 1위 자리를 유지할 수 있었다. 그러나 2017년, 조선무약의 솔표는 오랜 경쟁자였던 광동제약에 인수되며 더 이상 볼 수 없게 됐다.

Think Big
크게 생각하라

아이맥스

1967년 캐나다에서 설립된 아이맥스는 스크린 크기로 영화 산업의 패러다임을 바꿨다. 일반 극장보다 10배 이상 큰 화면·초고해상도 필름·정밀한 사운드 시스템은 관객에게 현실을 압도하는 감각을 선사했다. 관객은 스크린 앞에서 이야기를 '보는' 것이 아니라 그 안으로 '들어가는' 경험을 했다. 감각의 총합으로 완성되는 예술, 그것이 아이맥스가 제시한 새로운 시네마였다. 아이맥스는 그렇게 세상을 더 크게 보고, 더 깊이 느끼는 시각의 철학을 구현했다.

이 브랜드의 정신을 가장 간결하게 담은 문장이 바로 "Think Big"(크게 생각하라)이다. 두 단어의 명령문 속에는 아이맥스의 기술적 자부심과 창조적 신념이 동시에 담겼다. "크게 생각하라"라는 말은 단순한 수사가 아니라, 브랜드의 존재 이유이자 행동 원칙이었다. 폭스바겐의 "Think Small"이 전략적 사고 전환을 상징했다면, "크게 생각하라"는 아이맥스라는 브랜드가 세상에 태어난 이유를 직관적으로 설명했다.

"크게 생각하라"라는 말은 기술과 예술의 경계를 넘어 인간의 무한한 상상력에 대한 선언처럼 들린다. 아이맥스는 더 큰 화면을 만든 것에 그치지 않고, 더 큰 세상을 보여 주었다. 작은 틀에 갇힌 시선을 깨고, 상상력의 프레임을 넓혔다. 그랬던 아이맥스에게 이제 새로운 도전이 다가왔다. 사람들이 점점 영화관을 떠나 유튜브나 넷플릭스 등 손바닥 위의 작은 화면으로 향하는 시대다. 아이맥스는 과연 어떤 '큰 생각'으로 이 도전에 응답할까.

唇よ、熱く君を語れ
입술이여, 뜨겁게 너를 말하라

가네보

화장품 브랜드 가네보가 이 카피를 세상에 내놓은 때는 1980년이었다. 일본 사회에 여성의 시대가 본격적으로 도래하던 시기였다. 여성의 사회 진출이 확대되고, 자립과 개성의 목소리가 커지던 흐름을 가네보는 빠르게 읽었다. 신제품 립스틱 '레디80'의 출시와 함께, 화장을 단순히 예쁘게 꾸미는 것이 아니라 여성이 자신의 존재를 표현하는 매개체로 재정의했다.

TV 광고에는 전통적인 미인 이미지 대신, 도시적이고 개성적인 매력을 지닌 신예 모델이 등장했다. 그녀는 밝고 당당한 표정으로 거리를 행진했고, 화면에는 개성과 자유를 상징하는 다채로운 립스틱 컬러가 펼쳐졌다. 이 광고는 당시의 여성들에게 큰 반향을 일으켰고, CM송도 카피와 같은 제목의 싱글 앨범으로 발매되어 큰 사랑을 받았다.

그리고 40년이 흐른 2020년, 가네보는 같은 멜로디에 새로운 단어를 얹어 이 캠페인을 부활시켰다. 기존 카피에서 '너'라는 한 단어만 '희망'으로 바꿔 내놓은 새 카피는 "입술이여, 뜨겁게 희망을 말하라"였다. 팬데믹으로 전 세계가 불안을 겪던 이 시기, 가네보는 브랜드 슬로건을 "나는 희망한다"I HOPE로 바꾸며 "희망을 말하는 뷰티 브랜드"를 선언한 것이다.

40년 전의 유산을 현대적으로 리메이크하면서 가네보는 시대와 함께 진화한 철학을 제시했다. 한때 누군가에게 '예쁘게 보이려고' 하던 화장이라는 행위는 '자기 자신을 표현하기 위한 것'으로 바뀌었다. 그리고 이제는 서로를 연결하는 희망의 언어로까지 확장되고 있다.

10월

Good to the last drop
마지막 한 방울까지 맛있는

맥스웰 하우스

세계 광고 역사에 남은 전설로 손꼽히는 카피다. 이 한 줄은 20세기 내내 최고의 커피 브랜드로 위세를 떨친 맥스웰 하우스 신화의 한 부분이다. 이 카피의 시작을 들여다 보려면 약 100여 년 전으로 거슬러 올라가야 한다.

1890년대 말, 식료품업자 조엘 치크가 미국 테네시주 네슈빌에 있는 맥스웰 하우스 호텔에 자신만의 블렌딩으로 커피를 납품하여 인정받으면서, 이 호텔의 이름을 따서 만든 브랜드가 바로 맥스웰 하우스 커피였다. 1907년, 이곳 맥스웰 하우스 호텔에 미국의 제 26대 대통령 시어도어 루스벨트가 머무르며 이 커피를 대접받았다고 한다. 루스벨트 대통령이 커피를 마신 후 감탄하며 뱉은 말이 "마지막 한 방울까지 맛있다"였다는 것이다. 미국 대통령이 감탄한 커피 맛이라니, 이보다 더 임팩트 있는 스토리가 있을까. 이 짧은 일화는 맥스웰 하우스가 세계적인 브랜드로 성장하면서 이 카피와 함께 커피 맛의 상징으로 전해졌다.

그러나 이 에피소드는 거짓이라고 한다. 루스벨트 대통령이 이 말을 정말 했느냐에 대한 진위 논란이 오래전부터 따라 붙었는데, 맥스웰 하우스 측은 추후 이 말을 브랜드가 만들어 낸 것임을 인정했다. 그러나 여전히 루스벨트 대통령이 이 말을 남겼다는 내용이 유튜브나 블로그 등을 통해 꾸준히 회자되고 있다. 그런데 지금 와서 이 카피의 유래가 무슨 의미가 있겠는가. 커피가 향기롭고 맛있지 않았다면, 브랜드명도 카피도 오늘날까지 남아 있을 리 없을 텐데.

おじいちゃんにも、セックスを
할아버지에게도 섹스를

다카라지마샤

1998년, 한 줄짜리 카피로 구성된 신문광고 한 편이 일본 사회에 큰 파장을 던진다. 광고 속에는 세련된 정장 차림의 노신사의 모습뿐이다. 그 위에는 "할아버지에게도 섹스를"이란 헤드라인 외에 아무런 추가 설명도 바디 카피도 없다. 이 작품은 '노인의 성'을 화두로, 초고령화 시대로 진입하던 일본 사회의 준비 상황과 노인의 삶에 대한 질문을 던진 것이다. 보수적인 일본의 일간지 지면에 금기시 됐던 단어를 공공연히 전면에 내세운 이 카피는 예상대로 큰 사회적 반향을 불러일으켰다.

이 광고의 모델 선정 또한 파격적이었다. 광고에 등장한 노신사는 당시 75세의 시인 다무라 류이치였다. 전후파 시인으로 높은 평가를 받는 그는 소설가·수필가·번역가 등으로도 문학계에 족적을 남긴 원로였다. 그는 5번의 결혼을 통해 '여성 편력'이 심하다는 이미지까지 가지고 있었으니 그를 모델로 기용함으로써 광고의 화제성은 더욱 증폭되었다. 그를 모델로 선정한 출판사도 대단하지만, 이런 대담한 기획에 출연을 수락한 원로 시인의 그릇도 마마치 않게 커 보인다. 이 광고에 등장한 후 얼마 되지 않아 다무라 류이치는 세상을 떠났고, 이듬해에는 그의 마지막 인사를 담은 다카라지마샤의 광고도 게재됐다.

이 광고는 1998년에 아사히 광고상, 마이니치 광고 디자인상, 요미우리 출판 광고상 등 수많은 광고상을 휩쓸며 인정받았다. 꽤 오랜 시간이 지난 지금까지 광고 전문 도서·기사·전시 등에 오르며 일본 광고계에 한 획을 남긴 작품으로 평가받는다.

나는 미씨

그레이스 백화점

1990년대가 마케팅을 위해 새로운 세대를 만들어 내는 것은 X세대로 그치지 않았다. X세대와 더불어 1994년의 양대 히트 아이템 중하나는 그레이스 백화점 광고에 등장한 미씨Missy였다. 초기의 카피에는 '미씨'라고 했는데, '미시'라는 단어로 정착됐다. 당시의 언론은 미시를 "적극적인 사고방식을 갖고 자신의 삶을 주관적으로 연출하는 20-30대 기혼·미혼여성을 지칭하는 신조어"라고 해석했다.[1]

소비자들은 이 개념을 조금 다르게 받아들였다. 소비자 인식상의 미시는 미혼여성Miss과 기혼여성Mrs의 중간 개념이었다. 즉 결혼한지 몇 년 안 되는 기혼 여성으로서, 전통적인 아내나 엄마의 역할에 머무르지 않고 자기 자신을 중시하며 전통적인 '아줌마'처럼 보이지않는 신세대였다. 한마디로 '미스 같은 미세스'였다.

TV 광고와 이어진 여러 편의 인쇄 광고를 통해 세련된 의상과 여유 있는 표정 그리고 자신을 스스럼 없이 드러내는 자신감 있는 태도의 여성을 그렸다. 미시라는 개념은 이전 세대와는 다른 개방적사고방식을 지녔지만, 여전히 사회적 통념과 억압에 갇혀 있던 여성들에게 큰 호응을 얻었다.

이들을 가리키는 '미시족'이라는 단어가 유행했고, 많은 업종의 브랜드가 이들 '미시족'을 겨냥해 광고를 내놓았다. 마케팅을 위해 만들어진 실체 없는 개념이 소비를 부추긴다는 비판도 따랐지만, 타깃 소비층을 새롭게 정의해 새로운 문화·경제적 파장을 만들어 낸성공 사례로 꼽힌다.

男でも、首相になれるの？
남자도, 총리가 될 수 있나요?

다카라지마샤

이 카피는 2022년 새해, 일본 전국 일간지의 전면 광고로 실렸다. "여자도 총리가 될 수 있을까?"라는 질문이 당연시되는 사회에 살고 있는 이들에게, 이 질문은 사람들의 고정관념을 흔들었다. 출판사 다카라지마샤는 이 광고를 통해서 무엇을 말하고 싶었던 것일까.

이 헤드라인은 아이들이 "남자도 총리가 될 수 있어요?"라고 묻는다는 독일의 사례에서 영감을 받아 탄생했다. 메르켈 총리가 16년간 재임하면서, 그 당시에 태어나 자란 아이들은 국가의 최고지도자가 여성인 세상에서만 살았기 때문이다. 다카라지마샤는 이 한 줄로 일본 사회에 뿌리 깊게 박힌 성역할 편견에 의문을 던졌다.

고정관념에 대한 도전은 젠더 이슈를 넘어 사회의 다른 영역으로도 이어진다. 본문 카피는 이렇게 되묻는다. "불과 16년 만에 상식은 이렇게 달라진다. 우리 앞에 있는 다음 '유리 천장'은 무엇일까?" 이 광고는 기득권이 장악한 정치권·변하지 않는 업무 방식 등을 열거하며 유리 천장은 단 하나의 균열에서부터 무너진다는 사실을 잊지 말라는 말로 끝난다. 이 광고는 여성 리더의 부재·성별 고정관념·비합리적인 근무 환경·권력 구조의 위계 등 일본 사회 구시대적 관습의 문제점을 차분하게 짚으며 변화와 행동의 필요성을 역설했다.

다카라지마샤는 우파·보수 담론의 도서를 많이 출간하는 회사로 알려져 있다. 그런데도 세상에 던지는 문제제기는 매우 혁신적으로 느껴진다. 일본 사회가 변하고 있는 것일까? 일본의 보수주의자들이 변하고 있는 것일까? 아니면, 한국이 덜 변하고 있는 것일까.

Think Different
싱크 디퍼런트

애플

존립 자체가 위협받던 애플에 스티브 잡스가 복귀해 내놓은 첫 광고의 슬로건에는, 문법적으로 틀린 단어가 포함되어 있었다. "Think Different." 부사를 써서 "Think Differently"가 되어야 제대로 된 문장이 된다. 광고대행사로부터 이 슬로건을 제안받는다면 브랜드 대부분은 망설일 것이다. 그러나 애플은 대행사의 의도를 좋아했고, 과감하게 형용사 'Different'를 택했다. 그리고 문법적 오류가 담긴 이 슬로건은 역사상 가장 위대한 카피 중 하나로 남았다.

'Different'가 준 파격은 임팩트가 컸다. 우선 문법이 틀린 문장이라 눈에 잘 띄고 기억에 잘 남았다. 'Differently'로 썼다면 '다르게 생각하라'로 직역된다. 그런데 부사를 만들어 주는 접미사 '-ly'가 빠지니 의미가 더욱 풍성해진다. 이것은 생각의 방식이나 관점을 바꾸라는 문제를 넘어선다. 세상을 이해하는 방식 또는 생각하는 행위 자체를 근본적으로 바꾸라는 담대한 제안이 되는 것이다.

무엇보다, 평범한 다수의 방식을 거슬렀던 스티브 잡스와 애플의 정신을 설명 없이 드러내 애플다움이 느껴진다. 이 슬로건은 1990년대 후반에서 2000년대 초반 까지 약 5년간 사용됐는데, 어쩌면 광고에 사용된 당시보다, 그 이후에 더 잘 어울리는 카피가 됐다. 틀림을 통해 다름을 강조한 이 슬로건은 존 레넌·간디·아인슈타인·마틴 루터 킹 등 세상을 바꾼 사람들을 등장시킨 획기적인 광고 영상 아이디어와 시너지를 일으키며 지금까지도 광고의 전설로 회자된다.

HUNGRY?
헝그리?

닛신식품 컵누들

1990년대 초, 일본은 버블경제 붕괴로 침체의 시기를 맞았다. 소비 심리가 위축되고 불황의 그늘이 짙어지던 시기였다. 닛신식품이 인간의 가장 원초적인 욕망인 배고픔을 주제로 광고를 선보인 것은 우연은 아니었을 것이다. 세계 최초로 인스턴트 컵라면을 만든 기업답게, 닛신은 인간의 본질적 욕망을 "HUNGRY?"라는 한 단어로 압축했다. 영상은 스톱모션 애니메이션으로 원시시대 사람들의 코믹한 생존 싸움을 그렸다. 사냥에 실패한 동굴인들의 모습 뒤로 "HUNGRY?"라는 자막이 떠오르고, 뽀얀 김이 올라오는 컵누들 용기가 등장한다.

이 카피는 간결하면서도 강력했다. 영어 한 단어만으로 언어의 장벽을 넘어 전 세계 누구나 이해할 수 있었고, 배고픔이라는 인간의 본능을 유머와 재치로 풀어 냈다. 광고는 배고픔을 참을 수 없는 인간의 본성으로 제시하면서도, 컵누들이 그 욕망을 손쉽게 해결해 주는 문명의 상징임을 보여 줬다. "HUNGRY?"는 배가 고프면 지금 컵누들을 먹으라는 메시지일뿐 아니라, 배고픔이 생존을 좌우하지 않는 시대에 살고 있다는 안도감을 주는 위로이기도 했다.

이 캠페인은 일본 안팎에서 폭발적인 반응을 일으켰다. 칸 국제광고제를 비롯한 많은 광고제에서 수상하며 세계 광고계의 주목을 받았고, 덕분에 닛신식품은 글로벌 브랜드로서의 입지도 높일 수 있었다. "HUNGRY?"는 단순한 제품 광고를 넘어, 인간의 본능을 자극하는 신호였다. 어떤가? Hungry?라는 한마디에 당장 책을 덮고, 컵라면 뚜껑을 열고 싶어지지 않나?

男は去り 女はまた美しくなる
남자는 떠나고 여자는 다시 아름다워진다

시세이도 퀸테스

1970년대 후반에 발표된 시세이도의 기초화장품 브랜드 퀸테스의 광고 카피다. 퀸테스는 정수라는 뜻의 영어 단어 'Quintessence'의 의미를 담은 조어로, 시세이도의 화장품 기술의 정수를 집약해 만든 스킨케어 제품이라는 뜻이다. 퀸테스는 상품이나 여성의 표정에 포커스를 맞춘 전형적인 화장품 광고의 패턴을 깨고, 영화의 한 장면 같은 이미지를 연출하며 차별화를 시도했다.[2]

이 카피에서 가장 눈길이 가는 것은 '다시'라는 단어다. 사랑을 시작하던 과거의 모습으로 단순히 돌아간다는 것이 아니라, 상처를 딛고 새로운 자신으로 서는 독립적인 여성의 모습이 그려지는 절묘한 부사다. 남성에게 종속적인 여성상이 일반적이던 1970년대의 일본 사회에 불어 오던 여성해방운동 흐름과 맞닿아 있다. 여기서 화장은 단순히 외모를 꾸미는 행위가 아니라, 자신을 다독이고 내면을 회복시켜 아름답게 만드는 일상의 의식이 된다. 이 카피는 아름다움이 타인의 시선을 의식하는 것이 아닌 자신을 위한 선택이라는 메시지를 드러낸다.

무엇보다 절제된 단어가 주는 미니멀한 아름다움이 돋보인다. 문장의 여백 안에 수많은 이야기가 담기며, 읽는 사람마다 자신만의 드라마를 떠올리며 카피를 완성하게 된다. 이 카피는 일본 광고가 지닌 시적 언어 감각과 감정의 깊이를 보여 주는 대표적인 사례로, 지금도 자주 인용된다.

A Few Good Men
좋은 남자 몇 명

미국 해병대

1779년, 미국 독립전쟁이 한창이던 시기 보스턴의 해병대 대위 윌리엄 존스는 신문에 지원자 모집 광고를 실었다. 그 안에는 "A Few Good Men"(좋은 남자 몇 명)이라는 문구가 있었다. 일반적인 병력이 아니라, 소수의 뛰어난 인재만 원한다는 것이었다. 해병대가 다른 군 조직과 달리 정예 소수로 존재한다는 정체성을 드러낸 시작점이다.

이 슬로건은 이후 여러 차례의 리크루팅 캠페인에서 다시 등장하며 해병대를 상징하는 문장으로 자리 잡았다. 포스터와 TV 광고 등에서 반복적으로 사용되면서, 해병대는 강인함과 도전 정신 그리고 동료애로 묶인 엘리트 집단이라는 이미지를 굳혔다. 이러한 분위기는 해병대 지원자들에게 강한 동기부여로 작용했다. 이 슬로건은 훗날 해병대를 배경으로 한 톰 크루즈 주연의 영화 『어 퓨 굿 맨』의 제목으로 차용되어, 입대 지원자나 군에 관심 있는 이들뿐 아니라 일반 대중에게까지 널리 알려졌다.

그러나 1970년대 이후 여성 대원의 비중이 늘어나면서 이 카피는 시대적 한계를 드러냈다. 해병대는 이 카피가 나온 지 약 200년 만인 1977년부터 "The Few. The Proud. The Marines."(소수정예. 자부심. 해병대)라는 새 슬로건을 채택했다. 기존의 가치는 계승하되, 남녀 모두를 포괄하며 현대적 가치를 반영한 것이다. 군대의 슬로건에서도 시대와 가치관의 변화가 담기는 모습을 엿볼 수 있는 좋은 사례다.

あの人の人生に、
ちゃんと私が入っていた
그 사람의 인생에,
제대로 내가 들어 있다

일본 우편

일본은 아날로그의 나라다. 스마트폰 메시지로 1초면 세상 어디에 있는 사람에게도 안부를 전할 수 있는 지금도 새해에는 수많은 연하장이 오가며, 편지를 주고받자는 광고 캠페인이 여전히 TV에 등장한다. 물론 인터넷·모바일·AI 등 디지털 문명의 영향으로 예전보다는 편지 문화가 줄었다 해도, 사회적 분위기는 여전하다.

이 카피가 등장한 것은 2020년이다. 코로나 시국으로 사람들이 서로 만나기 어려웠던 시기에 방영됐다. 그렇지 않아도 인간적 연결을 중요시하는 일본 사회에, 평소보다 더 깊은 울림을 전했을 것이다. 단순한 새해 인사가 아니라, 서로의 인생에 서로가 존재하고 있음을 새삼 확인하게 해 주는 문장이 됐다.

광고는 원테이크로, 한 남자가 우편물을 들고 방으로 들어와 연하장을 확인하며 미소 짓는 모습을 담았다. 그리고 "그 사람의 인생에, 제대로 내가 들어 있다"라는 문장은, 우편물을 주고받는 관계가 얼마나 깊은 것인지 드러낸다. 종이와 잉크 그리고 손끝이 만들어 내는 물리적 흔적 속에는 그동안 쌓은 시간과 마음이 고스란히 담긴다. 디지털 시대에도 빛나는 아날로그적 소통의 힘을 보여 주는 카피다. 그리고 이 힘이, 디지털 문명이 더욱 공고해지는 지금, 언제까지 이어질지 묻게 되는 카피다.

**ドラムを叩く前は、
人を殴るのが商売だった**

**드럼을 치기 전에는,
사람을 치는 게 일이었다**

야마하

1970년 후반에 야마하가 발표한 잡지 광고에 담긴 한 줄이다. 사진에는 붕대를 감은 남자의 손이 스네어 드럼 위를 내리치는 순간이 포착되어 있다. 팽팽히 당겨진 드럼 표면과 거칠게 상처 입은 손의 질감이 강렬하게 대비된다. 화면 위에는 굵은 서체로 "드럼을 치기 전에는 사람을 치는 것이 일이었다"라는 문장이 놓여 있다.

이 카피는 폭력을 뜻하는 '사람을 친다'는 표현과 음악의 행위인 '드럼을 친다'는 말을 정면으로 맞부딪히며 호기심을 자극한다. 한 문장만으로 음악을 둘러싼 하나의 드라마가 극적으로 펼쳐진다. 어두운 과거를 가진 음악가의 이야기일까 상상하며 바디 카피를 따라가다 보면, 복싱 선수 출신으로 군대에서 드럼을 배워 음악가의 길을 간 미국의 재즈 드러머 브루노 카의 실화를 만나게 된다.

광고는 실존 음악가의 스토리를 통해 인생을 바꿀 수도 있는 악기와 음악의 힘을 이야기한다. 이 헤드라인은 야마하의 대표 광고 카피로 남았다. 충격적인 도입부·진정성 있는 스토리 그리고 철학적 울림이 결합된 명작이다. 이 문장은 이렇게 말하고 있는지 모른다. 인간은 누구나 자신을 바꿀 수 있다고. 그리고 그 변화의 박자는 언제나 마음속 어딘가에서 조용히 울리고 있다고. 이 카피는 세상에 나온 지 50년이 다 되어 가지만, 여전히 무대 위 드럼 세트 앞에 앉은 자신을 그려 보는 수많은 예비 드러머의 꿈을 두드리고 있다.

Keep Calm and Carry On
침착하게 일상을 유지하라

영국 정보부

1939년, 제2차 세계대전이 임박하자 영국 정부는 국민의 동요를 막고 사기를 높이고자 국왕의 메시지를 일련의 포스터로 제작해 전국 곳곳에 붙였다. 그리고 독일군의 영국 본토 침공을 대비한 포스터도 준비했는데, 그 안에 담긴 카피가 바로 "Keep Calm and Carry On"(침착하게 일상을 유지하라)였다. 왕관 그림이 있는 붉은 바탕에 쓰인 이 한 줄은 공포와 혼란 속에서도 국민들이 평정심을 잃지 않고 일상을 이어 가도록 독려하고자 쓰였다.

그러나 이 포스터는 실제로 사용되지 않았다. 침공은 현실화되지 않았고 인쇄된 포스터는 대부분 파쇄됐다. 역사 속으로 사라질 뻔한 이 문장은 2000년, 영국 노섬벌랜드의 한 중고 서점에서 원본 포스터 한 장이 발견되며 60년 만에 빛을 보게 된다. 이 포스터를 복제해 판매한 것이 큰 인기를 얻으면서, 포스터와 카피는 문화적 상징이 되었다.

"침착하게 계속 파티하라" "침착하게 차를 마셔라" 등 원형을 차용한 수많은 패러디가 쏟아졌고, 티셔츠·머그컵·관광 상품 및 인터넷 밈 등을 통해 전 세계적으로 확산됐다. 문장 자체가 "유지하라" 자리에 동사를 바꿔 가면서 변형해 패러디하기 쉬운 구조인데다가, 과거의 엄중한 권위가 만든 메시지를 전복하고 비트는 행위가 대중에게 커다란 유희의 즐거움을 안겼기 때문이기도 했다. 국가의 위기에 대응하기 위한 선전용 슬로건이, 시대와 지역을 초월해 유머와 놀이로 소비된 흥미로운 사례이다.

まだ見つかってない人だけが、時代を変えられる

아직 발견되지 않은 사람만이 시대를 바꿀 수 있다

레프로엔터테인먼트

2021년, 일본의 레프로엔터테인먼트가 창립 30주년을 맞아 배우 오디션을 개최하며 내건 한 줄이다. 팬데믹으로 무대와 촬영이 멈추고, 많은 이에게 기회가 사라지던 시기였다. 이 문장은 단순히 출연 기회를 알리는 오디션 공고를 넘어, 세상이 멈춰도 여전히 새로운 주인공이 필요하다는 메시지이자, 무명의 젊은 예술인들에게 희망과 용기를 전하는 불씨였다.

이 카피는 아직 발견되지 않은 이들을 부족한 존재가 아니라, 언젠가 시대를 바꿀 가능성과 에너지를 지닌 존재로 바라본다. 이 문장 앞에서 도전자들은 움츠러들지 않고 자신감 있게 도전하고 싶은 마음을 불태우게 된다. 나는 실력이 부족한 사람이 아니라, 아직 발견되지 않았을 뿐이다. 이제 이 오디션은 배역 하나를 따내는 자리가 아니다. 큰 무대로 나가 세상을 뒤집을 통로가 된다.

이 오디션 안내 광고는 단편영화와 포스터 등 다양한 형식으로 제작되었으며, 공개 직후 약 5천 명이 지원했다. 합격자에게는 1년간의 배우 육성 프로그램이 제공되었고, 그중에서는 정식 작품에서 주연을 맡은 이도 나왔다. 그 후로도 오디션은 매년 이어지고 있다. 아직 발견되지 않은 누군가가 언젠가 세상을 깜짝 놀라게 할 것이다.

迷うって、青春だ
망설이니까, 청춘이다

맥도널드 치킨 타츠타

2021년, 일본 맥도널드가 인기 메뉴 '치킨 타츠타'의 발매 30주년을 맞아 특별 캠페인을 선보이며 내건 카피다. 메뉴를 고르는 고민을 인생의 망설임에 빗대어 유머러스하게 표현한 문장이 광고의 분위기를 고조시킨다. 이 캠페인은 1980-1990년대 청춘 만화의 상징이었던 아다치 미츠루의 작품 『터치』와의 콜라보로 전개되어, 청춘의 감성을 한층 더 부각했다.

치킨 타츠타는 오리지널과 레몬 타르타르 두 종류가 있다. 광고에는 『터치』의 여주인공 아사쿠라 미나미가 등장해 두 남자 주인공 사이에서 고민하듯 두 제품 사이에서 선택을 망설인다. 치킨 한 조각의 선택을 망설이는 모습을, 청춘의 고뇌인 양 표현한 것이다. 배경 음악은 애니메이션 버전의 원곡 가수가 '터치'를 '타츠타'로 개사해 불러 흥미를 더한다. 그 시절을 원작을 기억하는 기성세대에게는 향수를, 젊은 세대에게는 신선한 웃음을 전한 것.

한국에서는 "아프니까 청춘"이라 했는데, 바다를 건너니 망설임이 청춘의 본질이라 한다. 두 경우 모두 청춘은 완벽한 답이 없는 때임을 말한다. 도전하고 실패하면서 성장한다는 뜻이다. 물론 치킨 조각 앞에서는 고민하지 않아도 된다. 그냥 두 가지 제품을 다 먹으면 더 크게 성장할 수 있을 테니. 정신적 성장이 아니라 체중의 성장이라는 점만 감수하면 된다.

起きた時、もう月曜か、と思った
寝る時、まだ月曜か、と思った

일어날 때 생각했다, 벌써 월요일인가
자려고 누워 생각했다, 아직 월요일인가

요메이슈

일본에는 사자에상 증후군, 미국에는 먼데이 블루스라는 표현이 있다. 한국의 '월요병'에 해당하는 증상이다. 월요일에 느끼는 직장인들의 압박감은 세계 공통인 것이다. 2002년 약용주 브랜드 요메이슈가 낸 신문광고에 실린 이 카피는 월요병을 통찰력 있게 표현한다. 누구나 경험하는 월요일의 부담감을 유머러스하게 표현한 이 문구는 발표되자마자 직장인들의 공감을 사며 화제를 모았다.

당시 일본은 버블 붕괴 이후 장기 불황이 이어지며 인력 감축이 잦았고, 남은 사람에게는 과중한 업무가 돌아갔다. 높은 연간 노동시간 속에서도 근면·성실을 강요받던 직장인들의 피로는 점점 높아졌다. 과로사 문제가 언론에 오르내리던 상황에서 이 카피는 업무에 지친 직장인들의 피로감을 대변하는 문장이 됐다. 아침에는 지나치게 빠르게 다가오는 시간이 주는 답답함이, 밤에는 좀처럼 가지 않는 시간이 주는 막막함이 담겼다. 직장인이라면 누구나 고개를 끄덕일 공감대 위에서, 요메이슈는 피로회복과 자양강장이라는 제품의 기능을 자연스럽게 전했다. 이 광고 카피는 전통 약주로만 인식되던 요메이슈를 현대인과 호흡하는 브랜드로 바꾸는 데 일조했다.

이 카피를 쓴 요메이슈 내부의 광고 담당자가 이 작품으로 TCC 신인상을 수상한 뒤 일본 최대 광고대행사 덴츠로 이직했다고 알려졌다. 아이러니하게도 덴츠는 수차례 벌어진 직원의 과로사로 사회적 논란의 중심에 서기도 했다. 피로를 풀어 주는 약용주 브랜드에서 과중한 업무량의 광고회사로 옮긴 후, 그 카피라이터의 월요일은 어떻게 되었을지 자못 걱정이다.

The happiest place on earth
세상에서 가장 행복한 곳

디즈니랜드

1955년 미국 캘리포니아주 애너하임에 문을 연 디즈니랜드는 당시 놀이공원의 개념을 바꾼 새로운 형태의 테마파크였다. 단순한 회전목마와 놀이기구가 아니라, 영화 속 세계와 상상을 현실에서 경험할 수 있는 장소였다. 개장 몇 년 뒤인 1959년, 디즈니는 이 경험을 한 문장으로 집약한 슬로건을 내놓았다. 바로 "The happiest place on earth"(세상에서 가장 행복한 곳)이었다.

이 슬로건에는 고객이 디즈니랜드에 '무엇을 하러 갈 것인가'가 아니라 디즈니랜드에서 '무엇을 가지고 돌아갈 것인가'가 드러난다. 행복은 아이부터 어른까지 세대를 초월해 누구나 공감할 수 있는 보편적 가치이다. 짧고 직관적인 표현 속에 디즈니 브랜드의 정체성과 세계관을 함축적으로 담아냈다. 방문자는 단순히 놀이기구를 타러 오는 것이 아니라, 자신과 가족이 함께 웃고 즐기는 '가장 행복한 순간'을 경험하러 온다고 기대하게 만든 것이다.

광고 역시 이 메시지를 일관되게 전달했다. 캐릭터 퍼레이드·화려한 어트랙션·웃음 짓는 가족의 모습이 함께 등장하며 "세상에서 가장 행복한 곳"이라는 슬로건이 함께 전해졌다. 이 반복적 노출은 소비자에게 디즈니랜드를 행복의 상징으로 각인시켰다. 세계 곳곳에 새로운 경쟁자가 등장하고 오프라인과 온라인에 즐길 거리가 넘쳐나는 시대지만, 디즈니랜드를 꿈꾸는 어린이와 가족들에게 이 카피에 담긴 메시지는 여전히 강력한 초대장이다.

冒険が足りないと
いい大人になれないよ
모험이 부족하면 좋은 어른이 될 수 없어

JR그룹 청춘18티켓

1980년대 초부터 판매된 청춘18티켓은 일본 JR그룹 계열사들이 공동으로 운영하는 특별 기획 승차권으로, 전국의 JR 보통열차와 쾌속열차를 자유롭게 이용할 수 있다. 나이와 상관없이 이용할 수 있지만, 청춘18이라는 이름 그대로 젊은 세대의 자유와 여행 그리고 성장을 상징한다. 청춘18티켓은 매 시즌 발표되는 감성적인 비주얼과 시적인 카피로 대중의 사랑을 받으며, 일본 광고계의 아이콘 중 하나로 자리 잡았다.

이 카피는 2002년 겨울 편에 실린 문장이다. 안정을 추구하는 일상에서 벗어나 스스로의 한계를 시험하고, 새로운 경험을 통해 성장하라는 메시지다. 좋은 어른이란 나이를 먹는다고 저절로 되는 존재가 아니라, 두려움을 이겨 내며 자신을 단련한 사람이라는 사실을 일깨운다. 그리고 새로운 모험과 경험을 위해 청춘18티켓으로 열차에 몸을 실으라고 권한다. 이 카피는 학교의 보호에서 벗어나 사회에 막 첫발을 내딛는 청춘뿐 아니라, 이미 어른의 시간을 지나온 이들에게도 자신을 돌아보도록 하는 힘이 있다.

청춘18티켓의 시리즈는 늘 자신만의 길을 찾는 청춘을 이야기했다. "자신의 방 안에서 인생 같은 것 생각할 수 있을까"(2002), "정해진 레일은 없는 편이 좋다"(1995), "처음에 나이 제한은 없습니다"(2007) 등 명카피로 젊음을 격려하고 위로했다. 열차를 이동이 아닌 성장의 매개로 바라보며 시적 감성으로 전달한 이 캠페인은, 한 장의 할인 승차권을 한 시대를 가로지르는 청춘의 흔적으로 바꿔놓았다. 광고가 보여 줄 수 있는 멋진 마법 중 하나다.

あの人の写真が欲しくて、
友達みんなを撮っている

그 사람의 사진이 갖고 싶어서
친구들 모두를 찍고 있다

올림푸스 디지털카메라

이 카피가 나온 때는 2000년대 후반이다. 필름 카메라의 시대는 이미 저물고, 스마트폰은 본격적으로 보급되기 전이었다. 당시 경쟁사들은 디지털카메라의 화소 수·휴대성·기능 같은 스펙을 앞세웠다. 올림푸스는 기술을 넘어 마음을 기록하는 도구로서 카메라를 조명하는 시리즈 광고를 냈고, 그중 한 편에 이 문장이 담겼다.

광고에는 카메라를 들고 정면을 바라보는 청년의 순수한 모습이 보인다. 동아리나 교회의 야외 활동에 나온 듯한 장면이다. 그가 바라보고 있는 것은 사진을 찍으려고 포즈를 취하는 친구들이겠지만, 그중 한 사람의 모습만이 유난히 빛나 보일 것이다. 여기에 얹힌 카피 한 줄은 풋풋한 사랑의 감정을 섬세하게 표현한다. 좋아하는 사람에게 다가가지 못하고, 괜히 주변을 빙빙 돌며 애타는 마음이 눈앞에 그려진다.

이것은 카메라를 든 청년의 이야기이면서 동시에 모두의 이야기다. 누구라도 청춘의 한 시절에 겪어 봤을 법한 보편적인 경험이다. 이 카피는 사진이라는 매개체를 통해 소비자의 마음속에 간직된 청춘의 기억을 불러낸다. 그리고 수줍음과 설렘으로 남아 있는 그 시절의 자신을 다시 만나게 한다. 이 카피는 단순한 제품 광고를 넘어, 한 줄의 문장으로 청춘의 한 순간을 드라마로 완성했다는 평가와 함께 오래도록 회자되고 있다.

カンビールの空きカンと破れた恋は、
お近くの屑かごへ

캔맥주의 빈 캔과 깨진 사랑은
가까운 쓰레기통에

산토리 캔맥주

병맥주가 90퍼센트 이상을 차지하고 있던 일본 맥주 시장에 1980년 대 들어 변화의 바람이 불기 시작했다. 1인 가정·맞벌이 부부가 늘어나고 여가 중심의 소비가 확산되면서, 더 작고 더 간편한 음용 형태가 주목받기 시작했다.[3] 페트병에 담긴 맥주가 출시되고, 다양한 사이즈의 맥주병과 캔이 등장한 것도 이때다. 산토리는 이런 흐름을 잘 읽고, 캔맥주를 편리하게 마실 수 있는 대안이 아니라 이전 세대와는 다른 라이프스타일의 상징으로 만들었다. 서양인 모델과 감성적 카피를 앞세운 세련된 광고를 내놓았고, 그 전략을 대표하는 것이 바로 이 한 줄이다.

"캔맥주의 빈 캔과 깨진 사랑은, 가까운 쓰레기통에"라니. 청량한 맛과 기분 좋은 분위기 같은 맥주 광고의 클리셰가 보이지 않는다. SNS에 가볍게 던진 듯한 이 문장은 캔맥주를 도시적 감성을 연출하는 스타일리시한 소품으로 변신시켰다. 순수하고 진중한 책임감의 무게를 얹고 연애 감정을 바라보던 구시대의 감각과 다르게, 사랑의 실패를 캔맥주를 대하듯 가볍게 바라보는 태도에 젊은 소비자들이 호응했다. 이 카피는 캔맥주에 대한 인식을 바꾸고 일본 맥주 시장을 병맥주 중심에서 캔맥주 중심으로 바꾼 기폭제가 됐다는 평가와 함께 1982년 TCC클럽상을 수상했다.

이 한 줄에 감응하며 도시적 감성을 캔맥주로 즐기던 1980년대의 젊은이들이 어느덧 60대를 넘기고 있다. 그들이 21세기에 태어난 요즘 젊은이의 사랑은 또 어떻게 바라보고 있을지 궁금하다. 여전히 빈 캔과 깨진 사랑은 가볍게 쓰레기통에 던지라고 조언해 줄까.

The only thing stopping you from going out is you
당신이 나가는 것을 막는 유일한 것은 바로 당신이다

『타임아웃 암스테르담』

한 남자가 소파에 앉아 노트북을 들여다본다. 남자가 일어나 나가려는데, 자신의 손발이 자신을 방해를 하는 희한한 상황이 벌어진다. 그는 반복해서 일어나려 애쓰고, 계단에서 몸부림치듯 스스로와 씨름한다. 넘어지고 다시 일어서기를 반복하다가, 마침내 문 밖으로 간신히 나선다. 도시의 거리를 여유 있게 걸어가는 장면 옆에 짧지만 도발적인 자막이 얹힌다. 당신의 외출을 막는 유일한 장애물은 다른 것이 아니라 바로 당신 자신이라는 문장이다. 광고의 제목도 "당신 vs 당신"You vs You이다.

이 광고는 2009년, 도시 라이프스타일 매거진 『타임아웃 암스테르담』을 알리고자 제작된 것이다. 『타임아웃』은 런던에서 시작해 전 세계 주요 도시로 확장된 잡지로, 도시를 소개하고 문화·예술·엔터테인먼트 정보를 제공한다. 당시는 금융위기의 여파로 소비 심리가 위축되고, 스마트폰과 온라인 영상이 새롭게 여가 시간을 채우던 시기였다. 이 광고는, 다른 매체와의 경쟁보다 더 큰 장애물은 집 안에서 나오지 않으려는 관성과 게으름이라고 짚었다. 잡지를 사라는 직접적 권유 대신, 집 밖으로 나와 실제 세상을 경험하라고 권유한 것이다.

이 광고는 소비자들의 공감을 얻으며 이후 캠페인으로 확장됐다. 발표된 지 15년을 훌쩍 넘긴 지금, 스마트폰이 모든 사람들의 손에 쥐어진 강력한 모바일 세상이 완성되어 있다. "당신 스스로 당신의 외출을 막는" 현상은 아마 훨씬 더 심해졌을 것이다.

간 때문이야

대웅제약 우루사

시장에 메가 히트한 광고가 탄생하면 그 광고처럼 만들어 달라는 광고주의 강한 요구를 종종 받게 된다. 축구 선수 차두리가 어정쩡한 웃음을 머금고 밴드 반주에 맞춰 "간 때문이야"를 노래하던 간 기능 개선제 우루사 광고가 전국을 휩쓸 때도 그랬다. 수많은 광고주가 "우루사 광고처럼 만들어달라"라고 했다. 여기서 "우루사 광고처럼"이란, 중독성 있고 재미있는 CM송 광고를 말한다. 참, 거기에다가 우루사 광고처럼 온 국민이 따라 하는 카피가 들어가야 한다.

이렇게 수많은 광고대행사와 광고제작사를 곤혹스럽게 했던 우루사 광고는 2011년에 처음 방영됐다. 단순 반복되는 가사와 멜로디와 차두리의 친근한 이미지가 시너지를 일으키며 광고는 발표되자마자 큰 인기를 끌었다. 수많은 패러디가 나왔고 CM송으로는 드물게 정식 음원이 별도로 발표되어 음원 사이트에서도 들을 수 있었다. 심지어 노래방에서 부를 수도 있었다. 이 정도의 인기는 연간 수천 편이 쏟아지는 광고 시장에서 10년에 한 번도 나오기 어려운 희귀한 케이스다. 치밀한 기획과 완성도 높은 제작뿐 아니라, 운까지 따라 줘야 가능한 일이다.

광고의 큰 인기에는 작은 부작용도 뒤따랐다. 방송통신심의위원회가 "피로는 간 때문이야"라는 광고 속 가사가 모든 피로의 원인이 간에 있다는 잘못된 인식을 줄 수 있다고 지적한 것이다. 대웅제약은 "피곤한 간 때문이야"로 수정하여 방영을 이어 갔다. 이런 역대급 인기를 구가하는 TV 광고를 계속 집행하는 데 그 정도의 수정 작업은 전혀 피곤한 일이 아니었으리라.

告白された。
こんどは、ゆっくり恋をしようと思う
고백받았다. 이번에는 천천히 사랑해야지

요시노가와

이 카피가 얹힌 사진 속에는 욕조에 몸을 깊이 담근 여성이 고개를 젖힌 채 천장을 바라보고 있다. 살짝 상기된 얼굴에는 막 고백을 받은 여운과 알 수 없는 생각이 교차하는 듯하다. 새로운 사랑 앞에서 망설이는 한 여성의 내면을 압축한 이 문장은, 니가타현의 양조기업 요시노가와가 2011년부터 2019년까지 8년간 이어간 연작 광고「도쿄-니가타 이야기」의 한 편에 실려 있다.

이 시리즈는 매 분기마다 도쿄와 니가타를 오가는 조에츠 신칸센 차내에만 게재됐다. 주인공은 니가타 출신으로 도쿄에서 생활하는 한 가상의 여성으로, 그녀의 성장과 일상을 사계절의 이야기로 담아냈다. 계절마다 열차 안에서만 만날 수 있는 독특한 매체 전략과 섬세한 여성 심리를 포착한 카피는 SNS를 통해 빠르게 퍼지며 전국적인 사랑을 받았다. 이 광고는 바다 건너 한국에도 소개되어 많은 광고인의 관심을 끌었다.

「도쿄-니가타 이야기」는 단순한 상품 광고를 넘어 한 여성의 성장 서사를 보여 주며 많은 공감을 얻었다. 광고 속에는 작은 술병 이미지가 구석에 배치되어 있을 뿐, 제품 설명이나 기업 홍보는 드러나지 않는다. 그러나 이 시리즈를 통해 요시노가와는 지방의 전통주 제조업체에서 젊은 여성층과 교감하는 브랜드로 자리매김하며 소비자 저변을 넓히고 브랜드 인지도를 높였다. 2019년, 총 32편을 끝으로 시리즈는 막을 내렸지만, 광고들이 남긴 여운은 오래도록 기억된다.

빨래 끝!

옥시크린

국내 최초의 산소계 표백제 옥시크린이 출시된 것은 1984년이다. 이 전까지는 흰옷에만 쓸 수 있고 섬유 손상이 우려되던 염소계 표백제만 사용되고 있었다. 옥시크린은 시장에 진입하면서 "흰옷은 더 희게, 색깔 옷은 선명하게"라는 명료한 문장으로 락스 같은 기존 염소계 표백제의 문제를 건드렸다. 차별적 편익을 강조한 훌륭한 카피였지만, 소비자들의 기억 속에 더 깊이 각인된 것은 광고 마지막 장면에 등장하는 "빨래 끝!"이란 카피였다.

옥시크린 광고에는 언제나 이 카피를 외치며 후련해하는 주부의 모습이 시그니처 컷으로 등장했다. "빨래 끝!"은 당시 주부들이 겪는 매일의 고충을 통쾌하게 해결해 준다고 명쾌하게 전달했다. 광고와 함께 옥시크린은 점점 시장점유율을 높여갔고, 2011년에는 95.4퍼센트에 육박하는 점유율을 기록했다.[4] 표백제라는 단어를 옥시크린이라는 브랜드명이 대체할 정도였다. 2013년에는 30년 만에 남성 모델을 등장시켜, 여성의 성역할 고정관념을 강화했다는 비판에 응답하는 변화를 보였다.

옥시크린의 위기는 예상치 못한 곳에서 터졌다. 2016년 가습기 살균제 사망 사건에 제조회사인 옥시레킷벤키저의 제품이 연루되면서 옥시크린까지 불매운동 대상에 오른 것이다. 결국 위기는 수습되었지만 한번 떨어진 시장 점유율을 다시 예전 수준으로 되돌리지는 못했다. 과거의 압도적 시장 우위는 사라졌지만, 옥시크린은 여전히 40년 넘도록 "빨래 끝!"을 외치며 표백제 시장을 이끌고 있다.

Keep Going and Going and Going
계속, 계속, 계속 나아갑니다

에너자이저 건전지

1980년대부터 전개된 에너자이저의 카피다. 처음에는 경쟁사 듀라셀의 광고를 패러디하는 형태에서 출발했지만, 큰 인기를 끈 이후 북을 치며 끝없이 전진하는 분홍색 토끼 인형을 모델로 한 캠페인은 수십 년에 걸쳐 이어졌다. 그리고 '에너자이저 버니'Energizer Bunny는 현대 자본주의를 상징하는 대중문화의 아이콘 중 하나로 자리 잡았다.

이 카피는 제품의 편익을 직관적으로 전달했다. 다양한 상황에서 끊임없이 북을 치며 앞으로 향하는 토끼 인형을 유머러스하게 보여주는 광고는 소비자들에게 사랑받았고, 포기하지 않고 끝까지 나아가는 정신의 상징으로까지 점차 확장됐다. 실제로 '에너자이저 버니'라는 표현은 지치지 않는 존재를 뜻하는 관용구가 되어 2006년 『옥스퍼드 사전』에 등재됐다.

여기에는 흥미로운 '토끼 전쟁'도 있었다. 1973년부터 경쟁사 듀라셀은 유럽에서 북치는 토끼를 광고에 사용했지만, 북미에서는 상표권을 관리하지 않았다. 이 틈을 타 에너자이저가 1988년 이를 패러디한 광고를 내놓으며 독자적 마스코트를 키웠다. 이후 양사는 법적 분쟁을 거쳐 1992년 비공개 합의를 통해 미국과 캐나다에서는 에너자이저가, 그 외 지역에서는 듀라셀이 토끼 마스코트를 쓰기로 했다. 이 합의에 따라 한국에서는 에너자이저 버니 대신 '백만돌이'라는 배터리 캐릭터가 등장해 팔굽혀펴기를 하며 "백만 스물하나, 백만 스물둘"을 외치고 있다. 귀여운 토끼 캐릭터를 앞세운 귀엽지 않은 배터리 전쟁은 앞으로도 "계속, 계속, 계속 나아갈" 것이다.

私の年齢は、私の生きてきた証です
내 나이는 내가 살아온 증거입니다

가구레 홀리스틱

우리는 나이가 많아 보이는 것을 두려워하고, 실제 나이를 감추고 싶어 하는 문화 속에 살고 있다. 나이가 들수록 동안에 집착하며 조금이라도 젊어 보이려고 노력한다. 어려 보인다는 말이 칭찬이 되다 보니, 실제 나이로 보인다고 하면 실망하는 희한한 일이 벌어진다. 실제보다 10살 이상 젊어 보이도록 돈 들여 관리 받은 연예인의 모습을 찬양하는 기사와 콘텐츠가 넘치는 것도 같은 이유다.

정도의 차는 있을지 모르지만, 동안을 추구하고 선망하는 분위기는 일본도 다르지 않다. 그런데 동안을 약속하기는 커녕, 동안에 대한 집착을 다시 생각하게 하는 뷰티 브랜드가 있다. 가구레 홀리스틱 뷰티는 일본의 라이프스타일 기업 어반 리서치가 운영하는 식물성 성분 화장품 브랜드로, 자연스러운 자기다움을 찾는 것을 추구한다. 그래서 스킨케어 역시 나이를 억지로 지우는 것이 아니라, 나이가 들수록 더욱 건강하고 균형 잡힌 피부를 유지하도록 하는 데 초점을 맞춘다.

그래서 나온 광고 카피 중 하나가 "내 나이는 내가 살아온 증거"다. 단지 숫자가 아니라, 인생의 깊이를 보여 주는 자신감으로 나이를 재정의한 것이다. 메시지는 간결하지만 강렬하다. 나이가 든다는 것은 수많은 경험과 도전을 겪었다는 증거이고, 브랜드는 그 과정에서 얻은 인생의 지혜가 피부와 표정에 그대로 담겨 있다고 믿는다. 자기 자신을 가장 자기답게 만들어 주겠다는 브랜드의 생각이 카피에서 고스란히 드러난다. 나이에 걸맞는 모습을 긍정하는 태도와 문화. 분명 쉬운 일은 아니다. 하지만, 그래서 더욱 추구할 가치가 있는 것 아닐까.

人生には、飲食店がいる
인생에는 음식점이 필요하다

산토리

이 슬로건이 처음 등장한 건 2021년 11월, 코로나19 팬데믹으로 일본 전역의 음식점들이 벼랑 끝에 몰려 있었다. 손님이 끊기고 매출은 곤두박질쳤다. 특히, 산토리의 주력 상품인 주류를 판매하던 이자카야 같은 소규모 음식점들은 그야말로 생존이 걸린 위기 상황에 처했다. 산토리는 "음식점은 단순히 술을 마시는 장소가 아니다. 사람과 사람을 이어 주는 삶의 장소다"라는 응원의 메시지를 꺼내 들었다.

이 카피는 음식점을 인생의 동반자로 격상시켰다. 누군가는 퇴사 전 상사와 마지막 술잔을 기울인 자리, 누군가는 데이트 상대의 취향을 처음 알게 된 순간, 누군가는 가족의 생일을 축하하며 눈시울이 붉어졌던 기억을 떠올렸을 것이다. 코로나는 일상의 모든 것을 멈춰 세웠지만, 그 멈춘 시간 속에서도 사람들은 음식점에서의 기억을 잊지 않고 있었다.

캠페인은 대대적으로 진행됐다. 시대를 초월한 23편의 드라마와 영화에 나온 음식점 장면을 편집하여 만든 TV 광고는 그 자체로 음식점에 바치는 헌사였다. 음식점에 비친 인생의 수많은 순간을 표현하여 큰 호응을 얻은 포스터는 전국 5만 곳의 음식점에 무료 배포되어, 현장에서 실질적인 응원도 함께 보냈다.

SNS에서는 "우리 마음을 대변해 줬다" "눈물 나게 고마운 카피"라는 반응이 쏟아졌고, 광고 영상은 유튜브 조회수 280만 회 이상을 넘겼다. 2023년에 광고 자체로도 많은 상을 휩쓸었고, 카피는 TCC 그랑프리를 수상하며 최고의 기업 PR 중 하나로 평가를 받았다. 이 캠페인은 코로나를 이겨 낸 이후로도 지속되고 있다.

사람이 미래다

두산그룹

2010년 가을, 두산그룹은 새로운 기업 이미지 광고 시리즈를 시작했다. 글로벌 금융위기의 여파로 경기 침체와 고용 불안이 짙게 드리워졌던 시기였다. 광고는 어려운 시기를 헤쳐 나가야 할 젊은 세대에게 주는 메시지를 담았다. 모든 광고의 마지막은 "사람이 미래다"라는 슬로건으로 끝을 맺는다.

이 광고는 사람이 성장의 중심이라는 기업의 철학을 전한다. 평범한 청년들의 표정과 일상을 원테이크로 담은 심플한 영상 위에 "실패했다는 사실보다 가치 있는 시도가 중요"하다거나 "부족하다는 것은 가능성이 있다는 뜻"이라는 내용의 바디 카피가 이어졌다. 광고는 취업난과 불안을 겪던 청년층에게 응원과 위로의 메시지로 받아들여지며 호평을 얻었다. 다른 기업들이 앞다투어 경쟁과 성과를 외치던 흐름 속에서, 사람의 가능성을 강조한 내용이 차별적인 울림을 만들어 낸 것이다.

광고가 방영된 직후 대학생과 구직자를 중심으로 호감도가 크게 상승했고, 두산에 대한 호의적 태도와 취업 희망률은 세 배 가까이 높아졌다.[5] 이 카피를 직접 쓴 박용만 두산그룹 회장이 '한국의 광고PR인 2012'에서 올해의 광고 카피라이터상을 받고, 소비자가 뽑은 좋은 광고상까지 수상하며 작품성도 인정받았다.

그러나 시간이 지나며 그룹의 구조조정 과정에서 젊은 직원들을 대거 내보내자 "사람이 미래다"라는 말은 부메랑이 되어 브랜드를 공격하는 데 사용됐다. 결국 이 슬로건은 광고를 위한 문구에 불과했다는 비판이 쏟아졌다. 사람은 미래지만, 위기는 눈앞의 현실이었다.

知性の差が顔に出るらしいよ……,
困ったね

지성의 차이가 얼굴에 드러난다던데……,
곤란하네요

신초샤 신초문고

1970년대 후반, 신초샤는 출판업계 문고 전쟁의 한복판에 있었다. 전통의 경쟁사인 고단샤와 슈에이샤 외에도 가도카와가 영화와 출판을 결합한 혁신적인 미디어 전략으로 출판계에 새로운 바람을 일으키고 있었다. 이 카피는 바로 이런 배경에서 등장했다.

신초샤는 출간 도서 목록이나 작가를 내세우는 기존의 방식 대신 유명 연예인과 새로운 관점의 카피를 내세웠다. 독특한 캐릭터의 여배우 모모이 가오리의 사진 옆에, 마치 그녀의 독백처럼 붙어 있던 카피가 바로 "지성의 차이가 얼굴에 나타난다던데……, 곤란하네요"였다. 독서의 중요성을 내세운 광고들은 예전부터 있었지만 이처럼 통찰과 가벼움 사이의 묘한 밸런스를 갖춘 문장은 드물었다. 이 카피는 설교적일 수 있는 내용을 거부감 없는 유머로 다뤄 주목과 호평을 동시에 이끌어 냈다.

이 카피의 특별한 점 중 하나는 맨 뒤에 붙어 있는 "곤란하네요"의 존재다. 이 카피를 쓴 나카하타 다카시는 이것을 새우튀김의 꼬리에 비유했다.[6] 새우튀김에서 꼬리는 사람들이 대부분 먹지 않는 부분이지만, 만약 꼬리를 떼고 튀긴다면 더 이상 새우튀김으로 느껴지지 않는다. 마찬가지로, "곤란하네요"라는 불필요해 보이는 표현이 오히려 카피에 매력을 더하고 메시지에 더 풍성한 함의를 실어 준다는 설명이었다. 관점에 따라 이 부분을 사족으로 볼 수도 있겠다. 그러나 1979년 TCC 클럽상을 받으며 일본 광고 카피의 전설 중 하나가 됐기에, 일단 새우튀김의 꼬리가 맞았음을 인정할 수밖에 없을 듯하다.

Have you driven a Ford lately?
최근에 포드를 운전해 본 적 있나요?

포드자동차

한때 미국자동차의 상징이었던 포드는 1980년대 초 시장에서 일본 브랜드에 밀리며 점점 신뢰를 잃고 있었다. 연비와 내구성에서 경쟁력이 떨어진다는 인식이 확산되며, 포드를 비롯한 미국차 전반에 대한 시선이 차가워졌다. 이런 상황에서 1982년, 포드는 새로운 브랜드 캠페인을 통해 반전을 시도했다. 최근에 포드를 운전해 본 적 있냐는 질문과 함께.

이 문장은 소비자의 선입견을 흔들며 내가 모르는 사이에 어떤 변화가 있던 것은 아닐까 생각해 보게 만든다. 자연스럽게 브랜드와 제품에 대한 호기심도 자극한다. 포드가 단순히 카피만으로 승부를 보려고 한 것은 아니다. 새로운 외관과 혁신적인 구동방식의 신차 출시 등 디자인과 성능을 개선한 자신감이 캠페인의 배경에 깔려 있었다. 이러한 내용을 광고에 담았지만 과장된 수식어나 일방적인 주장 대신, 친근하고 일상적 어조와 겸손한 톤앤매너를 사용했다. 그리고 경쾌한 합창 스타일의 CM송으로 이 카피를 반복했다. 광고는 소비자의 뜨거운 관심과 반응을 이끌어 냈고, 노래로 각인된 카피는 유행어가 되어 일상 대화에까지 스며들었고 많은 패러디를 남겼다.

포드의 자신감을 담은 캠페인 효과는 확실했다. 포드의 브랜드 호감도가 높아졌고, 시승 및 판매 증가로 이어졌다. 캠페인 자체의 인지도를 높이고 낡은 브랜드를 기사회생시킨 마케팅 효과까지 가져온 이 한마디는, 1980년대 최고의 광고 카피 중 하나로 꼽힌다. 눈에 띄는 제품의 혁신·날카로운 전략 그리고 크리에이티브한 아이디어가 잘 맞물려 이룬 성공이었다.

생활의 중심

SK텔레콤

2005년 여름, SK텔레콤은 「현대생활백서」라는 이름의 캠페인을 선보였다. 캠페인을 끌고 간 핵심적인 카피는 "생활의 중심"이었다. 20년 전의 통신기업 캠페인과 카피가 '통신생활백서'나 "통신생활의 중심"이 아니었다는 점에 주목해야 한다. 일상의 소통·관계·정보·교육·오락 등 모든 경험이 모바일을 통해 바뀌어 갈 것이며, 그 중심에 SK텔레콤이 있을 것이라는 비전을 제시한 것이다. 스마트폰이 나오기도 전이었지만, 이미 통신을 중심으로 우리의 삶이 완전히 변화하게 될 것이라는 통찰이 이 카피에 담겨 있다.

광고는 일상 속의 소소한 순간들을 통해 통신이 생활의 중심이 된 세상을 보여 줬다. 군 입대를 앞둔 청년의 마지막 전화·연인들의 짧은 다툼과 화해·부모와의 안부 통화·휴대폰 카메라를 이용한 얼굴 단장 등의 소재로 때로는 유머로, 때로는 공감으로 소비자들의 호응을 얻었다. 캠페인과 함께 배포된 『현대생활백서』 책자는 30만 부가 순식간에 소진되며 하나의 사회적 현상이 되었다.

캠페인을 거치며 SK텔레콤은 브랜드 친밀도를 크게 높였다. 특히 젊은 세대의 높은 반응을 이끌어 내며 통신업계의 리더십을 더욱 공고히 했다. 2006 대한민국광고대상 등 주요 광고제를 휩쓸며 작품성까지 인정받은 것은 당연한 결과였다. 20여 년이 지난 지금, 그때 놓친 한 가지 사실이 보인다. 모바일은 '생활의 중심'이 아니라 '생활 그 자체'가 된 것 같다.

すこし愛して、ながく愛して
조금만 사랑해요 오래오래 사랑해요

산토리 레드

1980년대 일본은 고도성장의 폭풍을 경험하고 있었다. 이 시기에 일본인들은 미래에 대한 긍정감과 성장 이면의 허무함을 동시에 마주했다. 이에 대한 반작용으로 일상의 작은 행복을 추구하고 싶다는 분위기도 존재했다. 중저가 보급형 위스키 제품인 산토리 레드의 광고 속 카피가 바로 그런 일면을 반영하며, 시대를 대변하는 문장이 됐다.

TV 광고 시리즈에는 일본의 아름다움을 체현했다는 국민배우 오하라 레이코가 등장한다. 광고는 그녀가 남편과 겪는 소소한 순간들을 그려낸다. 그를 위해 정성을 쏟다가도, 갑자기 화를 내기도 하고, 싸운 후 하염없이 초조하게 전화를 기다리는 모습 등이 표현된다. 벼락 같은 열정보다 잔잔한 애정을 추구하고 싶은 안정감이 그녀의 '츤데레' 연기를 통해 소비자들에게 대리 만족을 줬다.

광고의 마지막 부분에서 '오래오래'에 해당하나는 '나가쿠'ながく를 길게 늘려 말하는 내레이션이 특히 인상적이어서, 많은 사람이 흉내 내는 등 화제가 됐다. 이 시리즈는 1980년부터 총 27편이 10년 간 전파를 타며[7] 큰 사랑을 받았고 이 광고 카피는 일본 광고의 전설 중 하나로 기억된다.

한편 1946년생인 오하라 레이코가 2009년 62세의 나이로 고독사하여 일본인들에게 큰 충격을 안겼다. 자택에서 뇌내출혈로 숨지고 나서 며칠이 지난 후에야 발견된 것이다. "오~~래오래 사랑하자"며 일본인들을 위로했던 그녀가 너무 이른 나이에 외로이 세상을 떠난 것이다. 삶은 왜 항상 이런 아이러니를 남기는 것인가.

생각이 에너지다

SK에너지

1962년 설립된 대한석유공사는 민영화되어 선경그룹 계열로 편입된 이후 1980-1990년대에는 (주)유공이라는 이름으로 알려져 있었다. 선경이 SK로 이름을 바꾼 후 몇 번의 사명 변경과 계열 통합을 거쳐, 2007년 여름에 새 이름 SK에너지로 새로운 캠페인을 시작했다. 그리고 그 중심에는 "생각이 에너지다"라는 슬로건이 있었다.

캠페인에 등장한 광고들은 기존의 중화학 기업의 광고들과 달랐다. 유전에서 일하는 모습이나 승용차나 산업용 차량에 주유하는 모습 등 전형적인 장면은 찾아볼 수 없었다. 대신, 나사와 철근만으로 지어진 건축물 에펠탑·전혀 다른 생각의 화풍을 선보인 세잔·침묵으로 저항한 간디·니체의 사상에서 영감을 받은 이사도라 던컨까지, 생각의 힘을 보여 주는 사례들을 세련되게 보여 주며 신선한 충격을 주었다. 이어서 집행된 광고에서는 "대한민국 거리는 창조의 유전·도서관은 지식의 유전·광장은 열정의 유전"이라는 발상으로 일상적 공간을 새로운 '유전'으로 재해석했다.

"세상을 바꾸는 것은 생각"이라는 카피와 함께 전해진 이 슬로건은 소비자들에게 발상의 전환을 선사했다. 이 카피는 한 기업의 홍보를 넘어, 자원이 부족한 국가와 국민이 어떻게 에너지를 만들어 미래를 준비할 것인지에 대한 화두를 던졌다. 이 캠페인은 SK에너지라는 새로운 사명을 단기간에 대중에게 각인시켰다. 업의 본질을 확장시켜 혁신적인 비전을 효과적으로 전달한 성공적인 사례로 꼽기에 부족함이 없다. 이 훌륭한 캠페인도 결국 생각에서 시작한 것 아닌가. 과연, 생각이 에너지다.

11월

Where's the beef?
쇠고기는 어디 있죠?

웬디스

"쇠고기는 어디 있죠?" 1984년, 미국 대통령선거 민주당 후보 경선 토론장. 월터 먼데일 후보가 게리 하트 후보에게 던진 농담이다. 후보들과 청중이 함께 웃음을 터뜨린다. 일자리 창출 등 정책에 대한 진지한 대화 중에 웬 쇠고기 타령이었을까. 그 당시 크게 유행한 웬디스 광고의 카피를 이용해, 경쟁자의 발언이 그럴싸해 보이지만 별 내용이 없다고 점잖게 펀치를 날린 것이다.

웬디스의 TV 광고에는 할머니 세 명이 등장한다. 커다란 햄버거를 보며 기대에 찬 얼굴로 한 노인이 빵을 들어 올린다. 터무니없이 초라한 패티 위에 작은 치즈 조각 하나와 피클 한 점이 놓여져 있다. 그중 한 할머니가 화난 얼굴로 묻는 대사가 바로 "Where's the beef?"(쇠고기는 어디 있죠?)다. 묵직한 목소리의 남자 성우가 빅맥과 와퍼 등 경쟁사 제품의 실명까지 거론하며, 웬디스의 햄버거는 쇠고기 양이 많다고 내레이션까지 더한다. 노골적인 비교와 유머러스한 카피는 큰 화제를 일으켰고, 매출이 전년 대비 30퍼센트 증가[1]하는 등 큰 성공으로 이어졌다.

이 광고의 영향력은 대단했다. 광고에 등장한 81세의 클라라 펠러는 단숨에 스타가 됐고, 그녀의 얼굴을 인쇄한 상품들이 쏟아졌다. 카피 자체는 진짜 중요한 본질이 빠져 있음을 나타내는 관용구가 됐고, 다양한 분야에서 패러디됐다. 광고가 문화와 정치에까지 영향을 끼친 사례로도 지금까지 자주 거론된다.

What happens here, stays here
여기서 벌어진 일은, 여기서 끝난다

라스베이거스

2003년, 라스베이거스 관광청이 내놓은 TV 광고의 카피다. 이 한마디는 글로벌 기업들의 광고 경연장인 슈퍼볼 방영을 앞두고 도박을 연상시킨다는 이유로 방영이 거부되면서 순식간에 미국 전역에서 화제가 되었다. 금지된 콘텐츠라는 꼬리표는 언제나 호기심을 자극한다. 금지의 역설 속에서 이 한 줄은 도박 일변도의 이미지가 강한 라스베이거스를 누구나 일상에서 벗어나 자신을 해방할 수 있는 곳이자 성인의 자유를 상징하는 도시로 부각시켰다.

클럽의 화장실에서 가발을 바꿔 쓰고 웃으며 나가는 여성·사후 최후의 심판대에서도 라스베이거스에서의 행적이 발견되지 않아 천국으로 향하는 남자·악마는 물론이고 심지어 천사까지도 은밀히 유흥을 즐기는 모습 등 TV 광고 속에 유머러스한 에피소드가 수없이 등장한다. 이 광고들은 무슨 일이 벌어졌는지는 결코 말하지 않는다. "여기서 벌어진 일은 여기서 끝난다"라는 자막만이 제시될 뿐이다. 이 카피는 허용된 일탈과 익명의 공간을 약속하며, 그 여백 속에서 사람들은 각자의 욕망과 상상을 채운다.

이 카피는 빠르게 대중의 언어 속에 흡수됐다. 각종 예능과 시상식 심지어 정치 토크쇼에서도 인용됐다. 『US투데이』의 설문조사는 이 광고를 2003년 가장 효과적인 광고 캠페인으로 꼽았고, 광고 전문지 『애드 에이지』는 이 광고가 하나의 문화 현상이 됐다는 평가까지 내놓았다. 이브가 사과를 베어 문 이래 금지가 제대로 먹힌 사례는 손에 꼽을 정도다. 인간의 본성과 본능은 좀처럼 변하지 않는다.

호랑이 기운이 솟아나요

농심켈로그

1988년, 농심켈로그가 시리얼 제품 콘푸로스트 광고에 사용한 문장이다. 이 카피는 광고 속에 커다란 호랑이 캐릭터 '토니 더 타이거' Tony the Tiger의 모습과 함께 등장한다. 원래 토니는 1952년 미국 켈로그에서 탄생한 마스코트였다. 이 카피는 미국 광고 속 대사 "Can help bring out the tiger in you"를 한국어로 옮긴 것이다.

한때 시리얼은 엄마의 정성이 빠진 간편식으로 여겨졌다. 특히 성장기의 아이들의 발육과 건강에도 좋지 않다는 편견이 있었다. 시리얼 한 그릇으로 식사를 대신한다는 것은 부모에게 죄책감을 느끼게 했다. 그러나 이 카피는 부모의 불안한 마음을 달래 주었다. 이 한마디로 콘푸로스트는 아침에 대충 때우는 끼니의 상징에서, 아이의 영양과 활력을 생각해 준비한 아침 식사로 격상되었다.

그러나 아이러니하게도 시리얼은 활력을 떨어뜨리고자 개발된 음식이었다. 시리얼 제품을 처음 개발한 미국의 의사 존 하비 캘로그는 요양원에서 성적 충동이 환자들의 건강에 악영향을 끼칠 것을 우려했다. 그래서, 포만감을 주면서도 활력을 떨어뜨리도록 개발한 음식이 시리얼이었던 것.[2] 시간이 지나면서 맛과 영양을 고려한 식사 대용품으로 발전해 오늘에 이르렀다. 이 카피는 30년이 넘는 세월 동안 여전히 살아 있다. 지금도 예능 프로그램이나 온라인 콘텐츠에서 "호랑이 기운이 솟아난다"라는 표현은 힘과 활력을 상징하는 말로 사용된다.

Life's Good
라이프 이스 굿

LG전자

이 슬로건은 1998년, 호주에서 처음 사용됐다. 당시 LG전자는 호주 가전시장에 막 진출하여 브랜드 인지도가 높지 않은 상황이었다. 밝고 긍정적인 프리미엄 브랜드로 인식시키고자 만들어진 이 슬로건이 현지에서 좋은 반응을 얻었다. 이에 힘입어, 2000년대 초반에는 뉴욕 타임스퀘어에 대형 LED 광고를 집행하며 대대적으로 이 카피를 전 세계 무대에 선보였다. 1990년대 중반에 금성사에서 LG전자로 사명을 바꾼 뒤, 본격적인 글로벌 경쟁에 힘을 쏟던 시기였다.

이 카피는 쉽다. 브랜드 이니셜인 'L'과 'G'를 이용하여 가장 쉬운 수준의 영어 단어로 누구나 이해할 수 있는 메시지를 전한다. 자사의 제품의 서비스를 통해 고객의 삶을 더 좋게 만들겠다는 브랜드의 생각을 직관적으로 보여 준다. 첨단 기술이나 기능적 편익을 강조하기보다는 인간 중심의 보편적 가치를 내세우며, 경쟁 기업들과 차별화되는 포지셔닝의 발판을 마련할 수 있었다.

처음에는 LG전자 내부에서 '보험회사 슬로건 같다'는 반응이 나오는 등, 기업의 정체성이 제대로 드러나지 않는다는 비판적 의견도 나왔다.[3] 그러나 일관성 있게 이 슬로건을 밀고 나가면서 점차 LG전자의 정체성으로 자리 잡았다. LG전자의 글로벌 위상이 점점 더 강화되면서, "Life's Good"도 인간 중심적 기업 철학을 담은 LG의 자산으로 굳건히 자리매김하게 되었다.

> カロリー不足で、お悩みの方々へ。
> ダイエット ペプシより コカ・コーラ
> ライトをおすすめします
>
> 칼로리 부족으로 고민 중인 분들께 다이어트 펩시보다
> 코카콜라 라이트를 추천합니다
>
> 일본 펩시콜라

세기의 라이벌인 코카콜라와 펩시콜라의 경쟁 관계는 100년이 넘는 긴 역사를 자랑한다. 오래도록 비즈니스 전쟁을 벌인 두 회사는 광고 경쟁에서도 한 치의 양보가 없다. 특히, 상대방을 자극하는 비교 광고도 유명하다. 1990년대의 일본에서도 예외 없었다.

1992년 일본 펩시콜라는 저칼로리 제품인 다이어트 펩시의 광고를 만들며, 경쟁 제품의 이름까지 직접 거명하며 추천하는 캠페인을 전개했다. 물론, 추천한다는 표현만 사용해 만든 유머러스한 디스 광고이다. 코카콜라 라이트에 비해 다이어트 펩시는 칼로리가 1/12 밖에 안 되는 진정한 저칼로리 제품이라는 점을 강조하려는 것이었다. 이를 위해 다양한 반어법의 카피가 등장했다. "더 많은 칼로리를 원한다면 코카콜라 라이트를 선택하라"라거나, "코카콜라 라이트의 칼로리를 얻으려면 자사 제품을 12병 마셔야 하니 경제적이지 못하다"라는 등의 장난스러운 너스레가 그대로 카피가 됐다.

사실, 비교 광고가 적극적으로 활용되는 서구에 비해 상대적으로 일본은 노골적인 비교 광고를 피하는 분위기였다. 화합과 공동체 의식을 중요하게 생각하는 사회적 분위기는 물론, 하나의 대형 종합광고대행사가 한 업종의 여러 클라이언트를 동시에 대행하는 경우가 많은 산업 구조의 영향도 컸다.[4] 그런 상황을 고려할 때, 다이어트 펩시의 과감한 비교 광고가 큰 화제가 된 것은 당연했다. 이 카피는 업계의 관례를 뛰어넘은 과감한 시도와 유머와 역설이 담긴 카피의 완성도를 인정받아 1993년 TCC 그랑프리를 수상했다.

좋은 기름이니까

에스오일

에스오일은 전신인 쌍용정유 시절부터 SK에너지·GS칼텍스 등 경쟁사 대비 브랜드 파워가 약했다. 다만 차별적 공정을 통해 제품의 품질이 좋다는 자부심을 가지고 있었고, 기회가 될 때마다 품질을 강조했다. 그러나 정유 제품의 특성상 소비자들이 이를 체감하기는 사실상 불가능했다. 그래서 '좋은 품질'이라는 말은 결국 마케팅적 수사에 머물 수밖에 없었다.

2006년, 에스오일은 CM송과 함께 "좋은 기름이니까"라는 새로운 슬로건을 선보였다. 이 카피는 좋은 품질을 증명하기보다 감성적으로 전달하는 방식이었다. 유머러스한 상황 설정에 어울리는 CM송은 반복적으로 노출되어 대중의 귀에 박혔다. 2013년부터는 'Good Oil'을 한글로 옮긴 캐릭터 '구도일'을 등장시켜 '좋은 기름' 메시지를 강화했다. 소비자들이 제품의 차이를 직접 알 수는 없어도, 브랜드가 주는 긍정적 이미지를 자연스럽게 받아들이도록 한 것이다.

결국 이 카피가 만들어 낸 것은 소비자와 브랜드 사이의 새로운 관계였다. 에스오일 주유소에서 주유한다고 실제로 더 나은 품질의 기름을 넣는다고 믿는 소비자는 없다. 그러나 친근하고 기분 좋은 브랜드로 인식된다면, 굳이 SK나 GS 주유소를 찾아갈 이유가 줄어든다. 운전을 하다 눈앞에 에스오일 간판이 보일 때, 운전자가 망설임 없이 우회전하게 되는 것이 이 카피의 진짜 힘이다. 사실, 좋은 기름이 따로 있겠는가. 내 기분이 좋아지면 좋은 기름이지.

The Power of Dreams
꿈의 힘

혼다

2002년, 일본의 제조기업 혼다는 글로벌 슬로건으로 "The Power of Dreams"를 공식 발표했다. 창립자 혼다 소이치로가 평생 강조한 '夢の力'(꿈의 힘)을 영어로 번역한 것으로, 브랜드 철학을 압축한 문장이었다. 이 슬로건과 함께 혼다는 오토바이나 자동차를 만드는 기업 이상의 정체성을 선포한 것이다.

이 시기부터 혼다는 개별 제품의 특장점을 소구하는 광고 외에 글로벌 시장을 겨냥한 기업 PR 광고를 발표하기 시작했다. 2003년 공개된 TV 광고 '톱니바퀴 편'은 혼다 어코드의 85개 부품이 연쇄적으로 움직이며 완벽한 균형과 정밀함을 보여 주는 작품이었다. 컴퓨터 그래픽 없이 실제 부품만을 사용해 605번의 촬영 끝에 완성된 2분짜리 영상은 광고계에 큰 화제를 낳았다. 이 밖에도 꿈에 도전하는 혼다의 기술력을 상징하는 여러 편의 웰메이드 영상을 제작하며 세계 광고계의 주목을 끌었다.

꿈의 힘을 표현한 광고에 힘입어 혼다는 감성적 브랜드로서의 면모를 갖추기 시작했고, 슬로건 도입 이후 3년 만에 전 세계 판매량이 23퍼센트 증가했다.[5] "The Power of Dreams"는 단순한 마케팅 커뮤니케이션의 도구가 아니라, 기업의 존재 이유를 담은 비전이었다. 혼다는 2020년대 들어서까지 글로벌 시장에서 성과를 냈으나, 전기차와 자율주행차가 주도하는 새로운 시대를 맞아 시험대에 섰다. 혼다는 새로운 무대에서도 '꿈의 힘'을 보여 줄 수 있을까.

君のひとみは10000ボルト
너의 눈동자는 10,000볼트

시세이도 베네피크 그레이시

1978년에 시세이도의 메이크업 브랜드의 광고를 위해 만든 카피이자 당대의 히트곡의 제목이다. 아름다운 여성의 눈빛이 지닌 강력한 흡인력과 에너지를 전기에 비유하여, 상대방을 압도하는 마법 같은 매력을 짧은 한 줄로 표현했다. 1만 볼트라는 표현은 제품의 효과를 은유한 것이면서, 여성의 자기 확신과 주체성을 드러내는 메시지이기도 했다.

당시 일본 사회는 경제 성장을 바탕으로 서구 문화가 유입되며 개인의 개성과 표현을 중시하는 분위기가 확산되던 때였다. 이러한 시대적 흐름을 정확히 읽은 광고의 전략과 크리에이티브가 적중했다. 이 카피는 주체적인 여성의 세련된 아름다움을 잘 표현할 수 있는 모델 선정·감각적 영상 그리고 인기 가수가 부른 배경 음악과 어우러져 한 광고의 히트를 넘어 문화적 현상이 됐다는 평가를 받았다.

"너의 눈동자는 10,000볼트"라는 카피가 먼저 결정된 이후에, 당시 최고의 포크록 밴드였던 아리스에 동명의 노래를 의뢰하여 곡이 완성됐다고 한다. 이 곡은 광고의 배경 음악으로 사용되었고, 멤버 중 한 명인 호리우치 다카오의 솔로곡으로도 발표됐다. 노래가 오리콘 차트 1위, 1978년 종합 4위를 차지하는 등 큰 인기를 얻어 광고와 음반이 원원하는 좋은 사례를 남겼다. 이 곡은 2022년에 시세이도가 창업 150주년을 맞아 제작한 기념 영상의 배경 음악으로 다시 쓰였다. 오랜 시간 동안 셀 수 없이 많은 작품을 만든 시세이도의 광고 역사에서, 이 카피와 음악이 어떤 위치를 갖는지 보여 주는 대목이다.

아름다움은 자란다

아모레퍼시픽 설화수

2020년, 설화수가 디지털 캠페인에서 선보인 카피다. 이전까지 '어머니 세대의 화장품'이라는 이미지를 가진 브랜드가, 세대와 연령을 초월하여 리포지셔닝을 시도한 것이었다. 이 짧은 한마디는 젊음을 미의 절대 기준으로 삼던 고정관념을 뒤집는다. 아름다움은 나이와 경험을 통해 더욱 깊어지는 가치라는 의미가 담겨 있다.

이 카피는 아름다움이 한순간의 상태가 아니라 시간의 흐름 속에서 축적되고 확장된다는 관점을 드러낸다. 누구나 삶 속에서 자신만의 아름다움을 발견할 수 있다는 메시지는 자기 수용과 다양성을 중시하는 사회적 흐름과 잘 맞물렸다. 화장품의 효능이나 틀에 박힌 이미지를 강조하는 대신, '성장'이라는 키워드를 통해 브랜드 철학을 더욱 무게감 있게 전달했다.

광고에는 다양한 연령과 배경을 지닌 여성들이 등장했다. 바이올리니스트 정경화·배우 이정은·모델 송경아·뮤지션 황소윤 등이 자신의 목소리로 아름다움이 자라는 이야기를 한다. 세련된 영상미와 담담한 내레이션은 소비자에게 공감을 불러일으켰다. 젊음에 얽매이지 않는 아름다움의 관점을 제시하자, 브랜드 이미지는 오히려 젊어졌다. 젊음은 겉모습이 아니라, 삶의 태도와 내면에서 발현되는 것이었다. 아름다움이 자라듯, 아름다움을 바라보는 세상의 생각도 자란다.

道なき道をいこう
길 없는 길을 가자

아타라시이 치즈

아타라시이 치즈新しい地図는 새로운 지도라는 뜻이다. 2017년, 일본의 전설적 아이돌 그룹 SMAP이 해체되면서 이나가키 고로·구사나기 쓰요시·가토리 신고 세 명의 멤버가 새로운 출발을 선언하며 결성한 프로젝트 그룹이다. 단순한 새 팀이 아니라, 팬과 함께 새로운 가치를 만들어 가는 커뮤니티형 프로젝트였다. 새로운 지도라는 이름처럼, 팬들과 함께 미래를 개척한다는 의미가 담겨 있다. 기존의 시스템에서 벗어나 자유롭게 창의적인 콘텐츠를 발신하겠다는 선언이었다.

이들이 발표한 브랜드 필름에서 등장한 문장이 바로 "길 없는 길을 가자"였다. 영상에는 세 사람이 아타라시이 치즈의 로고가 새겨진 옷을 입고 앞을 향해 나아가는 모습이 담겨 있다. 이어서 두려움 없이 새로운 길을 찾아가자는 메시지가 흐른다. 이는 SMAP 해체라는 큰 변화를 겪은 후, 누구도 예상하지 못했던 길을 개척해야 했던 그들의 현실을 상징적으로 드러낸다. 이 카피는 단순히 독립을 알리는 선언이 아니라, 팬들에게 함께 나아가자는 초대장이었다. 팬들과 함께라면 헤쳐 나갈 수 있다는 믿음과 자신감이 담겨 있다.

"길 없는 길을 가자"는 지금도 아타라시이 치즈의 철학을 대표하는 말로 남아 있다. 이들은 정해진 길을 따르기보다, 사회공헌 프로젝트나 공동 콘텐츠 제작 등, 연예인과 팬·스타와 대중의 관계를 넘어 새로운 길을 함께 만들며 나아가고 있다. 아타라시이 치즈는 이름 그대로 길 없는 길을 걸으며, 새로운 지도를 그리는 중이다.

つまんない広告をする企業は、
ほぼ、つまんない

따분한 광고를 하는 회사는
대개 따분한 회사다

KDDI

2000년대 초반 일본의 통신 시장은 격변기였다. 휴대전화 보급이 급증하고, 데이터 통신과 3G 서비스가 본격화되던 시점. 통신사 간의 경쟁은 그 어느 때보다 치열했다. 2000년 10월, 세 통신사(DII·KDD·IDO)가 합병해 KDDI라는 새로운 기업이 출범했다. 그리고 이 새로운 기업이 자신들의 존재를 세상에 알리려고 내놓은 광고에 담긴 이 카피는 일본 광고 역사에 길이 남게 된다.

이 카피는 구체적 기업을 명시하지 않았지만, 분명히 시장 1위 NTT 도코모를 염두에 둔 도발이었다. 이 광고를 만든 카피라이터는 인터뷰를 통해 KDDI의 대표가 되었다고 생각하고 전직원들에게 보내는 메시지로 썼다고 밝혔지만,[6] 후발업체로서 시장의 리더를 염두에 둔 포석이라는 해석도 많았다. 실제로 다른 광고에서는 "頑張れNTT、頑張るKDDI"(힘내라 NTT, 열심히 하는 KDDI)라는 카피로 NTT와의 경쟁 의식을 드러내기도 했다. 당시 시장 점유율 1위를 지키던 보수적인 이미지의 NTT와 대비하여, KDDI는 신생 기업다운 젊고 도전적인 이미지를 만들 필요가 있었다. 이 카피는 그런 브랜드 포지셔닝을 명확히 했다.

인쇄 광고에는 아무런 이미지 없이 커다랗게 이 카피만 적혀 있었다. 광고는 단순했지만 그 파급력은 상당했다. 아마도 NTT뿐 아니라, 광고를 만드는 모든 기업의 관계자와 광고회사 직원 들이 뜨끔했을 것이다. 이 카피는 2001년 TCC 최고상을 수상했다.

맛은 쌓인다

CJ제일제당

이 한 줄은 제일제당의 백설 브랜드 60주년을 앞두고 제작된 광고의 카피다. TV 광고는 1953년 백설 설탕의 첫 출시 시점부터 시작해, 시대별 가족의 식탁 풍경을 서정적인 음악과 함께 보여 준다. 흑백 필름처럼 오래된 화면 속에서, 시간은 흐르고 사람들이 살아가는 모습은 달라지지만, 식탁 위에는 언제나 이 브랜드의 제품이 함께하고 있었음을 표현한다. 그리고 "맛은 사라지지 않는다"라는 카피에 이어 마지막에 등장하는 이 한 문장이 결론을 내린다. "맛은 쌓인다."

이 카피의 장점은 간결한 한마디로 브랜드의 역사가 가진 힘을 표현했다는 점이다. 쌓인다는 동사는 브랜드명 '백설'白雪에서 출발한다. 단순히 시간이 오래 흘렀다는 것이 아니라 눈처럼 차곡차곡 쌓인 시간과 경험의 두께를 떠오르게 한다. 이 언어적 연상으로 브랜드의 전문성과 신뢰성이 긴 미사여구 없이 소비자에게 부드럽지만 힘 있게 전달된다.

이 문장이 돋보이는 또다른 이유는 브랜드의 역사를 단순히 과거의 향수에 머물게 하지 않는다는 점이다. 지나온 추억을 되돌아보게 할 뿐 아니라, 역사가 지금도 계속되는 진행형임을 말해 준다. 그리고 미래에 대한 기대감까지도 느껴진다. 지나온 시간이 짧거나 잠시 반짝하고 사라진 브랜드는 감히 쓸 수 없는 절묘한 동사를 백설은 잘 찾아냈다.

ぜんぶ脱いだあとに着るベネトン
전부 벗은 후에 입는 베네통

베네통 콘돔

1995년 TCC 최고상을 받은 카피다. 콘돔 제조업체 오카모토가 이탈리아 패션 브랜드 베네통과 제휴해 선보인 콘돔 광고에 사용됐다. 콘돔이라는 것을 직접 언급하지 않으면서도 제품을 사용하는 상황을 정확히 묘사한 언어유희가 돋보인다. 노골적이지 않지만 본질을 비켜가지도 않았다. 위트 있는 표현으로 광고는 품격과 세련미를 동시에 보여 준다.

1990년대 중반, 일본은 여전히 성性과 관련된 주제를 직접적으로 광고를 통해 다루는 데 보수적이었다. 보수적인 여론의 반박이나 공격이 예상되는 제품에 대한 언급이나 메시지는 가급적 회피하는 경향이 있었다. 이 카피는 그런 상황을 우아하게 넘어섰다. 제품의 기능이나 특장점을 설명하기보다는 베네통의 세련된 브랜드 이미지를 앞세워 재치 있게 표현한 방법이 적중한 것. 이 카피는 콘돔을 언급하기 민망한 제품이 아닌 자연스러운 생활의 일부로 묘사했고, 금기와 유머·사회적 메시지의 균형이 절묘하게 맞아떨어졌다. 그동안 소수자 권리·다양성·인권 문제 등에서 과감하게 목소리를 냈던 베네통의 이름을 앞세웠기에 실행 가능했던 광고다. 이 광고 시리즈의 다른 버전에는 "베네통의 가장 작은 옷"ベネトンのいちばんちいさい服이라는 카피가 들어 있다. 두 문장 모두 베네통의 이름하에 콘돔을 패션의 일부로 삼았다. 브랜드의 태도가 가진 힘을 보여 주는 좋은 샘플이다. 잘 구축된 브랜드와 그에 어울리는 세련된 언어는 사회와 문화의 단단한 벽을 뚫기도 한다.

유쾌 상쾌 통쾌

명인제약 메이킨Q / KT 메가패스

광고 카피나 슬로건에는 일반적으로 저작권이 적용되지 않는다. 멋진 문장이라도 특정 브랜드가 독점적으로 사용할 수는 없다는 뜻이다. 그러나 광고를 자주 집행하는 규모 있는 기업일수록, 다른 기업의 카피를 그대로 따라 쓰는 일은 거의 없다. 관용화된 표현은 여러 업체들이 쓰기도 하지만, 이미 발표된 독창적인 카피를 그대로 사용할 경우 질타를 받을 수도 있기 때문이다. 그런 관점에서 명인제약 메이킨Q의 이 카피는 흔치 않은 케이스다.

처음 이 카피는 2000년대 초반 KT의 인터넷 서비스 메가패스의 광고에 사용되어 인기를 끌었다. KT 메가패스 광고에서 "유쾌 상쾌 통쾌"는 빠른 인터넷 속도가 주는 쾌적한 경험을 표현한 말이었다. 메이킨Q에서는 제품의 핵심 효능인 '변비 해소'가 가져오는 신체적 변화와 심리적 후련함을 표현하는 데 활용되었다. 복부 불편감에서 벗어난 후속 감정을 "유쾌-상쾌-통쾌"라는 리듬감 있는 단어로 압축하며 소비자의 공감을 이끌었다. 오랜 시간 일관되게 사용되며, 이제는 메이킨Q의 브랜드 자산으로 자리 잡았다.

명인제약은 제품 효능과 소비자의 편익에 딱 맞아떨어지는 이 카피를 사용하기 전에 다양한 요소를 검토했을 것이다. 시기적으로 15년 이상의 간격이 있었고, 업종도 목표 소비자도 전혀 다르다. 게다가 KT의 메가패스 브랜드는 명인제약이 이 카피를 쓰기 7년 전에 이미 사라졌다. 여러모로 카피를 재활용하기에 적절한 시점이었던 셈이다. 적절한 카피를 적절한 시점에 적절한 방식으로 재활용하는 것도 능력이다.

She's very Charlie
그녀는 완전 '찰리'해

레브론 찰리

향수 브랜드 찰리는 1973년 론칭 때부터 독립적이고 현대적인 여성을 위한 향수로 포지셔닝하는 마케팅 활동을 활발하게 전개했다. 찰리는 여성성을 강조하는 광고 대신 바지 정장을 입은 당당한 비즈니스우먼의 모습을 표현하는 등 타 향수 브랜드와는 확연히 다른 이미지를 구축했다. 이 시기의 찰리는 남성에게 의존하지 않는 독립성과 자유로움을 상징했다. 오프라 윈프리는 자신의 쇼에서 어린 시절 찰리 광고를 보며 당당한 여성이 되고 싶다는 영감을 받았다고 고백하기도 했다.

1987년, 브랜드는 한층 도발적인 광고를 집행했다. 현대적 도시를 배경으로 활발한 하루를 보내는 전문직 여성의 모습을 보여 주는 TV 광고에서, 여성이 길거리에서 함께 걸어가는 남성 동료의 엉덩이를 가볍게 툭 치는 장면이 짧게 인서트됐다. 남자도 이 상황을 아무렇지 않은 인사로 받아들인다. 인쇄 광고에서는 아예 여성이 정장을 입은 남자의 엉덩이에 손을 대고 있는 장면을 극적으로 연출했다.

지금의 기준으로는 성희롱으로 비판받겠지만, 당시 많은 여성 소비자는 남성 중심의 세상에 대한 위트있는 미러링Mirroring으로 받아들였다. 찰리는 더 이상 브랜드가 아니라 능동적인 삶을 사는 현대 여성 그 자체가 된 것이다. 성역할의 전복을 이미지화한 광고에 대한 호평과 저급하다는 비판이 엇갈렸다. 『뉴욕타임스』는 광고 게재를 거부했고, 대중과 언론은 찬반 논쟁을 벌였다. 논란이 커질수록 독보적인 페미니즘 브랜드로서 찰리의 포지셔닝은 더욱 굳건해졌다.

生きるが勝ちだよ、だいじょうぶ
살아 있는 게 이기는 거야, 괜찮아

세이부 세존 카드

이 카피가 나온 때는 일본의 버블경제가 정점에 있던 1980년대 후반이다. 풍요와 성장의 시대에 등장한 카피, 그것도 신용카드 회사의 카피라는 점이 의외였다. 경쟁사들이 편리함과 혜택을 강조하던 시절, 세존 카드는 상품 대신 시대와 인간의 마음을 조명했다. 이 카피에는 세존그룹 창립자 쓰쓰미 세이지의 철학이 담겨 있다. 사업가이면서 동시에 소설가이자 시인이었던 그는 기업을 단순한 이윤 추구가 아닌 '문화를 파는 장'으로 정의하고, 광고를 세상과 소통하는 도구로 활용했다.

TV 광고 영상은 예술적이다 못해 그로테스크한 느낌의 애니메이션이었다. 토끼 얼굴의 로봇이 분해된 몸으로 춤추듯 움직이는 독특한 영상 위에 이 카피가 등장한다. 팝아트 작품을 연상시키는 낯선 영상과 함께 전해진 이 문장은 소비자를 응원하고 위로하는 메시지였다. 화려한 소비와 치열한 경쟁에 지쳐 내면의 피로가 깊어 가던 당시의 일본에 던지는 삶의 가치에 대한 화두이기도 했다. 실험적 예술의 형식에 담은 따뜻한 공감과 격려였다.

버블경제 시대의 한복판에서 비판적 시각을 담은 예술 행위로서의 광고는, 역설적으로 돈이 남아도는 버블경제 시대였기에 실행 가능했을지 모른다. 불과 몇 년 후 버블이 꺼지면서 일본 경제는 이 카피의 메시지처럼 "살아 있는 것만으로도 승리라 할 수 있는" 추운 시대로 접어들었다.

Eat Fresh
신선함을 드세요

서브웨이

2000년대 초, 미국은 비만 공화국이라는 오명을 쓰고 있었다. 성인 비만율은 1990년대 말 이미 30퍼센트를 넘어섰고, 2001년 미국공중보건국은 비만을 흡연 다음으로 심각한 사망 원인으로 지목했다. 『패스트푸드의 제국』Fast Food Nation 같은 탐사보도와 방송 특집이 패스트푸드 산업을 비판하고, 다큐멘터리 『슈퍼 사이즈 미』Super Size Me 가 한 달간 패스트푸드만 먹으며 건강이 악화되는 과정을 보여 주어 큰 반향을 일으킨 일도 이 무렵에 벌어졌다. 건강에 대한 불안이 사회 전반으로 확산되면서, 소비자들은 패스트푸드의 편리함보다 건강과 신선함을 중시하기 시작했다.

"신선함을 드세요"라는 명료한 슬로건은 이러한 시대적 흐름 속에서 탄생했다. 서브웨이는 자사의 샌드위치를 먹으며 1년간 약 111킬로그램을 감량한 인디애나주의 대학생 제러드 포글의 실제 이야기를 TV 광고로 만들었다. 이 슬로건은 제러드라는 비만 대학생의 드라마틱한 실화를 통해 강한 설득력을 얻었고, 광고 직후 서브웨이의 매출은 급격히 상승했다. 이 캠페인은 레스토랑 광고 역사상 가장 성공적인 사례 중 하나로 꼽히며, 2000년대 초 미국 웰빙 트렌드의 상징으로 자리 잡았다.

이 카피의 장점은 단순하고 명료하며 정확하다는 것이다. 다른 패스트푸드 브랜드가 내세우는 장점이나 감성적인 편익은 보이지 않는다. 이 단순한 문장은 브랜드의 철학을 직관적으로 표현하며 타 패스트푸드 브랜드들과의 차별점을 명쾌히 전했다. 때로는 카피도 기름기 쫙 빼고 신선하게 접근해야 한다.

여보, 아버님 댁에
보일러 놓아 드려야겠어요

경동보일러

추운 겨울의 시골 집. 수고스럽게 연탄불을 가는 할머니의 모습이 그려진다. 그사이에 눈이 내리기 시작하고, 문을 열고 나온 할아버지는 걱정스러운 얼굴로 할머니를 바라본다. 그 장면 위에 며느리의 나지막한 목소리로 들리는 카피가 바로 이것이다.

1991년 겨울, 경동보일러가 내놓은 이 광고는 방영과 동시에 효심과 가족애라는 감정을 건드리며 시골에 부모님을 두고 온 수많은 소비자들의 마음에 큰 파문을 일으켰다. 시리즈의 다른 편에서는 불을 갈아도 좀처럼 따뜻해지지 않는 추운 시골집 안방에서 오히려 자녀들을 걱정하는 노부부의 대화가 나온다. "이 추운데 애들 고생이나 안 하는지……" 이 영상을 보면서 부모님 생각을 떠올리지 않는 것이 오히려 더 어려울 정도다.

따뜻하고 정감 어린 이 광고에는 날카로운 전략적 설계가 들어 있다. 실제 제품 사용자인 시골 부모가 아닌, 구매 결정을 할 수 있는 도시의 자녀들이 타깃이다. 광고 시기도 여름 휴가철·명절 상여금 시즌 등 구매로 이어질 수 있는 때로 잡았다. 고부갈등의 민감성까지 고려해, 내레이션을 며느리가 하는 것으로 설정할 만큼 광고의 내용과 카피의 디테일까지 세밀하게 가다듬었다. 광고는 몇 년치 재고가 빠르게 소진될 정도로 폭발적인 매출로 이어졌다.[7]

대한민국 광고대상 우수상 등 광고적 완성도도 높은 평가를 받았고, 방송 등을 통해 수많은 패러디를 남겼다. 30여 년이 지난 지금은, 여전히 많은 사람이 최고의 카피로 꼽는 한국 광고의 중요한 유산이 됐다.

おしりだって、洗ってほしい
엉덩이도 씻어 주면 좋겠어요

토토

엉덩이라니!

1982년, 온 가족이 보는 공중파 TV에 등장한 비데 광고가 일본 사회에 작지 않은 파장을 일으켰다. 당시는 공개적으로 엉덩이라는 단어를 사용하는 것을 꺼리는 분위기였다. 엉덩이는 그저 지저분하고 감춰야 할 신체 부위였던 것. 게다가 가족이 함께 식사를 하는 저녁 시간대에 방영된 엉덩이 이야기는 파격 그 자체였다. 일본의 위생설비 제조업체 토토는 당시로선 낯선 비데라는 제품군을 알리고자 대담한 결정을 내렸다.

광고 속에는 독특한 캐릭터의 여성 가수가 등장하여 손에 파란색 물감을 묻힌 후 종이로 닦는 모습을 보여 준다. 제대로 물감이 닦이지 않은 손을 다시 물로 씻으며 애교 섞인 목소리로 말한다. "여러분! 손이 더러워지면 물로 씻지, 종이로 닦지는 않죠. 엉덩이도 마찬가지입니다." 그리고 내레이션이 이어진다. "엉덩이도 씻어 주면 좋겠어요."

지금의 기준으로 보면 무난한 스토리와 카피다. 그런데 당시로서는 큰 파격이었다. 불쾌하다는 시청자들의 반응이 터져 나왔고, 광고 집행 초반에는 항의 전화도 많이 걸려 왔다고 한다. 그러나 오래지 않아 비데에 대한 인식이 차츰 바뀌었다. 일본인들의 생활 습관과 위생 관념이 변하는 계기가 된 것이다. 당연히, 토토의 제품은 비데의 대명사가 됐다. 2020년대 일본의 비데 보급률은 80퍼센트에 달한다.[8] 전 세계적으로도 매우 높은 수준이다. 이 카피는 한 시대의 생활문화를 바꾼 것으로 평가받으며, 지금까지도 일본 광고계를 대표하는 명작 중 하나로 손꼽힌다.

의자가 인생을 바꾼다

시디즈

2010년대 중반, 의자 브랜드 시디즈는 B2B 시장의 성과를 바탕으로 B2C 시장에 진입했지만, 브랜드가 기대만큼 성장하지는 못했다. 2년간 적지 않은 광고비를 투입했음에도 인지도는 미미했다. 의자를 책상에 딸려 오는 부속 가구처럼 생각하는 사람들이 많던 시절이었기에 제품의 차별점을 부각하는 것이 후발주자 입장에서 큰 의미가 없었다.

2015년, 시디즈는 의자 자체에 대한 소비자들의 관여도를 높이는 메시지를 내세우며 새로운 캠페인을 시작했다. '몸에 가장 오래 닿아 있는 가구'인 의자의 중요성을 설득력 있게 전달하는 광고를 제작했다. "의자가 자세를 바꾼다" "의자가 집중력을 바꾼다" "의자가 성적을 바꾼다" "의자가 연봉을 바꾼다" 등 내놓는 카피들마다 공감을 불러일으켰다. 의자가 고객들의 삶에 영향을 준다는 메시지가 좋은 반응을 얻기 시작했다. 매출과 브랜드 인지도 등 여러 지표가 급상승했고, 시디즈는 의자 전문 브랜드로 입지를 튼튼하게 구축했다.

좋은 광고는 브랜드가 처한 상황을 제대로 아는 것에서 시작한다. 이 카피의 성공은 시장의 구조와 소비자의 관심을 정확히 읽고 설계한 전략적 크리에이티브가 적중한 결과였다. 좋은 의자가 인생을 바꾸듯, 좋은 광고 카피는 브랜드의 운명을 바꾼다.

It's not TV, it's HBO
TV가 아니다, HBO다

HBO

아프리카의 정글, 침팬지 무리의 이상한 행동이 눈길을 끈다. 영화 『대부』를 흉내 내고, 『스타워즈』의 대사를 따라 하고 있다. 침팬지들을 관찰하던 여성 과학자가 이 신기한 장면을 기록하며 의아해한다. 늦은 밤 과학자의 숙소 밖에서 침팬지들이 TV를 훔쳐보고 있고 마지막 장면에 나오는 자막에 시청자들은 웃음을 터뜨린다. "제인 구달 박사, 1978년부터 HBO 회원." 그리고 한 줄의 단독 자막이 화면 정중앙에 등장한다. "TV가 아니다, HBO다." 칸 국제광고제에서 수상한 「TV가 아니다」 캠페인의 첫 편이다.

1990년의 미국 TV시장은 광고 기반의 무료 방송과 저가 케이블 TV가 대세였다. HBO는 유료 구독 모델을 채택하면서, 기존 TV와의 선긋기를 시도한다. TV를 통해서 보는 채널이지만 "TV가 아니다"라고 선언한 것이다. 실제로 『소프라노스』·『섹스 앤 더 시티』등 많은 오리지널 시리즈가 이 채널을 통해 대히트했다. 사업 전략을 제대로 뒷받침한 이 카피는 HBO가 프리미엄 콘텐츠 채널로 포지셔닝하는 데 큰 역할을 했다.

이 카피는 단순한 광고 문구를 넘어 미디어 소비의 새 시대를 여는 선언문이 되었다. 십여 년간 이어진 이 캠페인은 프리미엄 콘텐츠라는 개념을 대중화했고, 광고 없는 유료 구독 모델의 가능성을 입증했다. 넷플릭스·디즈니플러스 같은 스트리밍 서비스가 일상에 들어오면서 지금 우리가 당연하게 여기는 'TV아닌 TV의 시대'를 HBO는 20세기 말에 이미 예고하고 있었다.

男の数だけ愛がある
남자의 수만큼 사랑이 있다

닛폰생명

처음 들으면 커피나 주류 혹은 패션 광고 속 문장처럼 느껴지지만, 이 카피는 일본 최대 생명보험사 닛폰생명이 1990년에 발표한 광고에 등장한 문장이다. 닛폰생명은 1990년대 초반, 종신보험 상품 '롱런'ロングラン을 론칭하며 "남자의 사랑, 남자의 보험"이라는 슬로건 아래 몇 년간 광고 캠페인을 전개했다. 사랑을 주제로 감성적인 히트 캠페인을 만들어 온 닛폰생명다운 작품이다.

광고에는 각자의 자리에서 사랑하는 사람을 생각하는 남자들의 모습이 담겨 있다. 회사 회식 자리에서 공중전화로 부인과 따뜻한 대화를 나누는 남자, 건설 현장에서 부인이 싸 준 도시락 속 하트 모양 반찬을 동료에게 들킬까 숨기는 장면, 원양어선 안에서 아이가 보낸 크레파스 그림 편지를 보며 미소 짓는 아버지, 결혼 허락을 받으려고 그녀의 집 앞에서 예비 장인·장모에게 인사말을 연습하는 예비 사위까지.

당시는 버블경제의 거품이 꺼지던 시기였다. 화려한 소비의 시대가 저물고 사람들의 불안감과 책임감이 교차하던 때, 이 광고는 상품의 특장점이나 보장액 대신 가족을 위해 묵묵히 살아가는 남성들의 모습을 3인칭 시점으로 담담히 비추었다. 살아가는 방식도 표현하는 방식도 다르지만, 그들의 마음속에 담긴 사랑은 같으며, 그 사랑을 지키는 것이 바로 자사의 보험이라는 메시지였다.

30년 전의 이 카피는 지금 읽어도 낡게 느껴지지 않는다. 각자의 방식으로 누군가를 지키고 싶은 마음이 사랑이란 사실은 30년이나 아니라 300년, 3,000년이 지나도 바뀌지 않으니까.

You don't have to be Jewish to love Levy's
레비스를 사랑하려고 유대인이 될 필요는 없어요

레비스

1960년대 초 뉴욕의 한 지하철역의 광고 포스터. 전형적인 유대인과는 거리가 먼 사람들이 호밀빵을 맛있게 베어 물고 있는 이미지가 그려져 있다. 아일랜드계 경찰·흑인 소년·중국인·미국 원주민 등 다양한 얼굴들 옆에는 굵은 글씨로 "유대인이 될 필요가 없다"라는 문장이 적혀 있다. 무슨 말일까.

이 빵을 만드는 레비스는 19세기 후반 브루클린에서 문을 연 유대계 베이커리로, 특히 특유의 호밀빵으로 유명했다. 이 카피가 처음 등장한 것은 1961년. 당시 미국 광고 시장은 백인 중산층을 주 타깃으로 삼았고, 많은 유대계 기업은 정체성을 전면에 드러내지 않았다. 레비스는 달랐다. 유대인 문화와 전통을 숨기지 않고, 오히려 이를 드러내면서 비유대인에게까지 브랜드를 확장하는 전략을 취했다.

광고 비주얼 속 수많은 인물은 그 자체로 뉴욕의 다문화성을 상징했다. 이는 단순한 모델 선택을 넘어 '누구나 즐길 수 있다'는 개방성을 시각적으로 증명하는 장치였다. 소비자들은 브랜드의 포용 메시지에 호감을 가졌고, 기존의 광고 문법을 벗어난 신선함은 시장에서의 강한 존재감으로 이어졌다.

결과는 즉각적이었다. 캠페인 이후 레비스의 매출은 급증했고, 뉴욕을 넘어 전국적인 인지도를 확보했다. 이 광고는 그 후 약 10년간 지속되면서, 미국 광고 역사에서 가장 성공적인 캠페인 중 하나로 꼽힌다.

대한민국 구석구석

한국관광공사

이 카피는 2006년, 한국관광공사가 국내 관광을 활성화하고자 선보인 슬로건이다. 당시 주 5일 근무가 확산되면서 여행 수요는 늘었지만, 많은 국민이 여전히 해외여행에 관심을 두고 있었다. 국내 관광에 대한 매력과 상품 다양성이 부족하다는 인식도 강했다. 이런 상황에서 이 짧고 간결한 한마디를 앞세운 캠페인이 국민들의 시선을 자연스럽게 국내로 돌려 놓았다.

이 카피의 힘은 "구석구석"이라는 표현의 평범함과 친근함에 있다. 우리 가까이 있었지만 미처 알아보지 못한 명소를 찾아볼 수 있다는 뜻을 쉬운 반복어로 담아 낸 것이다. 광고 속에서는 "여기가 어디지?"라는 질문형 문장과 함께 낯설지만 아름다운 국내 풍경이 이어졌다. 마치 외국의 어느 곳인 듯 착각하다가, 그것이 바로 대한민국이라는 사실을 깨닫는 순간 관객은 놀라움과 자부심을 함께 느끼게 된다.

캠페인은 TV를 비롯한 다양한 매체로 전개됐다. 아름다운 영상미와 간결한 카피의 결합은 주목도가 컸고, 캠페인은 우리가 몰랐던 한국의 모습을 보여 줬다는 호평을 받았다. 국내 여행지에 대한 관심을 높였다는 평가와 함께 광고 업계에서도 주목을 받아 국내 주요 광고상 수상으로 이어졌다. 이 슬로건은 20년 가까이 흐른 지금까지도 한국관광공사 홈페이지 등에서 활용되면서 한국인들을 대한민국 구석구석으로 안내한다.

保険は冒険から生まれた
보험은 모험에서 태어났다

동경해상일동

2019년 일본 최대 보험회사인 동경해상일동의 창립 140주년 기념 광고에 사용됐다. 보험의 본질을 혁신과 도전이라는 프레임으로 재정의하며 기업의 철학과 비전을 표현한 것이다. 이 광고는 'To Be a Good Company'(좋은 회사가 되자)라는 그룹 슬로건 아래, 세상의 모든 도전을 응원한다는 목소리를 담고 있다.

  TV 광고는 폭풍우를 헤치고 나아가는 대항해시대 범선의 이미지와 현대의 진취적 비즈니스맨의 모습을 교차하며 보험의 역사가 도전의 역사임을 강조한다. 인쇄 광고에서는 15-16세기 선단을 묘사한 펜화 위에 같은 카피를 배치해, 도전과 모험을 이루고자 보험이 발전했다는 점을 바디 카피로 설명한다. 이 카피 한 줄은 그 메시지를 간결하게 전달한다. 결국 보수적이고 안전 지향으로 보이는 보험업의 본질이 사실은 도전과 혁신이라는 것이다. 특히 보험과 모험의 일본어 발음이 '保険'(호켄)과 '冒険'(보켄)으로 라임을 이루어 카피의 인상이 더욱 강해진다.

  2015년에 처음 광고에 사용된 이 카피는 4년 후 창립 기념 광고에 다시 활용될 만큼 브랜드의 진취적인 생각을 잘 담고 있다. 동경해상일동의 이미지뿐 아니라, 보험업에 대한 고정관념까지 바꿔 버린 명카피다.

찬바람 불 때, 핫초코 미떼

동서식품 미떼

2000년대 초반부터 겨울마다 TV 속에 다시 등장하는 카피다. 2003년 출시된 동서식품의 미떼는 가족과 함께 마시는 따뜻한 음료라는 포지셔닝을 내세우며 기존 어린이 중심의 핫초코 시장에 성인 소비자를 끌어들이고자 했다. 2004년 11월에 방영된 광고에서 사용된 이 카피가 좋은 반응을 불러일으키면서 20년 넘게 이어졌다.

이 카피의 힘은 리듬감과 중의성에서 나온다. "찬바람 불 때"는 겨울이라는 물리적 상황은 물론, 어색하고 서먹한 분위기까지 아우르는 말로 쓰인다. 그러면서도 제품명인 핫초코 미떼와 운율을 이루며 말맛이 살아나 기억하기 쉬운 문장으로 완성되었다. 실제 광고는 주로 가족 내 갈등에서 출발한다. 무뚝뚝한 딸과 엄마·걱정 많은 아버지·시험 스트레스를 받는 수험생 아들 등 다양한 갈등 상황 속에서 미떼 한 잔이 어색함을 녹이며 화해의 계기를 마련한다.

이러한 구조는 단순하지만 강력하다. 시청자들은 자신의 가족과 겹쳐 보이는 인물에 감정을 이입하고, 따뜻한 음료 한 잔에 녹아 드는 마음의 변화를 자연스럽게 받아들인다.

그러면서도 유머와 위트를 놓지 않는 광고의 균형감이 돋보인다. "내 여자, 괴롭히지 마라" "혼자 왔니?" 등 작품 속 대사들은 패러디와 밈으로 확산되며 광고의 인기를 증명했다. 이 카피는 한때 호빵 광고가 그랬듯, 겨울의 시작을 알리는 반가운 인사로 자리 잡았다.

I ♥ NY
아이 러브 뉴욕

1970년대 중반, 뉴욕은 재정 위기와 범죄 급증 등으로 도시 이미지가 추락하면서 관광 산업에 큰 타격을 받았다. 마틴 스콜세지 감독의 1976년작 영화 『택시 드라이버』가 칸 영화제 황금종려상을 받는 등 뉴욕의 어둡고 위험한 일면을 그린 여러 영화들의 성공은 뉴욕의 이미지를 더욱 악화시켰다.

뉴욕주 상무부는 광고대행사에 관광 캠페인을 의뢰했다. 이때 이 프로젝트에 참여한 그래픽 디자이너 밀턴 글레이저가 택시 뒷자리에서 낙서하듯 남긴 "I ♥ NY"이 채택되어 전 세계에서 가장 유명한 도시 브랜딩 슬로건과 로고가 탄생했다. 이 슬로건은 영어 단어 'Love'를 이모티콘 '♥'로 표현한 최초의 사례라고 한다.

범죄 단속 등 강력한 행정 노력과 함께 전개된 캠페인은 대성공이었다. 캠페인 첫해부터 여행객이 몰려들었고, 도시의 관광 수익이 급증했다. 이 슬로건과 로고는 뉴욕의 상징이 됐고, 수많은 도시가 이 성공 사례를 벤치마킹하고 있다. 이 슬로건은 세계인의 로망으로서 뉴욕의 이미지를 더욱 증폭시키는 데도 기여했다.

이 로고의 경제적 가치는 연 400억 원 규모로 추산된다고 한다. 50년 가까이 사용한 이 카피와 로고의 합산 가치는 2조 원에 달한다. 라이선스 수익만 한 해에 25억 원(2011년 기준)이다. 캠페인 기간 중 몇 달 쓰고 끝날 것으로 생각하고 무보수로 이 로고를 만든 밀턴 글레이저는 작업료에 대한 질문에 "나는 충분한 돈을 벌었다. 몇백만 달러 더 벌면 어떨지는 생각하지 않는다"라고 밝혔다.[9] 정작 작가는 의연한데, 왜 우리가 아쉬운 걸까.

日本を休もう
일본을 쉬게 하자

JR도카이

넥타이 차림의 회사원들이 사무실에서 일하는 모습이 건조하게 비
춰진다. 자료를 검토하고, 도시락을 먹으며 회의하고, 상사에게 보
고하는 등 평범한 회사의 단면이 3인칭 시점으로 담긴다. "이 나라
에서는 가장 쉬어야 할 사람이 쉬지 않고 있다"라는 성우의 내레이
션이 이어지고, "일본을 쉬게 하자"라는 자막이 화면 중앙에 떠오른
다. 1990년 JR도카이가 선보인 기업 PR 캠페인 중 한 편이다.

이 캠페인은 버블경제의 막바지에 시작됐다. 당시 일본 사회의 경
제적 호황 이면에는 장시간 노동과 만성 피로가 자리 잡고 있었다.
JR도카이는 국내 철도 여행을 재충전의 시간으로 재정의하며, 항공
사 중심의 화려한 해외여행과의 차별화를 시도했다.

이 카피의 묘미는 철도 서비스의 편익을 개인에서 국가적 차원으
로 확장한 데 있다. 개별 광고에서는 "쉼 없이 일만 할 것이 아니라
여행을 통해 쉬고, 회복하며 자기 발견을 하라"라는 메시지로 공감
을 얻었고, 전체적으로는 사회적 담론을 담은 슬로건으로 정당성과
설득력을 높였다. 이 담대한 스케일의 카피는 국철 민영화 이후 새
로운 브랜드 이미지를 구축하려던 JR도카이를 단순한 교통 서비스
기업에서 개인의 삶과 사회의 건강한 발전을 함께 고민하는 파트너
로 자리매김했다.

이 캠페인은 대중과 업계의 호응 속에서 약 3-4년간 이어졌다. 그
러나 곧 찾아 온 버블 붕괴로 인한 불황 속에서 휴식은 배부른 이야
기로 비춰졌고, 결국 캠페인은 막을 내렸다. 다시 '일본을 일하게 하
자'는 목소리가 필요한 상황이 도래한 것이다.

> They laughed when I sat down at the piano.
> But when I started to play……
> 내가 피아노 앞에 앉자 그들은 웃었다.
> 그러나 피아노를 치기 시작하자……
>
> U.S. School of Music

이 헤드라인만으로도 다음이 궁금해진다. 바디 카피는 기대를 저버리지 않는 반전 드라마를 담고 있다. 평범한 주인공이 많은 사람이 모인 파티에서 피아노 앞에 앉자 모두가 조롱의 웃음을 보낸다. 그러나 「월광 소나타」가 울려 퍼지는 순간, 비웃음이 경탄으로 바뀐다. 1925년, 광고회사에 입사한 지 두 달 된 신입사원이 쓴 이 카피는 세계 광고사의 전설로 남았다.

1920년대 미국은 자기계발의 황금기였다. 피아노가 중산층의 상징으로 자리 잡으며 판매가 급증했고 피아노 통신 교육 수강자는 200만 명을 넘어섰다. U.S. School of Music은 이런 흐름을 읽고 음악 통신교육 과정을 개설했으며, 광고를 통해 '무료 안내서와 체험 강의 신청' 쿠폰을 받게 했다. 광고가 나가자마자 기록적인 응답률을 올리며 화제가 됐고, 곧 수많은 모방작이 쏟아졌다. 호기심을 자극하는 스토리텔링 헤드라인 기법은 100년이 지난 지금도 유튜브 썸네일·온라인 광고·기사 제목 등에서 여전히 널리 쓰인다.

해군사관학교를 졸업하고도 장교의 꿈을 이루지 못해 방황하던 끝에 광고회사의 문을 두드린 신입사원은 훗날 광고계의 전설이 된 존 캐플즈였다. 그는 이 카피 이후 수많은 명광고를 만들었고, 통신판매 광고에서 서로 다른 카피·이미지·매체를 시험해 성과를 측정하는 방법을 개발해 광고의 효율을 높였다. 오늘날 디지털 마케팅의 핵심인 A/B 테스트의 원형이라 할 수 있다. 무려 100년 전 그가 만든 카피의 구조와 테스트 방법을 우리는 지금도 그대로 사용하고 있다.

習慣になった努力を、実力と呼ぶ
습관이 된 노력을 실력이라 부른다

카와이 주쿠

SKY. 한국에서는 상위권 명문대학교 세 곳의 이니셜을 따서 부르는 명칭으로, 이 학교들의 명성을 뒷받침해 주는 별칭이다. 일본에도 SKY가 있다. 그런데 대학이 아니다. 슨다이 예비학교·카와이 주쿠·요요기 제미날 등 정상급 유명 입시학원 세 곳을 가리키는 말이다.

그중에 'K'를 맡고 있는 카와이 주쿠는 1933년에 영어학자였던 가이와 이츠지의 사숙에서 시작하여, 1955년에 정식으로 인가를 받아 설립된 역사와 전통의 학원이다. 카와이 주쿠에서 주관하는 모의고사는 수많은 학생의 참여와 중소 학원의 채택으로 권위를 인정받고 있으며, 이곳에서 정한 성적 배치표에 의해 대학의 서열과 등급이 매겨진다는 이야기가 있을 정도다.

카와이 주쿠는 광고로도 유명하다. 학원의 시설이나 강사진·진학률 등을 자랑하는 일반적인 학원 광고가 아니다. 주로 학습자들을 응원하며 공부의 철학을 통해 학습 동기를 부여하는 수준 높은 광고를 게재한다. TCC 카피연감에 등재된 광고물이 10여 편에 달한다. 그중 이 카피는 여러 채널을 통해 한국에도 소개가 되어 많은 이의 감탄을 자아낸 바 있다.

이 문장의 미덕은 간단한 공식으로 실력을 정의한 데 있다. 이 카피를 다시 쓰면 "실력 = 노력 × 습관"이다. 이 공식이 참 좋다. 여기에는 재능이라는 변수나 상수가 등장하지 않는다. 누구에게나 적용할 수 있는 진리다. 카와이 주쿠가 학생들만 잘 가르치는 게 아닌가 보다. SKY가 괜히 SKY가 아닌가 보다.

12월

용각산은 소리가 나지 않습니다

보령제약 용각산

1973년, 보령제약이 용각산 TV 광고에서 처음 선보인 이 카피는 창업주 김승호 회장이 직접 만든 문구로 알려졌다. 1960년대 후반에 발매된 기침 가래 해소제 용각산은 미세 분말 형태의 생약이라는 점이 경쟁 제품과 차별화되는 가장 큰 특징이었다.

TV 광고 속에는 은색 원통 용기를 쥔 손의 클로즈업 컷으로 시작한다. 제품의 용기를 좌우로 흔들 때마다 내용물과 용기가 내는 마찰음이 들리면서, "이 소리가 아닙니다" "이 소리도 아닙니다"라는 진중한 성우의 목소리가 얹힌다. 다시 한 번 제품 용기를 흔들면, 비로소 아무 소리도 들리지 않으면서 "용각산은 소리가 나지 않습니다"라는 카피로 광고를 매듭짓는다. 제품의 뚜껑을 열어서 보여 주는 장면이 나오기 전에 소비자들은 저 안에 아주 미세한 분말이 들어 있다는 것을 바로 느낄 수 있다.

제품 출시 후 큰 반응이 없던 제품은 이 광고가 나오자마자 인지도와 매출이 급상승했다. 보령제약은 이후 20년 가까이 이 카피를 사용하며 마케팅을 전개했고, 용각산은 국민 기침 가래 해소제의 반열에 올랐다. 이 카피는 시각이나 촉각으로 표현될 법한 형태적 속성을 청각적 메시지로 변환하여 제품의 속성이 가진 차별점을 소비자에게 인상적으로 남긴 명작이다.

THINK
생각하라

IBM

이것은 슬로건이면서 IBM의 정신이며, 어쩌면 IBM 그 자체다. 이 슬로건은 훗날 IBM의 회장을 맡게 되는 토마스 왓슨이 만들었다고 한다. IBM의 전신인 CTR에 합류하기 전 그가 전 직장에서부터 주창했던 키워드였다. 지지부진한 영업 회의 도중 "우리는 발로 일해서 보수를 받는 게 아니라, 머리로 일하는 댓가로 받는다"라고 참석자들을 질책하며 칠판에 커다랗게 쓴 단어가 바로 "THINK"였다고 한다. 마치 기업 드라마의 한 장면 같은 이 에피소드가 100년을 이어 온 슬로건의 시작이었다.

CTR로 이직한 토마스 왓슨은 1년 후 회장에 올랐고 1924년 그의 주도로 기업명도 IBM으로 바꾸었다. 그는 직원들의 책상·공장 벽·명함·메모지마다 "THINK"라는 단어를 새겨 넣었다. 1930년대에 만든 사내 잡지의 이름도 『THINK』가 되었다. 이 단어는 슬로건을 넘어, 회사를 움직이는 신념이 되었다. 이 철학은 이후 IBM의 제품과 서비스에 스며들었다. 노트북 ThinkPad·데스크탑 ThinkCentre·모니터 ThinkVision 그리고 글로벌 컨퍼런스 IBM Think까지, 모두가 생각하는 기업이라는 정체성을 담고 있다.

혹자들은 스티브 잡스가 애플에 복귀한 후 만든 슬로건 "Think Different"가 IBM의 "THINK"에 대한 도전으로 해석하기도 한다. 지금도 IBM의 홈페이지에는 IBM의 역사를 소개하면서 'THINK'라는 팻말이 붙은 집무실에 앉아 있는 토마스 왓슨의 사진이 걸려 있다.

人間を超えるのは、人間しかない
인간을 뛰어넘는 것은 오직 인간밖에 없다

NHK 2020 도쿄패럴림픽 TV 광고

지금도 'physically challenged'라는 단어를 처음 들었을 때의 충격을 잊지 못한다. 1990년대 중반, 영어 수업 시간에 원어민 선생님에게 들었던 것으로 기억한다. 장애인의 반대말이 정상인이라고 생각하는 게 당연하던 시절이었다. 장애는 결함이 있거나 비정상이 아니라, 단지 '육체적으로 도전받고 있는 것'일 뿐이라는 생각. 이 단어가 준 감동을 오랜만에 다시 느끼게 해준 문장을 만났다.

이 카피는 2020 도쿄 패럴림픽을 응원하고자 NHK가 기획한 「Wonder Infinity」 캠페인 속에 등장한다. Mummy-D 등 일본의 유명 뮤지션들이 패럴림픽에 참여하는 각 국의 장애인 선수들의 이야기를 노래로 만들어 뮤직비디오의 형식으로 제작했다. 기획 자체도 신선하고, 음악과 스토리·영상 모두 완성도가 높은 수작이다.

아쉽게도 'physically challenged'라는 단어는 언중의 지지를 받지 못하고 사라지고 있다. 영어권의 지인들도 대부분 이 단어를 모른다고 한다. 비판적 시각도 있다. 장애를 드러내지 않는 완곡한 표현이 오히려 장애를 부정적으로 인식하게 만든다는 의견도 있고, 장애인의 현실을 왜곡한다는 지적도 있다. 최근에는 'disabled person' 등 다른 대안 표현들이 활발히 사용되고 있다. 이 단어는 의미의 한계에 갇혀 잊히고 있지만, 장애를 비정상의 개념에서 꺼내려 한 가치 있는 시도는 기억되면 좋겠다.

너구리 한 마리 몰고 가세요

농심 너구리

1982년 11월, 농심이 너구리 라면을 출시하며 내세운 "너구리 한마리 몰고 가세요"는 40여 년간 이어진 대표 카피다. 특유의 CM송 뒤에 늘 붙어 전해지며 소비자의 귀에 쉽게 각인됐고, 지금까지도 사용되고 있다. 브랜드명이 동물명인 점에서 착안해, "한 봉지 가져가서 끓여 먹자"라는 의미를 "한 마리 몰고 가라"라고 표현해 귀여운 느낌을 준 이 카피는 부담 없이 한 그릇 먹고 싶은 욕구를 자극했다.

출시 당시 라면 시장은 삼양라면이 절대 강자로 군림했고, 소고기 국물 제품이 주류였다. 대부분이 100원대 가격이었지만, 너구리는 200원대라는 높은 가격에도 굵은 면발과 해물우동 국물이라는 차별화된 특징으로 소비자의 호응을 얻었다. 여기에 밝고 건강한 이미지의 젊은 여성 모델이 귀여운 너구리 캐릭터와 함께 등장해 이 카피를 외치는 형식이 인기를 더했다. 하희라·장나라·혜리 등 각 시대별 인기 모델이 전한 이 한마디는 브랜드의 핵심 자산이 됐다.

너구리는 2019년 개봉해 세계적 화제가 된 영화『기생충』에 등장하며 글로벌 인지도를 높였다. 특히 '짜파구리' 열풍과 함께 해외에서도 많이 찾는 한국 라면 중 하나로 자리 잡았다. 이제 한국인을 넘어 세계인이 몰고 가는 너구리. 돈은 농심이 버는데, 내가 뿌듯한 이유는 왜인가.

We can do it
우리는 할 수 있다

미국 전시생산협력 위원회

밝은 노란색 배경의 포스터. 푸른 작업복에 붉은 물방울 무늬의 머리띠를 맨 여성이 팔을 걷어붙인다. 살짝 구부린 팔 근육과 정면을 응시하는 단단한 눈빛. 그녀의 모습과 함께 "우리는 할 수 있다"라는 힘찬 문장이 적혀 있다. 제2차 세계대전 당시, 수백만의 젊은 남성이 전장으로 향했고, 군수공장을 포함한 산업 현장에서는 여성 노동력이 절실했다. 정부와 기업은 여성의 산업 참여를 독려하려고 다양한 선전물을 제작했고, 그중 가장 상징적으로 기억되는 것이 바로 이 포스터다.

포스터 속 씩씩한 여성은 그래픽 아티스트 하워드 밀러가 그린 것으로, 신문에 실린 실존 여성의 노동자를 모델로 했다. 여성도 충분히 강인하며, 전쟁에 나간 남자들의 몫을 해낼 수 있다는 메시지를 강렬하게 전달했다. 실제로 많은 여성이 산업 현장에서 중노동을 감당하며 전시 생산을 지탱했다. 그러나 전쟁이 끝난 뒤, 미국 사회는 다시 여성들에게 가정으로 돌아가 어머니이자 아내로서의 전통적 역할을 다하라고 요구했다.

한때는 잊힌 이 포스터와 문장은, 시간이 흘러 전혀 다른 맥락에서 되살아났다. 1980년대 들어 이 작품은 여성 인권과 페미니즘의 상징으로 재조명되었고, 다양한 사회 운동과 정치 캠페인에서 여성의 주체성을 웅변하는 메시지로 활용됐다. 전쟁 승리를 위한 "우리는 할 수 있다"라는 다짐이 이제 여성의 권리를 위한 "우리는 할 수 있다"라는 외침이자 선언으로 거듭난 것이다. 같은 카피라도 시대가 바뀌면, 그 쓰임도 의미도 달라질 수 있다.

遊び方は生き方です
노는 법이 사는 법이다

JR히가시니혼

1991년 시작된 JR히가시니혼의 겨울 시즌 캠페인「JR SKI SKI」는 젊은 세대에게 스키 여행의 매력을 다시 일깨운 장기 프로젝트였다. 'SKI'를 반복해 강조한 듯한 캠페인명에는 'Ski'(스키)와 '好き'(스키, 좋아하다)의 언어유희가 담겨 있다. 스키를 타러 가자는 의미와 함께, 스키가 좋다는 감정을 짧고 리듬감 있게 표현한 것이다. 버블경제가 가라앉으며 사회 전체가 침체된 시기에 이 캠페인은 '겨울＝스키＝젊음'이라는 메시지로 스키장을 낭만과 자유의 상징으로 부활시켰다. 스키 여행이 다시 유행하며 JR의 스키장 노선과 신칸센 이용률도 눈에 띄게 늘었다.

"노는 법이 사는 법"이라는 이 카피는 1995년 겨울 광고에서 등장했다. 당대의 청춘 배우 다케노우치 유타카와 에스미 마키코가 출연한 TV 광고는 열차를 타고 스키장으로 향하는 설렘과 눈 덮인 설원 위의 로맨틱한 시간을 그렸다. 특히 눈사람을 만들며 장난스럽게 키스하는 장면은 큰 화제가 됐다. 광고 중간에 조용한 내레이션과 자막으로 등장하는 이 카피는 낭만적인 영상에 얹혀, 일과 여가의 균형이 주는 여유의 가치를 전했다.

「JR SKI SKI」는 지금도 매년 새로운 감성으로 업데이트되며, 세대가 달라져도 변치 않는 겨울의 상징으로 자리하고 있다. 수많은 청춘이 여전히 신칸센을 타고 스키장으로 향한다. "노는 법이 사는 법"이라는 카피는 30년 전 카피연감에 기록된 문장이지만, 치열한 현실을 살아가는 사람들에게 지금도 유효한 메시지다.

감기 조심하세요~

동아제약 판피린

머리에 물방울 무늬 두건을 쓴 귀여운 인형 캐릭터가 TV 광고에서 '감기 조심하라'고 당부할 때, 이 말이 한국 광고 역사에 길이 남을 줄 누가 알았을까.

1961년 첫 출시된 동아제약의 종합감기약 판피린은 알약 형태로 시작해 1963년 액상형으로, 1973년에는 시럽제로 확대되며 제품군을 넓혔다. 발매 60주년을 넘기며, 오랜 기간 사랑받은 감기약은 판피린뿐이다. 이 판피린의 전설에 빠질 수 없는 카피는 광고에 등장한 인형의 인사말에서 시작됐다. 감기가 우려되는 상황에 인형이 등장하여 "감기 조심하세요~"를 외치는 판피린의 광고는 1970년대 후반부터 전파를 탔고, 수십 년간 겨울마다 소비자들의 귀에 자연스레 스며들었다.

라디오와 TV 광고뿐 아니라 일상 대화 속에서도 "감기 조심하세요~"는 유행어처럼 자리 잡았다. 날씨가 차가워지면 광고 속 목소리를 흉내 내면서, 장난스레 인사를 나누기도 했다. 성우 장유진이 더빙한 이 목소리는 부드러우면서도 세련된 느낌을 주는 콧소리가 인상적이었다. 서구식 인형과 찰떡처럼 어울리는 톤의 이 카피는 사람들의 뇌리에 각인됐다. 소비자들에게 판피린의 카피는 겨울이 왔다는 소식이었다.

브랜드의 중요한 자산이 된 이 카피는 2010년대부터 다시 활용되고 있다. 인형 캐릭터의 패션을 착장한 혜리·고민시 등 인기 있는 모델들이 이 카피를 외치면서 중장년 소비자들의 향수와 젊은 소비자들의 호기심을 동시에 자극한 것이다. 수십 년간 사랑받은 국민 감기약이기에 할 수 있는 광고다.

It floats
아이보리는 물에 뜹니다

P&G 아이보리

19세기 미국의 어느 비누 공장. 한 직원이 점심시간에 혼합기를 끄는 걸 깜빡했다. 돌아와 보니 비누 반죽은 과도하게 휘핑되어 평소보다 가벼워졌고 부풀어 있었다. 이 비누는 폐기되지 않고 그대로 출고됐고, 얼마 후 소비자들로부터 "물에 떠서 좋다"는 반응이 돌아왔다. 예기치 않은 실수로 만들어진 히트 상품 아이보리 비누의 전설은 100년 넘게 회자되었다.

19세기 후반에 처음 등장한 이 카피는 당시 대부분 물에 가라앉던 비누와 차별되는 특징을 간단하게, 하지만 완벽하게 담고 있다. 욕조 안에서 비누가 물 위에 떠 있는 삽화와 함께 전달된 이 카피는 단순한 기능 설명 이상의 힘을 발휘했다. 물에 뜬다는 이 한마디는 제품의 가볍고 순도 높은 느낌과 함께 브랜드 정체성 그 자체가 되었고, 아이보리는 미국을 대표하는 비누 브랜드로 성장했다. 이 성공을 기반으로 P&G는 세계적인 마케팅 제국의 초석을 다졌다.

흥미로운 것은, 아이보리의 신화를 만든 19세기의 결정적 실수가 진짜 실수가 아니었다는 점이다. 기업명 P&G에서 'G'를 맡고 있는 공동 창업자 제임스 갬블의 아들이 연구원으로 근무하며 남긴 실험 노트가 나중에 발견됐는데, 여기에 물에 뜨는 비누의 개발과 제품화 계획이 담겨 있었다고 한다.[1] 개발 스토리의 극적인 맛이 사라져 아쉽지만, 세계적인 제품이 실수인가 아닌가는 중요하지 않다. 재미있는 실수담 때문에 제품이 성공한 게 아니라, 제품이 성공해서 실수담도 재미있어진 것이니까. 전설은 전설일 뿐이다.

自分のサイズで生きる
자신만의 사이즈로 산다

세이부 백화점

1981년, 세이부 백화점이 내놓은 신문광고의 헤드라인이다. 사진 속에는 두 명의 서양 여성 모델이 나란히 서 있다. 한 명은 긴 소매 니트와 모자로 단정함을 강조하고, 다른 한 명은 민소매 스트라이프 톱으로 자유로운 개성을 드러낸다. 한 화면 안에 담긴 두 여성의 모습은 비슷하면서도 다른 분위기를 풍기며, 서로 다른 삶의 모습을 상징한다.

본문 카피에서는 실제로 대형 사이즈와 소형 사이즈의 상품을 확대하고, 여성 체형 변화에 맞춘 전문 매장을 두 배로 넓힌다고 알린다. 하지만 여기서 말하는 '사이즈'는 단순한 치수를 넘어선다. 사회가 요구하는 정형화된 기준이 아니라, 자기 몸과 취향·라이프스타일에 맞는 선택을 뜻한다. 즉 나에게 맞는 기준으로 살아가는 것, 그것이야말로 진정한 자기다움이라는 의미다. 광고 속 서로 다른 두 여성은 바로 그 다층적 의미를 시각적으로 압축해 보여 준다.

1980년대 초 일본은 고도성장의 끝에서 개성과 다양성을 중시하는 시대로 접어들고 있었다. 세이부 백화점은 단순한 쇼핑 공간을 넘어, 자기다움을 발견하는 문화적 무대로 스스로를 자리매김했다. 이 카피는 그 전략을 상징하는 문장이었다. 소비자들은 '옷의 사이즈'가 아닌 '나다운 개성'의 선택으로 이 카피를 받아들였다. 중의적인 의미를 통해 삶의 철학을 공유한 이 카피는 1981년 TCC 카피연감에 등재되었으며, 여러 일본 광고 자료에서도 1980년대 사회적·문화적 변화기를 상징하는 문장으로 소개되고 있다.

モーレツからビューティフルへ
'맹렬'에서 '뷰티풀'로

후지제록스

1970년에 후지제록스가 발표한 광고는 당시 일본 광고계에서 볼 수 없던 전혀 새로운 형태였다. 뮤지션 가토 가즈히코가 'BEAUTIFUL'이라고 적힌 종이를 들고 도쿄 긴자 거리를 걷는 장면만이 나온다. 성우가 해방·존엄·변혁·인간 등의 단어를 읽는다. 그리고 마지막에 한 줄의 카피가 등장한다. "모레츠(맹렬)에서 뷰티풀로."

'모레츠'猛烈, もうれつ는 당시 고도 성장기의 일본 사회를 상징하는 단어였다. 하루 24시간을 불태우며 일하는 맹렬 사원·맹렬 성장이라는 표현이 당연하던 시대. 과로사·공해·인간 소외 등 고도성장의 그늘이 짙어질 무렵, 후지제록스는 그 치열함을 정면으로 반박했다. "이제는 아름다움이 필요하다"라는 선언이었다. 여기서 '뷰티풀'은 단지 외모나 디자인의 아름다움이 아니라, 삶의 질·인간성·창의성·다양성을 아우르는 가치였다

이 광고는 예술성·상징성·사회적 메시지 전달력 면에서 일본 광고사에 길이 남는 전설이 되었다. 특히나 제품이나 기업의 홍보를 넘어 사회적 담론을 제시하는 메시지를 실험적인 방식으로 제작한 보기 드문 1970년대 작품이다. 당시 후지제록스는 복사기 등 사무기기를 판매하며 '맹렬'한 생산성과 효율성을 대변하는 기업의 대표였지만, 이 광고를 통해서 '일의 방식'과 '사무 환경'의 혁신을 추구하는 '뷰티풀'한 삶을 지지하는 기업이라는 긍정적인 이미지를 구축할 수 있었다. 이 한 줄은 지금도 일본 광고사에 손꼽히는 혁신적인 광고 카피로 평가받는다.

술술 진로소주 한잔이 파라다이스

진로소주

1959년, 한국 광고사에 전환점을 가져온 사건이 있었다. 바로 한국 최초의 CM송이 탄생한 것이다. "야야야야야 차차차"로 시작되는 경쾌한 리듬과 함께 흘러나온 이 작품은 한국 방송 광고의 새로운 시대를 여는 신호탄이었다.

동양방송 라디오 편성국장 손권식(예명 손민)이 작사하고 부산 MBC 악단장 허영철이 작곡 한 이 CM송은 라디오로 송출되며 폭발적인 반응을 얻었다.[2] 이국적인 리듬에 얹힌 쉬운 멜로디와 반복적인 브랜드명 그리고 일상의 해방감을 노래한 가사의 CM송이 크게 히트한 것이다. 술과 상관없는 어린이들까지 이 노래를 따라 부를 정도였다고 한다. 브랜드 인지도가 급상승했고, 단기간에 25배 이상 매출이 증가했다는 소문이 업계에 돌았다. 이 광고는 추후 애니메이션으로도 만들어져 영화관 광고로도 상영됐다. 이 광고의 성공은 CM송이라는 새로운 광고 형식의 가능성을 각인시켰고, 이후 수많은 브랜드가 음악을 중심으로 한 마케팅 전략을 도입하는 계기가 되었다.

이 광고의 성공에는 가사의 형태로 들어간 카피의 지분도 빼놓을 수 없다. "향기가 코끝에 풍기면 혀끝이 샤르르하네" "술술 진로소주 한잔이 파라다이스" 등은 단순한 문장이 아니었다. 전쟁의 흔적이 남아 있던 혼란의 시대, 서민들이 힘겨운 하루를 마치며 느끼는 작지만 확실한 기쁨을 포착한 시대의 감수성이 담겨 있었다. 세월은 빠르게 바뀌었고 이 CM송이 나온 지 70여 년이나 지났지만, 여전히 소주는 많은 이에게 '파라다이스'가 되고 있다.

12시에 만나요 부라보콘

해태제과 부라보콘

"열두 시에 만나요, 부라보콘. 둘이서 만나요, 부라보콘. 살짝쿵 데이트, 해태 부라보콘." 국민 아이스크림 부라보콘의 CM송 가사다. 제품명을 빼면 '열두 시에 둘이서 만나 데이트하자'는 것이 전부다. 달콤하다거나, 부드럽다거나 하는 소프트콘 아이스크림으로서 제품과의 연관성도 없어 보인다. 12시는 데이트를 많이 하는 시간으로, 큰 바늘과 작은 바늘이 정각에 만나는 것을 데이트에 빗댄 표현이라고 한다.[3] 연인과 보내는 달콤한 순간의 설렘을 아이스크림의 이미지에 투사한 것이다.

1976년, 인기 배우 정윤희와 신일룡이 등장한 TV 광고에 사용된 이 CM송이 사랑받으면서 부라보콘의 인기도 급상승했다. 당시로서는 아이스크림의 비수기라 할 수 있는 겨울철에도 젊은이들의 데이트 소품 역할을 했다고 한다. 우유 판매가 부진하여 곤경에 처했던 서울농협이 폭발적인 인기를 끈 부라보콘 때문에 원유 확보에 애를 먹을 정도였다고 한다.[4]

단 세 문장, 스무 단어에 불과한 이 짧은 가사가 수십 년을 넘어 세대를 초월해 많은 사랑을 받았다. 2022년에는 청각장애인을 위한 '세상에서 가장 조용한 CM송' 캠페인으로 재탄생하기도 했다. 이적·정은지·이영현 등 가수들이 출연해 목소리 대신 수어로 이 노래를 전달하는 역발상의 캠페인으로 큰 호응을 얻었다. 시대가 다르고, 소통의 방법도 다르지만 12시의 달콤한 설렘은 계속되는 중이다.

Shave time. Shave money
돈을 쉐이빙하세요. 시간을 쉐이빙하세요

달러 쉐이브 클럽

2011년, 미국 캘리포니아에서 창업한 달러 쉐이브 클럽Dollar Shave Club은 시중 면도날이 지나치게 비싸다는 단순한 불만에서 출발했다. 당시 질레트가 시장의 80퍼센트 이상을 장악하고 있었고, 소비자들은 높은 가격과 불편한 유통 구조가 불만이었다. 창업자 마이클 두빈은 '좋은 품질의 면도날을 합리적인 가격으로 집까지 배송한다'는 구독 모델을 고안해 기존의 유통 질서를 완전히 바꾸었다.

브랜드의 핵심 가치를 가장 잘 보여 주는 문장이 바로 이 카피다. "Shave time. Shave money"는 'Save'(아끼다)를 'Shave'(면도하다)로 바꿔 만든 카피다. 이 한 줄은, 제품의 기능(면도)과 혜택(절약)을 비슷한 발음의 두 단어를 겹쳐 놓은 언어유희다. 운율감 있는 반복과 짧은 문장 구조는 기억에 오래 남았고, 소비자의 시간과 돈을 아껴 주는 브랜드의 장점을 쉽게 전달했다.

이 슬로건은 2012년 공개된 바이럴 영상에서 함께 사용됐다. 창업자 마이클 두빈이 직접 출연해 "Our blades are f***ing great"(우리 면도날은 끝내 준다)라며 비속어까지 쓰며 서비스를 소개한 이 영상은 단 4,500달러의 제작비로 만들어졌지만, 공개 직후 폭발적인 반응을 얻었다. 서버가 마비될 정도로 관심이 몰리며 단 이틀 만에 1만 2,000명의 신규 구독자를 확보했다. 이후 달러 쉐이브 클럽은 창립 5년 만에 10억 달러 규모로 유니레버에 인수되었다. 5년에 10억달러라……. 제대로 Shave time, Shave money 했다.

反省だけならサルでもできる
반성뿐이라면 원숭이도 할 수 있다

다이호 약품 치오비타 드링크

하루 종일 사과만 하는 중년 남자. 사무실에서, 거래처에서, 심지어 술집에서도 사과가 일상이다. 그때마다 "죄송합니다"라는 말과 함께 고개를 숙이고, 상대는 웃으며 받아준다. 그러나 상대의 이마 위에는 진짜 속마음이 붉은 글씨로 떠오른다. "반성만 한다면 원숭이도 할 수 있다" 반복되는 사과 속에 진심이 빠져 있음을 상징한다. 지친 얼굴로 집에 돌아온 주인공의 모습 위로 "사람이니까, 사랑 한 병"이라는 자막과 내레이션이 따뜻하게 겹쳐진다.

1993년에 방영된 이 드링크 광고는 유머러스한 아이디어로 형식적인 반성에 머무는 현대 일본 사회의 모습을 풍자한다. 겉으로는 사과의 제스처를 보이지만, 실제로는 개선이나 변화로 이어지지 않는다는 것이다. 당시 일본 예능 프로그램에서 원숭이 '지로'가 선보인 퍼포먼스에서 영감을 얻은 표현으로 알려져 있다.[5] 원숭이는 주인에게 혼날 때마다 고개를 숙이며 '반성하는 포즈'를 취하지만, 사실은 그 상황을 피하기 위한 습관적 몸짓일 뿐이었다. 여기에서 이 카피가 탄생한 것이다. 결국 피로해소 드링크를 마시고 힘을 내어 문제를 해결하라는 메시지다.

광고의 재치 있는 연출과 원숭이 '지로'의 인기가 시너지를 이루며 작품은 큰 화제를 모았다. 이 카피는 대중적 유행어가 되었고, 제품 인지도와 매출도 함께 상승했다. 여러 광고상 후보에 오르며 평가도 높았다. 확실히 광고는 재미있고, 카피는 통쾌하다. 그러나, 이 표현이 원숭이 혐오가 아닌가 모르겠다. 원숭이만도 못한 사람이 세상에 얼마나 많은데.

여자라서 행복해요

LG전자 디오스

이 카피를 들으면 많은 사람이 패러디 문구 "여자라서 햄 볶아요"를 동시에 떠올릴 것이다. 그만큼 화제가 됐고, 회자도 된 카피이다. 외국 브랜드가 주도권을 잡고 있던 양문형 고급냉장고 시장에 LG전자가 경쟁에 뛰어든 것은 1990년대 후반의 일이다. LG전자는 디오스를 출시하면서 '저소음'을 주제로 광고를 집행했다. 경쟁제품과 차별화되는 확실한 우위점이었지만, 고급 냉장고의 타깃 소비자들을 움직일 수 있는 길은 아니었다.

문제를 직시한 LG전자는 구체적 장점을 소구하는 대신 소비자들이 '선망하는 라이프스타일'을 제시하는 방향으로 선회한다. 어느덧 청순함을 넘어 고급스러우면서도 신비한 이미지를 갖춘 배우 심은하를 모델로 디오스가 있는 고급스러운 삶의 단면을 보여 주는 TV 광고를 제작했다. 이 전략은 적중했다. 지펠이 먼저 진입해 우위를 점하고 있던 시장에 디오스가 빠르게 약진하며 치열한 경쟁의 기반을 만들었다. LG전자는 김희선·송혜교 등 당대 최고의 여배우들로 모델을 이어 가며 캠페인을 전개했고, "여자라서 행복해요"는 소비자들이 꿈꾸는 라이프스타일을 상징하는 한 줄이 됐다.

당시만 해도, 가사가 여성의 몫이라는 인식이 아직 남아 있었다. 지금의 눈높이에서는 다소 불편하게 느낄 수도 있는 카피지만, 당시에는 별다른 문제 의식 없이 타깃 소비자들에게 받아들여졌다. 제품의 특징 대신 소비자의 로망을 감성적 이미지로 제시하여 성공한 대표 사례로 지금도 종종 언급된다.

Thirst knows no season
갈증에는 계절이 없다

코카콜라

요즘에는 한겨울에도 식사 때 탄산음료를 마시고, 식사 후에는 아이스 아메리카노를 들고 다니는 것이 자연스럽다. 하지만 한때 콜라는 여름 음료라는 인식이 보편적이었다. 실제로 20세기 초반까지 코카콜라 광고는 여름철에만 집행됐고, 판매 역시 여름에 집중되어 있었다. 이러한 계절성을 극복하고자 코카콜라는 겨울철 판매를 겨냥한 광고를 기획했고, 1922년 "Thirst knows no season"(갈증에는 계절이 없다)라는 슬로건과 함께 본격적인 겨울 마케팅을 시작했다.

코카콜라는 이 슬로건을 도입하며 광고 이미지도 계절에 맞게 재구성했다. 처음에는 가족 식사나 이웃 모임·야외 활동 등의 장면 속에서 사람들이 아이스 콜라를 마시는 모습을 통해, 여름과 겨울을 아우르는 음용 경험을 자연스럽게 전달했다. 이후 겨울 시즌을 더욱 공략하고자, 1931년에는 일러스트레이터 해던 선드블롬이 그린 산타클로스를 등장시켰다. 빨간 옷을 입고 콜라를 마시는 인자한 산타의 모습은 '크리스마스=산타클로스=코카콜라'라는 연상을 만들어내며, 전 세계 소비자들의 생활과 문화 속에 깊이 스며들었다.

코카콜라의 겨울 마케팅은 대성공이었다. 이 슬로건과 산타클로스 이미지를 통해 코카콜라는 계절과 무관한 일상 음료로 자리 잡았고, 사계절 내내 사랑받는 브랜드로 확고히 자리매김했다. 잘 짜여진 마케팅은 여름에는 시원한 것을, 겨울에는 따뜻한 것을 찾는 소비자의 본능마저도 넘어선다.

なぜ年齢をきくの
왜 나이를 묻는가

이세탄 백화점

1975년, 한 백화점 광고에 등장한 짧은 카피 한 줄이 일본 사회에 묵직한 울림을 던진다. 이 문장은 사회적 관습상 상대에게 흔히 묻는 나이라는 기준이 실제로는 사람을 평가하거나 구분하는 데 적합하지 않음을 비판하며, 옷차림이나 생활 방식 등에서도 나이라는 틀이 점점 사라지고 있음을 강조했다. 나이라는 잣대에 얽매이지 않고 자유롭게 자신만의 스타일과 라이프스타일을 추구해야 한다는 메시지였다.

여자뿐 아니라 남자에게도 나이를 묻는 것은 기분 좋은 일은 아니라고 바디 카피는 밝히고 있지만 광고는 여성에게 포커스를 맞춘 것으로 받아들여졌다. 백화점의 주요 타깃이 여성이며, 광고에 여성모델이 등장한 가시적 이유도 있지만, 무엇보다 당시 사회적 분위기의 영향도 있었다. 이 광고가 발표된 1975년은 UN이 정한 '국제 여성의 해'였다. 일본에서도 최초의 여성 고등법원 판사 임용·일본 여성 등반가 최초 에베레스트 등정 등 여성의 사회 진출이 사회적 이슈로 부각되고 있었다. 여성의 권리와 주체성에 대한 사회적 의식이 커지는 상황에 이 질문은 자연스럽게 여성을 나이로 평가하는 통념에 맞선 것으로 해석됐다.

이 카피는 나이라는 숫자가 사람의 가능성을 가두는 족쇄가 되어버린 현실을 직시했고 고정관념과 차별적 시선에 정면으로 질문을 던졌다. 나이 뒤에 숨어 있는 규범과 사회적 편견을 드러냈다고 평가받은 이 카피는 1976년 TCC 그랑프리를 받으며 당대 최고의 카피 중 하나로 인정받았다.

미래?
아직 오지 않은 게 아니라
아직 만들지 못한 것뿐이지

현대증권

2012년, 현대증권이 'ABLE'이란 키워드로 새로운 캠페인을 시작했다. 그동안 상품 중심의 광고를 집행하면서 일관된 브랜드 이미지를 형성하지 못하던 문제를 해결하기 위한 시도였다. 'ABLE'은 금융의 가능성을 상징했다. 이 단어를 기업의 슬로건으로 삼고, 접미어로 여러 단어 뒤에 붙여 'Profitable'(수익성 있는), 'Believable'(믿을 수 있는) 등 다양한 가치로 확장하려는 전략이었다.

현대증권은 본편 광고 집행에 앞서 새로운 콘셉트를 임팩트 있게 전하는 광고를 준비했다. 한국 광고에서 쉽게 보기 어려운 모델을 기용하여 화제성을 높이고자, 여러 국내외 유명인사를 검토했고, 미래학자 앨빈 토플러·소설가 베르나르 베르베르로 확정했다.

이 카피는 앨빈 토플러 편의 광고에서 사용된 문장이다. 모델의 이미지와 함께 사용됐지만, 실제 앨빈 토플러가 한 말은 아니었다. 광고 콘셉트에 맞게 제작사의 기획실에서 제안한 카피였던 것. 미래학자인 앨빈 토플러의 이미지와도 어울리고, 미래를 가능성을 중심으로 바라보는 관점이 잘 맞아떨어지면서 호평을 받았다. 티저 광고와 앨빈 토플러 편 이후에 다니엘 헤니가 출연한 본편까지, 「ABLE」 캠페인은 성공적으로 이어졌다.

뛰어난 사업 성과로 시장 가치가 높았던 현대증권은 이 캠페인과 함께 미래지향적이며 세련된 브랜드 이미지까지 구축할 수 있었다. 그러나 모기업 현대그룹의 유동성 위기로 알짜 자회사인 현대증권이 KB금융지주로 매각되면서 캠페인도 막을 내렸다.

You either love it or hate it
사랑하거나, 극혐하거나

마마이트

1900년대 영국에서 탄생한 마마이트는 효모 추출물로 만든 스프레드 제품이다. 강렬한 향과 짭조름한 맛으로 호불호가 극명하게 갈린다. 실제로 마마이트를 소개하는 대부분의 기사나 온라인 자료를 보면 '호불호가 갈린다'는 설명이 거의 예외 없이 등장한다. 영국에서는 극단적으로 호불호가 갈리는 대상을 두고 "That's a bit Marmite" (좀 마마이트스럽다)고 말할 정도다. 브랜드 입장에서는 치명적인 약점일 수도 있다. 하지만 마마이트는 이를 문제로 보지 않았다. 오히려 기회로 바꾸었다.

당신은 이것을 사랑하거나 극혐할 것이다. 마마이트가 내놓은 이 카피는 '호불호가 강하다'는 사실을 아예 브랜드의 정체성으로 만들었다. 모두에게 사랑받으려 애쓰던 시대에 마마이트는 전혀 다른 길을 택했다. 어설프게 포장하거나 시선을 돌리지 않고, 호불호를 인정한 솔직함은 브랜드의 유머와 자신감을 드러내며 소비자의 신뢰를 얻었다. 절반이 싫어하는 브랜드이지만, 반대로 절반은 열렬히 사랑한다. 어차피 모두가 좋아하는 브랜드는 없다. 예수님과 부처님도 안티가 있는 세상이다.

이 슬로건이 전하는 메시지는 단순하지 않다. 모두를 만족시키려는 시도는 결국 아무도 만족시키지 못한다. 마마이트는 모두를 향하기보다, 진짜 좋아해 줄 사람들에게 집중했다. 싫어하는 사람들의 존재를 숨기지 않음으로써 오히려 '진짜 맛을 아는 사람만 찾는 브랜드'라는 독특한 아우라를 얻었다. 솔직함을 두려워하지 않는 브랜드가 만든 성과다.

光も、影も、栄養にして
빛도, 그림자도, 영양으로 삼아

오츠카제약 칼로리메이트

밝은 순간만이 우리를 성장시키는 건 아니다. 때로는 실패와 좌절·불안과 초조함 같은 그림자도 사람을 키우는 영양이 된다. 에너지 식품 칼로리메이트는 2023년부터 이 문장을 슬로건으로 내세웠다. 이 카피는 기능 식품이 줄 수 있는 생리적인 영양 공급을 넘어, 살아가는 과정에서 겪는 모든 경험과 감정 역시 삶의 자양분이 될 수 있다는 확장된 의미를 담았다. 칼로리메이트는 2012년경부터 줄곧 입시생 응원 광고를 만들었는데, 이 슬로건이 쓰인 TV 광고 역시 수험생을 격려하는 내용이다.

광고 영상에는 미술대학 입시를 준비하는 주인공과 이공계 진학을 꿈꾸는 친구가 등장해 서로를 격려하고 의지하며 우정을 쌓아 간다. 광고 속에 미대 입시생이 친구에게 들려 주는 대사가 이 카피의 의미를 선명하게 강조한다. "지우개는 실수를 지우는 도구가 아니라 빛을 만들어 내는 도구래." 데생을 할 때 하이라이트가 되는 가장 밝은 부분을 지우개를 이용하여 표현하는 방법을 말하는 것이다. 빛과 그림자가 모두 그림을 완성하는 요소이듯, 성공과 실패를 포함한 모든 경험이 결국은 성장의 연료라는 메시지다.

이 카피가 담긴 TV 광고는 따뜻한 메시지와 높은 영상적 완성도로 좋은 평가를 받았다. 단순히 많이 팔리는 에너지 식품 브랜드가 아니라 수험 생활로 힘든 학생들의 고충을 이해하는 브랜드로서의 위상을 높이는 역할도 했다. 광고 캠페인에 대한 좋은 평가와 함께 카피 자체의 작품성까지 인정받아, 이 카피는 2024년 TCC 대상을 수상했다.

사람이 먼저다

대통령선거 문재인 캠프 슬로건

2012년 대선에서 처음 등장한 이 슬로건은 국가·경제·성장 등의 거대 담론을 강조하던 기존 정치 구호와 결이 달랐다. 경제대통령을 표방하며 정권을 창출한 이명박 정부가 대규모 개발과 성장 드라이브를 앞세우며 경제적 성과를 내고자 노력했지만, 기업 위주의 정책과 인권·환경 등 민주적 가치의 훼손 등으로 국민들의 불만이 점점 커지고 있었다. 이런 흐름에 대한 반작용이 고스란히 이 슬로건에 반영된 것이다.

이 카피의 장점은 짧고 단순하다는 점이다. 인권변호사 출신이며 노무현 전 대통령의 조력자였던 문재인 후보의 지향점을 쉽고 강력하게 전달했고, 이는 사회적 불평등에 민감한 진보적인 유권자에게 어필했다. 선거는 문재인 후보의 패배로 끝났지만, 이 슬로건은 정치인 문재인의 정체성을 규정하는 자산이 됐다. 2016년 일어난 국정농단 사태와 박근혜 대통령 탄핵으로 열린 2017년 조기 대선에서 문재인 후보는 이 슬로건을 다시 내세웠고, 대통령으로 당선됐다. 임기 내내 지지자들은 이 슬로건을 앞세워 대통령을 옹호했고, 반대자들은 이 슬로건을 비틀며 비판했다.

이 문장은 역대 선거용 슬로건들 가운데 가장 높은 수준의 완성도를 가진 것으로 평가할 만하다. 선거의 이슈를 주도하려고 만들어진 단기적인 기존 정치 슬로건과 달리, 한 정치인의 삶과 철학을 쉬운 언어로 완성도 높게 응축했다. 정치적 입장과 무관하게 이만큼 많은 국민이 선거 이후에도 오랫동안 정치인의 여정과 함께 기억하는 슬로건은 쉽게 찾을 수 없다.

손이 가요 손이 가

농심 새우깡

새우깡이 처음 출시된 때는 1971년이다. 수많은 과자가 등장하고 사라진 50여 년간, 새우깡은 부침 없이 큰 사랑을 받으며 제과업계 부동의 1위 제품 지위를 누렸다. 새우깡이라는 이름은 농심 신춘호 회장의 어린 딸이 아리랑을 '아리깡'이라고 잘못 노래한 실수에서 영감을 받아 만들었다. 꼬마의 귀여운 발음에서 유래한 이 이름은 이후 감자깡·고구마깡·양파깡 등으로 이어져 과자 이름의 한 계보를 형성한다.

"손이 가요 손이 가"로 시작하는 CM송이 사용된 것은 1980년대 후반으로 알려져 있다. 한국 광고계의 1세대 카피라이터 이만재가 가사를 쓰고, 1970년대의 인기 포크 가수로 수많은 히트 CM송의 주인공인 윤형주가 만들었다. 처음 세상에 선보인 이후 지속적으로 사용되면서 남녀노소 모르는 사람이 없는 국민CM송 반열에 올랐다. 2013년 한 대학교 행사에서 초대 가수 윤형주의 히트곡을 알지 못해 조용히 듣기만 하던 학생들이, 새우깡 CM송을 부르자 떼창을 했다는 이야기도 전해진다.

새우깡의 광고 음악은 그야말로 CM송의 정석이다. 짧고 단순한 가사에, 쉬우면서 반복되는 중독적인 멜로디다. 한번 들으면 누구라도 따라할 수 있다. 자기도 모르게 흥얼거리다가 어느새 새우깡 봉지를 뜯고 있는 자신을 발견한다. 개별 TV 광고에 따라 가사와 음악 스타일은 조금씩 변형되지만, 새우깡 CM송은 지금도 여전히 불린다. 사람들의 손을 새우깡으로 이끄는 마술피리처럼.

Mmm mmm good
음, 음, 좋아

캠벨

19세기 후반에 설립된 캠벨은 미국을 대표하는 가공식품 기업이다. 과자·소스·파스타 등 다양한 식품을 생산하고 유통하지만, 역시 브랜드의 상징은 통조림 수프다. 이 카피는 1930년대 초반에 처음 등장했다. 단순한 맛의 표현을 넘어 브랜드의 정체성을 규정한 문장이었다. 대공황으로 경제가 얼어붙었던 시절, 이 짧은 한마디는 가족과 함께하는 시간을 떠올리게 하며 미국인의 마음을 위로했다.

이 슬로건의 힘은 단어가 아니라 감각에서 비롯된다. 맛을 음미할 때 새어 나오는 소리, 즉 이성보다 먼저 반응하는 본능의 영역을 언어로 포착한 것이다. 의성어형 카피는 언어를 초월해 직관적으로 전달되며, 누구나 이해하고 쉽게 따라 할 수 있다. 이 소리가 들려오면 자연스럽게 브랜드를 떠올리게 되는 것이다. "Mmm mmm good"(음, 음, 좋아)는 그렇게 캠벨은 미국인들의 일상 속에 스며들었다.

캠벨은 이후 여러 차례 슬로건 교체를 시도했다. "Never Underestimate the Power of Soup"(수프의 힘을 무시하지 마세요), "It's Amazing What Soup Can Do!"(수프로 할 수 있는 놀라운 일!) 등 새로운 문구를 선보였지만, 반응은 기대에 미치지 못했다. 결국 캠벨은 원래의 슬로건으로 되돌아 갔고, 지금도 이 카피를 패키지와 광고·공식 홈페이지에 그대로 사용하고 있다. 거의 한 세기에 걸쳐 살아남은 이 한 줄은 시대를 초월한 감각의 힘을 증명한다. 백 년을 이어 사용되는 카피라니, 정말 "음, 음, 좋아"다.

帰ってくるあなたが、最高のプレゼント
돌아오는 당신이, 최고의 선물

JR도카이 크리스마스 익스프레스

이 카피는 1988년 「크리스마스 익스프레스」 시리즈의 첫 편에서 등장했다. 「크리스마스 익스프레스」는 JR도카이가 1988년부터 전개한 전설적인 TV 광고 시리즈다. 1편은 홈타운 익스프레스라는 명칭으로 시작됐는데, 이듬해에 「크리스마스 익스프레스」로 명칭을 바꿔 1992년까지 이어졌다. 매 시리즈의 광고는 멀리 떨어져 있는 연인이 크리스마스를 맞이하여 JR도카이 열차를 매개로 만나는 로맨틱한 이야기로 구성되어 있다.

이 카피가 나온 첫 편은 크리스마스 이브에 연인을 기다리는 소녀의 시선으로 전개된다. 도착한 열차에서 남자친구가 보이지 않아 실망한 순간, 몰래 숨어 있다가 갑자기 나타난 그와의 재회가 그려진다. 배경 음악으로는 야마시타 다츠로의 명곡 「크리스마스 이브」가 흐르며, 낭만적인 감성을 고조시킨다.

이 시리즈의 대성공은 JR도카이 브랜드 이미지를 국철과 차별화된 세련된 민간 기업으로 끌어올리는 데 큰 역할을 했다. 동시에 일본의 크리스마스 풍경을 바꿔 놓았다. 가족과 함께 보내는 크리스마스가 연인과 함께 보내는 기념일로 인식이 바뀌었고, 이와 관련하여 요식·숙박 그리고 선물과 관련한 쇼핑 등 다양한 분야가 함께 요동쳤다. 광고에 사용된 「크리스마스 이브」는 발매된 지 6년이 넘은 곡이었는데, 이 광고에 사용된 이후 오리콘 차트 1위에 오르기도 했다. 그리고 무려 39년 연속으로(2024년 기준) 크리스마스 시즌마다 차트 상위권에 다시 오르는 전후무후한 기록을 세우며 일본의 국민 크리스마스 가요로 자리하게 됐다.

異常も、日々続くと、正常になる
비정상도 매일 계속되면 정상이 된다

「전장의 크리스마스」 OST 앨범

이 카피는 독특하게도 영화 음악 앨범의 포스터에 실렸다. 전자음악 밴드 YMO의 키보디스트였던 사카모토 류이치가 출연하고 음악까지 맡은 영화 『전장의 크리스마스』가 1983년에 개봉했다. 이후 OST 앨범 발매 시기에 이 카피가 사용되었다. 아이돌·록·팝·엔카 등 익숙한 장르가 주류였던 당시 일본 음악 시장에서, YMO는 실험적인 전자음악으로 주목받았다. 음악성뿐 아니라 수려한 외모로 인기가 높던 사카모토 류이치가 데이비드 보위와 함께 출연해 화제를 모은 이 영화의 OST 앨범 출시는 대대적인 프로모션을 펼칠 만한 사건이었다.

이 카피는 영화의 스토리를 직접 설명하거나 음악가의 명성을 강조하는 일반적인 접근을 피했다. 전쟁이라는 비일상적 상황과 포로·적국 장교 사이의 문화적 충돌과 감정의 혼란을 '비정상적 상황'으로 압축하고, 이것이 영화적으로 해소되어 정상으로 변화하는 과정을 표현했다.

익숙하지 않은 세계와 마주할 때 느끼는 이질감이 시간이 흐르면 삶의 일부가 된다는 메시지는 예술에만 국한되지 않는다. 이러한 통찰 덕분에 이 카피는 단순한 음반 홍보 문구를 넘어 1984년 TCC 카피연감에 등재되었고, 일본 광고계의 유산 중 하나로 자리매김했다. 훗날 사카모토 류이치가 세계적인 작곡가이자 사회운동가로 명성을 얻으면서 이 카피는 그의 인생 여정을 설명하는 중요한 문장으로도 의미를 갖게 되었다.

When it absolutely, positively has to be there overnight
정말 꼭, 밤사이에 도착해야 한다면

페덱스

마케팅 교과서에서 가장 자주 인용되는 기업 중 하나가 페덱스다. 1990년대와 2000년대 광고인들의 필독서였던 『포지셔닝』과 『마케팅 불변의 법칙』은 페덱스의 사례를 여러 차례 소개한다. 수많은 운송업체가 '빠르다'·'안전하다'·'전국망'을 외치던 때, 페덱스는 단 하나의 단어 'overnight'(밤사이)에 집중했다. 이 카피는 페덱스의 전략을 명확히 보여 준다. 단순히 서비스를 설명한 문장이 아니라, 브랜드의 존재 이유이자 약속 그 자체였다.

이 문장은 미국 경제가 팽창하며 전국 단위의 문서와 계약이 폭증하던 1978년에 등장했다. 당시 대부분의 운송사들은 익일 배송이 불가능하거나 신뢰도가 낮았다. 1971년 창립된 페덱스는 전국 어디든 하룻밤 안에 도착시키는 혁신적 시스템을 구축했고, 그 약속을 광고의 중심으로 삼았다. 기업들은 '빨리 보내야 할 중요한 서류는 반드시 페덱스로 보내야 한다'는 인식을 갖게 되었다. 페덱스는 'overnight'라는 단어를 독점한 대가로 빠르게 성장했다.

이 슬로건은 이후 수십 년간 이어지는 페덱스 브랜드 철학의 출발점이 되었다. "The World on Time"(세계를 제시간에), "Relax, it's FedEx"(안심하세요, 페덱스입니다) 등으로 형태는 바뀌었지만 핵심은 변하지 않았다. 페덱스가 파는 것은 '속도'가 아니라 '안심'이라는 것이다. 세상은 디지털 시대로 넘어왔지만, 전자상거래와 글로벌 물류시장의 성장 속에서 페덱스는 여전히 건재하게 비즈니스를 이어가고 있다.

아름다운 갈색, 머리!

동성제약 훼미닌

훼미닌은 1968년, 동성제약이 출시한 컬러 염색약이다. 당시까지 염색은 흰머리를 감추는 용도에 머물러 있었고, 색상 역시 검은색 일변도였다. 당시 사회 분위기는 아직 보수적이었지만, 여성 소비자들의 자기표현 욕구는 점점 커지고 있었다. 훼미닌은 시대의 변화를 한걸음 먼저 읽은 제품이었고, 집에서 사용할 수 있는 간편한 액상 제품의 편리함과 맞물려 소비자의 사랑을 받았다.

1980년대 들어 컬러TV 시대가 열리면서 훼미닌은 적극적으로 광고를 송출했다. TV 광고에서 "아름다운 갈색"이라는 부분이 쉬운 멜로디의 징글로 들려올 때, 갈색 머리의 아름다운 모델이 "머리!"라고 외치는 장면은 훼미닌 광고의 시그니처가 되어 전국에 퍼졌다. 이 카피는 염색을 더 이상 결점을 가리는 행위로 한정하지 않고, 자신의 개성과 매력을 드러내는 방식으로 표현해 염색에 대한 사회의 편견까지 바꿔 버렸다.

광고계에는 기업의 대표나 창업자가 광고 제작에 일반적인 범위를 넘어 깊숙이 관여하는 사례가 종종 회자된다. 훼미닌을 탄생시킨 동성제약 이선규 전 회장도 광고 문안과 콘티를 세세히 검토하고, 촬영장에도 가장 먼저 나가 연기 지도를 하고 조감독 역할까지 했다는 일화를 남겼다.[6] 훼미닌의 성공은 우연이 아니었다. 시대의 변화를 읽는 날카로움에 브랜드에 대한 애정과 열정이 더해진 결과였던 것이다.

국물이 끝내줘요

농심 생생우동

1990년대 광고를 대표하는 이 카피는 배우 김현주와 떼려야 뗄 수 없다. 광고에서 내뱉은 이 한마디로 큰 주목을 받으며 연예계에서 크게 발돋움했기 때문이다. 대부분 김현주의 "끝내줘요"만 기억하지만, 사실 이 카피는 1년 전부터 다른 모델을 통해 사용되고 있었다.

생생우동은 1995년 말 용기면, 1996년 봉지면으로 출시된 뒤 '진짜 우동 같은 맛'을 내세우며 시장 안착을 시도한 제품이었다. 국물 맛을 차별화 포인트로 잡은 농심은 1996년부터 "국물이 끝내줘요"라는 카피를 광고에서 사용했다. 그러나 이 문장이 대중적 유행어가 된 것은 1997년, 모델이 김현주로 교체되면서다. 젊은 여성 모델이 우동 국물을 음미한 뒤 이 카피를 말하는 구조는 동일했다. 음식을 먹는 공간·모델의 분위기·카피를 말하기 전 잠시 뜸을 들이는 연출까지 거의 똑같았다. 사실상 모델만 바뀌었을 뿐인데, 이 광고는 순식간에 큰 인기를 끌었고 카피까지 국민적 유행어가 되었다.

성공한 드라마·영화·노래에는 '주인이 따로 있다'는 말이 있다. 작품과 배우·가수의 궁합을 설명하는 표현이다. 광고의 경우라면 이 카피와 김현주가 그랬다. 그녀는 훗날 한 방송에서 "인기가 많아진 뒤 '국물이 끝내줘요'를 해 달라는 요청이 많아 부담스러웠는데, 지나고 보니 감사한 일이었다"라고 회상했다. 자신의 매력을 보여 줄 수 있는 광고와 카피를 만난다는 것 그리고 30년 가까이 기억된다는 것은 연기자에게도 "끝내 주는" 행운이다.

Pablo Casals is coming – to Puerto Rico

파블로 카잘스가 온다, 푸에르토리코에

푸에르토리코 관광청

이 카피가 나온 것은 1950년대 후반, 푸에르토리코가 산업화와 관광 개발을 추진하던 때였다. 하와이 등에 비해 인기가 떨어지는 값싼 열대 휴양지에 머물러 있던 이 섬나라는 전형적인 휴양지를 넘어서는 새로운 관광 자원을 발굴하려고 노력 중이었다. 푸에르토리코 관광청이 새로운 국가 이미지를 설계하는 캠페인을 의뢰한 곳은 광고대행사 오길비 앤드 매더였다.

데이비드 오길비가 이끌던 이 대행사는 스페인 출신의 세계적 첼리스트 파블로 카잘스가 푸에르토리코로 이주한 것에 주목했다. 스페인 내전 후 프랑코 독재 정권을 피해 어머니의 고향으로 망명을 한 세계적 거장이 음악 페스티벌을 열고 세계적인 예술가들과 교류하고 있었다. 오길비는 이를 국가 이미지를 바꿀 절호의 기회로 봤다. 광고대행사가 내놓은 카피는 놀랄 만큼 단순했고, 놀랄 만큼 강력했다. "파블로 카잘스가 이곳에 온다"라는 사실에 집중한 크리에이티브 전략이었다. 이 한마디로 푸에르토리코는 다른 열대 관광지와 차별화되는 고급 문화 예술 관광지로 부각됐다.

오길비는 '카잘스 페스티벌'을 매개로 진행된 캠페인을 한 나라의 운명을 바꾸는 프로젝트로 생각하여 전력을 다했다. 이 카피를 앞세운 광고는 페스티벌의 성공과 함께 푸에르토리코의 문화·관광·경제 그리고 국가 위상을 모두 높이는 성과를 만들었다. 오길비는 훗날 자신의 최고의 작품으로 이 작품을 꼽기도 했다.[7] 이 카피는 국가 홍보 캠페인의 고전적인 성공 사례 중 하나로 지금도 자주 인용된다.

不思議、大好き
신기해, 좋아해

세이부 백화점

이 카피는 1981년, 세이부 백화점의 포스터에 등장했다. 피라미드 앞으로 길게 이어진 행렬과 이 여섯 글자가 커다랗게 보이는 단순한 내용이었다. 백화점과 상관없는 이미지에 상품도, 세일 정보도 없었다. 그러나 이 포스터는 큰 문화적 파장을 만들었다. 원래 이 카피는 광고 캠페인을 맡은 카피라이터가 당시 세이부가 준비 중이던 이집트 관련 전시회를 보고 착안했다. 이 카피부터 아이디어가 발전하여 아예 세계 7대 불가사의를 소재로 한 연간 캠페인을 제안한 것. 이 제안이 받아들여지며 「신기해, 좋아해」 캠페인이 대대적으로 시작됐다.[8]

이 카피는 각운을 맞춘 세 글자가 반복되면서 리듬감 있는 울림을 만들어, 소비자들의 뇌리에 강하게 남았다. 또한 불가사의하다는 뜻의 '不思議'(후시기)와 솔직하게 좋다는 감정을 드러내는 '大好き'(다이스키)라는 이질적인 단어의 결합은 신선한 감각을 주면서 수많은 해석의 여지를 만들어 냈다. 학생에게는 지적 호기심을, 예술가에게는 창조적 영감을, 패션 감각이 예민한 이들에게는 새로운 스타일의 매력을 불러일으켰다.

광고가 아니라 문화적 선언처럼 받아들여지며 폭발적인 반응을 얻었고, 세이부는 단순한 유통업체가 아니라 문화의 인프라라는 이미지를 얻었다. 이 카피는 1980년대 초반 일본 백화점 간의 창의적인 광고 경쟁을 대표하는 사례가 되었으며, 지금도 수많은 일본 카피라이터들이 인생 카피로 꼽는다. 시대의 문화적 공기를 바꾸고 브랜드의 독특한 이미지를 구축한 전설로 기억되는 작품이다.

素晴らしい過去になろう
훌륭한 과거가 되자

산토리

2021년부터 시작한 산토리의 환경보호 캠페인의 슬로건이다. 그런데, 훌륭한 과거가 되자고? 미래가 아니라? 이 슬로건에 담긴 깊은 의미는 2023년에 발표된 TV 광고에서 잘 설명하고 있다.

영상은 한국에서도 유명한 가수 겸 배우 구사나기 쓰요시(한국 활동명 초난강)의 부드러운 내레이션과 함께 귀여운 아이들의 일상생활을 보여 준다. 부모의 스마트폰으로 찍은 듯한 자연스런 영상 속에서 아이들은 물을 마시고, 양치질하고, 바닷가에서 노는 등 물과 떨어질 수 없는 하루하루를 보내며 성장한다. 광고는 말한다. 오늘 내린 비가 천연수가 되어 사람들에게 도착하는 때는 20년 후라고.

우리의 아이들이 미래에 깨끗한 물을 마시게 될지, 오염될 물을 마시게 될지는 오늘 우리가 하는 행동에 따라 달라진다는 메시지다. 20년 후의 미래에서 보면 우리는 지금 그들의 과거를 만들고 있는 셈인 것이다. 내레이션은 이렇게 강조한다. 지금의 환경을 지키는 활동은 깨끗한 물을 미래에 전달하는 일이라고. 훌륭한 과거가 되자는 의미가 명확해진다.

아이들의 모습과 일러스트가 곁들여진 영상 자체는 평범해 보이는 구성이지만, 환경을 지키는 가치를 새로운 시각에서 제시하는 슬로건 덕분에 눈길이 멈춘다. 담백하면서도 평범한 문장에 '과거'라는 의외의 단어가 배치되어 진술하면서도 울림을 준다. 2022년 TCC상, 2023년 후지산케이 광고대상 등을 수상하는 등 호평을 받으며, 이 캠페인은 해를 거듭해 이어지고 있다.

감사의 말

책을 쓰는 동안 의외로 많이 떠오른 것은 광고계의 선후배와 동료들이었다. 광고와 카피의 역사를 조망하는 과정에서, 한국 광고의 길을 열어 온 선배들과 뛰어난 재능으로 멋진 광고를 만들어 가는 후배들 사이에 내가 있다는 것이 자랑스럽고 감사하게 느껴졌다. 세상의 광고 카피들을 모아 소개하는 이 책은, 지금도 한 줄의 카피와 하나의 아이디어를 위해 노력하는 광고인들의 땀과 열정에 바치는 헌사다. 그리고 오랜 시간 나를 믿고 함께해 준 수많은 광고주들께도 깊이 감사드린다.

이 책이 빛을 볼 수 있도록 도와주신 많은 분들께도 마음을 전하고 싶다. 이렇게 큰 의미 있는 책을 쓸 기회를 준 도서출판 유유의 조성웅 대표와 모든 구성원들께 감사를 드린다. 서울국제도서전에서 만나 원고 마감을 미룰 핑계를 전하려던 나에게 출간 일정을 단호박 같이 상기시켜 준 덕분에 분발할 수 있었다. 농담이다. 책을 준비하는 내내 응원과 격려를 아끼지 않았고 출판사의 원칙과 저자 배려 사이에서 균형 있게 신경 써 주어 좋은 결과물이 나올 수 있었다.

인스타그램, 브런치 등을 통해 소통해 온 구독자 분들 그리고 그간 발간된 책을 읽어 주신 독자 분들께도 감사드린다. 과분하게 주신 관심과 응원은 더 좋은 카피를 소개하고 싶은 큰 동기부여가 됐다. 늘 내 편이 되어주는 렛잇플로우와 씨세븐플래닝즈의 구성원들, 공감과 이해로 국경을 넘은 친구가 된 요시야마 히카리 선생님에게도 감사의 마음을 전한다.

네 번째 책 출간을 하늘에서도 기뻐하실 아버지, 다 큰 아들 자랑에 여전히 즐거워하시는 어머니, 내 평생의 자랑거리인 규원과 듬직하고 착한 무영, 나의 빛나는 미래 찬빈 그리고 나의 모든 성취를 가능하게 해 준 아내 채은숙에게 변함없는 사랑을 전한다.

주

1월

1 오두나, 「야 나두 어때?」, 『매드타임즈』, 2019년 1월 24일.

2 김수경, 「"야 나두 했어!"... 일관된 메시지가 증명한 야나두 광고 캠페인의 힘」, 『브랜드브리프』, 2020년 2월 12일.

3 https://lcoc.org/mexican_road_race

4 https://www.joesherlock.com/Luxury-Cars.html

5 https://note.com/lynx0906/n/ncc0271aaa4cd

6 https://www.fastcompany.com/1682823/the-story-behind-doves-mega-viral-real-beauty-sketches-campaign

7 미국의 작가이자 인권운동가인 레베카 솔닛Rebecca Solnit은 "광고 속 여성에게 해머를 던지지 말라고 말하고 싶다. 애플도 다르지 않다"고 비판하기도 했다.

8 https://prtimes.jp/main/html/rd/p/000000001.000090744.html

2월

1 https://lewisfolkard.co.uk/ad-breakdown-rolls-royces-electric-clock-david-ogilvy

2 신비노 자바티 공식웹사이트(https://www.javatea.net/fit.html)

3 음악가로 해외에서 먼저 알려진 후 한국에 소개됐기 때문에 '류이치 사카모토'라는 서양식 표기법이 한국팬들에게는 더 익숙하지만, 정식 일본 이름 표기법에 맞춰 이 글에서는 사카모토 류이치坂本龍一로 통일했다.

4 https://www.historyoasis.com/post/budweiser-slogans

5 James B. Arndorfer, 「Miller Restages High Life Brand With Nod To Past: 'Champagne Of Beers' Tag Revived As $10 Mil Ad Effort Offers Nostalgia」, 『Ad Age』, 1998년 5월 18일.

6 James Miller, 「Case Study: How Fame Made Snickers' 'You're Not You When You're Hungry' Campaign a Success」, campaignlive.com, 2016년 10월 26일.

7 Vejay Anand, 「Iconic Ads: The Man in the Hathaway Shirts」, onlykutts.com, 2021년 9월 11일.

3월

1 https://en.wikipedia.org/wiki/Marlboro_Man
2 「대우전자, 탱크주의광고 설문조사」, 『전자신문』, 1994년 2월 5일 자.
3 https://www.company-histories.com/Revlon-Inc-Company-History.html
4 로라 리스, 『소비자를 사로잡는 슬로건』, 한울, 2018
5 Eleonor Picciotto, 「De Beers' Most Famous Ad Campaign Marked the Entire Diamond Industry」, 『The Eye of Jewelry』, 2020년 4월 22일.
6 장해리, 「매일유업 '바나나는 원래 하얗다' 인기」, 『토요경제』, 2007년 3월 23일.
7 강창동, 「남성화장품 판도변화 예고..아모레 '트윈엑스' 시판 호조」, 『한국경제』, 1994년 11월 14일.
8 임상훈, 「[좌충우돌 오늘] 3월 25일 – '선영아 사랑해', 마음을 흔들다」, 『디스이즈게임』, 2014년 3월 26일.
9 김승범, 「"전세계를 초코파이로 덮겠다"」, 『조선비즈』, 2004년 8월 14일.

4월

1 김봉구, 「우리는 왜 배스킨라빈스에서 익숙한 맛을 찾을까」, 『한국경제』, 2016년 7월 11일.
2 클로드 홉킨스, 심범섭 편역, 『못 파는 광고는 쓰레기다』, 인포머셜 마케팅 연구소, 2014, p.114.
3 「"I Want YOU!" – The Story Behind One of the Most Famous Wartime Posters in History」, militaryhistorynow.com, 2016년 12월 12일.
4 Mark Turngate, 『Ad Land: A Global History of Advertising』, Kogan Page, 2008, p.24.
5 並木秀一, 「かつて「潜在需要3,000万人」といわれた巨大レジャー産業……今、その姿は？」, 『プラスデジタル』, 2015년 10월 7일.
6 김경미, 「[WHY] 뷰티 로드샵에 밀린 클린앤클리어…인도서 다시 "깨끗하게 맑게 자신있게"」, 『서울경제』, 2019년 12월 20일.
7 Steve Mustarde, 「Close-Up: Live Issue – Johnnie Walker: the Story Behind 'Keep walking'」, 『Campaign』, 2008년 11월 14일.

5월

1 https://www.warc.com/fulltext/ipacases/77172.htm

2   「판치는 해적판 TV.라디오 광고물」,『경향신문』, 1974년 10일 10일.

3   https://www.wk.com/work/p-and-g-thank-you-mom(광고대행사 Wieden＋Kennedy 홈페이지)

4   Shannon McLellan,「Skittles Ditches Signature Rainbow Colors for Pride Month」, clickorlando.com, 2017년 6월 14일.

5   최항,「[CF야사] 완벽한 가짜부부」,『조선일보』, 1998년 1월 11일 자.

6   Marketing Society Awards 2013 캠페인 소개 자료.

7   이영욱,「무신사의 무서운 질주…패션플랫폼 월간 활성 사용자 1위, 1년만에 59% 성장」,『매일경제』, 2020년 11월 13일.

8   https://en.wikipedia.org/wiki/Pringles. 이 항목에서 위키피디아는 P&G가 프링글스를 '발명했다invented'고 표현한다.

9   https://www.kurumaerabi.com/catalog/mercedes-benz/23478/fmc001

10 보건복지부 보도자료,「저는, 담배는 피우지 않아요! 담배는 "노답(No 答)", 나는 "노담(No담배)"」, 2020년 6월 8일.

6월

1   「Tesco's Sales Overtake Sainsbury's for First Time」,『Marketing Week』, 1995년 4월 14일.

2   Mo Drake,「Advertising Maestro Who Coined the Immortal Slogan 'Beanz Meanz Heinz' - Obituary」,『The Telegraph』, 2021년 10월 29일.

3   https://marketing.vendry.io/blog-article/old-spice-case-study

4   배진영,「슬로건으로 보는 한국선거사」,『월간조선』, 2016년 5월호.

5   宣伝会議 書籍編集部,『名作コピーの時間』, 宣伝会議, 2018.

7월

1   김형민,「'최진실 TV 광고'로 금성 첫 추월…황선두 전 삼성 부사장 별세」,『아시아경제』, 2024년 10월 14일.

2   이주현,「하루 100만 개, 연 4억 개 팔리는 '레쓰비'… 어떻게 '국민캔커피'됐나」,『뉴스1』, 2020년 12월 23일.

3   https://thisisnotadvertising.wordpress.com/2011/07/12/adidas-impossible-is-nothing-the-beginning

4   최한나,「모든 비지니스는 브랜딩이다 외」,『동아비즈니스리뷰』 11호, 2012년 8월.

5   「최창환 장수돌침대 회장」,『노벨사이언스』, 2017년 3월 7일.

6 알 리스·잭 트라우트, 박길부 옮김, 『마케팅 불변의 법칙』, 십일월출판사, 1994, p.73.

7 https://shortyawards.com/7th/likeagirl

8 Thomas Hobbs, 「Procter & Gamble Confident Always' 'Like A Girl' Campaign Has Legs」, 『MarketingWeek』, 2015년 3월 3일.

9 최병묵, 「침대는 가구 아니다 광고/교육부, 학생혼동 수정요청」, 『조선일보』, 1994년 7월 30일.

10 박중현, 「전설적인 국내 광고」, 『조선일보』, 1997년 7월 9일.

8월

1 윤희각, 「"산수유 참 좋은데 직접 말할 수도 없고"」, 『동아일보』, 2010년 6월 1일.

2 澤本嘉光·権八成裕, 「コピーは「ぱっと見」で決まる！」, 『Advertimes』, 2022년 11월 28일.

3 https://www.ge.com/news/press-releases/ges-imagination-work-and-ecomagination-rack-advertising-week-honors

4 https://shuchi.php.co.jp/article/123

5 정찬욱, 「우송대 "2025년 THE 세계대학평가 순위 진입"」, 『연합뉴스』, 2024년 10월 11일.

6 https://www.cbc.ca/radio/undertheinfluence/sex-in-advertising-1.2801858

7 Giacarlo Perlas, 「What the Slogan "The Best or Nothing" Means for Mercedes-Benz」, 『BenzInsider』, 2022년 7월 17일.

8 Reuters, 「McDonald's Posts Its First Loss」, 『New York Times』, 2003년 1월 24일.

9 「The Ultimate Driving Machine: How BMW's Iconic Slogan Was Born」, 『The Washington Inquirer』, 2025년 2월 18일.

10 https://publishing.london.edu/cases/nespresso-what-else

9월

1 조석근, 「마케팅 고수 열전-정형철 동화약품 약국마케팅부장」, 『이코노미조선』, 2010년 12월.

2 서현경, 「남자들이 예뻐지고 있다」, 『조선비즈』, 2004년 8월 28일.

3 고기완, 「'히딩크가 보여준 능력은 1조원'..삼성카드 광고효과 추정」, 『한국

경제』, 2006년 4월 2일.

4 오정민, 「[인물+] '쓱'했더니 인지도 쓱!···SSG닷컴 '쓱' 광고 탄생 비화」, 『한국경제』, 2016년 1월 14일.

5 https://www.8thandwalton.com/blog/walmart-slogan

6 https://thisisnotadvertising.wordpress.com/2012/02/06/scholz-friends-berlin-for-jobsintown-de-the-wrong-job-campaign

7 https://news.microsoft.com/source/2003/01/23/xbox-celebrates-successful-holiday-season-gaining-share-and-solidifying-no-2-position-across-north-america-and-europe

10월

1 정선섭, 「유통업계 "'미시'를 잡아라"」, 『경향신문』, 1994년 4월 7일.

2 https://hanatsubaki.shiseido.com/jp/museum/7466/

3 https://shokuhou.jp/about_syokuhou/1309

4 박소연, 「"빨래 끝" 표백제 '옥시크린' 열받는 진실」, 『아시아경제』, 2012년 4월 13일.

5 고승연, 「'사람이 미래다' 7년간 일관된 메시지! 이미지뿐 아니라 기업 자체를 바꿨다」, 『동아비즈니스리뷰』 188호, 2015년 11월.

6 https://www.advertimes.com/20240912/article473676

7 https://note.com/brainy_marten753/n/n0cfddf50c03e

11월

1 https://thebrandhopper.com/2024/01/14/a-case-study-of-wendys-wheres-the-beef-campaign/#google_vignette

2 김지혜, 「아침에 먹는 시리얼, 성북억제 목직으로 게발?」, 『매일경제』, 2017년 11월2일.

3 Robert Klara, 「LG Has Been Saying 'Life's Good' for 20 Years. Now, It's Finally Explaining What That Means」, 『Adweek』, 2023년 10월 16일.

4 정건수, 「광고 선진국의 비교광고 사례연구」, 『KAA 저널』, 2001년 9월.

5 Abey Francis, 「Corporate Branding Case Study: 'Power of Dreams' Campaign by Honda」, MBA Knowledge Base(www.mbaknol.com/marketing-management/corporate-branding-case-study-power-of-dreams-campaign-by-honda)

6 https://www.advertimes.com/20171031/article260359/2/

7   김수경, 「"여보, 아버님 댁에 보일러 놓아 드려야겠어요"… 효심 울린 경동보일러 광고」, 『브랜드브리프』, 2022년 3월 14일.

8   최은경, 「코로나 덕분에… 미국인들도 비데홀릭」, 『조선일보』, 2023년 12월 7일.

9   Jen Doll, 「Milton Glaser on New Yorkers: 'For Better or Worse You're Here, and Doomed to Be Here'」, 『Village Voice』, 2011년 11월 23일.

12월

1   John Nolan, 「Ivory Soap Comes Clean On Floating」, 『CBS News』, 2004년 6월 22일.

2   신인섭, 「한국 최초의 라디오 CM송, 극장 CF 그리고 일본 최초 라디오CM송」, 『매드타임스』, 2023년 7월 27일.

3   김남기, 「[러브마크 브랜드④] 12시에 만나요~ '부라보콘'」, 『이모작뉴스』, 2021년 7월 30일.

4   허승호, 「[장수상품] 브라보콘」, 『동아일보』, 1992년 12월 13일 자. 기사 원문에는 서울농협이라고 명기되어 있으나, 서울우유협동조합의 오기로 보인다.

5   柏木哲夫, 「恵み·支えの双方向性 第23回反省と謝罪」, 『月刊いのちのことば』, 2016년 5월호.

6   손정은, 「"아름다운 갈색 머리!" 동성제약, 대한민국 염색약 역사를 쓰다」, 『경향신문』, 2016년 2월 24일.

7   https://www.newworldencyclopedia.org/entry/David_Ogilvy

8   「糸井重里さんに聞く、「不思議、大好き。」「おいしい生活。」などのコピーが生まれた現場」, 『Advertimes』, 2024년 10월 11일.

하루 카피 공부
: 생각의 물꼬를 트는 아이디어 레퍼런스 365

2025년 12월 24일 초판 1쇄 발행

지은이
정규영

펴낸이	펴낸곳	등록	
조성웅	도서출판 유유	제406-2010-000032호(2010년 4월 2일)	
	주소		
	경기도 파주시 돌곶이길 180-38, 2층 (우편번호 10881)		
전화	팩스	홈페이지	전자우편
031-946-6869	0303-3444-4645	uupress.co.kr	uupress@gmail.com
	페이스북	트위터	인스타그램
	facebook.com /uupress	twitter.com /uu_press	instagram.com /uupress
편집	디자인	조판	마케팅
정민기, 백도라지	이기준	정은정	전민영
제작	인쇄	제책	물류
제이오	(주)민언프린텍	라정문화사	책과일터

ISBN 979-11-6770-145-9 03320